グーテンベルクの四十二行聖書
（マインツ，1455）
黙示録冒頭ページ

『シャルル豪胆王祈禱書』よりキリスト降誕のページ
フランスの写本，1470頃
（マインツ，グーテンベルク博物館蔵）

叢書・ウニベルシタス　40

書物の本

西欧の書物と文化の歴史
書物の美学

ヘルムート・プレッサー
轡田　收 訳

法政大学出版局

Helmut Presser

DAS BUCH VOM BUCH

凡例

一、翻訳に使用したテクスト *Das Buch vom Buch* は一九六二年の刊本をもとに、今回の翻訳にあたって原著者からよせられた「改訂の提案」を随所に採り入れた。

一、本文より下げて小活字（8ポ）で組んだ箇所は原本で斜字体（多くは引用）となっている部分を示す。

一、〔 〕は本文と同じ活字を用いたところは、訳者の補足。小活字を用いた場合は、説明。分量の多い注は各章ごとに行間に（ ）つきの数字で示し、三四一ページ以降に訳注としてまとめてある。

一、（ ）は本文と同じ活字を用いたところは、訳ないし言い代え。小活字を用いた場合は、読みルビ代り。

一、原本になかった図版はネームの前に＊印をつけて示した。＊＊は原著者が提供した図版である。

一、書名は『 』で示したが、ある種の著作物では流布名を挙げているので「 」を用いてある。また原著名は訳者の判断によって適宜挙示した。

一、人名、地名は特に慣行のある場合を除き、原語の発音に即している。

日本語版への序文

私の『書物の本』の日本語版を出す企画があるとの手紙を、轡田教授が下さったとき、私はとてもうれしく思いました。私が長年主管しているマインツのグーテンベルク博物館によって、日本の方々が書物の歴史やグーテンベルクの発明に、じつに大きな関心をおもちだということを知っていたからなのです。グーテンベルク博物館には日本のものが多くあります。ほとんどは寄贈していただいたものですが、『百萬塔陀羅尼』と三重の小塔、和紙抄き器具一式、色刷り木版画、木刻活字で印刷された冊子、昔の木刻活字、絵巻物、巻物など何点にもわたって所蔵陳列されております。グーテンベルクの映画も、数多くの日本からの見学者のためには、日本語で上映しております。

私たちは、グーテンベルクよりも遙か以前に、極東で、書物や文書を一本ずつ活字を植えて印刷していたことを知っています。ところが、一つびとつの文字というより、文字の綴り方が違っていたために、こうした極東での発明は世界を征服するには至りませんでした。今日の形の書籍印刷は、グーテンベルクに源をもっております。

私の『書物の本』は、過去三千年間の書物の変遷の物語です。中心は書籍印刷の発明にあります。これによって人類に知識への門戸が開けたのです。ここに至る思想や発明の面での多くの成果は、極東に負うています。それゆえ、私たちの手から極東に伝わって行った発明について、この本でお伝えできるのは、私の喜びとするところなのです。

一九七二年六月

はじめに

この『書物の本』は、書物のことやその歴史、書物の内容や性質、そして外見をお話ししようというものであります。本文には、普通ではなかなか目に触れ難い書物の歴史上の資料が織り込んであります。すなわち、法令、特許状、序文、手紙、公証書、手引き、といった類です。これらの原資料は、マインツのグーテンベルク博物館所蔵になるものか、著者が蒐集したものです。その多くは、本書で初めて陽の目を見ることになりました。

私たちの今日の生活は、書物なしには考えられません。幼少期から年老いるまで、本は私たちの伴侶です。子供は絵本を喜び、驚きの目を見張って見た絵は、生涯忘れえないものとなります。やさしい字の行列と絵の入った最初の教科書は、世界への入場門と申せましょう。初めて字を習ったときの楽しみやつらさは、こうした教科書と一生結びついて思い出されるのです。成長期のさまざまな教科書や学習書は、知識への入口となり、人生航路の基礎となります。児童書は、模範となるにふさわしいひとびとが、世界のあらゆる分野に導びかれていったときの理想に満ちみちており、少年や少女の夢に翼を与え、彼らの心を一冊読むごとに高くときめかせます。それからしばらくすると、小説が満たされぬ憧れをいやし、未知の世界への窓を開いてみせる時期がやってきます。学術書はあらゆる問に答えてくれます。どのような国、どのような時代、どのような人物も、書物が魔法のように目の前に呼びよせてきます。太きな図書館には、人類の知慧が貯蔵されており、かつてこの世に生をえたあらゆる偉大な精神の持ち主が、質問されるのを待ちうけております。書物は不思議なものとしか言いようがありません。二つの蓋の間の、黒い印をよりどころとして、一つの世界があるのです。こうした不思議なことをなしとげるには何千年もの歳月を必要としました。人間精神は文字を考案せねばならず、紙を作らねばならず、印刷術を考え出し、そしてさらに迅速に印刷できる機械を発明しなければならなかったのです。昔は、書物はじつに高価な品物で、ほんの僅かなひとしか所有できませんでした。今日では、だれもが本を身の周りに集められます。本書は、こうした書物のさまざまなことをお伝えするでしょう。すなわち、書物は今日までどのような紆余曲折を経てきたかを語ったり、完全な書物とはどのようなものかと書き連ねてみようというわけです。こうして書物が素朴な始まりから今日の形をとるにいたるまでの、長い成長の歩みをお見せするうちに、皆さんは書物への愛着の気持ちをもたれることだろうと思います。

古代

大きな出来事を書きとめたいという望みは、人類と同じほどに昔からある。長い間、ひとは絵文字の助けを借り、まったくの創始期には、名指す対象を模写したのである。

書物と呼んでよい形をとった最古のものは、バビロニアの粘土板である。それには楔形文字が記載されており、木の棒で柔かい粘土に刻みつけ、焼き上げるか、南国の灼熱した太陽のもとで乾かしてある。そこで粘土板は幾世紀もの間、臥床である図書館の火災にあっても、生き長らえることができた。シュメール人によって考案された楔形文字は、もともと絵文字であったが、描かれた象形文字の第一音節の標音のみを読むことによって、次第に綴り文字に発展したのである。バビロニアの天文学校では、この文字が、紀元第一世紀の中頃まで用いられている。

楔形文字の解読は、一八〇二年、当時ゲッティンゲンで研究していたミュンデンのギムナージウム教師ゲオルク フリードリヒ グローテフェントが緒をつけた。彼は、古代ペルシア楔形文字碑文に書かれた列王の名前を明敏にも解いたのである。(1) だが全文の翻訳はやっと五〇年後になって可能となった。数万のバビロニアの楔形文字板は、アッシリアおよびバビロニアの図書館に集められていた。一八五

** 楔形文字を記載した粘土板のいろいろ

* エジプト初期の年代記に記されたヒエログリフ（第1王朝）

〇年、ギリシア人にサルダナパールと呼ばれ、紀元前六六九年より六三三年の間君臨していたアッシリアの王アッシュールバニパルの粘土板図書館が、ニネヴェで発掘された。それは、今日、ロンドンの大英博物館に見られる。この図書館の粘土板はほぼ藁半紙半分の大きさである。このうち一二枚には、有名なバビロニアのギルガメッシュ叙事詩(2)が記載されている。ニプールの図書館は紀元前約二七五〇年に誕生した。ここの楔形文字板は、今日、フィラデルフィアとイスタンブールにある。マーリ市の粘土板図書館は、一九三三年以降発掘されているが、紀元前一九二〇年頃創られたものである。

エジプトおよび小アジア、のちにはまたギリシア人やローマ人においても行なわれたのは、法律、支配者の功業、あるいは戦勝記念を、石や青銅に刻みつけたことである。この種の最も初期の記念碑の一つは、紀元前一七二八年に石に彫られたバビロニア王ハンムラピの法律である。楔形文字が今日読めるのに対して、クレタで発見されたファイストスの円盤はあい変らず謎となっている。この粘土板を焼いた円盤には、絵記号が記されており、個々の言葉は斜線で区切られている。字形が焼かれる前の粘土に刻印されているところから、「ファイトス円盤」には、印刷術の黎明期が見られる。古代バビロニア人の楔形文字の粘土板のほかに、エジプトには同じ頃、ヒエログリフ(3)(象形文字)を用いてパピルスに書いたテクストがあった。パピルスは数千年の間エジプト人の筆記用具であった。

パピルスを作るには、ナイル河岸に繁茂するパピルス草のずいを紐状にさいた。これを縦横に交互させて敷き、たたくと、草が含んでいる糊によって、ばらばらにならぬように繋がる。今日知られる最古のパピルスの巻物は、紀元前二九〇〇年頃のものである。エジプトの死者の書が書かれた巻物に、紀元前一八六〇年頃の作と知られているものがある。パピルス巻物の長さの平均は、六ないし七メートルと考えられる。もちろんそれには連続して書いてあるのではなく、段分け(4)がほどこしてある。語と語の間に間隔があけてなかったので、巻物を読むのは難儀であった。今日の意味での表題は、この書物にはなかった。カタログには、著者名とテクストの始めの語が記入された。巻物は木製か粘土製の容器に納めて保護された。ギリシア語でこの容器のことを「ビブリオテーケー」(5)、ラテン語で「カプサ」または「スクリーニウム」(つまり「カプセル」あるいは「箱」)と呼んだ。紀元前三二三年のあるパピルス巻物は、ギリシアの詩人、ミレトスのティモテオスの『ペルシア人』を記載している。これが最古のヨーロッパの書物とされているものである。こうしたパピルスは、紀元後になってようやく、ペルガメント(皮紙)〔英パーチメント〕に追われることになった。われわれに知られている最後のパピルス原本は、紀元後一〇二二年に生まれたものである。

ヒエログリフは、本来、純粋な絵文字であった。それが、数世紀のうちに綴字となり、ある場合には、特に王の名前を記すにあたって文字に進歩していった。その過程に、記号のもつ表象性が次第に消滅したのである。初期のヒエログリフには、はっきりと、家、口、目、あるいは二本の歩行する足といったものの原型が認められる。紀元前一四〇〇年頃、ヒエログリフは最盛期に達した。

永い間、この文字記号の研究は、文章には基づかない祭式用の形象を推測していた。一七九九年、ナポレオンの兵士たちがエジプトで防砦工事をしているときに、「ロゼッタ石」を発見した。それは三つの言語と文字による同一文を記載していた。すなわち、エジプト・ヒエログリフ、デモチアの土語、お

＊　「ロゼッタ石」
上段からヒエログリフ，デモティック，ギリシア文字に分けて同一文が刻まれている。紀元前196年3月27日に建立されたプトレマイオス2世エピファネスの記念碑であることがわかった

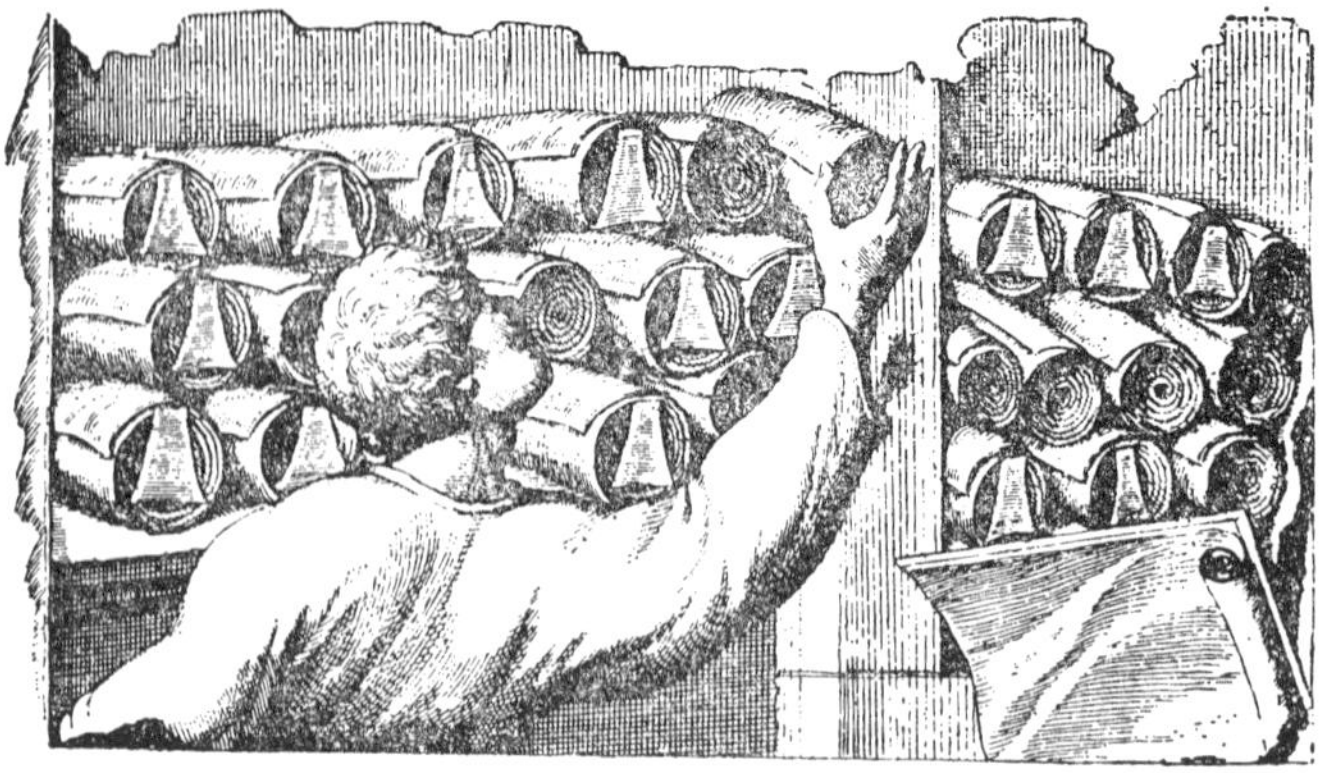

** パピルス保管図
（4世紀のローマのレリーフによる）

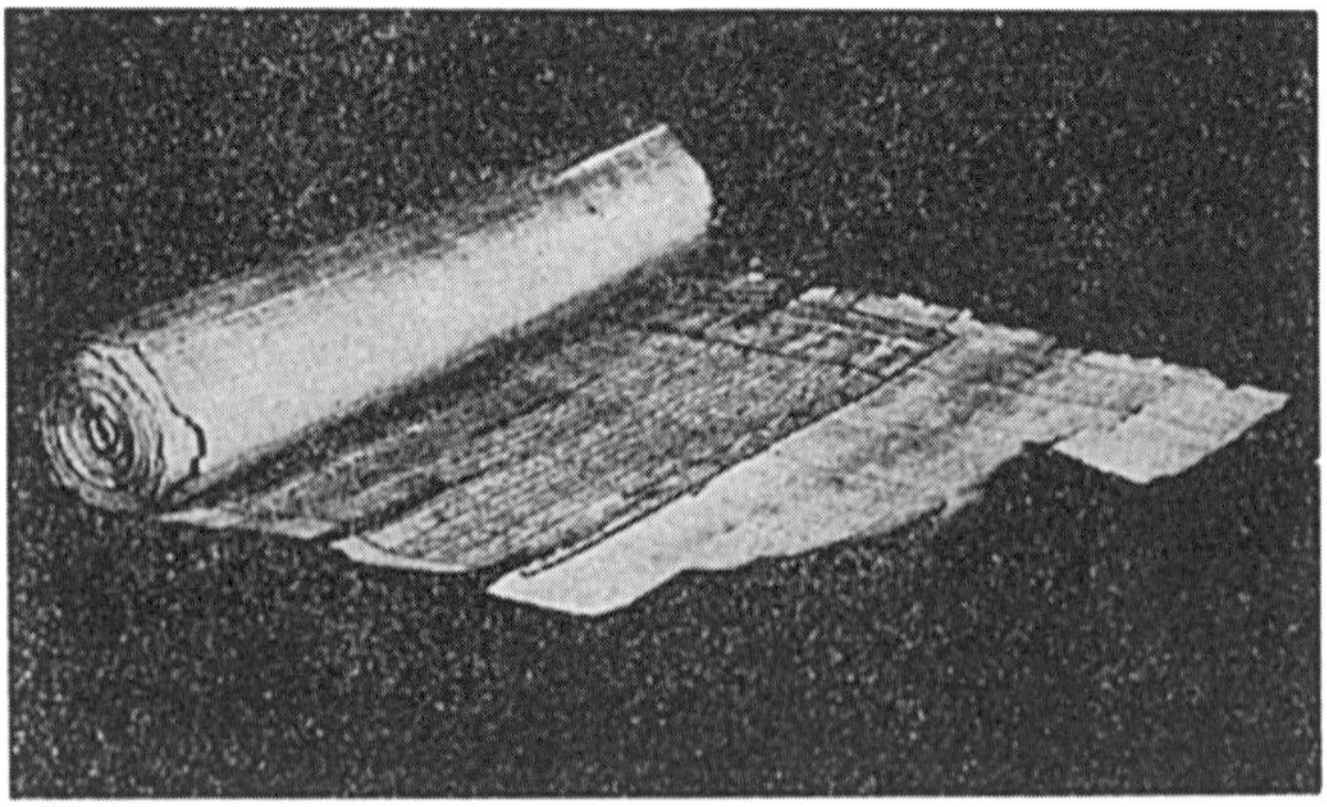

* パピルスを広げたところ

よびギリシア文字であった。そこで初めて、ヒエログリフ解読の成功が緒についたのである。この大事業は、一八二二年、フランス人ジャン フランソワ シャンポリョンによって成しとげられた。今や、豊富なエジプトの文献を解明することが可能となったのである。

書物は、エジプト文化に、次の三つの重要な恩恵をうけている。筆記用具としてのパピルス（これは今日の「紙」〔独パピーア、英ペイパア〕に名称を与えた）。書物形態としての巻物（このことを役者の「役割」〔独ロレ、英仏ロールのいずれも原意は「巻物」〕が今日まで思い出させる）。それからヒエログリフ文字である。これによって文学作品が記述しえたからである。

バビロニア人とエジプト人のほかに、ヒッタイト人も楔形文字を用いており、一二〇〇年後にヒッタイト系の小国群では、紀元前一四世紀に遡るヒエログリフ書体を用いていた。この二種の書体も今日では読むことができる。

現在まで発掘されている小アジアの粘土板図書館は、叙事詩や神話の断片のほかに、主として、証書、商契約書、手紙といったものを所蔵している。図書館はもともと文書保管所なのである。エジプトにおいては、図書館は発見されていない。とはいえ、寺院や宮廷に図書館があったと推定せざるをえない。イスラエル領では、図書館の最初の残存物、すなわち疎開されたイェルサレムの寺院図書館の残存物が、死海の洞窟で発見されたのである。

古代のもっとも重要な図書館は、アレクサンダー大王がアフリカに建設した世界都市アレクサンドリアに、紀元前二八六年、ギリシアの学者たちが、アテネ図書館に範をとって作ったものである。ここには、ギリシア文字のすべてが統合されたので、紀元前四七年の図書館火災のころには、七〇万巻のパピルス巻物が所蔵されていた。重要な文学作品が図書館にないようなときに、アレクサンドリアの王侯は、いかなる労力にも出費にもめげず、原本を筆写させたのである。巻物の内容を知るために、小さいカードをさげておいたが、これは後にはラテン語で「ティトゥリ」という名前をうるにいたった。ここから今日の「表題」〔独ティーテル、英タイトル〕という語が導かれるのである。

粘土板とパピルスに加えて、古代には第三の筆記用具として皮紙（ペルガメント）があった。これは、獣皮、おおむねは、小犢、羊、または山羊の皮を用い、毛を抜き、脱脂し、なめして乾燥してえられたものである。名称は、都市ペルガモンより来ている。ここで皮紙（ペルガメント）が最初に作られ、完成されたからである。ペルガモンでは、アタロス一世がアレクサンドリアに競合して、紀元前二〇二年、皮紙巻物より成る図書館を設立した。

皮紙は筆記用具として長い間用いられた。中世の書物は、一五世紀に至るまで皮紙に書かれ、さらにのちの世紀になっても、高価な皮紙手写本がある。重要な初期印刷物の多く、たとえばグーテンベルク聖書の一部でさえ、皮紙に印刷されているのである。そうしたわけで、印刷された紙製ミサ典書のうちで、はげしい使用に曝されるミサ典文（カノン）のためには、ほとんどいつも皮紙が用いられた。今日でもなお、重要な証書には、実用と美しさの点で、ほとんど永遠に保存しうる皮紙が好んで用いられるのである。——地中海沿岸諸国にも見られるが、極東においては、法律告知板には非常に堅牢な素材として青銅が用いられた。紀元前一〇五〇年頃の産物として、シナの碑銘が刻まれた青銅板の鋳物が伝えられている。

人類の大事業の一つは、アルファベットの発明であった。紀元前一八〇〇年頃、シナイ半島のカナン系セム人は、エジプト書体に密接に依存はしているが字体はきわめて簡略化して、二四文字よりなるアルファベットを作り出している。それはすべて子音の音価であった。母音はなかった。このアルファベットはフェニキア人によってさらに簡略化されるかたわら、またたく間に地中海東部地帯に広められるに至った。「雄牛」にあたる語 Alef はこの簡略化をうけて、次第に音価A（ギリシア語の「アルファ」）をもつようになった。今やいかなる語も簡単な字をもって書くことが可能になったのである。自由とか愛といった抽象概念も、文字で表現できるようになった。フェニキア語の単一〔アルファベット式〕文字で書かれたもっとも重要な文献の一つは、紀元前一二五〇年頃作られたアヒラム王の石棺である。

ギリシア人は彼らのアルファベットを、紀元前一〇世紀に、フェニキア人のものにのっとって作った。それによって、今日のアルファベットのもととなる一連のAbcが作り出されたのである。不足している母音は、ギリシア語にはなくともよい音韻記号をもってあてられた。

ギリシアには、すでに多くの有数な個人図書館があった。詩人エウリピデースが書物の大コレクションの持主であったことが、知られている。さらに大きかったのが、哲学者アリストテレースの図書館であって、彼は、あらゆる学芸分野を自分の書物、正しくは巻物のコレクションに統合しようと努めたのである。大公共図書館の一つは、ペイシストラトスが、紀元前五四〇年にアテネに建てたものと言われ

文字および字体の系統図

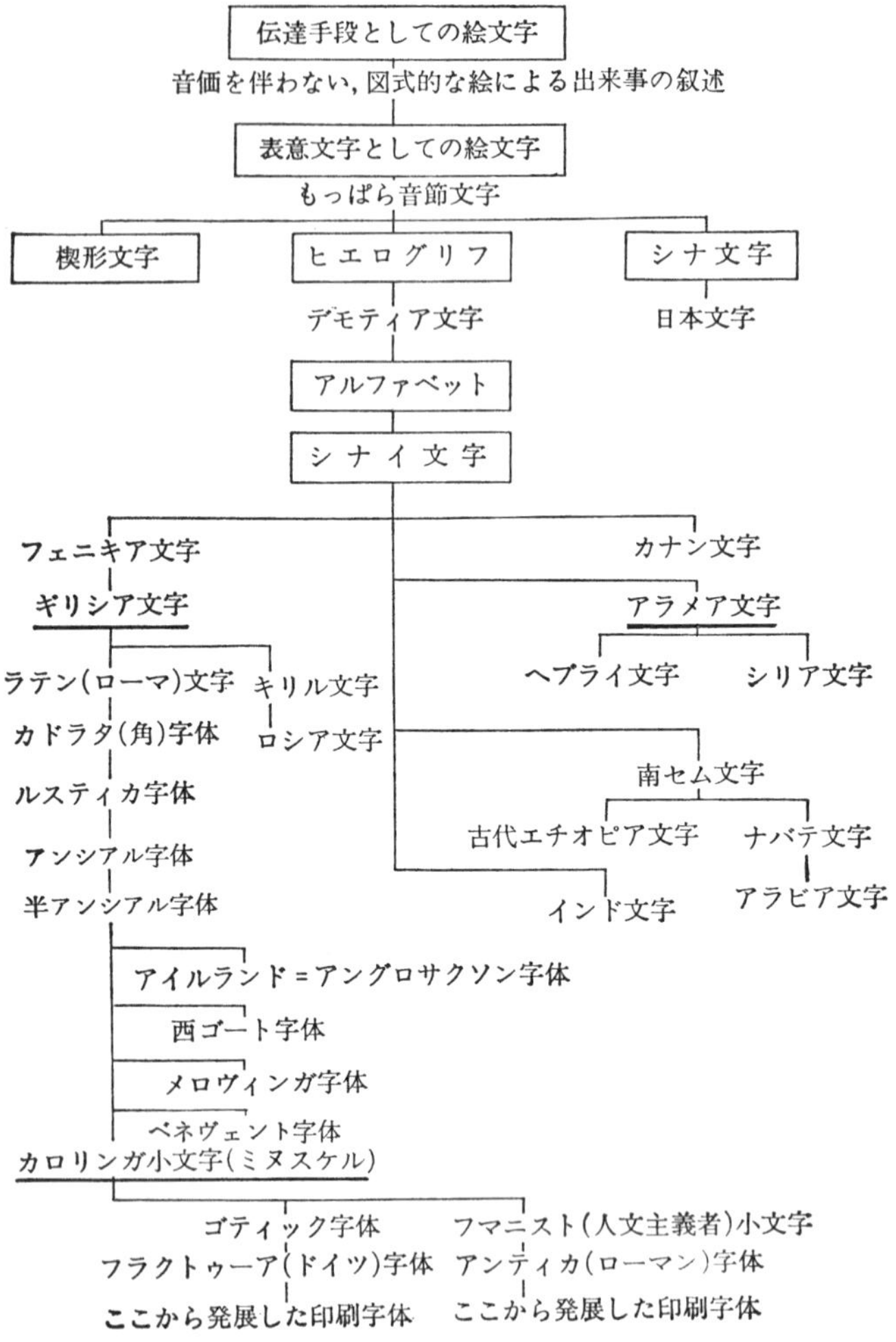

る。

エトルスク人は、紀元前七世紀に、ギリシア式アルファベットをとり入れ、それをもととして、紀元前二〇〇年頃までに、ラテン文字を発展させた。すでに三世紀には、ギリシア文化の影響は、南イタリアのギリシア人諸都市において著しかった。ピュドナの戦いののち、紀元前一六八年には、ローマの将軍たちが戦勝品として、ギリシアからすべての図書館をローマへもち帰った。

紀元前八四年、スラは、アリストテレースが集め、のちにローマにおいてキケロを感激させることになる書物の宝庫を略奪した。こうして獲得したギリシアの書物コレクションに加えて、ローマでは、ラテン語およびラテン字体の蔵書をもつ数多くの図書館が誕生した。キケロは、ローマと別荘のあるトゥスクルムに、精選された図書館をもっていたが、あるとき手紙に次のように書いている。「書物は、教育ある活動的な人間の最良の友である。……図書館は所有者にとって、享受、自己忘却、そして瞑想の場である。要するに、彼の思想の聖域なのである。」

捕虜あるいは人質としてローマにつれてこられたギリシアの学者の影響のもとに、この都会ではいくつかの公共図書館が生まれた。創始期の一つは、ガイウス アシニウス ポリオが、紀元前三九年、アートリウム リベルターティス(6)に設置したものである。アウグストゥスは二八年に、パラティウムの丘にあるアポロ神殿に一つ、そしてポルティクス〔ストア派の学校〕にもう一つの図書館を発足せしめた。パラティウムの図書館は、ネロのもとに六八年に起きたローマ大火の際に壊滅した。皇帝ウルピウストラヤーヌスは一〇〇年に、いわゆる「ウルピア」という皇帝時代のもっとも重要な図書館を作った。皇帝時代には古代ローマに一〇箇所あった図書館は、コンスタンティーヌス大帝の時代までに、二八に増えたということである。

最初のラテン語の碑文は、紀元前六〇〇年に書かれ、今日では断片的にしか解読されていないが、一八九九年、フォールム〔古代ローマの広場〕の地下から発掘された。それは四角の石で、畝状に（つまり右から左、左から右と交互に）記載されている。いわゆるラピス ニゲル（黒い石）である。紀元前一八六年のものでは、ローマ字による碑文の記された青銅板が保存されている。バッカス祭[7]を禁止するこの法令文は、今日知られるローマ最古の国家文書である。

建物や記念碑の碑文には、ローマ人は、選りすぐった温和な記念碑書体を用いており、何世紀もの間ほとんど書体の変化はない。これがいわゆるカピターリスである。書物用の書体としては、筆記用具に似合わしいもので、カピターリス カドラータおよびカピターリス ルスティカ、手紙などには、斜字体があった。のちになって第二世紀以後には、アンシアル字体の類があり、大きいサイズの皮紙写本に用いられることによって、十分な進歩をとげた。

紀元前の時代に普及していた巻物様式には欠点があった。すなわち、書物は読んだあとで再び巻き戻されなければならず、それによって、二重に強い損傷をうけたのである。それに、このような書物は、今日われわれがよくするように、紙を繰って見ることができず、目当ての箇所を探し出すにも、テクストを繰り広げなければならないことである。今日知られる書物の体裁の模範は、ローマ人の板本、つまり「二枚綴り（ディプティクム）[8]」あるいは「三枚綴り（トリプティクム）」がもととなった。パピルス

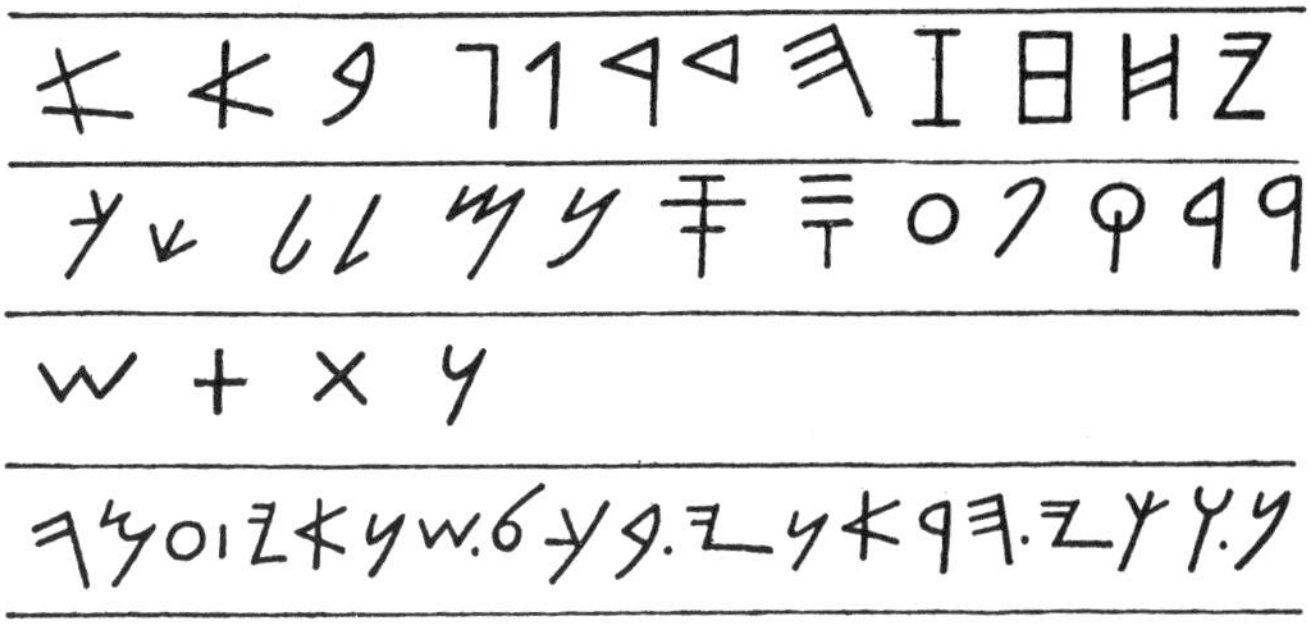

＊　フェニキア文字（紀元前約 800 年）
書き方は右から左，左から右（始まりは逆の場合もある）と畝状

＊　フェニキア文字からできたギリシア文字

＊　ギリシア文字（大文字）（紀元前 3 世紀）

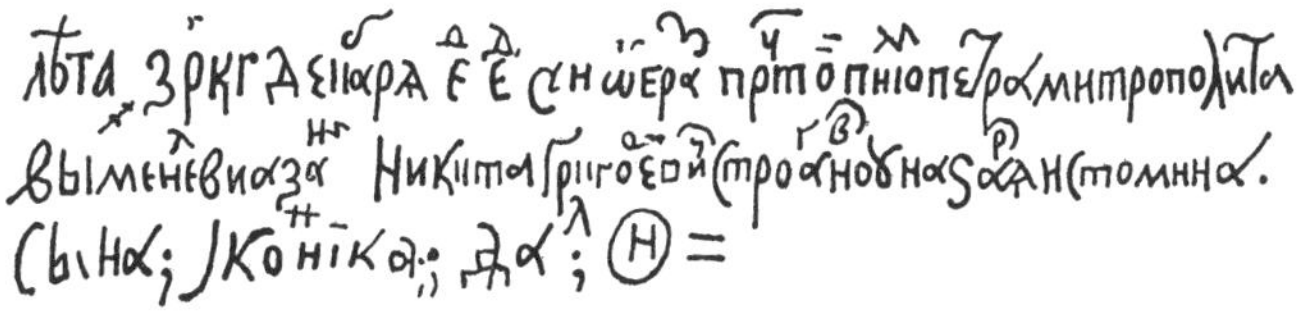

＊　古ロシア・イコン書体（15世紀）

は、この形には不向きであった。しっかりした縁がなかったためである。それに対して、皮紙はきわめてこの形に適していた。巻物から冊子への決定的進歩は、キリスト生誕時代に成しとげられた。冊子本をなしていた皮紙のうち今日知られる最古のものは、第二世紀に作られている。ギリシア語とその文字で伝えられる冊子形の尊重さるべき聖書写本で、残存するいくつかは、次の通りである。一、ヴァティカン写本。三五〇年頃書かれ、今日ローマ〔ヴァティカン図書館〕に保管されている。これは七十人訳(9)の体裁による全旧約のほとんどを収録している。二、シナイ写本。コンスタンティン ティッシェンドルフが、一八四四年および一八五九年に、シナイ山で発見した。今日ロンドン〔大英博物館〕に保管されているこの書物は、第四世紀中頃に書かれ、旧約の三分の一と新約全部を収録している。三、アレクサンドリア写本。同様にロンドンにある。五世紀前半エジプトで書かれ、聖書全文を収録しており、旧約のうち一〇葉が欠けるのみである。

紀元後第一世紀に、冊子は巻物をほとんど完全に駆逐してしまった。そして四世紀以後は、まったく普通の書物の形式となる。ユダヤ人のみが巻物を、彼らの聖書であるモーゼ五書のために用い、今日に及んでいる。

キリスト教の伝来とともに、新たに、まずはもっぱら神学上の文物が生じた。新約のもっとも古い伝承は、ギリシア字体による手の大きさほどもないパピルス紙片であるが、今日では至宝として、マンチェスターのジョン ライランド図書館に保管されている。この紙片は、ヨハネ福音書の断片を記載しており、一二五年頃の作である。筆稿者は、キリストの説教を聞く機会をえたものと話を交すことができたはずである。パレスチナのカエサレア、すなわちポンティウス ピラトゥス〔聖書、ピラト〕の都会には、大キリスト教図書館があった。二三一年オリゲネスが設立したもので、かつてアレクサンドリア図書館がギリシア文献にもっていたと同じような意義を、キリスト教文献にもたらしたのである。この図書館に編入されていた「スクリプトーリウム」(すなわち、写本室)は、注文に応じて聖書やその他の書物を調達した。四世紀になると、図書館のパピルス巻物は、皮紙冊子に写し代えられた。キリスト教文献コレクションは、エジプトの修道院では、すでに二世紀に成立していた。重要な書籍センターの一つは、コンスタンティノープルであった。ここに、コンスタンティーヌス大帝が、四世紀に入って図書館を設置したが、四七六年に焼失した。ビザンチンの修道院では、ギリシアの文学作品も入念に修道僧によって書き写され、後世に伝えられたのである。そうした修道院のいくつかは、これらの宝を今日に至るまで保存している。たとえば、シナイ山麓のカタリーナ修道院、コンスタンティノープルのストゥディオス修道院、それにアトス山の二〇ほどの修道院などである。

教会で使用される言語はギリシア語であって、書体ももちろんギリシア字体であった。一五五年には、旧約がヘブル語からギリシア語に翻訳された。聖書のギリシア語からラテン語への最初の翻訳、すなわちイタラ〔イタリア語訳〕聖書は、一九五年に完成した。四〇五年には、ヒエロニュムス(10)が聖書を翻訳した。こうしていわゆるヴルガータ版が生まれ、ラテン語聖書の決定版となったのである。教会がローマン・カトリックと正統派〔ギリシア正教〕に分裂したのち、教会語および教会書体としてのギリシア語は、東方だけにかぎられることとなった。

それより以前、強大なローマ帝国においては、二、三の地方で、民族的な書体が発展し、字体を別個のものにする動きがあった。西ゴート字体（ウルフィラの字体とは関係がなかった）、アイルランド・アングロサクソン字体、モンテ カシーノのベネヴェント字体、およびメロヴィグ字体がそれにあたる。カール大帝が帝国を建立した頃、これらの字体はあまりに異っていたため、一種のみを知っているものには、他の字体は読みこなせなかった。帝室では、この状態は教会と帝国の統一にとって危険であると認識し、皇帝領全域に読み易い字体を作り出した。トゥールのサン マルタン修道院では帝室宗教学者アルクィーンが長であったが、ローマ・アンシアルからカロリンガ・ミヌスケルが生み出され、これが今日に至るあらゆるラテン（ローマン）字体の元となったのである。

さらに一つ、古代末期に生まれた重要な字体を挙げておかねばならない。それは、司教ウルフィラになるゴート字体である。ギリシア・アンシアル字体に加えて、ラテン字体、さらにルーネ文字からの字体さえここには見られる。ウプサラにある「銀写本」(11)、すなわち五〇〇年頃イタリアにおいて東ゴート字体で書かれたゴート人の司教〔ウルフィラ〕による福音書の翻訳は、後継者のないものとなったのである。

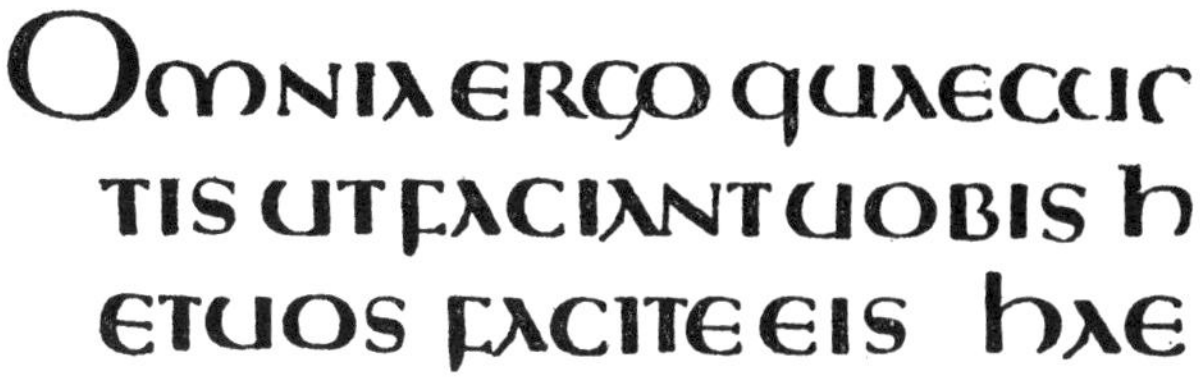

＊　アンシアル（ウンチアル＝足（フィート）の 1/12 の高さ）
字体の大文字（8世紀）

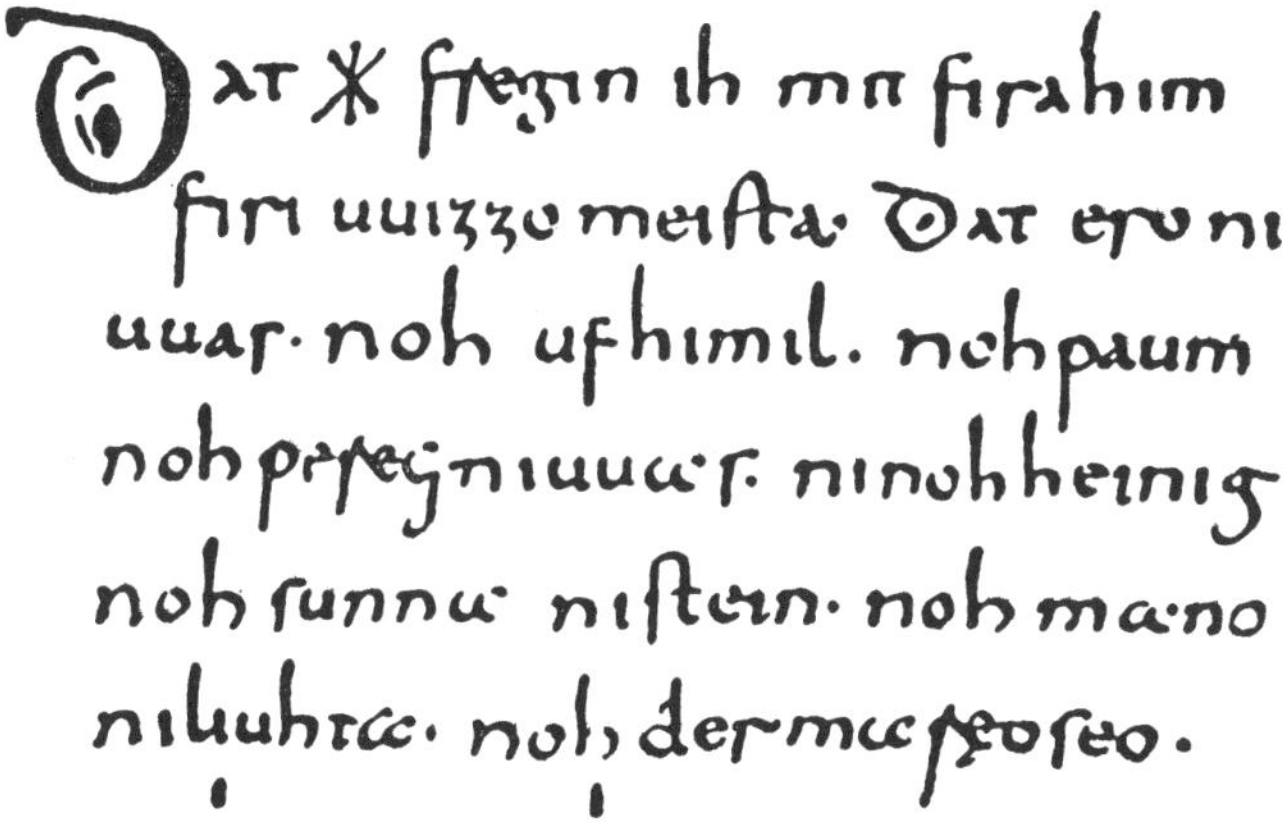

＊　カロリンガ・ミヌスケル（小文字）
『ヴェソブルン祈禱書』（9世紀）より

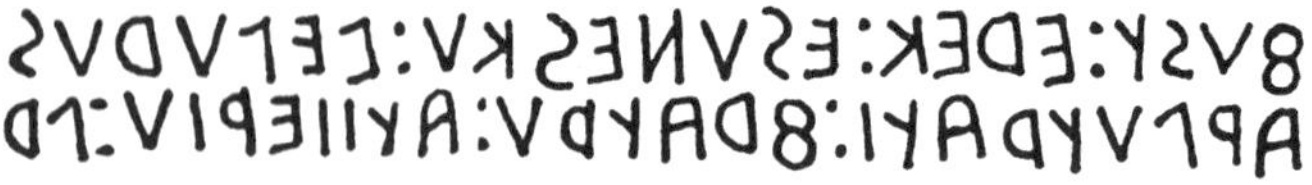

＊　エトルスク字体（紀元前３世紀）

書き方は右から左へ

＊　ローマ斜字体（２世紀）

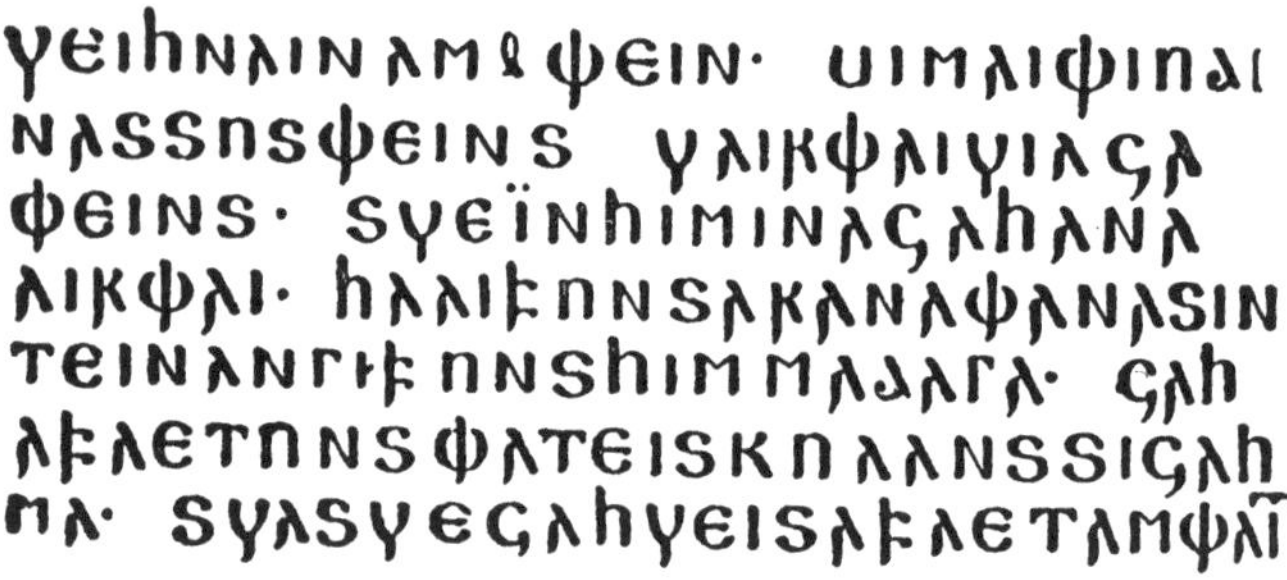

＊　ウルフィラの「主の祈り」より（500年頃）

＊　ルスティカ（「粗野な」）字体大文字（６世紀）

中世

カロリンガ小文字（ミヌスケル）から初期ゴティック（ゴート）小文字ができた。屈折はより強くなり、一二世紀にはゴティック小文字となる。この新しい字体には、それ以前に較べて細味がそなわり、字間が狭くなる。こうした発展は、時とともに進行し、一四世紀の書体では、ゴティック字体のあらゆる特徴が純粋な形で見られるようになる。入念に書かれたゴティック文書体のほかに、筆記体もあり、一語の文字はすべて連続していた。イタリアにおいてのゴティック字体は、ゲルマンにあってよりも丸味をもった字体の性格を強く帯びている。そのため「円形字体（ロトゥンダ）」の名称が与えられる。そのほかイタリアでは、後世の字体発展に非常に大きい影響を及ぼすことになる文書体が発達した。すなわち人文主義小文字の源である。人文主義の時代に、学者たちは古代の作品、ことにウェルギリウス愛好に目覚めた。こうして数多くの写本、つまり一部は作品の書き写し、一部はそれについての注釈本ができ上った。この写本に学者たちは、一定の字体を用いた。それはカロリンガ小文字に非常に似ており、「古代文字（アンティカ）」と呼ばれた。なぜなら、学者たちはこの字を通して古代ローマ文字を推し測ったからである。

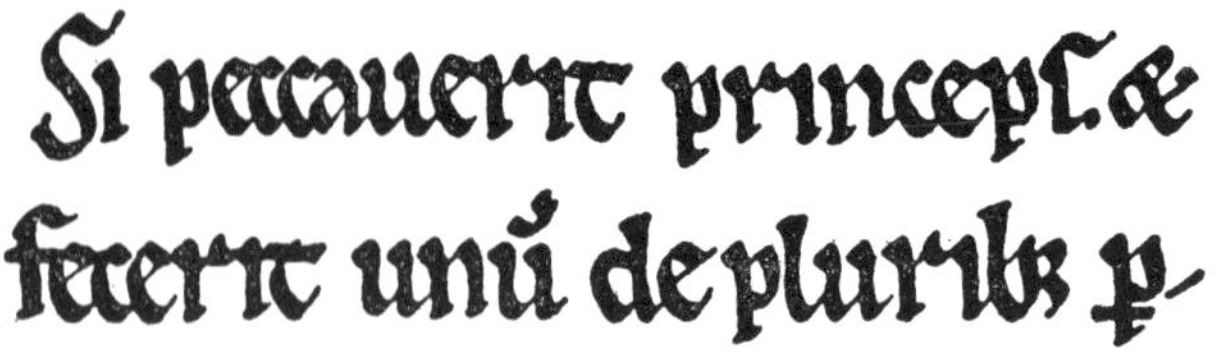
Si peccauerit princeps. & fecerit unū de pluribꝫ p-

* ゴティック字体（12世紀，北ドイツ）

oculi nostri Vidisti dñe ne sileas discedas a me Exurge dñe ⁊ int

* ゴティック字体（「ミサ典書書体」 15世紀）

Gloria laudis resonet in ore omniū Patri genitoqꝫ proli

* セミゴティック字体（ラートドルト，1486）

Ich habs gewagt mit sinnen vnd trag des noch kain rew

* シュヴァーバハー書体。ゴティック字体からフランクトゥーア字体への発展の初め（シェーンスペルガー，15世紀末）

ヌルシアのベネディクトゥスが五二九年に、最初の修道会を作り、モンテ・カシーノにベネディクト教団の中央修道院を建立したさい、彼は中世末期に至るまで精神生活を支配することになった一つの機関をうち立てたわけである。修道院は伝道団体の中心であったし、学問研究や教説に奉仕したのである。そして、知識を保持し授受するために図書館が作られた。皇帝の官房は、のちに修道院に駐在するようになった。たとえば、エヒターナーハ、ライヒェナウである。ほとんどすべての修道院が写本室をもち、そこでは、学術書のほか、新設の教会や修道院のための典礼書の大きな需要に応えて写本が行なわれた。そして多くの写本室では、画家が写本の装画に従事した。写本は、すでにカシオドールが奨励したように、祈禱と研究のためには、荘厳な姿をとっていなければならなかったのである。

こうした彩飾画家は、見出しを赤い色鉛丹（羅ミニウム）で描くのを習いとした。それゆえ、この仕事は「ミニアーレ（朱を入れる）」という語で言い表わされた。見出し写字生（ルブリカートル）には本に「赤字書きする（ルブリツィーレン）」仕事が委ねられていた。これは大きい文字を赤と青で書き目立たせ、段落を示す印しをつけ加える仕事である（口絵カラー写真参照）。これらの文字や印しは、新しい段落がくることを示す役割をもち、行の頭を引き込ませなくともすむものであった。「ルブリカートル」という語は、ラテン語で赤にあたる「ルベル」からきている。今日まだ用いられている語「ルブリーク（見出し、章）」はここから派生している。

ページには筆写を行なう前に、折りべらで線がひかれた。きざみつけられた線は裏側からも見えたので、筆写のさいには字を重ね合わせることができた。しばしば、小さい穴が皮紙や紙の縁にあけられた。それによって表ページと裏ページの行線が合わせられた。

カラムス（希・羅 筆記用の管）や羽ペンをいつでも書けるよう保つために、写字生はつねに鋭利なナイフを手にしていた。数多くの古い写字生の絵によって、そのようなペン切りナイフの姿が伝えられている。

古い写本を目にするひとが考えてみたくなるのは、どれほどの時間をかけて書いたのだろうか、ということである。しばしば写字生たちは、自ら写本に記入している。いつ仕事にとりかかり、いつ作品が仕上げられたと。そこでわれわれにわかるのであるが、本によっては僅かな月日で書き上げられ、筆写はわれわれが思うほどは時間をついやさなかったのである。一五世紀の約三〇〇葉の浩瀚な写本には、仕上げには一八日を要したのみであるとの写字生の記入がある。中世の写本修道士はなにごとにも気をそらされなかったのである。彼らはくる日もくる日も、驚くべき日課を成しとげることができた。それに加えて、しばしば数人の修道士が同一の写本に加わった。ひとりは字を書き、ひとりは縁どりの蔓文様を描き、ひとりは巧妙なミニアトゥーア(細密画)を、ひとりはイニシアル(飾り文字)を描いたのである。そうした分業によって、一冊の書物は元来必要とする時間の四分の一で仕上げることができた。

写本は、扉もなく本文第一ページから、華麗なイニシアルと「インキピト incipit（始まる）」の語、あるいは――ドイツの写本では――「ヒー ベギント hie beginnt」または「ヒー ヘープト アン hie hebt an」（ここにて始まる）で始まっている。作品の内容、著作者および写字生についての詳細は、しばしば作品の末尾に見られる。この箇所にはまた、写字生の箴言があり、時として写字生の名前が伝えられたり、しばしばは写字生の苦心のほどが語られている。二、三の数少ない例を次に挙げよう。

Finito libro sit laus et gloria Christo.
本書終り、キリストの栄光を讃えつつ。

Hie hat das Buch ein End
Gott uns seine Gnade send!
ここでこの書は終る
神がわれらに恩寵を下されんことを。

Hie hat das Buch ein End
Des freuen sich meine Hand!
ここにこの書は終る
それを私の手は喜ぶ。

Ach wie froh ich was
Do ich schreib Deo gratias!
ああ　私はなんと喜ばしかったことか
私は今神に感謝あれ　と書けるのだから。

** 鎖につながれた図書館
17世紀の銅版画に見られるライデン大学図書館
（原画の両脇をカットしてある）
各書架の上には分類が見られ，神学（Theologi）と法学（Jurisconsulti）が一番多いことが知られる書物や筆写ということを考えるとき、どうしても切り離しえない素材の発明は、紀元一世紀に遡る。紙は一〇五年、シナの宦官蔡倫が考案したといわれる。彼は、樹皮、麻屑、布切れを溶かして繊維の糊とし、すのこ状の篩に流したのである。しかし、紙はすでに蔡倫以前に発明されていたこともありうる。というのは、紙に書かれた証書が第一世紀に見られるからである。とにかく、七、八世紀になってようやく、紙はシナから朝鮮および日本に普及した。七五一年には、アラビア人がサマルカンドにおいて、捕虜であるシナ人より紙の製法を伝授され、さらにイスラム諸国に広めた。ヨーロッパでは、まずスペインに製法が伝えられるが、一五世紀になってようやく、紙が皮紙を完全に駆逐しえたのである。

中世の書物には、鉄鎖を背表紙の木部に釘づけしたものがあった。約三〇センチメートルの鎖の端には輪がついていて、書見台の裏側にある柱に通してあった。このようにして、本は置場所では使用できるが、部屋からもちだすことはできなかった。この方式で、当時非常に高価であった書物の盗難が防がれた。ドイツでは、鎖つきの本は稀になっている。今日の図書保管法にとって鎖は邪魔だからである。イギリスでは、伝統をことに墨守する国柄であるので、今日に至るまで、特に寺院にあっては、約百二〇の鎖本図書館が続いている。修道院図書館の保有書籍は、中世盛期になるまで少なくなった。少数の図書館のみが五百巻以上をもっていたのである。

中世の修道院図書館のうち大部分は、今日公共所有となっている。フランスでは大革命が、ドイツおよびオーストリアでは世俗化が、修道院の昔時よりの所有図書を押収したのである。宗教改革は多くの本を損壊し、本が勝ちほこった将軍たちの獲物となることは稀ではなかった。実際はスイスだけに、昔の所有量が今もいくぶん保たれている状態である。しかしわれわれは、昔時のカタログから、どのようなものが、どれほど修道院図書館の書架にあったかを知るのである。

最古の書物装画は、エジプトの死者の書に見られる。死者の書とは、死後の旅の手引きとして死者とともに墓に入れられたものである。装画はまた、彩色画を載せた数葉のパピルスにも見られる。今日に伝わる古代の挿絵入り写本の数は僅かである。すなわち、ヴァティカンにある二枚のウェルギリウス写本、ミラノのアムブロシアーナ図書館所蔵のイーリアス写本より切り取られた挿絵、それにヴィーンにあるディオスクリデス写本とである。

これら四種の写本は、皮紙に書かれた冊子本である。だが、古代の多くのパピルス巻物も装画をされていたと推測してもよろしいであろう。それらは、古代の豊富な本の宝とともに散逸してしまった。そこで、われわれは文献から、多くのローマの巻物本が著作者の肖像で飾られていたことを知るのである。もっとも古く、まだ完全に古代絵画様式で装画されているキリスト教関係の写本は、四世紀後半のイタラ聖書断片（ベルリンにあるクエードリンブルク・イタラ聖書）、「ヴィーン本創世記」、ロサノのサンクタ マリア修道院で作られたロサノ写本、六世紀黒海沿岸のシノプで書かれたシノプ写本、そしてさらに古いものとして、五世紀初頭の作で一七三一年焼失したコットン聖書のうちかろうじて残った部分である。シリア産のものとしては、五八七年メソポタミアで書かれたラブラ版福音集[1]、同じく六世紀のエチュミアヂン版福音集がある。これらの写本は、すでに早くよりイタリアおよびドイツに伝来し、カロリンガ書籍絵画、わけても装飾画に強い影響を及ぼした。四三〇年にビザンチンでおこった偶像破壊ののち、一群のギリシア人美術修道士はローマ・カトリック圏に逃がれた。ヴィーン〔国立図書館〕の宝物室福音集には、「デーメトリウス長老 Demetrius presbyter」と画家の名が書かれている。きっとギリシア系シリア人であったのだろう。

カール大帝の時代に書籍美術を興隆させたのは、ひとえに大帝の強烈な個性によるものであった。彼は豪華写本の制作を命じ、それによって、体裁、着色およびそれまで知られていなかったような豪華さを繰り広げてみせるものの代表作となすことを望んだのである。大帝の目標であった古代ローマ帝国の再興は、書籍装画においても、古代末期の美術様式を模倣することによって表現されたわけである。古代にはなかった装飾法を用いるには、ビザンチンおよびシリアの美術が範となった。

ヨーロッパ大陸の書籍美術と対極をなすのが、アイルランド写本の装画である。残存するのはごく少数で、そのすべてが聖福音集である。いつ頃始まったものか、われわれにはほとんどわからない。当初のものから傑作ぞろいであって、八世紀初頭に出現している。ダロウ産の聖福音集がそれで、ついでもっとも重要な作品ケルズ本(2) *Book of Kells* があるが、それほど後のものではない。この装画の特徴をなすところは、ケルト・ゲルマン起源の唐草文様をおしみなく用いて、装飾ページをことごとく覆い尽し、福音伝道者たちの像までもからみ入れている点である。ここにおいて書物に凱歌を揚げているのは、金細工師の装飾法である。大陸でアイルランド系修道士により建立された修道院においては、特にザンクト ガレンで、アイルランド装飾法が見られるが、相当押えられている。アングロサクソンの書籍美術は、アイルランド装飾にビザンチンおよびローマの要素を混ぜ合わせている。特に人物像に顕著である。主

* 中世の代表的な写本室の分布図
（大学所在地の写本室を除く）

* 15世紀までに設立された大学所在地
（但し南欧では15世紀設立のものを省略してある）

要作品は八世紀初めに手写されたリンディスファーンの聖福音集である。伝道活動を行なったアングロサクソン系修道士のものとしてはエヒターナーハに一部、トリーアに一部の聖福音集写本が残っている。

カール大帝は、フランケンの王、ローマ皇帝であったのみではない。ローマ教会の支配者でもあった。そのため彼は、修道院に特に注意を注いだ。こうして、トゥール、ランス、コルヴァイ、メッツ、フルダ、ザンクト ガレン、トリーアその他の修道院写本室から、多数の彩色写本が生まれた。だが、宮廷学校から生まれた書籍美術は、ラテン的であってフランケンの精神をもってはいなかったのである。

カロリンガ書籍美術の絶頂期の成果は、すでに新しい形式意欲を感じさせるのであり、アーダ・グループの写本に見られる。これらの写本は、アーダ聖福音集（八〇〇年頃）の提唱者である修道尼院長アーダにのっとっている。この福音集は今日トリーアにある。これらの書物が、トリーア、ロルシュ、アーヘン、マインツあるいは中部ライン地方の地で生み出されたものであるかどうかは、今日まで完全には詳らかにされていない。アーダ・グループのうち重要な写本は以下の通りである。パリーにあるゴデスカルク聖福音集、ヴィーンのダグルフ聖歌集、トリーアのアーダ聖福音集、アブヴィルのアブヴィル聖福音集、ローマのロルシュ黄金写本、パリーのソワソン聖福音集。これらすべての写本には、オリエントとカロリンガの形式要素が混在している。また、強烈な色彩と豊富な金箔の使用も特色をなすところである。

まったく特別なケースとして、ザンクト ガレンのことを述べないわけにはいかない。この図書館は今日なおも、中世写本の厖大な宝をもっているからである。創設は六一四年である。さまざまな時代の遺産である蔵書カタログによって、昔時の所有量が知られる。この修道院は九二六年、ハンガリー人がこの地に荒れ狂ったとき、悲惨な日々を送った。ザンクト ガレンの写本室からは、八六〇年頃、フォルヒァルト聖歌集が生まれた。この写本の中では、いくつかのイニシアルがページ全体を占めている。見事にからみ合った文字は、そのまま絵になっている。そのため他の画像は不必要である。読み始める前から、われわれの目は喜びをもって心地よく、こうしたページにひきとめられ憩うのである。書籍画家は、読者を日常より解き放ち、神聖なテクストが望む荘厳な雰囲気を伝える。今日ザンクト ガレンの図書館は、五万部の図書のほか、一九八〇部の写本と一六三三冊の初期印刷本を所蔵する。

中世の豪華写本を眺めるのは、目にとっての祝祭である。しばしば文字は真紅に染めた皮紙に金色に浮び上っている。ミニアトゥーアは、今日に至るまで色を保持しており、生々とわれわれに語りかける。まさに現代において、初期中世の書籍芸術が再び新たに発見されたのである。その表現力は、現代芸術に鍛えられたわれわれの目に、快く受け入れられる。ここで再現されるのは現実ではなく、理念である。目に見えるものが表出されるのではなく、心に知っているものが姿をとる。書籍画家は、キリスト教の黙示の力強さを画像に定着することに成功している。これらの写本の多くは、今日、卓越した印刷による複製版によって、一般に入手できる。現代の複製技術は、これらの書物を千年ののち、新たに語りかけさせる奇蹟を可能にしている。

独特の高みに躍り上ったのは、オットー時代の書籍美術である。皇帝オットー一世のもとでは、教会の最高権威が皇帝の手に委ねられたので、修道院はあらゆる権利の主張を享受した。とはいえ、修道院での生活は、カール大帝の頃よりも国家に依存するものであった。この時代の豪華写本は、王侯から委嘱をうけて、修道院や聖堂に寄進されたものか、あるいは修道院長が皇帝への献呈品となしたかいずれかである。そこで委嘱者の名前（たとえばゲーロとかエクベルト）は注文された冊子といく久しく結びついて残るのである。

オットー時代では、いずれの修道院の写本室もきわめて独自の様式をもっており、[3]写本の専門家であれば、様式の特異な性質より推して、写本を見ればそれがどこで作られたかを判断できる。当時のもっとも重要な写本の流派は、ライヒェナウ、トリーア、エヒターナーハ、ケルン、フルダ、レーゲンスブルク、ミンデン、ヒルデスハイムにあった。指導的立場をとったのはライヒェナウであって、ここのミッテルツェル修道院は七二四年、聖ピルミーンによって設立された。当地で生み出された写本は、今日全世界に分布している。九六九年以前に書写されたゲーロ・ミサ典書はダルムシュタットにある。九七七年と九九三年の間にできたエクベルト聖歌集は、ツィヴィダーレに保管されている。九八〇年頃の産であるエクベルト〔聖書〕写本は、トリーア・コレクションの中でもっとも素晴らしいものである。これらの写本は、さらに皇帝オットー三世の聖福音集によって凌駕される。これは今日ミュンヘンにある。ミニアトゥーアの一つに、玉座についた皇帝が見られる。そして四人の女性、ローマ、ガリア、ゲルマーニア、スラヴィニアが、皇帝に貢物を献げている。四つの福音者の像は、書籍美術で創り出された最大の圧巻である。これらの画像には、神の霊に満たされた人間のもつ天上の幻想が捉えられている。ミュンヘンにはまた、一〇一二年頃描かれ筆写されたハインリヒ二世の聖福音集がある。皇帝はこの書物を、彼の建立になるバンベルクの大聖堂に献呈したのである。彼のためには、一二二〇年、さらにバンベルク黙示録が作られた。——ライヒェナウ派写本には、金地のほかに、精巧に色彩を調和させた縞柄地も見られる。ラテン系書籍美術の中心地は、ザルツブルクになった。ここでは、この派の主要作品であるアドモント大聖書が生まれた。シュトラースブルクのオディリエンベルクでは、尼僧ヘラド フォン ランツベルクが、一一六五年から一一七五年にかけて、『楽しみの園 *Hortus Deliciarum*』を書き、装画をしている。これは当時の知識の百科全書の規模をとった聖書物語で三三六点の絵が入っており、一二世紀の生活の詳細が示されている。この書の原本は一八七〇年、シュトラースブルクで焼失したが、模写は残っており、原本の美麗さがしのばれる。——いまひとりの学識ある婦人、修道尼院長ヒルデガルト フォン ビンゲンは、一一七五年に『スキウィーアス *Scivias*（道を知れ）』を作った。これは非常な美しさと、深遠な神秘主義的象徴法をもった絵画写本である。

この時代の主要作品の一つは、一二一一年から一二一五年にかけて制作された『方伯聖歌集 *Landgrafenpsalter*』で、シュトゥットガルトにある。冒頭のB（Beatus vir 幸なる人）は一ページ全部を占める。赤、青、金が基本色である。いくつもの小さい人物が蔓や帯をなして周辺をからみ昇り、それによって字体が形成されている。このB字は読者に対して、これから読むテクストがどれほど有意義なものであるかを語りかけるのである。一二三〇年頃、シュタウフェン朝の偉大な皇帝フリードリヒ二世は鷹狩りの本（『鳥を用いた狩猟法について *De arte venandi cum avibus*』）を書いており、今日この本はヴァティカンにある。これより数年前に、ベネディクトボイレン修道院では、遍歴学生の歌集である『カルミナ ブラーナ *Carmina Brana*』の一写本が完成されていた。

ゴティック書籍美術には、まずラテン的書籍芸術の堂々とした性格がまだ脈うっている。写本は数世紀前と同じく、まだ修道院で製作される。そして新しいテーマの数々が追加される。すなわち聖書やその部分のほかに、一三世紀の終りには、人間分類的な絵本『貧者の聖書 *Biblia pauperum*』とか、ややあとになって、その対応作品として、もう少しテクストに重点をおいた『人間救済の鑑 *Speculum humanae salvationis*』が装本されたのである。

一一世紀は、ドイツ語にもいくつかの基本的な作品を献じている。一〇〇〇年頃にはザンクト ガレンのノトカー バルブルスが、一〇六五年頃には修道士ヴィリラムが、〔旧約の〕詩篇をドイツ語に意訳している。

イギリスの書籍美術は、八世紀にアイルランド書籍芸術の影響を受けた。アイルランドの修道士が宣教師としてイギリスに来たからである。開花期は一〇、一一世紀となる。もっとも重要な写本室は、カンタベリとウィンチェスターにあった。一二世紀になっても、この二つの写本の流派は意義ある写本を産出している。世紀の終りのものとして、ビザンチンの影響を強くうけた英語の聖歌集が四点知られている。一三世紀のイギリスは、黙示録、動物記（ベスティアーリウム）および小型版聖書の満開期であった。

一三世紀になると、フランスでは書籍美術の輝かしい時代が始まる。パリーで製作された写本は、ライン地方の写本室に影響を与えた。今や、新しい諸テーマも本の世界に侵入し始めたのである。歴史への関心が目覚め、多くの絵入り年代記が書かれるようになった。上部ライン地方では、一二六〇年と一二七〇年の間に、ルドルフ フォン エムスの『世界年代記』が生まれた。トマス リラールによる手書き

＊　ハイデルベルク詩歌写本の詩人像
コンラート　フォン　アルトシュテッテン

のシュワーベン年代記は、のちにウルムで印刷に付せられている。また高価な絵入り年代記が、スイスで生み出された。一四八〇年頃には、「家庭読本」が数多くの競技、狩猟、天体、浴場、後宮の絵入りで製作された。この本は今日、ワルトブルク-ヴォルフエグ侯図書館にある。――このペン画の絵入り本は、一五世紀後半の市民生活を握みとっている。この本の線画の職匠（マイスター）は写本の名に因んで「家庭読本マイスター」と呼ばれる。一四世紀の初めには、チューリヒで「マネッセ詩歌写本」(4)あるいは別称「ハイデルベルク詩歌写本」が書かれた。これはあのもっとも有名な中世の絵入り写本であって、今日では数次の遍歴ののちふたたびハイデルベルクにある。この写本はドイツのミンネザング（中世恋愛歌唱）の一集成を納め、特色は数多くの詩人の画像を載せていることである。画像は同時に一四世紀初頭の文化史でもある。同様なミンネ歌唱集は同じ時代に成立して、今日ではシュトゥットガルトにある「ワインガルテン詩歌写本」である。これは、ハイデルベルク詩歌写本よりもずっと小さいが、やはり多くの詩人の画像を載せている。

絵入り写本のいくつかの断片が示しているところによれば、この時代になると書物は、貴族の間ですでに非常に愛好されていたのである。だが城砦や城館に保管されていた写本は、修道院図書館の確かな管理をうけていた写本に較べ、遙かに危険にさらされていた。

一四世紀では、フランドルとボヘミアが書籍美術の重要な中心地となった。ボヘミアのヴェンツラフ王は、書籍芸術の熱心な推進者であった。彼は、一三八五年頃、今日ではヴィーンに保存されているドイツ語で書かれたヴェンツラフ聖書成立の機縁を作った。

表現主義的な書籍美術から自然色豊かなそれへの移行、そして同時に修道士芸術から世俗的ミニアトゥーアへの移行は、フランドルにおいてなし遂げられた。これらの書物のミニアトゥーアは、自然そのものからは目をそらしているが、一種楽園（パラダイス）のもつ清浄さにまで高められた風景を再現している。画面に現われる人間は、きらびやかな衣裳をまとった王侯や貴婦人で、支配層の貴族である。フランドル派書籍芸術の偉大な推進者の一人は、フランス国王の弟、ベリイ公であった。彼の委嘱により、一四〇〇年頃、今日ではシャンティイに保存される「時禱書」（信徒のための日課祈禱書）すなわち『ノートル・ダームのまことに美しい時禱書 *Très belles Heures de Notre Dame*』が出来上った。しかしこれらの写本の大部分は、ブルゴーニュを西欧文化の中心地としたフィリップ善良侯（一四一九—六七）のもとに作られた。彼の治世に書かれた写本の多くは、侯が写本の受納者であることを示す絢爛たる献呈の絵で始まる。

おびただしい数のフランドル派写本から、われわれは書籍画家がいることを知る。というのは、著名な画家が王侯の依頼をうけて書物の製作にたずさわっていたのである。ヘルベルトおよびヤン ヴァンエイク兄弟、シモン マルミオン、タヴェルニエ、アレクサンデル ベーニング、フーケ、一六世紀ではシモン ベーニングらである。もっとも華麗なフランドル派写本の一つは、今日ヴェニスのマルコ図書館の至宝となっている「グリマーニ時禱書」である。これは一五〇〇年から一五二〇年の間に作られ、百を越える一ページ大のミニアトゥーアを収載して、本の形をとった美術館のようなものである。各ページは色彩豊かな飾り枠に囲まれている。——フランドル・ブルゴーニュ派写本の最大のコレクションはブリュッセルにある。

中世の教会用豪華写本は、金および宝石の装幀をほどこされ、高価な神殿同然のものであった。仕上げは製本師ではなく金細工師が行なった。しばしばそのような写本は、彫刻をほどこした象牙板を用いて飾られていることもある。それによって書物は、真に王者の風格を与えられたのである。大聖堂の宝物室では、それゆえ、古装幀本が精選された品目のうちに挙げられている。こうした装幀のほかに、日常使用される書物には、簡素な皮革装幀もあった。写本室をもった修道院は、いずれも製本室をそなえていた。ここでは、一折り（一台）ずつの紙をかがり台にかけ麻糸で綴じ合わせた。綴糸のかがりつけてない〔本からひき出された〕端には、板で作られた表紙がとめられ、その上から全体が皮張りにされたのである。背表紙には綴糸が皮を通して認められる。こうした正規の綴じつけは、手かがり本に典型的な形を与えており、今日のわれわれからすれば美しく感じられるのである。ところで革表紙はさらに焼いた鉄、つまりいわゆる焼鏝と凹字型に彫った押型で飾りがつけられた。皮が削り取られるのを防ぐために、このほか青銅製の縁金も取りつけられた。これに加えて本が自然に開かぬように留金がつけられた。中世の書物はケースのような表紙の中に納まっているのである。その中には光や塵も湿気も浸入できない。こうした装幀はじつに多くのこの種の本を立派に保つことに寄与している。こうしたもっとも多く行なわれた方法のほかには、修道院ではいまだに鎖綴じや抜き綴じ製本がなされていた。この場合、板表紙の代りに皮紙が用いられ、紙をかがるとき同時に綴じ合わされたのである。

特別技巧に富んだ装飾は皮革によって可能になった。これに当てられた牛革は湿り気を与えられてから顔料をすり込まれた。とはいえ皮革はそれほど用いられたわけではない。今日世界じゅうで知られる中世の革表紙本の数は三百を越えるかどうかといったところなのである。

本の裁断は、今日のように切断によったのではなく、けずり取ったのである。本を横にすると目に入り易い断面に、しばしば書名が記入された。たとえば「アリストテレース」、「ホメールス」あるいは、ただ「聖書」の意味だけで「ビブリオテカ」〔書架または図書館を意味する〕と書いたのである。中世はまだ扉表紙を知らない。それで書名は表紙に書かれることもしばしばあった。その場合、よく表題を真鍮箔で枠囲いして、透明な素材で作った小さいプレートの覆いをつけた。時として表題は一文字ずつ表紙の上に刻印された。一四三三年作製のそうした装本の一冊がケルンに保存されている。一文字ずつ題名を刻印する技術は、印刷術の前段階と見なされる。——多くの中世の絵画や彫刻には、本をもった聖者が見られる。彼らは下方に延ばされた表紙革を摑んでいる。これが「袋本」という奇妙な製本なのである。時として極度に長い表紙革が結び合わされ、バンドにつり下げることができたほどのものもある。袋本は今日では稀にしかない貴重品になっている。というのは、このようにつり下げられ、読んだり保管したりするときには邪魔な革が、今日までもちこたえていることは滅多にないからである。

一五世紀、すなわちグーテンベルクの世紀には、多くの写本が紙に書かれた。ドイツ最初の製紙水車は、一三九〇年頃、ニュールンベルクでウルマン シュトローマーによって産声をあげた。今や字の読めるひとはじつに多くなったので、書物では多くの新しい問題が扱われた。市民の知識への憧れは、も

象牙板製本の１例
「聖グレゴーリウスと写字生」
11世紀
（ヴィーン，美術史博物館）

ザンクト　フローリアン修道院写本の福音伝道者のページ（裏面）
フランス，ラーンス派
9世紀前半の制作
（デュッセルドルフ国立市立図書館蔵）

はや押えつけられるものではなかった。いたるところに大学が出来た。一三四八年はプラーク、一三六五年ヴィーン、一三八六年ハイデルベルク、一三八八年ケルン、一三九二年エーアフルト、一四〇九年ライプツィヒ、一四一九年ロストック、そして一四五六年にはグライフスヴァルトである。つづいて他の地でも大学が設立された。本を所有したいという学者たちの願望は、当然の帰結として本の値段を安くさせた。皮紙に書写された豪華写本は、王侯や富裕な修道院だけが買えるものであった。修道院のほかに、民間の写本工房が生まれ、書物は紙に書かれ、彩色ペン画で装飾されることになった。その際しばしばじつに不器用な試みがなされた。すなわち、建物の内部とか都市の街路や家並を透視法で再現しようとしたのである。今や宗教書目ではなく、世俗文書に関心がおかれたため、写本は新しい内容に合わせて作られた。もっとも著名な写本工房は、ディーボルト ラウバーがハーゲナウの城砦にもっていたものである。書物は一種のゴティック風斜字体でじつに早く書かれた。テキストは数人の写字生に口授されたため、いつでも同時に数部の本ができ上った。とはいえ、いとわしい聞き違いということが、しばしばしのび込みはした。同時にすべての写本が売れたわけではなかったから、商人は書庫をもっていて、当時好んで読まれたものをすべて貯えておくことができた。ディーボルト ラウバーは出版案内を一つ残してくれている。それによって、われわれは、彼がどのような本を備えていたか知りうるのである。この手書きの出版案内は、現存する最古の出版案内であるが、同時に、一五世紀中葉の文献を概観する手掛りになる。ディーボルト ラウバーは、売れそうな作品だけを取り上げているからである。案内文には次のような文章が見られる。

要するにどの手の本をお求めになりましょうとも、大判小判、聖俗、美麗絵入り、こうしたすべては、ディーボルト　ラウバー、すなわちハーゲナウ城内の写字職のところにございます。

要するにローマ人の功業（*Gesta Romanorum*）(5)なる大冊があり、ローマで起きたことを語り、神の歩まれた場所を語り、ローマの諸皇帝および教皇たちがいかなる奇蹟的な業を行なったかを語るもので、絵入りです。次にキリスト伝。次に二十四長老、絵入り。さらに韻文聖書。次に騎士ウィゴライス殿、絵入り。次にヴォルフ　ディートリヒ、絵入り。次に全受難記、聖者の生涯冬の巻と夏の巻、二部の大冊。次に通年暦使徒書翰と聖福音集、注解付き。そして聖者聖女伝。次にオルレアンのヴィルヘルム、絵入り。次にヘリヴォンとガルプ殿とアーサー王、絵入り。次に東方の三博士の書、絵入り。次にパルツィファル、絵入り。次に七賢人の書、絵入り。次にベリアル、絵入り。次に競技騎士。次に大トロヤ、絵入り。次にオーストリア公、絵入り。次に天上の道、名づけてイタリアの客。次に十戒、注解付き。次に美しい婦人に己れの心臓を与えた誠実な騎士の物語。次にイソップ、絵入り。次に定評ある医事宝典。次にフリーゲダング、次にルツィダリウス。次にプファフェ　エミス。それから極小型祈禱書。次にロザリオ祈禱書。次に呪縛の騎士。次に絵解き占い。次に魂の慰め。次に騎士サント　アレキシウス物語。次に聖アンセルムの婦人。次にフランス王。次に王室法律書。次にトリストラム。次にチェス指南、絵入り。次に罪人聖グレゴリウス伝。次にモロルフ、絵入り。次にラテンおよびドイツ語聖歌集。その他諸々。

一三四四年、空前絶後の書物の讃歌をうたう本が完成した。イギリスのリチャード　ド　ベリィの『フ

イロビブロン *Philobiblon*（書物礼讃）』である。この書物の友は、イギリスの官房長であり、ダラムの司教であった。彼はすばらしい本の大コレクションをもち、熱愛していた。晩年職務にいくらかのゆとりができると、この書物の讃歌をあらわしたのである。今日六百年余も経てきた作品であるが、じつに記述は生々としている。本を愛好するものは、緊張せずしては読まぬであろう。『フィロビブロン』は著作後直ちに広く行きわたった。そのうち四六点のみの写本と多数の初期印刷本が残っている。この本はどこを開いても、われわれの心をひきつける。書物の内容に関する章、書物によってえられる歓び、本の買い方、書物蒐集、古い本新しい本について、図書の保管法、その他多くの事柄についての章がある。原本はラテン語で著されているが、この本はすべての文化国の言葉に翻訳された。

中世図書館の状態については、数多く残存しているカタログから知識がえられる。それらは大規模な刊行物『中世図書館目録 *Mittelalterliche Bibliothekskataloge*』で新たに編纂されているし、あるいは部分的にはさらに今後編集される予定である。これらのカタログの大部分は、学識ある司書によってラテン語で記録されている。王侯の図書館には、ドイツ語による目録もある。次に一四六六―七年のヴィルヘルム フォン エッティンゲン伯図書目録からの抜粋を挙げよう。

ここに書き記した書物は、わが主君がその図書室に所有しているものである。ディテラーの書と名づけられたもの一冊。サント ヴィルヘルム伝一冊。皇帝法一冊。罪の悟り一冊。人知の鑑と名づけられたもの一冊。通年

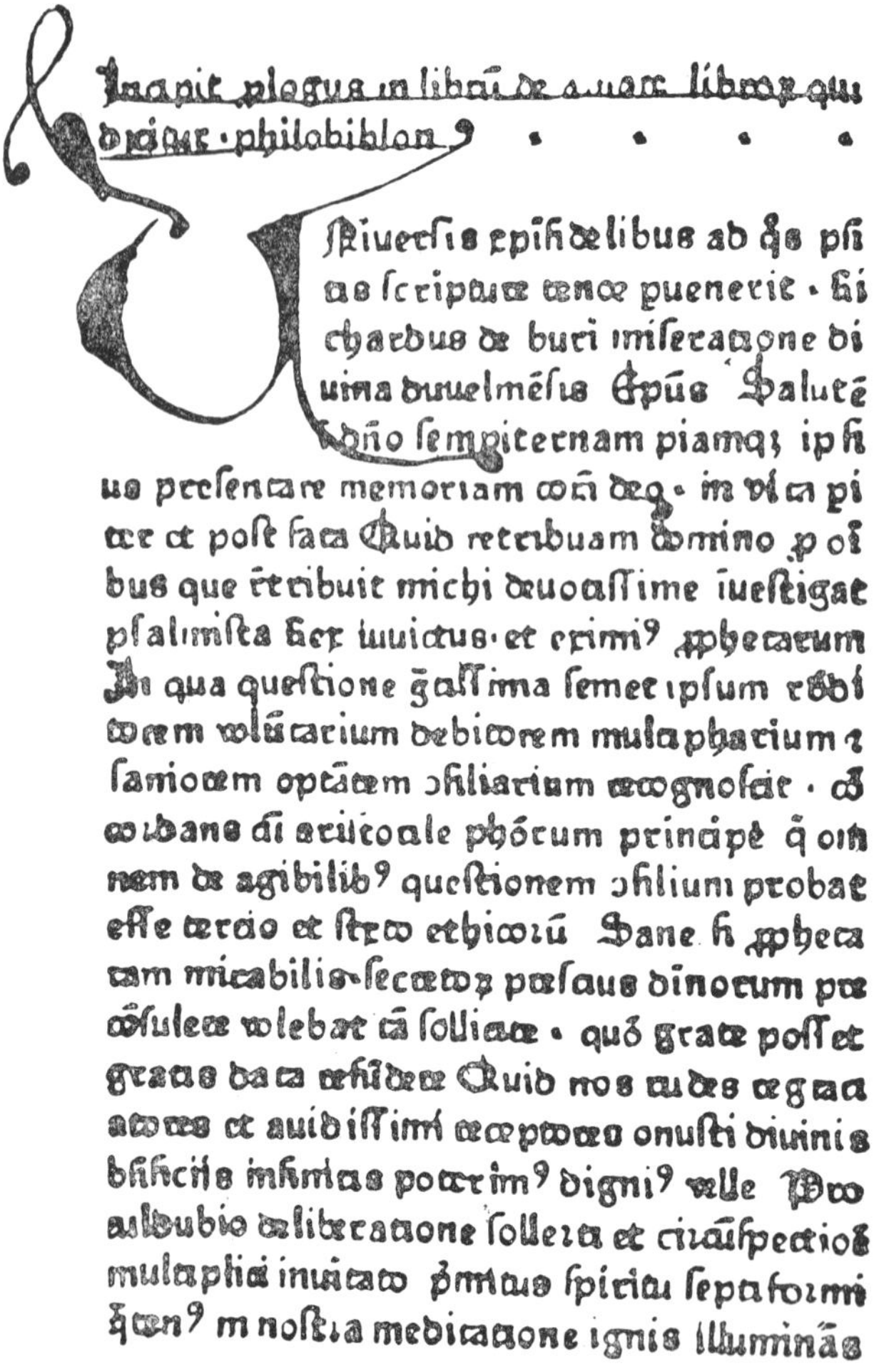
Incipit plogus in librū de amore librorū qui dicitur philobiblon

Uniuersis xpīfidelibus ad quos psē
tes scripture tenor puenerit . Ri
chardus de buri miseratione di
uina dunelmēsis Epūs Salutē
in dño sempiternam piamq3 ip si
us presentare memoriam coram deo . in vita pi
ter et post fata Quid retribuam domino p om
bus que retribuit michi deuotissime inuestigat
psalmista Rex inuictus et eximius phetarum
In qua questione gratissima semet ipsum reddi
torem volūtarium debitorem multipharium et
saniorem optātem ↄsiliarium recognoscit . cō
cordane cū aristotele phōrum principe q oīm
nem de agibilibus questionem ↄsilium probat
esse tercio et secundo ethicorū Sane si pheta
tam mirabilis secretorum preseius diuinorum pre
consulere volebat tā sollicite . quō grate posset
gratis data refundere Quid nos rudes regrati
atores et auidissimi receptores onusti diuinis
bn̄ficiis infinitis poterimus dignius velle Pro
culdubio deliberatione sollerti et circūspectiōe
multiplici inuitato primitus spiritu septiformi
quatenus in nostra meditatione ignis illuminās

『フィロビブロン』
序文の初めのページ

暦聖福音集説教集一冊。聖歌集解一冊。二十四長老一冊。ザクセン法鑑と名づけられたもの一冊。普通法と名づけられたもの一冊。トロヤおよびアレクサンダー大王一冊。聖降臨節福音集についての本一冊。ドイツ・ラテン語彙集と名づけられたもの一冊。黄金文書一冊。われらが主の生涯と名づけられたもの一冊。ドイツ語による四受難伝およびわれらが主の受難奇蹟を納めたもの一冊。チェス指南一冊。騎馬競技者と名づけられたもの一冊。この書の中には、ヴォルフラム フォン エッシェンバハ殿の詩、息子の学び、愚かな父の学び、オーストリアの戦い、ナイトハルトの詩、フラウエンロープ、ブレンベルガーの詩、レーゲンボーゲンの詩、職匠詩人コンラート〔フォン ヴュルツブルク〕の詩、マルナーの詩と多数のものがある。ヨハンネ デ モンテ ヴィラ伝一冊。ドイツ聖歌集と名づけられたもの一冊、ラテン文つき、故令室ご使用。詩選集一冊。オットー フォン デンメリンゲンの本一冊。これは諸外国、珍獣、世にも不思議な異国人およびその他多くの珍らしいことどもを各章に扱う。聖母の序言と名づけられるもの一冊。文例集一冊。格言詩と歌謡の本一冊。ビルミティンの刺胳指導。ビルミティン小医事宝典。金細工術と名づけられた小冊子一。人間形成の医術一冊。硝石より火薬を作る法小冊子一。

書物の大愛好家はイタリアの王侯にもいた。コシモ デ メディチは、一四四一年、イタリア最初の公共図書館「マルチアーナ」を建てた。長年彼は、図書蒐集家ニコロ デ ニッコリ（一三六三—一四三七）を顧問とした。このひとは、自分でも八百の写本をもって同時代では最大の個人図書館を所有していた。フローレンスには、やはり写本商人のヴェスパシアーノ ダ ビスティッチが活躍していて、一度はコシモ デ メディチのために、四五人の写字生を使い二百部の写本を二年のうちに作らせた。

ハンガリーでは、一四五八年より一四九〇年までマティーアス コルヴィーヌス王が統治した。彼の名前は、つねにすべての書物史家から敬意をこめて呼ばれる。というのは、彼は僅かな年数のうちに、大約三千冊の写本を蔵する図書館をまとめあげたのである。マティーアス コルヴィーヌスは、同時代の写本大商人と絶えず連絡を保っていた。彼の居城のオーフェン、そしてフローレンスでは、数多くの写字生が彼のために仕事をしていた。コレクションの本はどれも、イタリアでオリエント系の製本師によって高価な装幀で仕立てられた。この製本によって、オリエント風の書籍様式がイタリアにもたらされたのである。中心部と四隅は、たいてい金で飾ってある。王の見事な図書館は、トルコが一五二六年オーフェンを占領したとき、大部分が壊滅した。ただの一二五部が世界じゅうの図書館に残存するのみである。「コルヴィーヌス本」は、今日きわめて選り抜きの貴重品となっている。

書物にとって重要な意味をもつのが、一五世紀の初めバーゼルとコンスタンツで催された公会議であった。一四一四年より一四一八年まで続いたコンスタンツ公会議の間、数千の聖職者が市内で待機した。しかし、なかでもイタリアの人文主義〔古典学〕者が聖職者と間柄がよく、この機会を利して、ドイツの修道院図書館を回っては古代の写本を探し出したのである。何世紀もの間眠り続け、当時のドイツでは僅かしか関心をもたれなかった写本を見つけるのは手易いことであった。何百という写本が、教皇秘書ポッジョ ブラッチオリーニその他のものによって、ドイツやフランスからイタリアに運び出されている。これらの図書をもっていた図書館には損失であったが、学問にとっては意外な成果であった。イタリアの人文主義者は豊富な文献比較資料によって、テクストを改訂し、大部分を印刷に付すことができたからである。

知的な関心を懐くものの数が増大するにつれ、図版やテクストを複製することもますます急を要するようになった。そうしたわけで、一四〇〇年間近に、木版が紙に転写されたのである。黒色の輪廓はたいていまだ手書きであった。すでにそれより以前、木版を生地に転写する「布刷り(捺染)」といわれた工程はあった。初期のもので年代が知られる木版は、一四一八年のブリュッセルに保存される聖母像とマンチェスターにある一四二三年のクリストフォロス像である。一五世紀には何千というそうした木版一枚刷りが作られた。しばしば一部だけが今日まで伝わり、そしてしばしば破損している。書物の表紙に張りつけてある場合には、最上の状態が保たれている。一五世紀の一枚刷り木版画のシュトラースブルク版複製全集は百巻にも達している。木版は、初期印刷時代の書物を飾るのに、もっとも好まれる技術にされていったのである。

銅版は一四四〇年間近ドイツで考案された。木版は一種の凸版である。残っている線が紙に転写される。銅版はそれに対して、凹版である。顔料が彫りつけた線に入っていて、それが紙に転写されるのである。それゆえ、銅板の場合遙かに強い圧力を必要とし、またわれわれは紙に押しつけられた銅板の縁によって、それが銅版であると見分けられるのである。強く押しつけられるため、銅板はすぐに磨滅する。三百枚以上は良い複写がとれない。しかし、それほど少ない数であっても複写の質には違いがである。刷り初めのものほど終りの方よりも望まれる。それゆえ、今日の銅版作りは、総部数がいくつであり、この版の何番目の複写であるか、ということを表示する(たとえば、45／200、すなわち二〇〇部発行のうちの第四五番刷り、というように)。

一五世紀の木版はほとんどすべて、無名の芸術家によって作られたが、一方同時代の銅版の多くについては、芸術家の名前か、少なくともイニシアルが知られている。それは、銅版が芸術として、より高く評価されていたからであろう。木版は主として、線画を複製するために用いられ、銅版は当初より独立した芸術と見なされていたのである。われわれは今日、およそ三千百点のさまざまな一五世紀の銅版画を知っている。この世紀前半の作である銅版には、作者についてのなんらの表示もない。本がすでに印刷されていた時代である一四六五年から、数多くの版にE・Sというイニシアルが読める。ここでわれわれは「画匠E・S」のことを言っているのである。多くの銅版画家に対して、美術史はそのような応急の名前の助けをかりざるをえなかった。またカルタの画匠、女の力の画匠、あるいはニュールンベルクの画匠とかベルリーン受難画匠と言うのである。カルタの画匠は、多くの写本画家にとってイニシアルや蔓文様の装飾法の手本となっている。一四七〇年頃、初めてフルネームが一枚の銅版画に現われた。イスラヘル フォン メッケネムである。この画匠は、他人の銅版を模写することを恥じなかった(それに当時は恥じる必要もなかったのだ)が、厖大な数の作品を残している。銅版画のまったくの巨匠は、画家としても有名なマルティン ショーンガウアーであった。彼のイニシアルが記された一一六点の版画は今日なおも、その魂こめられた生の再現をもってわれわれを楽しませてくれる。技術面で、ショーンガウアーはデューラーの銅版技術をまったく先取りしている。一四九一年、彼はブライザハで死んだ。ところで、銅版画は一枚ものとして刷られた。一五世紀には、銅版画が本に入れられたことは、じつに数えるほどしかない。一六世紀の最後の四半世紀になってようやく銅版画が插画技術として浸透し、一七世紀に木版画を駆逐することとなったのである。

貴族であったバイエルン地方裁判官ピューテリヒ フォン ライヒェルツハウゼンは、古いドイツ文学の写本を多数集めていた。一四六二年に書かれたオーストリア大公妃メヒティルトに忠誠を示す詩の中で、彼は自分の財宝を数え上げている。そこで彼は率直に、これらの書物の入手手段について語っている。

かき集められたるこれらの書物は、
盗み、強奪、はたまた借りたもの、
贈られ、写し、買い、そしてまた掘り出したもの。

この「表敬書翰」は、数ある作品中、ヴィレハルム、パルツィファル、ローエングリーン、アレクサンダー書、イタリアの訪問客などを挙げているが、ヴォルフラム フォン エッシェンバハを最大の詩人と見ているのである。

EL SEQVENTE triũpho nõ meno mirauegliοſo dl primo. Impo che egli hauea le q̃tro uolubile rote tutte, & gli radii, & il meditullo defu ſco achate, di cãdide uẽule uagamẽte uaricato. Ne tale certam̃te geſtoe re Pyrrho cũ le noue Muſe & Apolline ĩ medio pulſãte dalla natura ĩpſſo.

Laxide & la forma del dicto q̃le el primo, ma le tabelle erão di cyaneo Saphyro orientale, atomato de ſcintillule doro, alla magica gratiſſimo, & longo acceptiſſimo a cupidine nella ſiniſtra mano.

Nella tabella dextra mirai exſcalpto una inſigne Matrõa che
dui oui hauea parturito, in uno cubile regio colloca
ta, di uno mirabile pallacio, Cum obſtetrice ſtu
peſacte, & multe altre matrone & aſtante
Nymphe Degli quali uſciua de
uno una flammula, & delal-
tro ouo due ſpectatiſſi
me ſtelle.

* *
*

** 『ヒュプンエロトマキア』
（アルドゥス本）

一五世紀および一六世紀

何世紀もの間、書物は修道院の中で、手によって書かれるという苦心の末生まれていた。今や、書物をもっと簡単にしかも安く作れないものか、という考えが頭をもたげて来た。需要は市民階級の擡頭とともに増大していたのである。売れ行きの見通しはよかった。本の複写にかり立てた最初のものは、木版であった。文書は絵と同じ方法で転写ができるようになった。そのようにして、一五世紀前半に「木版本」が生まれた。これは活版印刷が発明されたのちも、数種の書物になおもしばらく維持されていた。木版本を作るには、絵と文字を木版に彫り込まなければならなかった。次いでそれをもとに紙を押しつけて摺ると片面刷りがえられた。白紙の面を相互に張り合わすと、両面が印刷された形となり、それを一冊の本にまとめたのである。木版本の版画は、しばしば手描きで彩色されたので、同時代のプリミティヴな写本に非常に似たものとなった。木版本は、今日きわめて稀少な品である。図書館にとっては、一部ないし数部保有することが誇りなのである。いくつかは、ハイデルベルク、ヴォルフェンビュッテル、ミュンヘン、パリー、ロンドン、マンチェスターにある。そのうちもっとも重要なのは、『アンチクリストの書』(1)、『アルス　モリエンディ(2)(至福な死への手引き)』、『カンティークム　カンティコールム(ソロモンの雅歌)』、黙示録、手相術、木版ドナートゥス教本[3](数種の文法書)、『トーテンタンツ[4](死の舞踏)』および『ミラビリア ローマエ[5](ローマの奇蹟)』である。一部は異本が伝わっている三三のさまざまな作品のうち、テクストが手写されているものと、テクストも絵も木に彫られ転写されたものとの相違がある。このほかに、テクストのみを載せた木版本がある。イタリアで作られた受難録シリーズを例外とすれば、すべての木版本はドイツとネーデルランド(オランダ)で出版されている。

木版本では部数を多く作ることはできなかった。使用される版木がたちまち磨滅し、摺り張り合わす仕事は時間がかかり、金もかかったのである。それゆえ書物を複写する別の道が発見されざるをえなかった。木に代っては耐久性のある金属が、手摺りに代ってはプレスが登場すべきであった。そこで初めて発行部数を思いのままに増やすことが可能になったのである。こうした大目標は、技術的な手段をもってのみ達成しえた。それゆえ一人の金細工師が決定的な事業に成功することになったのである。マインツの都市貴族ヨハネス グーテンベルクがそのひとである。彼は、写字生が数世紀来行なってきたことを機械的方法でなし遂げようと思った。彼の念頭に浮んだのは、まったく新しい技術の考案ではなく、写本の機械的製作であった。そういうわけで、最初の印刷本は写本に非常に類似しており、目の確かでないひとは、写字生の作と区別するのに骨が折れるほどなのである。

極東では、すでに一四世紀に活字本が印刷されている。最初は粘土の活字を用いていたが、一三九二年頃朝鮮で金属活字が作られた。だが、これらの国ではアルファベット式文字を用いていなかったので、作業は筆写よりも時間をとった。シナの発明は世界を征服しなかったのである。こうした事業はマイン

ツの人ヨハネス グーテンベルクの手にゆだねられる運命にあった。彼は彼の大発明をするあらゆる予備条件を具えていたのである。有数なマインツの旧家の出であった彼は、長期にわたって金の心配もなく自分の考えに没頭できるだけの財産に恵まれていた。彼が一三九八年頃生まれ居住していたマインツ市には、多くの修道院が数多くの高価な写本をもっていた。それが書籍印刷の発明者に、文字や配列の手引きをしたわけである。この金細工師組合に所属していた職匠（マイスター）は、技術面には卓抜な才能をもっていた。彼は、書物を書写する苦労を軽減するにはどのようにすればよいか、ということを絶えず考え求めた。こうしたことは、今やじつに多くのひとびとが字を読めるようになり、書物の所有を望むからには、緊急の要となっていたのである。

書籍印刷術発明の前段階は、すでに何世紀も前からあった。貨幣はすでに古代に打ち出され、布は中世から捺染されていたし、碑銘を刻んだ木版画は一五世紀冒頭より知られている。印刷プレス機には、葡萄しぼり機が範を示しえたのである。(6)

グーテンベルクの大成果は、金属活字の製法にある。グーテンベルクは写本の摸造を心がけていたため、彼は、写字生が用いていたあらゆる文字記号を利用せざるをえなかった。すなわち、大文字、小文字、数個の句読点のほかに、非常に多くの連字〔二個の文字を一個に合わせたもの〕、接字符号、文字の別形および省略符号がそれである。彼はそのほか、複合字も作り、それによって驚くべき調和を保った文字面を生むことができた。写字生は無数の字形を書き出すことができた。何世紀もの慣習が、そうした字形を作り上げたのである。グーテンベルクは、こうした字形の一つびとつを、自作の母型に刻まなければならなかった。今日のわれわれが一個の小文字eで満足するところ、彼は一〇個の異った字形をもっていた。小文字のrについては四個で、普通体、左側にひげをもたぬ複合形、ある種の文字の前に規則的に用いられた丸味を帯びた形、それから省略符号をつけたものである。グーテンベルク聖書の柱見出しを一目見ただけで、写本の美しさと洗練に近づこうとした、いや、それを凌ぎさえしようとした発明者の労苦の多くが語りかけてくるのである。

字型を鋳造するには、その一つびとつについて、鉄の印型を彫り、それを銅の小塊に打ち込んだ。そうして母型ができた。これもグーテンベルクによって考案された手動鋳流し機によって、溶かした鋳造材を用いて、母型から必要量の文字が鋳造されたのである。

金属による個々の活字の製作から、標準となるページの印刷に至るまでは、長い道のりであった。活字は活字箱に排列されねばならなかった。こうして一個一個の印型が定った場所に置かれた。ステッキ、原稿架およびあらゆるこまごました組版用の道具が考案されたのは当然のことである。さらに印刷用インクとインク付け用のバレンが作られねばならなかった。印刷には、それに適した紙または皮紙が必要であった。しかしもっとも重要なのは、大きな印刷面を均質に写しとることのできる印刷プレス機の製造であった。手本としては葡萄しぼり機があったものの、印刷プレス機は、まったく別個の精密さを要したのである。紙が全面にわたって同じ力でインクのついた版面に押しつけられたときにのみ、良好な結果が期待しえた。表ページと裏ページの印刷が、完全に揃うようにするために——「帳面を合わせる」

** グーテンベルク聖書に用いられた文字と記号
さまざまな字形を使用することによって，行の
長さを統一する工夫が行なわれた

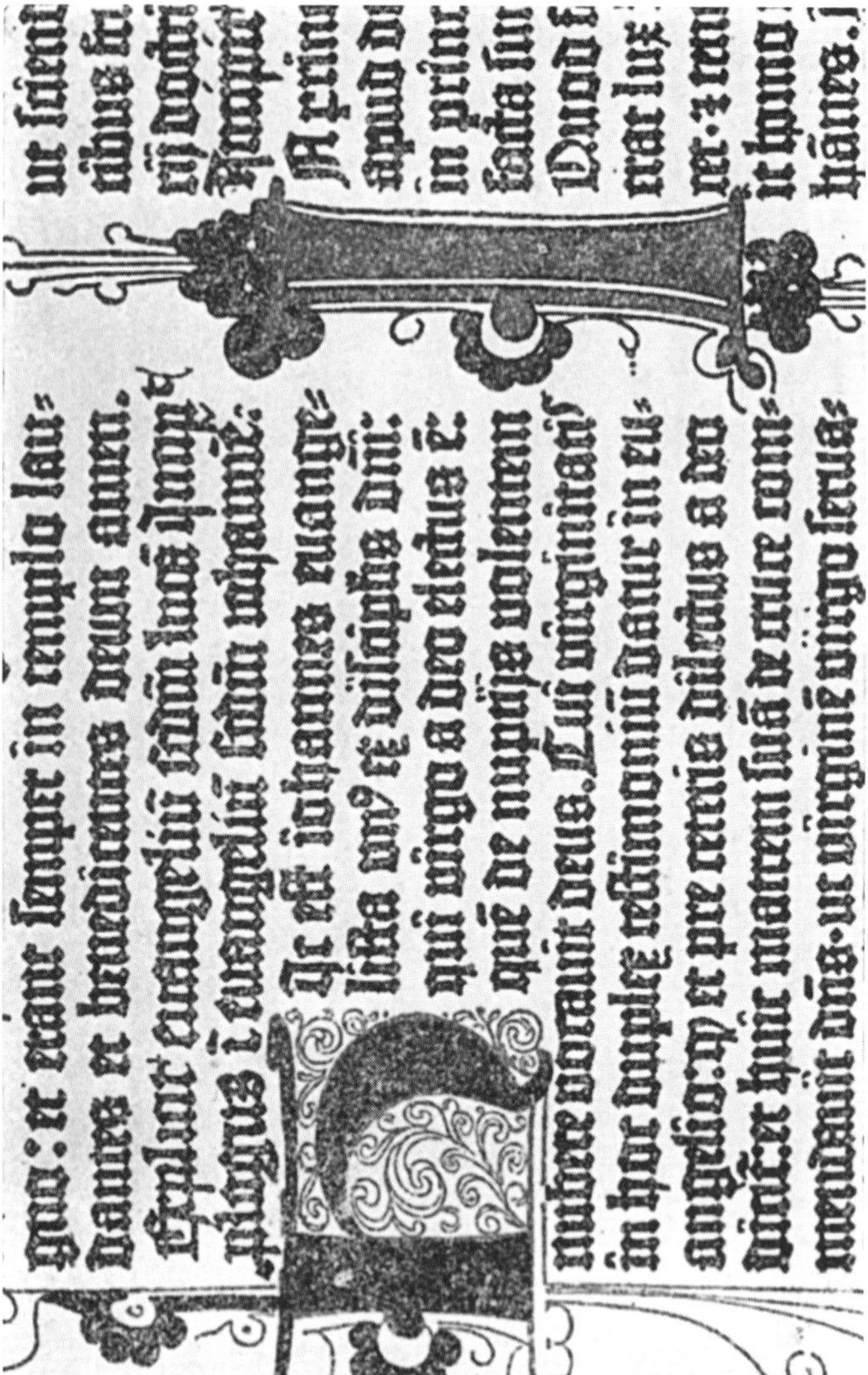

** 四十二行聖書の部分（原寸大）
ヨハネの福音書の冒頭（イニシアルは手彩色されている）

16世紀の印刷工房（「印刷機に敬意を」の銘がある）

と今日のドイツの印刷工は言うが――、グーテンベルクは天才的な着想をえた。彼は印刷する紙の四隅を針穴で止め、裏面の印刷のとき再びそれを用いたのである。このいわゆる留め針法は、今日でも最初の印刷物の多くに認められる。

グーテンベルクが発明を完成するには、長い年月がかかった。それには彼がもっていた父祖伝来の財産を費やしたばかりではなく、莫大な借財まで負い込ませられることになった。この有能で、自らの着想にとりつかれた男は、常に、大きな利益を期待する出資者たちの信頼をすぐさま獲得したのであったが、借金を期限までに返済することは一度としてできなかった。それゆえ、この発明家の人となりや生活状態についてわれわれの知っていることのほとんどすべては、裁判記録に基づいているのである。すでに一四三九年、彼はシュトラースブルクで、ドリッツェーン兄弟から貸金不払いのかどで訴えられていた。一四五五年には、出資者フストによって起こされた裁判に敗れ、仕事場と印刷し上げたばかりの聖書を失った。こうした証書類は、ある時期にグーテンベルクがどこにいたかを確定するよすがとなる。知られることは、すなわち、彼はマインツに一三九八年頃生まれ育ち、一四三四—四四年はシュトラースブルクに滞在し、一四四八年以後再びマインツに居住し、一四六八年に死んだ、ということである。彼の印刷機械は何一つ残存していない。ただ彼による印刷物が彼の技術および芸術上の能力を証明するのである。同時代の肖像も今日には伝えられていない。われわれに知られるもっとも古いグーテンベルク像は、パリーのテヴェによる銅版画で、死後一一六年たってようやく描かれたものである。グーテンベルクのための生きた記念碑として、一九〇〇年マインツにグーテンベルク博物館が建設され、一九六二年、新たに品位あるいくつもの展示室をもって「印刷術世界博物館」に拡張された。

グーテンベルクの印刷物のうち、聖書は、広く名声を博している。今日では、約二百部印刷されたうちの四七点が残存している。その一点一点を呈示し、綿密に記述した目録がある。それには、現在の保管地のほかに個々の本の所有者も記載されている。現存のグーテンベルク聖書のうち一二部は皮紙に印刷されている。紙製の本は大むね二巻に製本されているが、皮紙製の本は三巻に分かれる。三巻本皮紙製でもっとも美しい冊子は、ワシントンの議会図書館が保有している。学者は、グーテンベルク聖書にはどのような表示もないために、四十二行聖書（省略してB^{42}）という。彩色もなく未製本のものは発行時

** グーテンベルク印刷工房の復原（マインツ，グーテンベルク博物館）
中央の鍋の湯気で紙を湿して，左の斜になっている板に載せ，バレンでインクをならした版盤に倒し，次いでプレスの下に押し込む，天井の梁にそって張ったロープは刷り上った紙を乾かすためのもの。奥に見えるのは活字箱

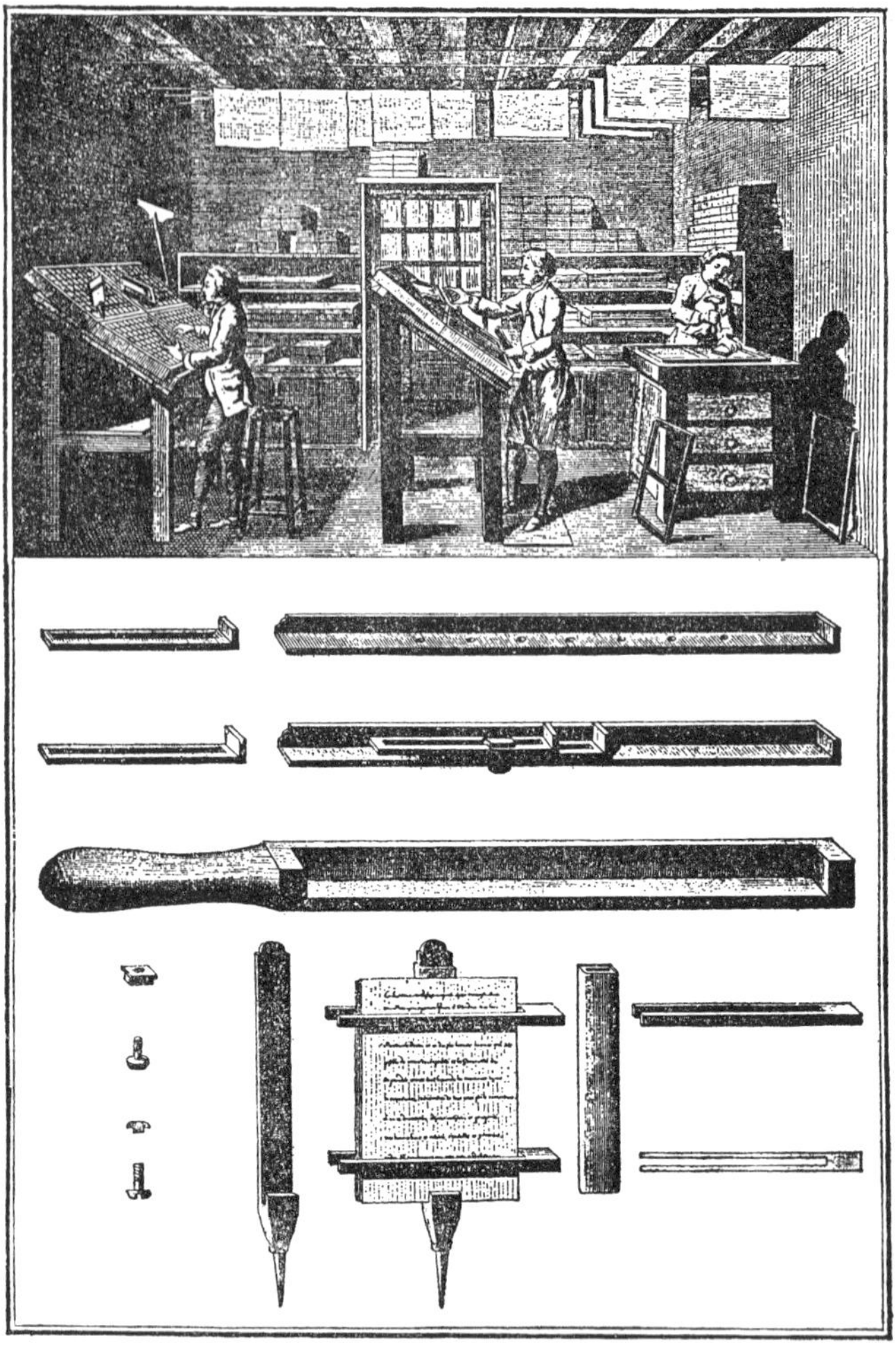

** 植字作業と道具（18世紀の銅版画）
下段の図上３個は１行分の活字を拾い並べるステッキの分解図。
下は活字箱に立てて用いる原稿架の分解図，行を間違えないよう
に上下に移動できる原稿ばさみが特徴

（今日の金額にして）約六〇万円で売られたが、グーテンベルク聖書の今日の値段は、五億円以上である。この世界最初の規模の大きい印刷物は、今日に至るまで、もっとも美しい印刷本の地位にとどまっている。一四五五年完成したこの聖書の完璧なことは、われわれがそれを何世紀にもわたって習熟されたゴティック書体写本術の最高極致と見なすときにのみ理解することができるのである。

グーテンベルクは、聖書を印刷するかたわら、比較的小さい書物の印刷でいくらかの金を儲けようとした。このようにして生まれたのが二、三の学校文法書（「ドナートゥス教本」）、一通の免罪符、一冊の典礼用聖歌集である。グーテンベルクが『巫女書断片』、『天文暦』、一四五五年の『トルコ暦』というトルコに対する抗戦記および三十六行聖書と同じ活字の『ミサーレ スペキアーレ（特定ミサ典書）』を印刷したのであるかどうかは、今日に至るまで明らかにされていない。また、グーテンベルクが一四六〇年マインツで作製された辞典『カトリコン』の印刷者であるかという問題も未解決である。この辞典はしばしば彼によるものとされたし、その結びの文章は、新しい技術の偉大さを認め、敬虔で謙虚な点において、書籍印刷術の発見者の手になることを示しているようでもある。翻訳すれば、その文章は次のようになる。

いとけないものの舌をして話をさせるみこころをもち、折々は幼いものに、賢者にも秘められたことを解き明かす至高者のお力ぞえにより、このすぐれた書カトリコンは、一四六〇年、神の慈悲をかくも明るい霊の照明と、かくも恩寵に満ちた贈物により、地上の他の民族に先立ち身にうけ讃えるに価する栄あるドイツ国民の良き都マインツにて、筆管、鉄筆あるいはペンの助けをかりず、活字母型と組版との驚くべき調和、均衡そして均斉によって印刷され完成された。

グーテンベルクのマインツでの最初の共同制作者は、ペーター シェファーと出資者ヨハン フストであった。シェファーは、グーテンベルクの印刷者となる前は、パリーで写字生として働いていた。一四五五年グーテンベルクに対して起したフストの訴訟では、シェファーはフスト側の証人に立っている。フストが一四六六年パリーで死ぬと、彼はフストの娘のクリスティーネと結婚した。こうしてシェファーはフスト印刷所の所有者となった。フストの生前にできた作品には二人の名前が入っている。こうした事情のもとで、一四五七年の燦然たるマインツ聖詩集は、黒、赤、青の三色を用い、ただ一つの印刷工程で印刷されたのであった。赤と青の活字は、印刷にかかる前に引き抜いて、一本ずつ色をさしたに違いない。この終始驚嘆に価する本の印刷機構は、おそらくグーテンベルクの製作にかかるものか、少なくともその計画に基づくものであろう。続いて一四五八年、今日では非常な稀覯本『カーノン ミサエ（ミサ典文）』が、一四五九年には、三色刷り聖詩集ブルスフェルト版および、ローマ典礼の象徴的アレゴリーで、非常に小さい文字で印刷されたグィリエルムス ドゥランドゥスの『ラティオナーレ（典礼解義）』が出された。重要な作品には、一四六二年に出版された四八行組二巻本ラテン語聖

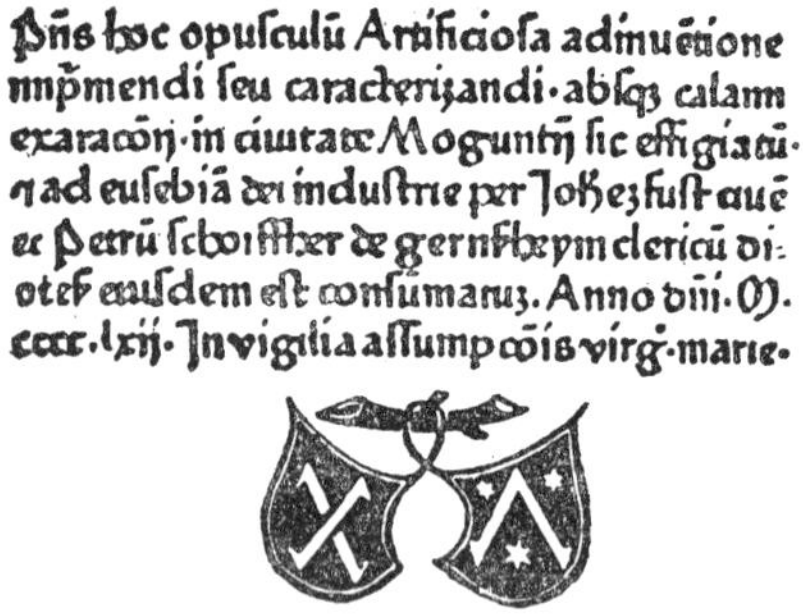

フストとシェファーの用いた世界最初の印刷人マーク（1457年版聖詩集より）

ルードルフ　フォン エムス『世界年代記』
西南ドイツ，1325—1350頃
(ベルリーン，プロイセン国立図書館蔵)

書があって、美しい形のゴティック゠アンティカ書体が初めて用いられたのである。この聖書は、フストとシェファーの印刷者紋章の入った最初の印刷物である。それは一本の梢に下った二個の家紋で、現在ドイツ書籍業取引所組合(ベルゼンフェアアイン)が紋章として採用している。一四五七年のマインツ聖詩集のヴィーン本にある印刷人マークは、印刷完了後数年たってから、この本に刷り込まれている。初期の多くの印刷者は、フストとシェファーの例にならって印刷人マークを作っており、しかも多くのものが梢から下った家紋の形を踏襲している。

書籍のほかに、フストとシェファーは教科書(「ドナートゥス教本」)、免罪符および、王侯の令書を印刷した。令書について言えば、一四六二年に公布されたディーター フォン イーゼンブルクのアドルフ フォン ナッサウに反対する宣言書が特記に価する。

シェファー個人の名前を記載した最初の作品は、トマス アクイナスの主要著作の刊行、すなわち一四六七年三月六日付けの『神学大全』である。ペーター シェファーが彼の没年一五〇二年までに製作した二百種を越す各種の印刷物のうち、きわめて重要なものは次の通りである。

一四八三年刊。ブレスラウのためのミサ典書。木版聖徒像一葉入り。

一四八四年刊。『ヘルバーリウス(植物標本図鑑)』。木版植物絵図多数。

一四八五年刊。草本書『ホルトゥス サニターティス(薬草園)』。ドイツ語。新木版画多数。

一四九二年刊。ザクセン年代記。

一五〇二年刊。マインツ聖歌集。シェファー最後の印刷本。

一五〇〇年までに印刷された書物のすべては、「インキュナビュラ」あるいは「揺籃印刷本」と呼ばれる。インキュナビュラはラテン語のインクーナーブラ incunabula すなわち、おむつ、からきている。「揺籃印刷本」とは、印刷術がその出現時にはまだ揺り籠の中にあった、ということで、よく誤解されるように、初期印刷物が揺り籠のような道具で作製された、というのではないのである。以前は、まだインキュナビュラが僅かしか知られていない頃、一五三〇年までに印刷されたものをすべて初期印刷本に数えていた。一五〇〇年までという数え方は、まったく勝手にしているのではない。一五〇〇年以前に印刷された書物は、事実、それ以後に作られたものとは別様なのである。それゆえ時折カタログで、一五〇〇年以降に出版されていながら、なおインキュナビュラのように見える本が、「インキュナビュラ様式」で印刷されている、と記されるのである。インキュナビュラは、図書館で特別保護をうけている宝物に属する。図書の総所蔵数を表示するときには、写本とインキュナビュラは、つねに特別に挙げられるのである。

写本と同じく、インキュナビュラは扉表紙をもたない。目の前にある本について何かを知ろうと思うものは、巻末を開かなければならない。最後のページまたは目次と後書の前のページには、しばしば結びの文字がある。これが「コロフォーン(奥付)」(原意は頂き、尖端)である。ここから、いつ、どこでこの本が印刷されたか、だれが印刷し、著作者はだれで、どのようなことを取扱っているのか、ということがわかる。しばしばこうした表示のうち二、三の事項しか書かれていないことがある。コロフォーンの下には、大むね印刷者の紋章がある。この紋章が赤ないしセピアで印刷され、結びのページが特有な美しさをたたえていることもある。

揺籃印刷本全体の目録は、同時に一五世紀に読まれた文物の目録である。印刷者が読者のつきそうな書物だけを刊行したからである。それらはほとんど、長い間写本で流布されていたテクストのみである。同時代の文物は、じつに僅かしか印刷されなかったのである。教会および宗教関係の著作のほかには、世俗的な素材も扱われている。

初期印刷物の中には、多くの年代記が見られる。このうち世界年代記であるヴェストファーレンのカルトジオ（シャルトルーズ）会士ウェルナー ロレヴィンク作『ファスキクルス テンポールム（現代世界早わかり）』（一四七四）はもっとも流布したものであった。自然科学に対して目覚めた関心は、植物、動物、蒸留法の本を呼び出した。植物書は同時に薬物書であった。どの植物にも、どのような病気に対して効目があるかが記されていたからである。おぞましい拷問器具の絵の入った法律書が大部数だされた。魔女裁判の遠因となった魔女の槌（『マレウス マレフィカールム』一四八七）もその一つであった。ヴォルフラムの『パルツィファル』がただの一版しか出版されえず、一方、わけても、ハインリヒ シュタインヘーヴェル（一四七六）が、ドイツ語に訳したイソップ寓話集が百以上の異本に印刷されたのには、驚嘆せざるをえない。時代の趣味は、騎士文学よりも教訓文学に傾いたのである。宗教書の中では、聖書、聖徒伝、「アンチクリストの書」、聖書章句付き典礼書（プレナーリウム）および「キリスト伝」が特記されよう。新年への祝詞と予言を載せた暦も大部数出版された。聖地旅行記も愛読された。その他、古代の著作の刊行やニコラス フォン ヴィーレの『トランスラッツェン（翻訳もの）』のようなイタリア詩人の翻訳があった。

初期印刷物の三分の一以上は、印刷者や印刷地、出版年号の表示がついていない。この場合本を区分けしようとするには別策を講じなければならない。初期の印刷者はだれでも、独自の活字をもっていた。今日の活字鋳造工場のような独立した活字製作者がまだいなかったためである。こうした特異性に立脚したのがプロクター＝ヘーブラー法で、初期印刷物を活字から判定するのである。その手順は次のようである。ヘーブラーの作った四九の異ったMの書体を載せたM字表の中で、調査対象のインキュナビュラに用いられている大文字のMにもっとも近いMを探す。次に二〇行のテクストの間隔をミリメートル単位まで測る。この二つのデータをもとに、ヘーブラー表を繰って印刷者を探すのである。調べたデータが数人の印刷者に該当すれば、表に示されたさまざまな事項に一致することが確かになるまで、問題の印刷物に現われる特色を探さねばならない。次いで試しに、「活字学協会」によって刊行されている複製の中から、探し当てた印刷者の一ページを取り出し、問題の原典のページと照合することができる。場合によっては、さらに多数印刷されているインキュナビュラ目録の一つで、この本を検出することにも成功しよう。すなわちページ数が一致するか、版面の規格が同一であるか、ということを確定しうるのである。もっとも良いインキュナビュラ目録の一つは、ロンドンの大英博物館インキュナビュラ・カタログであって、都市別項目の下に印刷者別項目がある。揺籃印刷本の大規模な綜合カタログは、今次大戦により中断され、残念なことにF項の中途でとどまっている。

インキュナビュラからは、特別な魅力が発散される。こうした書物よりものちに建った建物の多くがもはやなくなっているのに、インキュナビュラは、まるでたった今印刷機からでてきたようにわれわれの目の前にある。木繊維を混入しなかった紙は花のような白さを保っている。装飾、角金そして留金をつけ、手仕事によって仕上げられた革装幀は、誕生以来数世紀を隔てても、ほとんど傷んでいない。黒い印刷インクはもともとの光沢を保っている。

書物蒐集家はだれでも、インキュナビュラを数冊持っていると言えるのを誇りとする。今日では稀であるし高価にもなっているからである。シェーデルの『世界年代記』は、すでに一六〇万円もしているし、見ばえのしない初期印刷物でも、販売カタログやオークション・カタログで、一〇万円はしているのである。

一五世紀のうちにすでに、小さなレッテルを所有者の印しとして書物に貼付ける風習ができた。いわゆる「エクス リブリス Ex libris」である。このラテン語の名称は「(何某所有の)本のうち」という意味で、この下に所有者の名前または紋章を記した。写本にも所有者がしばしば手書きをしていた。そこにはさらに、折々、蔵書家の呪詛が読める。たとえば、「この書を私は愛玩する。これを盗むものは盗人であり、縛り首にされる」と。多くの初期印刷本や下って一六世紀の書物にも、そのような呪い詞が見られる。

もっとも古いものと知られる蔵書票(エクスリブリス)は一五世紀の九〇年代のものである。それは、ヒルプランドゥス ブランデンブルクがブクスハイムのカルトジオ修道院図書館に贈った本を示すもので、一天使が牛の描かれた紋章をもっている図柄である。初期のエクスリブリスは書物の装飾であって、自己目的となった今日の蔵書票ではもはや示しえない風格がある。

初期印刷時代には、平均して一点の本が三〇〇部しか製作されなかったが、それでも全部を一度に売ることは印刷者にとって容易なことではなかった。そこで印刷者は余儀なく一部を貯蔵し、図書広告で宣伝したのである。こうした図書広告は、大体今日の出版社内容目録に匹敵する。時としては広告に本を実地に見られる場所が示してある。次のような文章が読めるわけである。「この本はすべて鹿屋旅館にてご覧になれます」とか「金獅子館にて」というもので、書籍販売人が投宿したところなのである。

アウクスブルクの印刷者ギュンター ツァイナーは、一四七五年頃、一通の広告を配った。その中には次のようなドイツ語の本が挙げられている。

必携書、通年暦使徒書翰聖詩集各日絵入り日曜語録付き、および御受難週間四大受難録。さらに祝祭日、特に多くのミサの書。皇帝により普通領に下された勅許普通法。フランシスコ ペトラルカの書翰集、貞淑なグリーゼルなる婦人により独訳さる。次いで、ドクトル バルトローメ メトリンガー著す論述、七歳以下の幼児を疫病より守り健康を保つ法。

一四七五年には、アウクスブルクのヨハン ベームラーが広告を出しており、なかでも以下のドイツ語の書物が挙げられている。

称して、美本アレクサンダー大王、絵入り。
次いで、七賢人、ローマの物語よりの一五の好ましい譬え話入り。
次いで、美徳の書。良風についての小冊子。メリベウスと題す。
さらに、ベリアルと題する良書、絵入り。
さらに、法律裁判と題する小冊子。法律に通ずる手引き。

当然のことではあるが、こうした一枚刷りは今日ではえがたくなっている。多くはただの一部を残すのみである。大体は、初めにラテン語本、次いでドイツ語本を挙げている。こうしたリストを見ると、今日一部も残存していない本のあることが知られる。最初の書籍広告は一四六六年、シュトラースブルクのエゲシュタインのもとで印刷された。一四七〇年に出されたマインツのペーター シェファーの書籍目録は聖詩集の活字を挿入し、誇らしげに「ヘク エスト リテラ プサルテリイ（これは聖詩集の活字である）」と挙示している（一一七ページ図版参照）。一四八六年には、アウクスブルクのエアハルト ラートドルトが、書体見本表を印刷し、彼がヴェニスより携えてきた書体を宣伝した。この表は今日知られるもっとも古い活字見本である。

一五世紀のひとびとは、今日に較べ少なからず絵に飢えていた。それゆえ、特に方言で書かれた本には挿絵が入っていた。ラテン語で印刷された書物は、どちらかと言えば学者向きで、説明上やむをえな

貧　者　聖　書

テクストも木版本（15世紀中葉）

い木版画に限られることがあった。ドイツ語の初期印刷本では、一五〇〇年までに大約二万五千のさまざまな木版画が現われる。それらは素朴ながら力強い表現力をもっている。その多くは着色である。手彩であり、それほど丹念でないことが多く、往々は型紙を用いている。明るく輝く直截な色がためらいもなく置かれた。ところでこうした混り気ない自然色のかもし出す色調は、どこか夏の花園の色の感じである。それはこれらの初期の木版画にも、ゴティック教会の鉛ガラスの窓にも特有である。後代の木版画は彩色を断念し、ペン画に類似した線画を用いるようになった。

絵画的な木版に並んで、初期の書籍印刷者は版木に彫ったイニシアルや装飾蔓文様も用いた。二つとも手彩色されることが多かった。アウクスブルクとヴェニスに仕事場をもったエアハルト ラートドルトは高価な木版イニシアルを作ったが、黒地に白い文字絵の浮きでたものである。彼は、イニシアルの領分を書籍画家にまかせず、イニシアルまでも植え込み印刷した最初のひとであった。仕事と儲けをうばわれたと思った書籍画家との争いに、彼は勝ち残ったのである。

初期印刷時代の木版画のほとんどすべては、無名の芸術家によって作られている。一四八二年ウルムで印刷された地図書だけが「アルムスハイムのシュニッツァー」という名称をつけている。ところがシュニッツァー〔木彫家の意味もある〕は職業の表示であるのか、名前であるのかはわからない。マインツ司教座聖堂参事会員ベルンハルト フォン ブライデンバハが一四八六年に出した旅行記の木版画はネーデルランドの画家エールハルト ロイヴィヒによって作られた。この絵は外国の都市、人物、動物を自然に忠実に描いている最初のものである。いく枚かを貼り合わせて作ったヴェニスの大木版画には、今日もなお残っている家並み、教会、宮殿などが認められる。こうした作品やのちの作品では、画家と版木師の職業分離を推定せざるをえない。一六世紀になるとこのような分業は普通のこととなった。

木版画で装画した最初の書物数点は、バンベルクのアルブレヒト プフィスターのもとで、ドイツ語によって発刊された。それらは、三十六行聖書の大型のゴティック字体活字で印刷された。プフィスターの最初の木版本は、学校長であり市書記であったヨハネス フォン テープラの『ボヘミアの耕夫（アッカーマン アウス ベーメン）』(7)であった。この本は、死の意味についての人間と死との論争である。成立は一四〇〇年頃であるが、一四六一年初めて出版された。一ページ大の粗野な木版画は、字体と快い調和をなしている。プフィスター第二の印刷は、一〇一枚の木版画をほどこしたドミニコ会士ウルリヒ ボーナーの『宝石（エーデルシュタイン）』(8)という一三四九年に書かれた一〇〇篇の押韻寓話詩である。

初期書籍木版画の重要な中心地は、アウクスブルク、ウルムそしてニュールンベルクとなった。アウクスブルクの印刷者アントン ゾルクは、彼の印刷した数々の本に一〇〇〇を越えるさまざまな木版画を用いた。心からの喜びをもって、われわれは彼が一四七五年に製作した『エルンスト公』(9)を読みふける。テクストと絵は、のちに二度と到達しえないほどの結びつきをもっている。絵はテクストの案内をし、テクストは絵の案内をする。ここで明らかなことになるのは、挿絵をすること（原語イルストリーレンは明らかにするの語義をもつ）が「照らしだす」を意味するということなのである。アウクスブルクの印刷者、ロイトリンゲン出身のギュンター ツァイナーは、一四七一年と一四七二年に、木版画二三〇

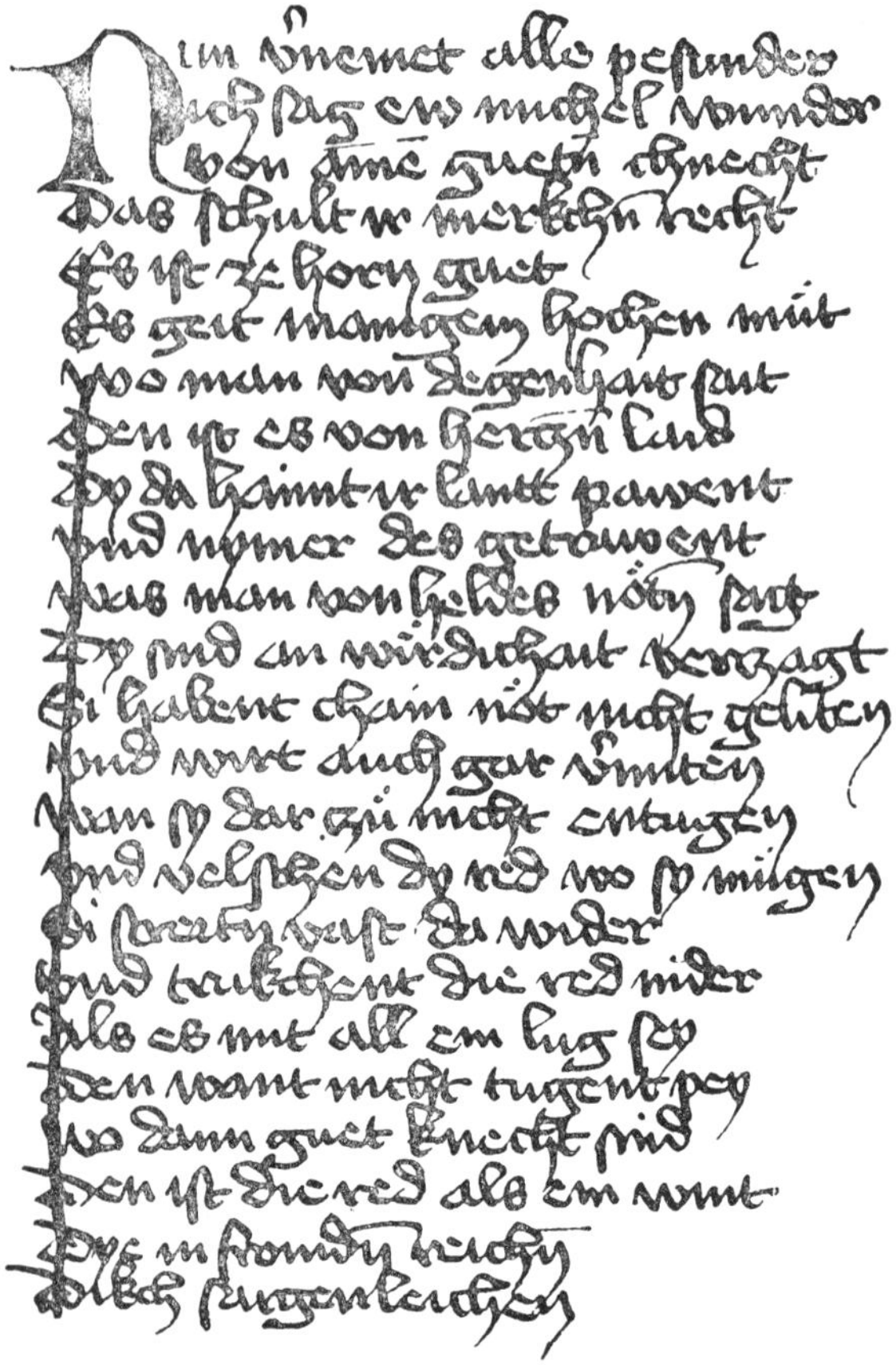

＊　『エルンスト公』の冒頭部
15世紀に筆写されたもの

枚入りの『聖使徒伝』を編纂した。また最初の挿絵入り聖書は、一四七五年頃アウクスブルクの公証人ヨドークス プフランツマンのもとで印刷された。この聖書のほかになお、一五世紀の一八点のドイツ語聖書中六点がアウクスブルクで出版されている。ツァイナー二点、ゾルクおよびシェーンスペルガーも各二点である。

芸術的にきわめて意味ある木版画は、ウルムの初期印刷本に見られる。ここでは、一四七六年、ウルム市医ハインリヒ シュタインヘーヴェルが翻案したドイツ語イソップが 一二五点 の絵入りで出版された。この版の扉表紙木版画はわれわれに、寓話に登場するさまざまな対象にとりかこまれた古代の寓話作家の姿を示してくれる。このイソップの印刷者ヨハン ツァイナーは、版木に彫ったきわめて快い周り縁を用いた(次ページの図版参照)。

ニュールンベルクの書籍印刷人アントン コーベルガーは、書籍印刷で富裕になったきわめて数少ないものの一人である。デューラーの父は彼の洗礼に立会い、のちに彼の方でもアルブレヒト デューラーの洗礼名付け親となった。一四八五年頃、コーベルガーのもとでは一〇〇人の植字工と印刷工が二四台の印刷機を扱って働いていたといわれる。コーベルガーは多数の注文をよその印刷所で処理させた。リヨンの印刷者でさえ彼のために仕事をしていたのである。彼のところの書籍販売人はヨーロッパ全土を歩き、また多くのヨーロッパの都市には書店を置いていた。コーベルガーと同業者との交際については、残存する文通によってかなり知られる。その中からわれわれは、彼が期限を気にしたり、悪い紙に怒ったりしたこと、書物の輸送や印刷原稿を調達する非常な苦心を知るのである。こうした手紙の例として、

ヨハン ツァイナー版イソップ　木版口絵（1475）

ここでは一四九八年九月バーゼルの書籍印刷業ヨハネス アマーバハにあてた書翰を紹介しよう。四五〇年以上前に書かれた商業文の礼儀正しい文遣いを読むのは楽しいことである。

敬愛する賢明なハンス アマーバハ親方、バーゼルの印刷所主にして私の特別な良い友人に。

私に快く尽力して下さるハンス親方。先に、都合のつき次第、荷馬車にて書籍をリヨンにお送りいただく件お伝えいたしました。

さらに、同便にて、アバテス（ニコラウス フォン トゥデシス著）三〇部をフランクフルトにお送りいただく件についてもお伝えしております。このほか、アウグスティーヌスの聖詩集論三〇部およびヨハネス デ ラピデ四〇部を、いずれにしても木桶〔二九六ページ図版参照〕におさまるだけお送りいただきたく存じます。

さらに、ハンス親方、ついでにお知らせいたしますが、運賃についてはシュトラースブルクのクラス ベルンラインと契約協定に達しましたので、同人はこの度は聖ミカエル祭頃にバーゼルの貴殿のもとに参りましょう。馬車三台持参の予定です。この三台分の荷を調え、待たずともよろしきようご配慮下さい。また木桶の内容は明確にお書き下さい。必要とあればしかるべき丈夫な木桶をご調達下さいますように。全能なる神のご加護がありますよう。フランクフルトにて、一四九八年聖マタイ祭前日。

アントニーウス コーベルガー

一四九三年には、コーベルガーのもとで医師ハルトマン シェーデルの『世界年代記』がドイツ語およびラテン語で出版され、ミヒアエル ヴォールゲムートとヴィルヘルム プライデンヴルフの木版画一八〇九点を収めている。ヴォールゲムートはアルブレヒト デューラーの師であったから、青年デューラーが『世界年代記』のいくつかの木版画を仕上げたことは、大いにありうることである。この巨大な書物の二つの版は、少なくともそれぞれ千部は刷られている。そしてその多くは今日まで保存されているのである。この大規模な作品に要した高額な費用は、二人のニュールンベルク市民、ゼーバルト シュライアーとセバスティアン カマーマイスターが負担し、収益にあずかったのである。

ケルンで印刷された木版画本では、ケルン聖書とケルン年代記が特に傑出している。ケルン聖書は、一四七八年低地ドイツ語で、一年ののちにはオランダ系ケルン方言を用いハインリヒ クヴェンテルにより印刷された。その一二三点の木版画は、他の一連の印刷物の木版画と同様に、ある写本の挿画を模写したものであるが、フォリオ（二つ折判）の幅をもっている。この絵は一四八三年、ニュールンベルクのコーベルガーによって、彼のドイツ語聖書に転用された。そしてその影響はさらに一〇〇年もの間、聖書の挿絵に見られるのである。一四九九年ヨハン ケールホフ二世が印刷した豊富な木版画によって飾られる『聖都ケルンの年代記』には、書籍印刷術についての最初の詳細な記述が見られる。「いつ、どのように、だれによって、筆舌に尽し難い書籍の印刷法が発明されたか」と題されている。

初期書籍装画の傑作は、一四九四年、リューベクのシュテファン アルンデスが印刷した「リューベク聖書」である。この九一枚の木版画はこの時代には稀な芸術性がある。

シュパイアーではペーター ドラッハが、おそらく一四八〇年よりも前に、木版画二七七点を載せた

『人間救済の鑑』を印刷した。この木版画は、聖書物語と救いの教説との文章とともに、初期書籍装画で成しとげられた最優秀作に数えられる。

シュトラースブルク初期印刷本の数ある中では、グリューニンガーがその使用した木版画の独特なスタイルをもって群を抜く。画家の名はわからぬため、「グリューニンガー印刷所の画匠」と言われる。これらの木版画は、上から下まで濃密であり、人物や都会の絵にはたいていはまだ同時に名前が彫り込まれている。一四九六年のテレンティウス戯曲集では、小さい木版の人物像から場面の情景が構成され、一つびとつの戯曲を紹介する大きい版画では、関係人物が線で結ばれている。この印刷所のきわめて意義ある作品は、セバスティアン ブラントが編纂したウェルギリウスで、一五〇二年にやっと出版された。

ヨハン　グリューニンガー印刷所（シュトラースブルク　1482—1529）の印刷人マーク

人文主義の精神に満ちた都バーゼルは一五世紀書籍装画の中心地となった。この都市の大学が精神的活力を生みだす実質的な貢献をしたのである。一四九四年には、印刷業ベルクマン フォン オルペのもとで、一一四点の木版画入りでセバスティアン ブラントの『阿呆船』[10]が出版された。この本の中で、著者は同時代の不品行を弾劾している。木版画の出来は良く、当時バーゼルに滞在していたアルブレヒト デューラーに結びつけられているほどである。

書店を併設した製版印刷工房を描く最初の木版画。『死の舞踏』（リヨン　1499）より

フランスでは、パリーが、初期書籍装画のもっとも重要な中心地の一つであった。ここでは一五〇〇年頃、皮紙に印刷された「時禱書 livres d'heures」が数多く刊行された。印刷者たちは、これらのもともとは手描きであった書籍美術作品の美しさに、印刷によって到達しようと努めた。非常に繊細な板金彫刻を使用することによって成功が約束された。一ページ一ページが意匠豊かな縁飾りに囲まれ、これらの絵の多くは立派に考え抜かれた神学的なプログラムをもっている。

リヨンがフランスにおける二番目の大きい書籍中心地となった。ここは同時に多数の時禱書が印刷されたところである。一四九三年にはヨハネス トレクセルのもとで、テレンティウスの喜劇が一六〇点の木版画入りで刊行され、上演された舞台場面をじつに活々と表現している。一四九九年リヨンで印刷された『死の舞踏 *Danse macabre*』は印刷所と書店の絵で最古のものを載せている。この絵で注目に値するのは、植字工の姿であって、後代の絵ではすべて活字箱の傍に立っているのに、ここでは腰掛けていることである。

ルドルフ フォン ザクセンの『キリスト伝』は、ヘーラルト レーウがアントワープで一四八七年印刷した一五世紀のもっとも美しい木版画作品の一つであって、ネーデルランドの功績である。レーウはアントワープで一四五点の作品を印刷した。一四八八年には『キリストの幼少時代』を、一四九一年には『メルジーネ』を出版している。ネーデルランドの大型ゴティック字体は、植字が卓越しており、木版画には絶妙に適合している。

オランダの印刷人マーク
(オランダ　スヒーダム市の印刷所)

イギリス最初の書籍印刷者は、ウィリアム カクストンであった。彼はネーデルランドでマーガレット オブ ヨークのためにトロヤ陥落史〔フランスの小説〕を英語に翻訳していた。この翻訳を印刷するために、彼は一四七一年と翌年に、ケルンで書籍印刷を習得した。つづいて彼は以前住んでいたブリュヘ(ブリュージュ)に、コラード マンションと印刷所を設立した。ここでカクストンの最初の英語印刷であるトロヤ史の翻訳〔*The Recuyell of the Historyes of Troye*〕が世に出たのである。一四七六年に彼はイギリスに戻り、ウェストミンスターに英国初の印刷所を設けた。一四九一年に死ぬまで、九〇点を出版したが、そのうち七四点が英語の本である。彼が用いたじつに生気のある印刷書体は特異なものであって、専門家は彼の印刷物を直ちに見分けられる。今日ではカクストンの印刷本は稀にしかなく高価である。大陸ではそれゆえ見つかることがほとんどない。カクストン印刷全体を一冊残らず集めているのは、ロンドンのランベス パレス図書館である。

イタリアでは、ヴェニスとフローレンスが初期書籍装画の中心地となった。イタリアで生みだした初期印刷時代のもっとも美しい木版画作品は、アルドゥス マヌーツィウスが一四九九年にヴェニスで印刷した『ポリフィロの夢』あるいは『ヒュプンエロトマキア』[11]といわれているものである〔*Hypnerotomachia Poliphili*〕。この〔イタリア語の小説の〕作者はドミニコ会修道士フランチェスコ コロンナである。この名は、各章の冒頭の文字を綴ることによって知られる。この本におけるほど、書体、絵、装飾が完全な調和をとっているものは、未だかつて現われたことがない。書物の大コレクションが、至宝の中に『ヒュプンエロトマキア』一部をもっているならば、誇りとするのである。すでに一四九〇年にはルカーントーニオ ジュンタが、ニコロ マレルミのイタリア語訳聖書を三五〇点を越える小さい木版画入りで出版していた。この木版画は、ケルン聖書に触発されたものである。固有の様式をとったのは、フローレンスの書籍木版画である。フローレンスの木版師たちは、ヴェニス派の純粋な線刻とは逆に、黒い面の効果を好んで出している。例としては、フローレンスの出版人ピエロ パチィーニ ダ ペシァが一四九五年に出した装飾豊かな『使徒書簡および福音集』のみを挙げておこう。

＊　ハルトマン　シェーデルの『世界年代記』(木版画)
(ニュールンベルク，コーベルガー　1493)

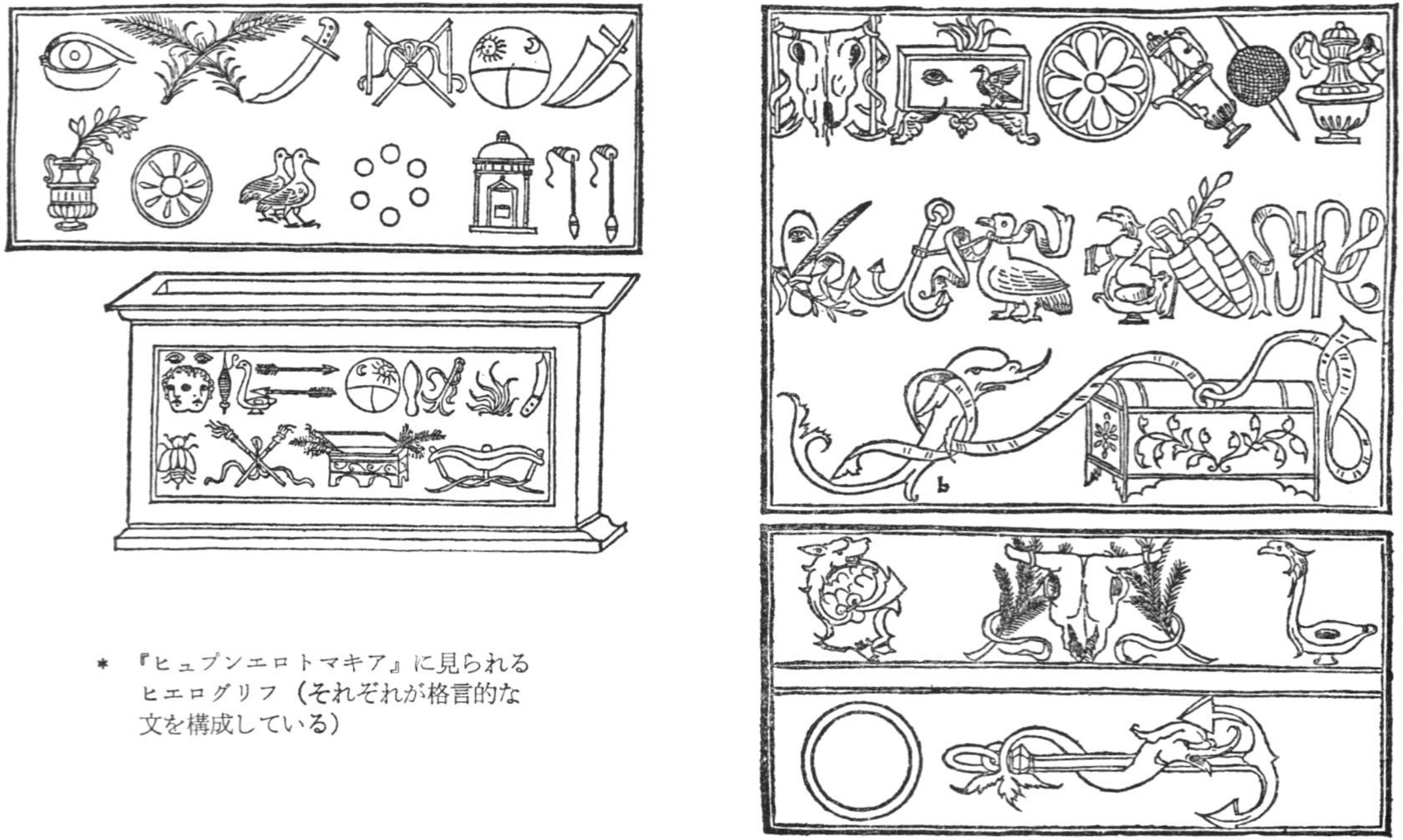

＊ 『ヒュプンエロトマキア』に見られるヒエログリフ（それぞれが格言的な文を構成している）

一五世紀の木版本は大きな魅力をたたえている。どの初期印刷本も都市ごとにじつに独特な様式をもっており、識者は容易に本の出所を識別できる。こうした書物の一冊をひもとき読むのは、たぐい稀な体験である。挿絵がこれほどにテクストの役に立つことは二度と再びないことであるし、挿絵がこれほどに表現力をもつことも二度と再びないことなのである。事物の輪廓はしばしば幼稚な印象を与えるが、読者の空想は自由自在にされるので、読者は絵を自ら補い作り上げることができる。こうして自分の側から補うという行為が、心からの結びつきを創り出し、初期印刷時代の書物をそれなりに愛すべきものとするのである。

多くの印刷者は初期印刷時代に手を染め、一六世紀に仕事を続けている。バーゼルのヨハネス フローベンは、学者たちの指揮をあおぎ、模範的な書物を生みだした。彼の印刷所は、一つの学問センターであった。偉大な古典学者ロッテルダムのエラスムスが彼のために仕事をした。一五一六年、エラスムスはフローベンのところでギリシア・ラテン対訳の新約聖書を送り出した。公けに出された最初のギリシア語新約聖書印刷本である。すでに一五一四年から翌年にかけて、スペインでは、ヒメネス枢機卿が編纂したコンプルートゥム〔スペインの都市名〕版多国語聖書(『ポリグロット』)[12]が六巻本で印刷されていたが、その一五一四年に刊行された第五巻が新約聖書のギリシア語版を含んでいるのである。しかしエラスムス版の方が早く書籍業界にでることができた。というのは、スペイン版に対する教皇の印刷許可の下りるのが遅延したからである。一五二七年に死ぬまで、フローベンは数多くの作品を、古典、人文主義、宗教改革という分野にわたって印刷した。彼の紋章は、雲間からつき出た手が二匹の蛇のからみ登る杖を握るものである。杖には鳥が止まっている。印刷者の名前は Jo. Fro. と記されている。彼のもとで印刷された本の木版による表題縁飾りは、大部分ハンス ホルバイン二世とウルス グラーフが制作したものである。

バーゼルの印刷者の中では、さらにヨハネス オポリーヌスの名を挙げねばならない。彼はパラッェルズスの秘書として数多くの都市や国を歩いていた。一五四三年、彼はヴェザーリウスの『解剖学』をヤン シュテファン ヴァン カルカルの木版画入りで出版した。この書物は一つの学問的事業であった。著者はそれまでに彼の解剖学研究をひそかに実践していなければならなかったのである。そうでもしない限り、彼は異端糺問の追究に直面したことであろう。

オポリーヌスおよび他の二人の印刷者とともに、トーマス プラターは印刷所を開設した。早く金持ちになる期待をもっていたのである。プラターは自伝の中で、当時の期待と失望とを包み隠さずに語っている。この手記は一六世紀の印刷業者の生活を多岐にわたって述べていて興味があるが、次のような一節が読める。

しかし私はヘルヴァギウスその他の印刷所主が財貨をもち、僅かな仕事でしたたか儲けるのを見たので、自分も印刷所主になりたいものだと考えた。オポリーヌス博士もそのように考えていた。それに彼はあちこちの印刷所で校正にたずさわっていたのである。そこにもってきて上手な植字工バルタザール ルーフもいた。彼は喜んで先に立ち、オポリーヌスと私の良い仲間となった。私たちの計画は立ったのだが、金がなかった。そこにループレヒト ヴィンター、つまりオポリーヌスの義兄が加わった。彼の妻君というのは、喜んで印刷屋の女房になろうというひとであった。彼女は印刷屋の妻君たちが、普通ではできないほどの豪華な暮しをしているのを見ていた。彼女は夫ループレヒトをかき口説いて、義弟のオポリーヌスと印刷所主になるようにと言った。そのような次第で、私たち四人は共同経営者となった。オポリーヌス、ループレヒト、バルタザール、そして私である。そしてアンドレス クラタンダー氏から道具を買いうけ、彼とその息子のポリカルプスが書籍販売人となった。そうしたわけは、彼の妻が、彼女の言い方をすれば、もう汚れ仕事に関わりたくなかったからである。

バーゼルのミヒアエル イーゼングリーンのところでは、一五四二年、初めてレオンハルト フクスの植物書が木版画数百枚を載せて出版された。これは初期植物学の主要作品であり、自然そのままの挿絵が特色で、後世の植物学上の挿絵の指標となった。

バーゼルでは一五四四年以降、セバスティアン ミュンスターの『世界現状記』が版を重ねた。この本は、当時知られていた全世界の国々や都市の記述とおびただしい数の木版画をもって、同時代でもっとも愛好された書物の一つとなった。マインツで発明された書籍印刷術に対して、このインゲルハイムで生まれた著者は一章を献げているので、それを次に写しとってみよう。

どこで、いつ、印刷術と書物が考案されたか

キリスト暦年一四四〇年より一四五〇年まで、メーンツ〔マインツの別称〕にあって印刷の高貴な技術が考案された。それはメーンツよりケルンに至り、それよりシュトラースブルク、さらにヴェニスへと至った。最初の

創始者にして発明者の名は、ヨハネス グーテンベルク二世と言う。われわれの祖先が千と五百年前にこの技術を所有していたならば、彼らはどれほどすぐれた学者や芸術味豊かなひとびとの名を残したであろう。また驚くべき歴史や物語が人間の記憶に残されたことであろう。今やこうしたことは忘却への道をたどっているというのに。そしてまた古代のひとびとが書き残したとはいえ、彼らの書物は、印刷により千も二千倍も数を増すようには複製はされず、一冊、二冊、三冊、十冊、あるいは二十冊と焚やされ、あるいは消滅し、いわゆる書物が決して消えてなくなることもないほどには残りはしない。

チューリヒでは同じ頃、クリストフ フロシァウアーが活躍し、樹下に蛙がうずくまるという説明的な印刷人標章を用いた〔フロッシは蛙を意味する〕。フロシァウアーは、一五三五年、ティンデイルの翻訳による英語聖書を印刷した。彼はまた、レオ ユートが翻訳したツヴィングリ聖書を版を重ねて出版したのである。

何巻もに分かれた大型版の聖書のほかに、彼は小型携帯用の聖書も印刷した。こうした簡便な刊行物を望む声も何度か彼の耳に届いていたからである。どのようにして厖大なテクストをこのように小さい場所に押し込めることに成功したか、彼はその携帯用聖書の序文で語っている。

クリストーフォルス フロシァウァー、すなわちこの書の印刷人は、キリスト者である読者に、全能の神よりキリスト イエズスを通じて下したまえる恩寵と平和を祈るものであります。

＊　フクスの植物書の挿絵（木版画）
1542年のフォリオ判を８折り小型本にしたもの(1549)。この本には全部で516点の挿絵がある

＊　ミュンヘンのアーダム・ベルクが印刷したミサ典書の木版扉表紙（皮紙使用）。
聖母の脇にはコルビニアーヌスとジギスムントの２人の聖者が立っている

私どもはかつてドイツ語全訳聖書を、初めは大きく、すなわち全紙形にて、次いではまことに小さい文字、体裁をもって印刷いたしました。さてキリスト者なる読者よ、この両聖書にはいくつかの序言、また語義注釈、あるいは難解な語句には説明を付しておりました。ところで同聖書は、一巻にはまとめられず、二巻、三巻、はたまたさらに大部に製本されるのがよろしきものであります。私どもにはひきつづきいく人かの善意あるキリスト者よりの希望がよせられております。すなわち、全聖書、旧約および新約を、なにはともあれ一巻にまとめ上げられぬものかというものです。その意にそうべく努力いたし、しかして（再度より分け、修正いたさせた結果）ただただ本文のみを、以前には付せられていたすべての序言語義注釈は念頭におかず、ただ今ご覧になられることの形に定めました。費用や仕事の節約ではありません。それにより然るべくまとめられ、日々の携行書として、説教に、あるいはまた旅行に、簡便に容易に持ち歩かれましょう。かような私どもの努力にご好意ある評価を下され、さらに御意にかなわんことを願うこととしきりであります。

一五四八年、彼はヨハネス シュトゥンプフの浩瀚な『スイス年代記』を印刷した。彼のまさしく多方面にわたる協力者の一人は、学者コンラート ゲスナーであった。一五四五年、フロシアウアーは、それまで印刷されたすべての書物のカタログであるゲスナーの『綜合文献目録（ビブリオテカ ウニウェルサーリス）』(13)を公刊し、さらに一五五一年からは、アスパーおよび ムーラーの木版画で 装飾した自著の動物記を数点刊行していった。

一六世紀には、多くの古代の作品がドイツ語に翻訳された。たとえば一五〇五年には、マインツのヨ

ハネス シェファーのもとで、シェファリーンの翻訳によるリーヴィウスのドイツ語版が出版されている。元来この書の木版画は、印刷されぬままになったジッキンゲーンの不和[14]に関する書物のために仕上げられていた。そのような事情で、これらの絵には宗教改革時代の人物や都市が描かれているのである。書籍印刷の初期には、まだ歴史意識は欠如していた。古代ギリシアの人物、たとえばアレクサンダー大王やトロヤの英雄たちは、当時のひとびとの衣裳で描出されている。それによってこれらの本は、眼前の現代に引き移され、読者はトロヤ陥落を最近の出来事のようにうけとったのである。

マインツは一六世紀に入っても長く重要な印刷都市であった。シェファーの息子たちは、印刷術の揺籃であったという都市の栄誉を全世界に広めることを心得ていた。それでいて彼らは、ヨハネス グーテンベルクよりも自分たちの父親に栄光をあてることに重きをおいていた。マインツは皇帝尚書の駐在地であったので、シェファー印刷所で皇帝の勅令を印刷することは当然ありえた。そのような次第で、ここで最初の皇室印刷所について語ることができるのである。ヨハネス シェファーが一五三一年に死んだあとは、嗣子イーヴォが終生(一五五二年頃まで)印刷所を続けた。彼もまた数多くの帝室印刷物、たとえば一五四八年のアウクスブルク帝国議会議定書を印刷している。一五三四年には、マインツでペーター ヨルダンがドイツ語聖書を印刷した。翻訳者はドミニコ会士ヨハネス ディーテンベルガーというマインツ大学の神学教授であった。この聖書は版を重ねている。

一六世紀後半になると、書籍都市としてのマインツは、フランクフルト アム マインに凌駕された。もっとも成功をおさめたフランクフルトの印刷業者は、ジグムント ファイアーアーベントであった。

＊ザクス／アマン『職人図鑑』より
書籍印刷人（左）と木版師（右）

Der Buchdrücker.

Ich bin geschicket mit der preß
So ich aufftrag den Firniß reß/
So bald mein dienr den bengel zuckt/
So ist ein bogn papyrs gedruckt.
Da durch kombt manche Kunst an tag/
Die man leichtlich bekommen mag.
Vor zeiten hat man die bücher gschribn/
Zu Meintz die Kunst ward erstlich triebn.

F iij Der

Der Form schneider.

Ich bin ein Formen schneider gut/
Als was man mir für reissen thut/
Mit der federn auff ein form bret
Das schneid ich denn mit meim geret/
Wenn mans dem druckt so find sich scharff
Die Bildnuß/wie sie der entwarff/
Die steht/denn druckt auff dem papyr/
Künstlich denn auß zustreichen schier.

F Der

彼は異常なほど活動的な出版人として、自分の都会の書籍出版のすべてを一身に集めた。ディーテンベルガーの翻訳聖書は一五六〇年に刊行されたが、次いでヴィルギール ゾーリスの手になる插絵を入れて次々に版を重ねた。じつによく知れわたったのは、彼の職人図鑑であった。これは一五六八年、ハンス ザクスの詩とヨースト アマンの木版画によって出版された。ファイアーアーベントは、彼の印刷した本に華美な表題縁飾りをつけるのを好み、多くはファンファーレを吹くファーマ神〔伝説風聞を司どる女神〕を描いた出版標章が組み込まれている。

アウクスブルクでは、ハンス シェーンスペルガーが皇帝マクシミリアンの印刷人となった。驚くべきことに、皇帝はじつに、業績において同時代の数多くの同業者の中では遅れをとっていた印刷人を選びとったのである。しかし、もしかしたら皇帝は、なんらの抵抗もなしに自分の考えに従う印刷人とのみ仕事ができたのかも知れない。多年にわたる仕事によって、シェーンスペルガーはマクシミリアンの祈禱書を印刷し、一五一三年に完成した。皇帝の所蔵本は、アルブレヒト デューラー、ルーカス クラーナハその他の画家によって縁飾りがほどこされた。祈禱書用の字体は、マクシミリアンの考えで帝室尚書省の手写体を摸して作られた。こうして、数世紀にわたりドイツ人の主要字体になることになったフラクトゥーア〔折れ曲った字体の意。いわゆるドイツ文字〕への第一歩が歩みだされたのである。一五一七年には、マクシミリアンの代表作『トイアーダンク *Theuerdank*』[15]が完成した。この書の中で、皇帝のマリーア フォン ブルグントへの求婚行が韻文によって語られる。渦形をつけ加えられた書体は、写本の特徴を帯びている。この効果をさらに高めるのは、さまざまな形の文頭文字である（次ページの図版参照）。

Wie künig Romreich sein gemahel mit tod abgieng Vnd Im allein ein einige Tochter verließ genant Erenreich vnd Er von seinen Räten Sy zůuerheyraten angestrengt ward.

ALs hymel vnd erd beschaffen warn
Vor Sechs tausent vierhundert iarn
Darzů auch noch Viertzig vnd Vier
Was ein Künig vmb die refier

Item das. g. mach zů gleycher weyß wie fornen das. c. beschriben ist/allein vor der lini.g. h. zeuch den breiten strich des bustaben von der rundirung gerad vbersich biß an die lini.e.f. vnd schweyff in oben auß wie du vor gelert bist/aber vnden laß die eck vnd winckel beleyben. Oder mach das. g. also in die forgeteyltē fierung/reyß ein Diameter. c. b. vnd setz den cirkel mit dem ein fues in den puncten. i. vnd mit dem anderen reyß ein cirkeldrum auß dem. c. biß mitten auf.c.d. da hin setz ein.l.also reyß auch von dem.c.vbersich an die lini.a.b.biß an die aufrechten.g. da hin setz ein.z. Darnach setz auf die lini.g.h.ein puncten.m.eyn zehenteyl von der leng.g.h. vñ zeuch mit der hand.l.m.rund zůsamen. Darnach zeuch auß dem.z. vbersich ein ortlini so lang des bustabē strich breyt ist/vnd neyg die lini mitten zwischen die cirkellini vnd der aufrechten.g. h. von disem ende zeuch mit der hand ein runde lini biß an die lini.a.b. da die cirkellini an rürt. Darnach schneyd. g. h. vnden mit einem puncten. n. ein dritteyl ab/also hoch zeuch den breyten aurfechten zug von dem. m. vbersich/vnd mach die ausschweyffung oben noch so breyt als der zug ist. Darnach setz den cirkel mit dem ein fues so weyt ob dem.i.als breyt des bustaben breyter zug ist/in den Diametr.c.b.vnd reyß mit der weyten.e.i.mit dem anderen fues ein cirkellini die die eusser cirkellini oben rür/vnd ende vnden ob dem.l. Darnach zeuch die lini von der hand zů dem breyten aufrechten zug bey der höhe des. m. vnd zeuch auch oben von der hand die kleiner breyten des bustaben zugs. Wie dz hernach ist auf gerissen.

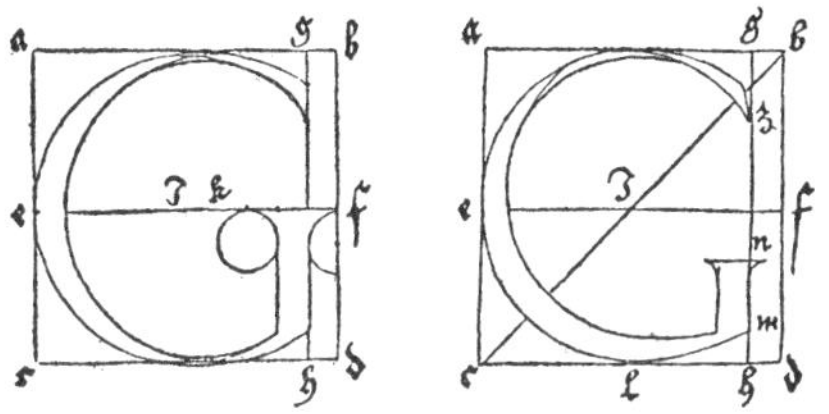

Item das. h. mach in seiner fierung von zweyen der grösserenn breyten aufrechten zůgen so hoch die fierug ist/also das jre eussere ausschweyffung die vier eck der fierung.a.c. vnd.b.d.anrüren/vñ wie du die breyten aufrechten zůg der bustaben oben vñ vnden anf beden seyten außschweyffen solt/bist du foren bericht/dañ ein yetlicher bustab ist in einem yetlichen breyten aufrechten strich oben vnd vnden in seiner ausschweyffung/dreymal so breyt als in der mitt/wo anderst kein dünner strich daran felt/so das gethan ist als dañ mach den dünnen zwerch zug zwischen den aufrechten mitten auf der lini.e.f. Wi. das vnden ist aufgerissen.

デューラー『測定法指導』
（ニュールンベルク　1538年版）

トイアーダンクの木版画は、ブルクマイアー、ショイフェライン、レオンハルト ベックその他によって制作された。これらの画家が皇帝の注文通りの仕事をするのは容易ではなかった。そこで一再ならずもマクシミリアンは絵の修正を望んだ。皇帝はなおも多くの本を計画していたが、次作の『ヴァイスクーニヒ』ですら完成することはできなかった。マクシミリアンは一五一九年にすでに死を迎えたためである〔六〇歳〕。アルブレヒト デューラーは悲しみのうちに書いている。「皇帝陛下はあまりに早くなくなられた」と。一七七五年になって初めて、『ヴァイスクーニヒ』はマクシミリアン死去のときにはできていた二三七枚の木版画を挿入して、ヴィーンで出版された。(16)

マクシミリアン祈禱書とともに、フラクトゥーア字体への道は開かれていた。この字体は、すでに一四七〇年からプラーハの帝室尚書省で書かれていた。書家ヨハン ノイデルファーと版木師ヒエロニュムス アンドレアが従事して、皇帝の豪華本の書体を実用書体にしたのである。一五二四年にフラクトゥーア字体が完成した。それを用いて最初に印刷された書物は、デューラーの『測定法指導』で、一五二五年のことである。ここでデューラーはアンティカ字体の構成を試みている。

序文の中で彼は、多くの若い画家が透視法の知識がないために時を無駄に過ごしている、と指摘する。この充実した序文をここでは原典版に従い省略せずに再録することにする。

私の特別な親友にして紳士であるヴィルボルト ピルクハイマー氏(17)に、私アルブレヒト デューラーは、安寧と浄福を祈ります。好意ある方にして友よ、これまでわがドイツにおいて、多くの才能ある若者が、絵画技芸の道に入っています。この技芸は結局のところただ日常の習慣に基づいて教えられるために、青年たちは野生の枝ばらいもされぬ樹木のように、分別なく生まれ育っているのです。確かに数人のものは常日頃の修錬により自在な筆致に達します。その結果、彼らは作品を力強くはあるが考えもなしに、ただ気の向くままに仕上げているのです。そこで、分別ある画家や真正の技芸家が、そのような考えなしに描かれた作品を見れば、こうしたひとびとの蒙昧を笑うのも故なしとはされません。なぜなら、本当に物の分かったものにとっては、絵の中の偽りを目にするほど不愉快なことはないのです。たとえそれが力を振りしぼって描かれたものであってもなのです。しかし、そのような画家が誤ったことで満足しているそもそもの原因は、彼らが測定法を学んでおらぬことにつきます。これなしには立派な技術家にはなれぬし、技術家でありえません。しかしその責任は、この技法を自分でも知らなかった師匠たちにあります。しかしこれはまさしくあらゆる絵画の根底でありますので、私はすべての技芸を渇仰する青年に手ほどきをし、考えの契機を与えようと企てたのです。それによって、彼らはコンパスや定規による測定を自ら行ない、そこから誤りない真理を認め眼前に見るようになるでありましょうし、技芸のみを渇仰するのではなく、正しいより大きな知力に達することになりましょう。今やこの国、この時代に絵画の技芸はある種のひとびとにまったく軽視され、偶像崇拝に奉仕するものだと言われる向きがあることはともかく、どのキリスト者も、絵画彫刻によって迷信におびきよせられることのないのは、武器を傍らに帯行しているからといって、敬虔なひとが殺人を犯さぬのと同様であります。絵や木あるいは石に祈りを捧げるようなものは、真実蒙昧な人間であるに違いありません。それゆえ、尊敬すべき技術に基づき巧みに仕上げられた絵は、躓きよりも改心をもたらすのです。この技芸がギリシア人やローマ人のもとで栄誉と品位を保っていたことは、古代の書物が十分に示しています。その後この技芸はどれほど道を誤り、千年もの間うずもれ、やっとこの二百年になって再びイタリア人により陽の目を見るようになったことでしょうか。それから、ともすればこの技芸は堕落に向かいはしますが、かつがつに長い時をかけてその実が見出されるのです。それゆえ私の希望するのは、この私の企てと指導が道理をわきまえたひとによって中傷されぬように、ということにあります。なんとなれば、これは正しい考えから、すべての技芸を渇仰するひとびとによかれと生まれたからです。それに画家ばかりか、金細工師、彫刻家、石工、指物師およびあらゆる尺度を用いるひとびとに役立つことではありましょうが、だれに対してもこの私の説を強いるものではありません。しかし、理解するひとが基礎を把握するばかりか、日々の適用によって、より大きな理解に達し、さらに私が今教示するよりも遥かに多くのことを考えるようになることはよく分かっております。それはとにかく、好意ある方にして友よ、あなたがあらゆる技芸の愛好者であることを知るがゆえに、私はこの書を特別な敬愛と友情から、あなたに捧げるものです。だからと言って、私はあなたに立派なことや優れたことを挙示しようと考えるのではありません。ただあなたが、この書から私が心をうち込んでいる良き意図を理解され評価されることを望むのです。この作品をもって、私がつねに思い懐くほどはあなたのお心に殊更かなわぬとも、あなたが私に対しておもち下さるご好意と愛情には、同じ重味をもってお応えいたすところであります。

マルティン ルターによって、ヴィッテンベルクはドイツ書籍印刷の主導的な地となった。彼の「免罪符濫用に関する論議を要求する九五箇条の」テーゼは一五一七年、ヴィッテンベルクで印刷された。これは、文章の規模からすると在来にはなかった印刷業種の始りであった。ルターはじつに多くを執筆したので、一つだけの印刷所では間に合わなかった。そのため彼が最初に用いた印刷人グルーネベルクのほかに、ライプツィヒのメルヒオール ロターが同名の息子とともにヴィッテンベルクに居を定めることとなったのである。この印刷所では、一五二二年、ルター訳新約聖書の初版、いわゆる『九月聖書[18] *September-testament*』が刊行された。画家ルーカス クラーナハもルターのための印刷をした。しかしもっとも成功をおさめたルター印刷者は、ヨハネス ルフトであった。彼は、一五三四年のルター訳ドイツ語聖書の第一回綜合版を出版する機会をえた。一五五〇年の没年まで、彼は一〇万部以上のルター聖書を印刷した。これらの聖書を豊かに飾るのは、ルーカス クラーナハあるいはその弟子たちの木版画である。一五三〇年、ルターの『翻訳者の使書』がヴィッテンベルクで刊行された。この書の中には、ルターのドイツ語に対する態度についての基本が述べられている。

一六世紀のもっとも美しい書物の一つは、ゲオルク リュクスナーの騎士競技書で、一五三〇年フンスリュクのジメルンにおいてヒエロニュムス ロードラーが、シェーンスペルガーの用いたトイアーダンク活字によって印刷したものである。

イタリアではアルドゥス マヌーツィウスが、ギリシア語テクストの印刷に一時代を画した。彼は学者としてギリシア語に熟達していた。そこで彼はギリシア語活字を開発したものの、惜しむらくは、同時代のギリシア人の慣用書体によっており、読み易いものではない。そして彼は一連のギリシア

アルドゥスの印刷マーク
（ヴェニス1494—1515）

の作品を編集したが、その中に五巻本アリストテレース(一四九五―九八年)がある。こうした出版物の中には、八(つ)折判(オクターフ)が含まれている。これも一つの革新である。古典研究にとって、彼が入念に校訂した刊本の意味するところは大きかった。ヤーコプ ブルクハルトは彼について語っている。「アルドゥスは、世界にあまり類のない編集者であり出版人であった。」

シュトラースブルクでは一六世紀の初めに、教会説教者ガイラー フォン カイザースベルクが活躍していた。彼は説教の中で時代の風習の堕落ぶりを具象的な言葉で攻撃し、聴衆をすぐれた修辞の才をもってひきつけていた。シュトラースブルクのヨハン ショットとヨハン グリューニンガーのところで、彼の説教の多くが印刷刊行されている。一五一一年の『ざくろ』という本には、ハンス バルドゥンググリーンが木版画を作った。ヨハン ヴェヒトリーンや画匠H・Fも、ガイラーの説教集に木版画をよせた。今日でもなお、われわれはこれらの真のフモールに満ちた文集を読んで楽しめるのである。

一五一九年頃印刷者シェーンスペルガーが死ぬと、グリム＝ヴィルズング印刷所がたちまちにして擡頭してきた。だが一五二二年には彼らは早くも事業を停止し、彼らの持っていた木版は印刷出版業のハインリヒ シュタイナーに引きとられた。シュタイナーのもとでは、一五三〇年以降、古典古代の翻訳ものが刊行され、一五三一年にはキケロの独訳がある。ここのもっとも重要な本は、一五三二年に印刷されたペトラルカの『二人に幸福をもたらす薬について』で、挿入された多数の木版画は、当時の生活を浮彫りにしている。これらの木版画の画家は、研究がいろいろなされているにもかかわらず、これまでのところ分かっていないので、ペトラルカ画匠と呼んでいる。

Der Pſalter.

I.

Ol dem der nicht wandelt im rat der Gottloſen/noch trit auff den weg der ſünder/Noch ſitzt da die Spötter ſitzen.

(Spötter) Die es fur eitel narheit halten/was Gott redet vnd thut.

Sondern hat luſt zum Geſetz des HERRN/Vnd redet von ſeinem Geſetze tag vnd nacht.

Der iſt wie ein bawm gepflantzet an den waſſerbechen/der ſeine frucht bringet zu ſeiner zeit/Vnd ſeine bletter verwelcken nicht/vnd was er machet/das gerett wol.

b (Gerichte) Das iſt/ſie werden weder ampt haben/noch ſonſt jnn der Chriſten gemeine bleiben/ja ſie verweben ſich ſelb/wie die ſprew vom korn

Aber ſo ſind die Gottloſen nicht/Sondern wie ſprew/die der wind verſtrewet.

Darumb bleiben die Gottloſen nicht im b gerichte/noch die ſünder jnn der Gemeine der gerechten.

Denn der HERR kennet den weg der gerechten/Aber der gotloſen weg vergehet.

II.

WArumb toben die Heiden/Vnd die leute reden ſo vergeblich?

Die Könige im lande lehnen ſich auff/vnd die Herrn ratſchlahen miteinander/Wider den HERRN vnd ſeinen geſalbeten.

Laſſet vns zureiſſen jre bande/vnd von vns werffen jre ſeile.

Aber der im Himel wonet/lachet jr/Vnd der HERR ſpottet jr.

Er wird eineſt mit jnen reden jnn ſeinem zorn/Vnd mit ſeinem grim wird er ſie ſchrecken.

Aber ich

* ルター全訳聖書　詩篇の冒頭部
（ヴィッテンベルク，ルフト印刷　1534）
木版はルーカス　クラーナハ制作

Der doch in aignem leyb vnd seel/
Weyt vber trifft der gschöpften Quel.
Vnd lert wie schwach das alles kempfft/
So offt ein mugk vnd flöchlein dempfft.
Erdbid/Sündtfluß/Stral/Hagel/Prunscht/
Bekriegen/Güt/Gelt/Gwalt vnd Gunst.

Von himel rhab biß in die Hell/
Schwäpt/eyfer/verbunst/vngefell.
Wider Gots schöpffers glatz vnd wal/
Darumb diß als sampt glückes fal
Am zil (was nit in Gotz lieb pran)
Sterben müß/vnd durchs feür zergan.

J. B. Von. Marckdorff. a ij

アウクスブルクのシュタイナーのもとで印刷されたペトラルカの独訳（1532）

ジョフロワ トリの印刷マーク

イタリアでは、ヴェニスのマヌーツィウス家のほかに、フローレンスのジュンタ家が興ってきた。ジュンタ家は支店をヴェニス、リヨン、サラマンカ、ブルゴーニュおよびマドリードにおいていた。イタリック書体の主要地となるはずのローマでは、アソーラ出身のアントーニオ ブラードが印刷業を営んだ。

フランスでは、エチエンヌ家が一六世紀前半の書籍印刷の雄であった。エチエンヌという名前は、ステファーヌスとラテン化された。アンリ ステファーヌスの後継者はシモン ド コリーヌで、書籍画家ジョフロワ トリ[19]と親交があり、印刷物に特別な相貌を与えている。トリがアンリ ステファーヌスのために創作した建築学的な縁飾りは、きわめて高い芸術的価値をもつ。トリの主要作『シャン フルーリ（萬華園）*Champ Fleurry*』は一五二九年刊行された。この本で彼は、美の法則を発見し、完全な文字を構成しようと試みている。一五二五年アンリ ステファーヌスの長男ロベールが印刷所をひきつぎ、アンリは別のところで自分の企業を続けた。ロベールのもとにはフランソワ一世が出入りした。彼の家では家僕までラテン語を話す、といわれた。エチエンヌ家は、アンティカ書体の改良につとめ、クロード ガラモンが天才的な書体創作者であることを発見したのだった。ガラモン＝アンティカ活字は今日まで人気のある印刷字体である。ロベール ステファーヌスは、ガラモンにギリシア書体の下図を描かせた。

それによって一五四六年、新約聖書が印刷されたのである。この「グレク デュ ロワ Grecs du Roy（王室ギリシア文字）」と名づけられる書体の父型は今なおパリーに保存されている。ロベールは有数な学者であった。彼は、とりわけ浩瀚なギリシア語字典を編纂した。

パリーのほかには、リヨンが一六世紀フランスのもっとも重要な印刷都市であった。印刷人ジャック サコンは、ニュールンベルクのアントン コーベルガーのために、多数の聖書印刷を行ない、そのいくつかは、ハンス シュプリンギンクレーとエアハルト シェーンの図版をもって飾った。一五三八年、リヨンのトレクセル兄弟のもとで、ハンス ホルバイン二世が絵を描き、ハンス リュッェルブルガーが版木を作った聖書と、ホルバインの有名な『死の舞踏』が刊行された。リヨンの印刷業ジャン ド トゥルヌは印刷字体をロベール グラニョンに立案させた。この書体も今日まで命脈を保っている。グランジョンの手になる写本書体を摸したシヴィリテ書体は、アントワープのクリストフ プランタンが印刷した本でめぐり会う。

すでに初期印刷時代に重要な書物の中心地となっていたネーデルランドでは、一六世紀に入って、アントワープが指導的な印刷都市となった。ここでは世紀の後半、フランスからやってきたクリストフ プランタンが活躍した。彼は学術書の校正刷りを大学で掲示した。どのような誤植を発見しても報酬を支払ったのである。しかし彼はそれほど賞金を払わずにすんだ。校正刷は前もってプランタンの校正係によって丹念に読まれていたからである。プランタンの代表作は『王室聖書（ビブリア レーギア）』で、八巻よりなり、ラテン、ギリシア、ヘブライおよびシリアの四ヶ国語のテクストを収容する。この大作は、一五六九年より一五七二年にかけて刊行された。プランタン印刷所の多くの書物は、銅版画で装画されている。当時としてはまだ珍らしいことである。国王フィリップ二世は、一五七〇年プランタンを王室印刷人に任命し、さまざまな特権を授与した。一五八六年彼が死ぬと、女婿であり共同事業者であったヤン　モレトゥスが印刷所を継ぎ、岳父と同じ考えを押し進めた。その息子バルタザールは、印刷所に再び花を咲かせた。彼は偉大な画家ペーテル　パオル　ルーベンスと親交があり、自分の出版する本に插絵を描かせた。この大画家は、モレトゥスの印刷したミサ典書を、一ページ大の絵や数多くの本文縁飾りで飾っている。プランタン＝モレトゥス印刷所は、その印刷機、校正室および刊行本とともに保存されている。そして今日では世界のもっとも美しい印刷博物館の一つを成しているのである。

楽譜印刷は当初より印刷の困難なものであった。写字修道士にとっては、文字を書こうと楽譜を写そうと同じことであった。初期印刷時代や一六世紀の書物にとって楽譜は重要であった。というのは、すべての印刷物は少なからず教会用に作成されたからである。一四五七年の聖詩集で、フストとシェファーは窮余の策をとった。すなわち、楽譜の箇所を空けておき、譜線と音符をあとから書き込めるようにしたのである。譜線をはめ込んで印刷したものもいるし、楽譜を版木か金属版に彫らしてはめ込み印刷したものもいる。一個一個の金属活字を植えて印刷した楽譜は、一四七三年、ヴュルテンベルクの小都エスリンゲンでコンラート　フューナーが初めて作った。彼は短い楽譜の見本刷りに、手持ちの植字材料を用いた。おそらく彼は文頭文字を逆にしたのであろう〔活字の足で黒い四角ができる〕。これよりも大きい作品、つまりローマ版ミサ典書（ミサーレ　ロマーヌム）は一四七六年に、初めて可動式楽譜活字を

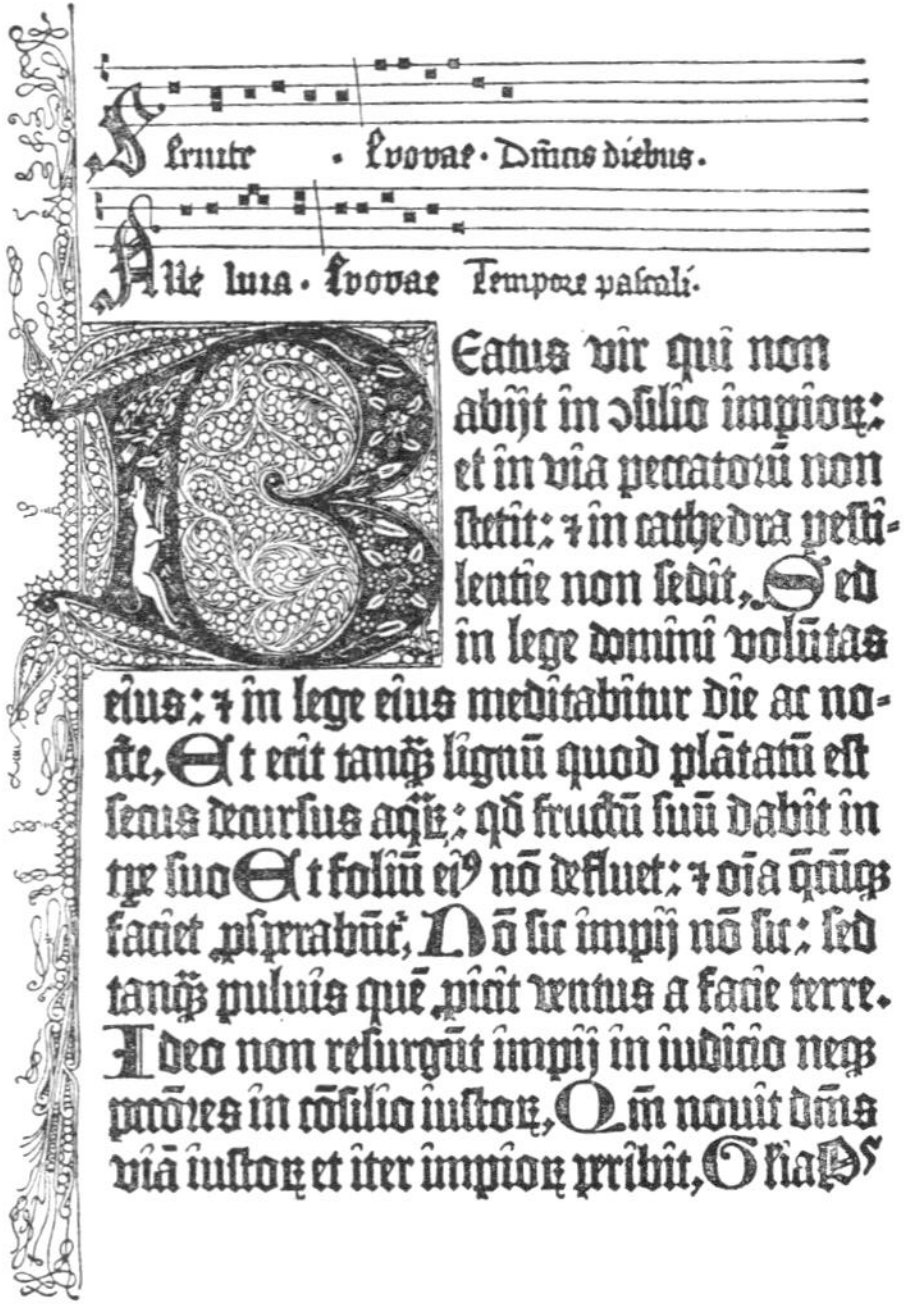

＊＊ マインツ聖歌集（一四五七）
一回の印刷で皮紙に三色刷を行なった。印刷人はフストとシェファーとされているが，活字はグーテンベルク製造。楽譜はあとから手書きされている

＊ グロリエ装本
下部に「グロリエと友のもの」と読める

用い、インゴルシュタットのひとウルリヒ ハーンによってローマで印刷された。それゆえ彼を楽譜印刷の発明者と見なしてもよい。ドイツで最初に楽譜入りで印刷されたミサ典書は、一四八一年、ヴュルツブルク〔羅ヘルビポリス〕のゲオルク ライザーの工房で生まれた『ミサーレ ヘルビポレンセ』である。四本の赤い譜線の上に黒くゴティック式コラール音符が印刷されている。印刷者が可測音譜[20]を複製しようとしたとき、新たな問題が生じた。この場合、異った種類の形をとった音符によって、音の長さが表現されるからである。当然のことではあるが、コラール音符の植字よりも遥かに困難なことであった。一四九八年、ペトルッツィはヴェニスで活躍していたオッタヴィアーノ デ・ペトルッツィが解決に成功した。長い試みののち、ヴェニスで活躍していたオッタヴィアーノ デ・ペトルッツィが解決に成功した。一四九八年、ペトルッツィはヴェニス市参事会から可測音楽作品印刷について二〇年間の特許をえた。彼が三度刷りで製作した本は、久しく指導的な役割を果たしてきているのである。ドイツでは、可測音符の嚆矢は、一五〇七年、アウクスブルクのエアハルト エーグリーンによって刊行されている。

一六世紀には数人の蒐集家がおり、所蔵本に特に高価な装幀をほどこさせた。その一人はフランス人ジャン グロリエである。その所蔵本の装幀は高貴な線条模様で装飾されており、標語に Jo. Grolierii et amicorum（グロリエと友のもの）と記されている。彼は自分の本が友人にも自分にも共有だと言いたかったものであろう。グロリエ装本は、今日ではほとんど値のつけようのないものである。これと似通ったものにトマス マイオルスが仕上げさせた装幀がある。その標語（Th. Maioli et amicorum）もグロリエ本と同じである。

ドイツでは、ルネサンス装がその金版押型とローラー押型（花車）によって群を抜いている。押型か

オトハインリヒが用いさせた表紙のプレート

ら、しばしば装本をした工房がわかる。いく人かの蒐集者は、自分の肖像ないし家紋を「スプラーリーブロス」〔本の上または前の意味〕として表紙の上に押印させた。金で印刷された肖像プレートはハイデルベルクの選帝侯オトハイリヒが用い、ゲルリッツ出身の製本師イェルク ベルンハルトを雇っていた。これらの裏表紙には、同じく金で印刷した選帝侯の紋章が、表表紙の画像プレートには年号とM・D・Zの文字が見られる。これは Mit Der Zeit（時とともに）というオトハインリヒの標語である。こうした装幀の大部分は、今日ローマ、ハイデルベルク、またマインツにある。

オトハインリヒが一五五六年、ドーナウ河畔のノイブルクからハイデルベルクの居城に携えて行った図書の手書き目録が残っている。そこに挙げられた本は、装幀についても記述があり、一六世紀の王侯の関心を如実に示すものである。その目録から少しばかり抄録して、次に挙げよう。

一、リーンハルト シュトローマイア フォン アウクスプルク の旅行小記、とはいえ大部分の版画はヴィトルーイオより引きたるもの　4°（四折判）。

二、スイス年代記、五四年、赤革装金飾多し、選帝侯肖像入り。

三、次いで、黒色小冊子、昔時の皇帝について、二六年。
四、皇帝列伝、白革装。
五、次いで、黒装ラテン語祈禱書、内部欄外に諸肖像版画。
六、アルブレヒト フォン ホーヘンローエ伯、父系一六代と母系一六代の記、それぞれの紋章入り、フォリオ(二折判)。
七、次いで、古い骨董書、銀地金装、象牙彫り救世主像付き。
八、次いで、本二巻、緑表紙、赤締紐付き(赤縁飾り付き)。
九、次いで、ノイデルファーの技芸書、白革装。
一〇、次いで、古い達筆なヘブライ語の書物、彩色、ローマ渡来。
一一、ヨハネ黙示録、控え目に彩色、ダマスカス織袋入り、黒ビロード装。
一二、老練な戦士である大工と若い隊長との会話、いかにして堅固な建物を主の用に建て上げられるか、中判。
一三、赤装小冊子、あらゆる肖像が古風に銅版にさる、黄銅浮彫り留金付き。
一四、古代人が行なった格闘術、紙に描かれた絵入り、4°。

オトハインリヒは、自分の図書をひとりだけで楽しんではいたくなかった。彼は蒐集本全部を、ハイデルベルクの聖霊(ハイリヒガイスト)教会の高廊に、「ビブリオテカ パラティィナ」(宮廷図書館)として陳列させせた。これをもって、ドイツ最初の公共図書館の一つが設けられたのである。

まったく特別の美しさをもつのは、ヤーコプ クラウゼがアウグスト フォン ザクセン選帝侯のために、一五六六年より一五八六年にかけて制作した装幀である。彼は数多く侯の肖像画プレートを用い、繊細な装飾はしばしば彩色して描かせた。彼の後継者カスパール　モイザーは、先代の意を汲んで一五九三年の没年まで仕事を続けた。

一六世紀には、ドイツ文学の傑作に属する書物がいくつか刊行されている。一五〇〇年頃、民衆本『オイレンシュピーゲル』[21]が生まれた。もともと（一四八三年に）低地ドイツ語で書かれたこのいたずら者の本は、一五一〇年頃高地ドイツ語に翻訳された。初版は一冊も伝わっていないが、一五一五年と一五一九年の覆刻が残っている。民衆本『ライネケ狐』は、低地ドイツ語ではすでに一四七九年に印刷されていた。『シルダの住民（シルトビュルガー）』〔今日では田舎の愚か者の意味で言われる〕は一五九八年、フランクフルト　アム　マインでこの世に歩み出た。その先駆者である『ラーレーブーフ（阿呆者の書）[22]』は一年前に出ている。一六世紀の読書熱が、初めて「民衆本」を作り出したのである。こうした本は当時のベストセラーであった。その一部は、中世叙事詩を散文に手直ししたものであるし、ほかは、フランスやイタリアの手本を翻訳したものであった。ほんの少数（オイレンシュピーゲル、フォルトゥナート[23]、シルトビュルガー、ファウストなど）が当時の原作である。一五六九年のフランクフルト四旬節見本市〔春の見本市〕について今日知られるいくつかの数量は、当時「民衆本」がじつに愛読されていたことを示す。書籍印刷業ハルダーはこの見本市で、フォルトゥナートゥス一九六冊、『美しのマゲローネ[24]』一七六冊、メルジーネ[25]一五八冊、オイレンシュピーゲル七七冊、ローアーとマラー[26]を六四冊売ることができた。その他百点以上のものが出ている。

民衆本と並んで、一六世紀には、重要な自然科学書、特に植物書と数種の世界現状記が出版されている。一五七二年には、ブラウンとホーゲンベルクが、当時知られていた限りの世界の諸都市の銅版画と解説をつけた見事な三巻本『都市案内』が生まれた。一五六九年から一五八三年には、フランクフルトの活動的な出版者ファイアーアーベントが、全ヨーロッパに流布されていたアマーディス小説[27]のドイツ語版を二四巻に分けて刊行した。この本は読者の好みに合ったのである。ハンス ザクスやヨハン フィッシャルトも一六世紀に生きていた。彼らの作品は印刷を通じて有名になったのである。

古書籍の識者は、容易に一六世紀の本をインキュナビュラと区別するであろう。紙が悪くなった。そのかわり、書体の方は一五世紀よりも省略符号が少なくなる。木版画はしばしば名のある画家の手になり、署名が入る。描かれた人物はより実態的になる。遠近法がやっと正しく実行される。細かい画線が色彩にとって代る。一六世紀の本は大むね色彩によって品位を損じるが、一五世紀の本は色を求めている。それに書物は手軽にもなる。表紙は木に代って、たいていは厚紙である。しばしばそのような厚紙にするに用いられた一枚一枚の紙の中には、貴重な初期印刷物の断片が見つかる。初期の本についている角金や留金は稀になる。金具は木にはつけられるが、厚紙には固定しえないからでもある。扉表紙は一六世紀の初めから書物の構成要素となる。そして扉表紙はしばしば、木版の縁飾りによって飾られている。一六世紀後半以後、表題の数行を赤インクで印刷することを好むようになる。

書籍印刷とともに筆書術がやんだのではない。その逆である。書法上美しい作品を作り出すために、今や特別な神経が用いられる。そのようなわけで、「書家」という新興の身分が生まれる。以前は書写は修道院の中だけで、修道士によって行なわれていた。今では、どの都会にも書家がいて、技巧に富んだ書き方を習いに行ける。書家はまた、算術やしつけを教えた。これは残存する彼らの広告によって知られるところである。

ある書家は、そうした広告を銅版で刷っている。詩の形で、自分のところでは何でも習えると言う。

読んではっきり、書くのが綺麗、
計算巧みで、礼儀は正しい、
徳を崇い、神を正しく知る、
　これは立派な人間の
　基礎にして心髄と言えよう、
わがもとにて弟子になれば、
わが学舎にかよいくれば、
　すべてのことを汝に
神の恵みのもとに教えよう。

　ゲオルク　ハインリヒ　パリティウス、書家　算術家、一七一二年

＊　18世紀の赤モロッコ皮を用いた装幀
中身は15世紀の皮紙に書かれた時禱書
角金と留金は銀製（163×116mm）

＊　一七世紀初頭の宗教説話集
装幀も同時代のもので、銀側の金具には宝
石がちりばめられている

Aberglaub,
Aberglauben vnd heücheleÿ
gibt es ser vil vnd mancherleÿ
glaub Gottes wort, bekeñ es freÿ
förcht dich vor niemand wer er seÿ

『新ＡＢＣ小読本』
マインツ　1665　ゲオルク　クンツ発行
（銅　版）
大意「迷信（アーバーグラウプ），／迷信とへつらいは／とてもたくさん　いろいろあります。／神のことばを信じ，はっきり口にだしなさい／あい手がだれでも　おそれてはいけません」

自分の技術を示し、それによって生徒をひきよせるために、彼らは美しい字で書いた手本や技巧に富んだアルファベットの教科書を出版した。初めは木版刷りであったが、後には銅版印刷となる。一八〇〇年までのもので、こうした書家の本が約三百点残存している。たいていじつに傷んでいるのは、仕事場で愛用されたからである。

一六世紀の初めに最初の書体の手本ができた。一五一九年、ヨハン ノイデルファー一世がニュールンベルクで、彼の弟子に書体を教えるための小さい本を出版した。一五三八年、彼は分厚い書体の本を饒舌な表題をつけて刊行した。『当用筆書案内または主要な基礎の良いまとめと簡潔な教授。これにより子供は立派な字を書きたくなり、特別な技術と早さで教授訓練されること必定。』この主要作のほかに、フラクトゥーア字体作成に加わっていた彼は、さらに何冊かの本を公刊した。そのうち一五四四年には、羽ペン調整案内がある。一六世紀に書法の中心地となったニュールンベルクでは、一五五三年、ヴォルフガング フガーの書体の本が出た。この中で、一五世紀に生まれフラクトゥーア字体と並んであったドイツ字体が、初めて「シュヴァーバハー書体」と呼ばれるのである。

一七八二年初版のヨハン メルケンによる書家教本は、「新旧時代の書法」に関する詳しい論述を載せている。その中で、良い筆記器具の重要性を説いた節を次に写しとってみよう。

少年あるいは少女の皆さん、君たちはまだ花の盛りに学ぶことができるのだから、力の限り、悪い時勢のときには力となり、だれもが奪い取れないような宝を身につけるように努めなさい。もしも宝を手にできたら、邪な世から身を退けて、神を畏れる気持ちを生活の導きの星となすことだ。
上手な習字をしようと思ったり、あるいは言いつけられるものは、いつも、滑りがよくて穴の開かない丈夫な筆記用紙と、太くて堅い鵞ペンか羽ペンと、十分黒いインクを選びなさい。設備のよい学校なら、どこでも見られることなのだが、幼い新入生にも大きくなった生徒にも、いつも良い紙、良いペン、よいインクが用意されるだろう。

生徒は初心者で子供であるから、弱いペン、薄いインク、つまり絹のように薄い色あるいは黒い色をつけた水をもって、粗い灰色の悪い紙の上に文字を書き写す稽古がどうしてできようか。紙に何を書いたかほとんど見えないからだ。こうした子供が習字のときには往々にして、陰気に、悲し気に、そしてぐずぐずするのは、少しも不思議ではない。特に活潑で習字をする気がある子供がそうなるのは、親が大馬鹿であるためだ。学校へ行く子供に、粗悪なざらざらした穴の開くような紙と、腰の弱い細い使い古しのペンと、前にも言ったように、透き通るような絹のように薄い色水を黒インクの代りにもたせて学校へやる。こうした吝根性がどれほど子供たちを害することになろうか。必要不可欠な道具は、哀れにも何も買えぬ子供には、町や村から無料で与えるのが当然だろう。そうすれば哀れな貧しい職人の子供が、その程度の費用のために学校へ行けず、大切な勉強をあきらめることもなくなろうし、よくあるように牛馬の如くに生い育ち、長じては文盲の異教徒のように（彼らは神のことも聖なる言葉もまったく知らない）粗野な無知蒙昧の生活を送ることもなかろう。放置しておけば、彼らは不滅の魂をもつことも知らずして、頭脳と人間の声を与えられた動物のように、この世にだけ目を向け、がさつな手仕事のほかは神にも隣人にも役立ぬことになる。

憐れむべき人間にして哀れな人の子だ。生きてはいるが、神よりの贈物である能力は奪われざるをえず、この世と来世の幸福への道を開くことはできないとは。

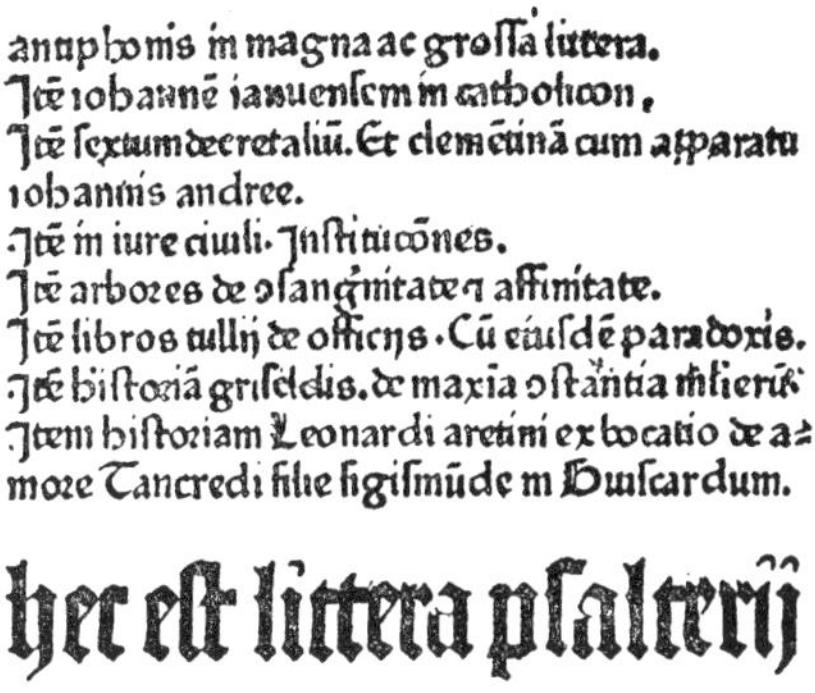
antiphonis in magna ac grossa littera.
Itē iohannē ianuensem in catholicon.
Itē sextum decretaliū. Et clemētinā cum apparatu
iohannis andree.
Itē in iure ciuili. Institucōnes.
Itē arbores de consanguinitate et affinitate.
Itē libros tullij de officijs. Cū eiusdē paradoxis.
Itē historiā griseldis. de maxia constantia mulierū
Item historiam Leonardi aretini ex bocatio de a=
more Tancredi filie sigismūde in Guiscardum.
hec est littera psalterij

ペーター　シェファーの書籍目録より
（マインツ　1470）

一六世紀の書家で有名なひとたちを挙げるならば、イタリアにいる。一五二二年、ローマでヴィンチェンティーノの書体教本が出版された。一五二四年にはヴェニスでタッリエンテが、一五五四年はヴェスパシアーノ、一五四八年はパラティーノと並ぶ。これらすべての教本は、さまざまな書体のアルファベットと、それぞれの書家の書法の範例として技巧豊かに書かれた箴言を記載している。チューリヒでは一五四九年に、ウルバンヴィースの書体教本が刊行され、アルファベットとテクストのほかに書写室や習字をする生徒たちの絵を載せている。

恒常的に増加する書籍数のため、一六世紀では、印刷物を広い購読者層に知らせることが必要になった。これは年二回催される書籍見本市で行なわれた。見本市はまた、互いに知り合いになる機会でもあった。このほか市場ではすべての借りが返済された。印刷出版業フスト＝シェファーについて知られるところでは、彼らがすでに一五世紀に、パリとリヨンの見本市に出掛けて、本を売っていることである。

＊　ノイデルファー『筆書案内』の扉表紙
銅版画
（ニュールンベルク　1601）

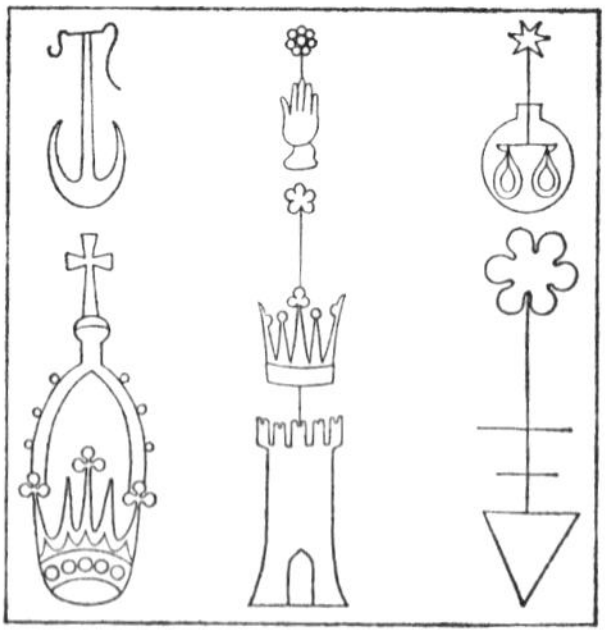

＊＊　古い抄き入れ
（紙のすかし）

フランクフルト アム マインは、大商業路の交差地点であったので、書籍販売地となるのに適していた。すでに一五〇〇年頃、この都会は、ドイツ書籍業の中心地であった。だがフランクフルト書籍見本市が意味をもつのは、展示される書目が見本市カタログに一括記載されるようになってからである。第一回カタログは一五六四年、アウクスブルクの書籍業者ゲオルク ヴィラーによって編集された。これ以後、ヴィラーのカタログは、定期的にフランクフルト四旬節〔復活祭前の時期〕および秋季見本市に当って刊行された。一五七四年以後は、記事が一般化し、カタログは報告年度に出版されたすべての書籍にあてはまる目録、すなわち本来の見本市カタログとなった。一五九八年よりは、フランクフルト市参事会が「綜合目録 Catalogus Universalis」を公式の市参事会編見本市目録として編纂した。これはさらに一六一八―一七四九年には、帝室見本市目録となった。

数多く印刷された条例の中で、フランクフルト アム マイン市参事会は、見本市目録に掲載されるべき書物の表題を、期限通りに文書課まで申告するように定めている。そうした訓令の一つは、怠慢な書籍印刷業者に罰則をもって戒告しているが、ここに一例として引用しよう。

われわれフランクフルト アム マイン市参事会は、ここに内国および外国の書籍印刷業者ならびに書籍販売業者全員各位に下記を知らしめることとする。本状以前に、しかも前回は一六五九年三月二九日に、見本市出品書籍目録作成進行上、同目録に掲載さるべき書籍題名のすべては、然るべき日時までに文書課に申告すべきであるとの条例の定められたにもかかわらず、遵守せぬ向きが若干あり、書名申告が遅滞したため、同目録の印刷および公布は見本市第二週に延期のやむなきをえず、帝室委員会が帝室図書館に採用する書籍の徴集を妨げられたのみならず、関係者多数、分けても学術研究者に甚だ支障をきたし業務の停滞を起こした。しかしわれわれはかかる規定を緩める考えはないゆえ、以下を規定し命令する。今後見本市目録に掲載しようとするものは、各自、新刊書の題名を見本市第一週の水曜日に必ず文書課当該窓口に申告されたい。なお次の警告を付することとする。すなわち、所定の日時が経過したのちも題名が受理されていぬ場合および、書目届出の遅延あるいはまったくの滞りのため見本市開始になんらかの支障を生ずると見られる規定不履行には、裁定による罰則が適用される。目録が遅くとも見本市第二週初めの日曜日までに完成公表されることを望むからである。書籍印刷業者および書籍販売業者においては上記を留意の上、係争の生ぜぬよう願う。

市参事会決定　一六六〇年九月一一日火曜日

フランクフルトと並んで、ライプツィヒが指導的な書籍都市に発展した。毎年のライプツィヒ見本市では、書籍印刷および書籍販売業のヘニング グロッセが、一五九五年以後、ライプツィヒ見本市目録を公刊した。これは一八六〇年まで続いた。(28)

書物は早くから、読者の意見を著者の関心に有利なよう左右する手段と見なされていた。ここに、書物そのものと同じに古くからある検閲の起源がある。すでに古代および中世において、焚書があった。紀元前二一三年、秦の初代皇帝始皇帝は、シナの文書のすべてを焚き、自己の治世を伝習なく始めることができるようにしたのである。中世では、ことに教会が書物の統制に関心を懐いた。コンスタンツ公会議の決定により、フスがその公会議によって断罪された文書とともに火刑に処せられた。一四七九年、教皇は印刷所監督についての諸規定を公布した。一四八六年には、マインツの大司教ベルトルト フォン ヘンネベルクの布令がある。彼は外国語からドイツ語へのすべての翻訳物の検閲を規定している。マインツ大学の四教授が検閲官に据えられた。一四九六年、教皇はローマで、異端の書物の普及と読書に関する新しい規定を発布した。一四九六年、ケルンでは大司教ヘルマン フォン ヘッセンが、印刷されるどの書物に対しても教会の印刷許可が要るような制定をした。

宗教改革および反宗教改革の世紀では、印刷物の数は激増し、検閲が厳しくなった。一五一五年、教皇は教書を公布し、司教および宗教裁判官はどの書物も印刷前に、異端的な箇所があるかどうかを調べなければならないと定めた。すでに一五〇四年にはシュトラースブルクで、すべての教皇に反対する書物の印刷が禁止されていた。こうしたカトリックの布令は、もちろんのことプロテスタント化した地域では通用しなかった。諸政令が帝国法となったとき初めて、それらはすべての印刷物に当てはまることとなった。第一回目にそのような全般的に拘束力をもつ検閲の規定がなされたのは、一五二四年のニュールンベルク帝国議会決定においてである。ここで要求されるのは、いかなる書物文書も官憲および教会に反して印刷されることがないよう、どの政府筋も配慮するように、というものである。一五三〇年のアウクスブルク帝国議会決定は、どの書物も著者名、印刷地を入れずして刊行されてはならない、これに反するものは、体刑および罰金刑に処すると定めている。

カール五世が署名した一五四八年の警察法規には、この規定が再び見られる。この勅令は、カール五世統治の国々全体に適用された。この警察法規は、マインツのイーヴォ シェファーのもとで印刷されている。公布された本文をこの印刷に基づいて次に挙げよう。

かようにわれわれは決定するとともに規定し、次のように厳命する。以後すべての書籍印刷者は、下記に違反した場合、何処であれ神聖〔ローマ〕帝国に居住する限り、業務停止および重罰、すなわち、（××）グルデン〔金貨単位〕を当該の役所に遅滞なく支払うものとする。いかなる書物も大小を問わず表題が如何であっても、印刷にかかる前に、各地当該の役所あるいはその職を行なうべく定められたものによって検閲されていなければならない。すなわち、キリスト教会教義、今次帝国議会決定はもとより、在来の諸決定、本決定に反することなく、適法と認められ、すなわち貴賤、一般あるいは特定の人物に対する別なく、扇動的ないしは誹謗的でないことを審査の結果確かめられ認可されていなければならない。同様の刑罰は下記に違反した場合も下される。すなわち、上記の届出をなした書籍印刷業であっても、すべての書籍に役所に許可された旨を印刷し、書物の著者または作者、また印刷者の氏名、印刷された場所である都市町村を明瞭に名称を付して挙げ知らさなければならない。

こうした布告や規定と並んで、キリスト教徒である印刷者が非キリスト教的な書物を印刷するのは許されるか、といったことを論じた文書も出版された。そのような本の表題を次に掲げておこう。

Von Buchhend-
lern/Buchdruckern vnd
Buchfürern:

Ob

Sie auch one sünde/vnd gefahr jrer
Seligkeit/Vnchristliche/Ketzerische/Bep-
stische/Vnzüchtige/oder sonst böse Bücher
drucken/vnd offentlich feil haben/oder von
andern kauffen/vnnd widerumb/one
vnterscheidt/menniglich verkauf-
fen mögen.

Auch

Allen andern Christen/sonderlich
Kremern/Kauff/Handels vnd Hand-
wercksleuten/zu diesen gefehrli-
chen zeitten nützlich zu lesen.

Durch

Iohannem Frid: Cœlestinum D.

1 5 6 9.

書籍販売業者、書籍印刷業者および書籍行商人について。彼らは、罪なく、己が至福を危くせず、非キリスト教的、異端的、教皇的、猥褻な、とにかく邪悪な書物を印刷し、公に売るか他より買い、さらに区別なしにあれこれと売ってよいものであろうか。

〔本書は〕すべてのあらゆるキリスト者、特に小売人、商人、職人もこの危険な時代にあって読めば為になる。ヨハネス フリート著。天上の神に。1569年。

**　ティロ符号とその意味（カロリンガ小文字使用）
9世紀のティロ符号字典の部分

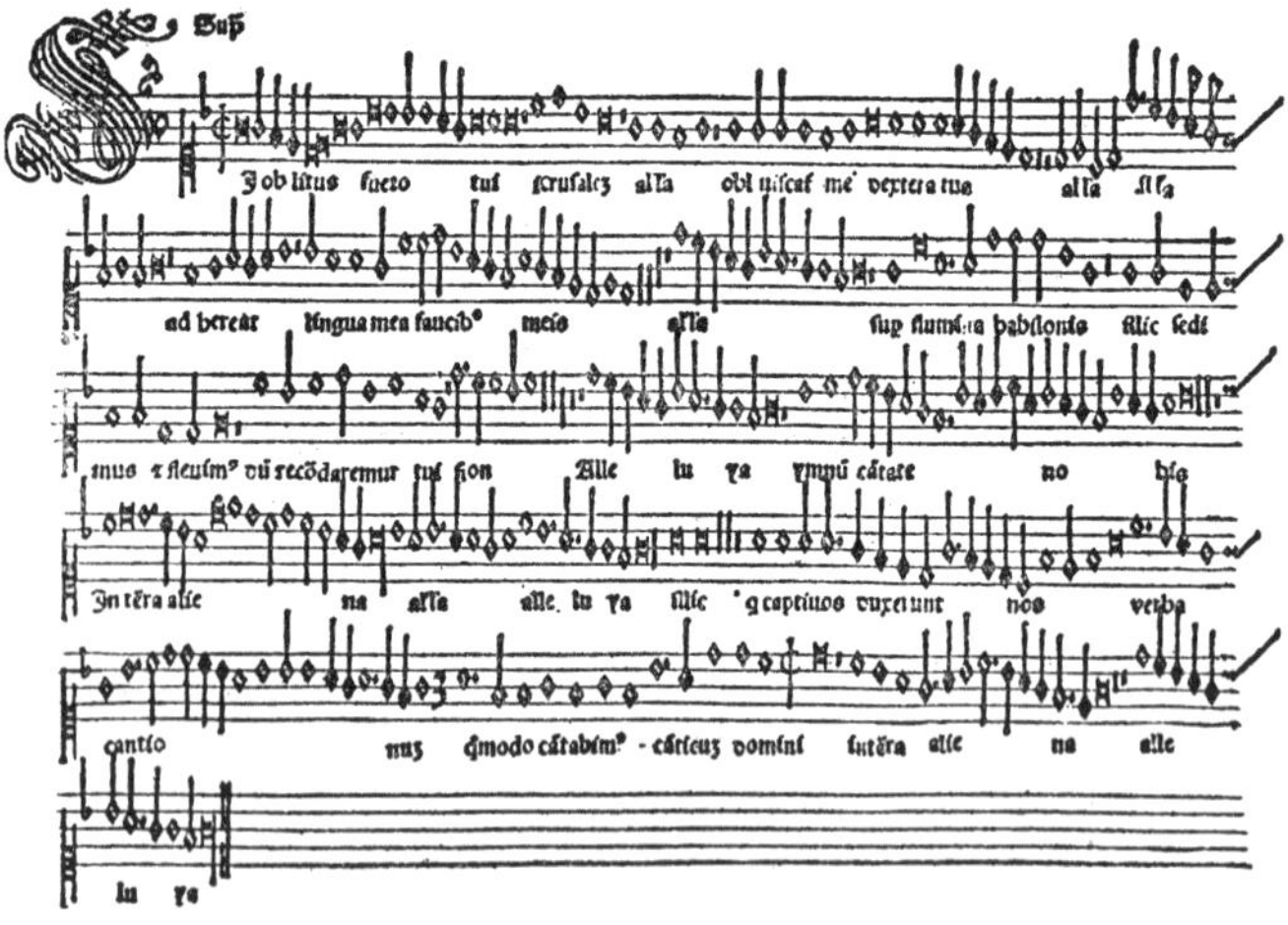

**　可測音譜
ヴェニスのペトルッツィが1503年に印刷した楽譜の一部

一七世紀および一八世紀

大戦争の世紀は、戦乱が席巻したすべての国で書物の衰微をもたらした。そうした事情から、戦争にはほとんど傷をうけなかったネーデルランドが書籍印刷の遂行を引きうけた。アントワープ市は、一六世紀にクリストフ プランタンにより中心に位していたものの、今やアムステルダムとライデンとに地歩を譲った。ライデンにはエルゼヴィール家がおり、これは勢力の大きい家系で、一六二九年から一七一二年にかけて印刷業を営んだ。エルゼヴィール版のカタログは二千点以上の出版物を挙げている。エルゼヴィール印刷本は長い間蒐集家に好まれたが、今日ではそれほど高く評価されていない。

家系の基礎づけをしたのは、一五八〇年、大学の製本師としてライデンにやって来たローデヴェイク エルゼヴィールである。彼は大学の下級職員となり、ついには大学印刷人となった。一五八三年、彼のもとで最初の本が出た。一六〇四年に彼は二人のライデンの学者の蔵書を競売した。これが今日知られる最初の書籍オークションである。エルゼヴィール家の古典版は、学者であるダニエルおよびニコラウス ヘインズィーユスが担当した。アブラハム エルゼヴィールとボナヴェントゥーラ エルゼヴィールは、一六二六年以後、急速に有名になった『レプブリケン』を編纂した。この小型のオクターフ(八折)

判の本は、一冊ごとに一つの国をとり上げていた。この叢書は、エルゼヴィール刊本が小型の体裁であるという考えを植えつけているが、エルゼヴィール印刷所からは、クワルト（クオート、四折）やフォリオ（二折）の本も出されているのである。

ライデンのほかに、エルゼヴィール家の支店はアムステルダム、ハーグ、ユトレヒトにできた。アムステルダムの家を率いていたダニエルの死後（一六八〇年）、企業はその未亡人が指揮した。一六八一年に彼女も死ぬと、印刷所は競売された。これでエルゼヴィール家の時代が終ったのである。

ダニエル　エルゼヴィールという名前と、プファルツ出身の活字彫刻者クリストフ　ヴァン　デイクの名は密接に結びついている。ヴァン　デイクが一六七二年頃に死ぬと、彼による文字の父型や母型は、ダニエル　エルゼヴィールの所有に移った。彼も死ぬと、それらはさまざまな人手に渡った。最後には、ハールレムのエンスヘデー家の所有に帰したものの、一八世紀初頭に溶解されてしまった。

他の国々の厳しい検閲もネーデルランドにおける書籍印刷の興隆を助成した。自国の検閲を恐れざるをえなかった多くの著作者は、作品をこの検閲のない国で印刷させた。作品によっては、エルゼヴィール家のところで、よその印刷地名をつけて公刊されている。それでなくとも、あらゆる印刷所で熱心に偽版が作られたのである。

エルゼヴィール家の小型判の書物のほかには、なによりも、アムステルダムから世界へ出て行った地図書があった。この時代は、発見旅行、植民地作りが行なわれ、海外貿易の開花期に当ったので、地図書は緊急に必要であり、非常に需要があった。アムステルダムは地図作製のもっとも重要な中心地とな

＊アンドレーアス・グリューフィウス『埋葬謝辞』第二版
銅版口絵と扉表紙（フランクフルト／ライプツィヒ　一六九八）
（文字の薄い色は赤字で印刷されている）

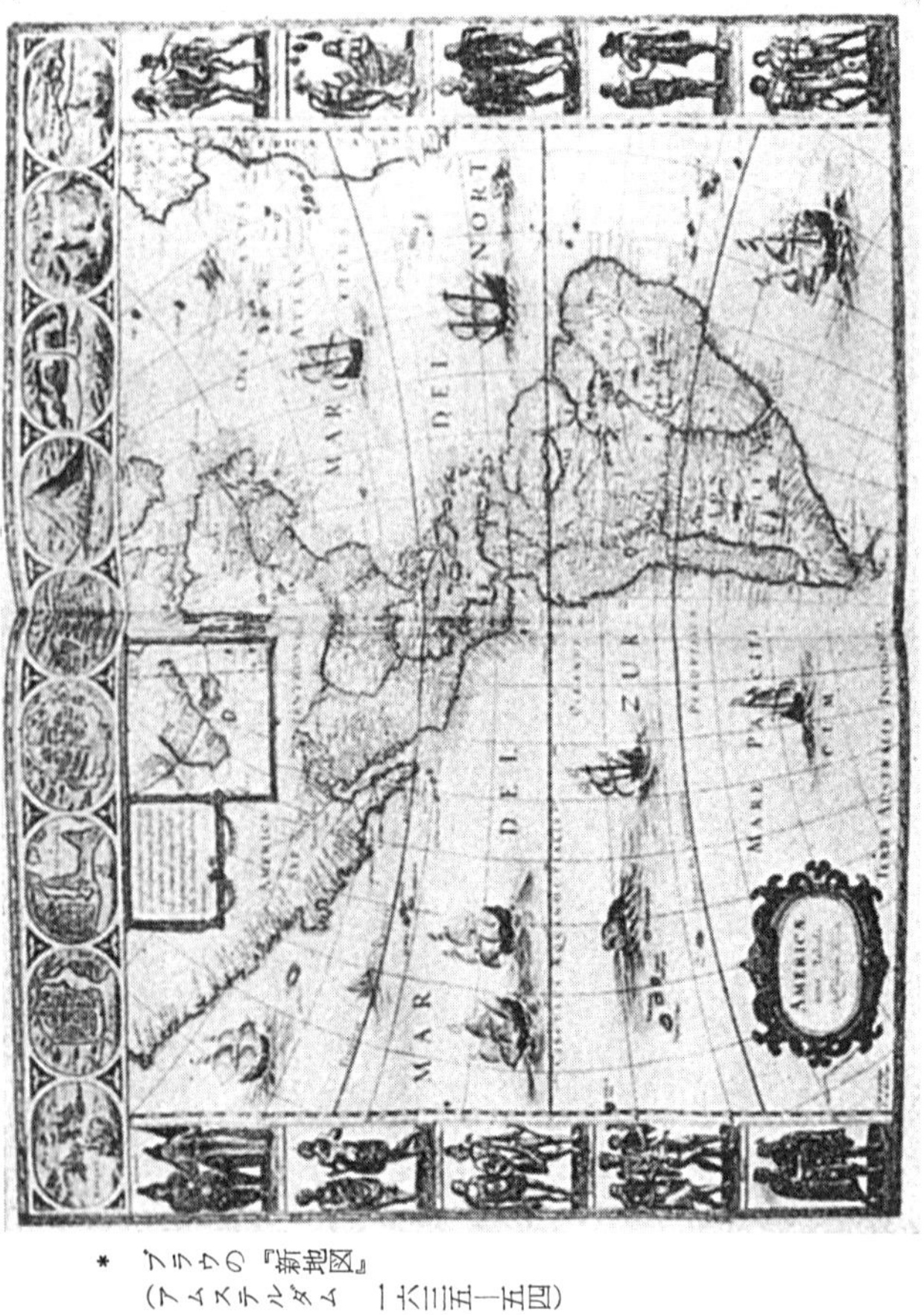

＊　ブラウの『新地図』
（アムステルダム　一六三五—五四）
全体は六巻からなり、第六巻がシナと日本にあてられている。
大きさは約50×33 cm

ったのである。もっとも大規模な地図書はヴィルヘルム ヤンスゾーン ブラウの印刷所から出された。彼は青年時代、天文学者であり書籍印刷人であったデンマークのテュゴ ブラーエのもとで知識を身につけてきた。一六二〇年、彼は書籍印刷機を改良するのに成功した。彼の息子ドクター ヨハン ブラウが、彼の主要作である『アトラス ノーヴス（新地図）』の印刷を続けた。一六六二年には彼の一一巻に及ぶ厖大な『アトラス マヨール（大地図）』を出版し、さらに一年後増補一二巻として印刷することができた。アムステルダムに来た多くの旅行者は、設備のよいブラウ印刷所を訪れ、その有様を記している。

ドイツでは一七世紀になると、書物は大戦争のために衰退期を体験した。これがはっきりしたのは、特に粗悪な、木質の多い紙を用い、念の入っていない本造りであった。念が入っていないといえば、組版やイニシアルの扱い方で、しばしば植え込みが悪かったり、本文と字体がそぐわなかったりした。ところで銅版画は木版画を決定的に放逐していた。特に扉表紙は、文字入りで銅版で製版された。こうした扉の多くは、アレゴリー（寓意）画豊かに飾られているが、今日のわれわれにはその寓意は分からないことが多い。しばしば、本の内容を絵やシンボルで示そうとしていることがある。しかし銅版は一七世紀の書物を不統一な感じにしている。ほんの稀にしかタイポグラフィー（活字レイアウト）と釣合いがとれていないからである。それゆえ、もっとも恵まれた書物は、銅版画集ということになる。一七世紀でもっとも意義のある書籍上の企画の一つは、フランクフルトの銅版画家マテーウス メーリアンの世界図会である。彼は一六二四年、彼の岳父であるフランクフルトのヨハン テーオドル デ ブリの印刷所を引き継いでいた。彼は協同製作者たちと、内外の多くの都市図を作り、マルティン ツァイラーがその説明を書いた。マテーウス メーリアンが一六五〇年に死ぬと、息子たちが着手されていた仕事を促進した。一六四二年から一六八八年の間に、著名な『トポグラフィー（地形図会）』が三一部に分けて出版された。その都市図はまったくありのままに描かれており、実際の有様を知るためには、その部分を任意に拡大して見られるほどである（一八一ページ図版参照）。

マテーウス メーリアンの娘、マリーア ジビラは父親に栄誉をそえた。一六七九年、彼女は蝶類図鑑を刊行したのである。この本によって、ヨーロッパ初の重要な女性自然研究者である彼女は、蝶類について行なった観察をまとめたのである。彼女の『新花譜』は一ページ大の銅版画入りで、三部よりなり一六八〇年出版された。しかし彼女の主著は『スリナムの昆虫』である。この本は一七〇五年、多数の素晴らしい手彩色の銅版画入りで、アムステルダムで刊行され、今日では蒐集家熱望の的である。一九五九年のオークションでは七〇万円強の値でひきとられ、今日では二〇〇万円を超えている。

フランクフルトからは、一七世紀に新しい字体が生まれ、今日もまだ用いられている。「ルター・フラクトゥーア」である。成立は一六七六年で、名称は宗教改革者から出ているのではなく、エラスムス ルターによる。彼は、フランクフルト アム マインで活字鋳造所を営んでいた。

一七世紀にはすでに、ライプツィヒは書籍販売の中心地に発展していた。ライプツィヒ書籍市は、フランクフルト書籍市を凌駕し始めた。ライプツィヒの印刷業兼書籍販売業者ティモーテウス リッチは、一六六〇年に最初の日刊新聞を創業した（「合戦および世界事情新着消息」）。この新聞は一七三四年、そのバロック的紙名を止め、「ライプツィガア ツァイトゥング（ライプツィヒ新聞）」と改題された。一六八二年にはライプツィヒで、「アクタ エルディトールム（学術業績）」という題名のもとに、ドイツ最初の、とは言えラテン語で書かれた学術雑誌が発刊された。これに続いては、クリスティアーン トマジウス(1)の「モーナーツ－ゲシュプレーヒェ（今月の話題）」が最初のドイツ語を用いた雑誌として出された。

マインツ市は書籍印刷においての指導的位置をたちまちのうちに失ってしまっていた。一七世紀に入って、クリストフ キュヒラーはマインツの書籍技術を今一度、意義ある点にまで高めた。彼は大司教ヨハン フィリップ フォン シェーンボルンの委任をうけ、一六六五年より特大判の合唱集を印刷していった。このために彼は、楽譜植字に独自の方法を考えだしたのである。どの音符、記号も、譜線とともに植字し印刷された。今日までラインガウのキードリヒで歌われるマインツコラールの楽譜や、イギリスの準男爵サットンが一九世紀になってマインツで高額の費用をもって複製させた楽譜は、これと同じものである。

ニュルンベルクでは、エンター家が、三十年戦争当時躍進して、規模はエルゼヴィール家のライデンでの企業と匹敵するほどであった。ヴォルフガング エンター一世は、一六一二年、父の創始した業務をひき継いだ。彼が刊行したもっとも美しいものの一つは、八巻にわたって一六四一年から一六四九年までに出版したゲオルク フィリップ ハルスデルファーの『婦人のための会話の遊び』である。この横長の小型の本は、当時の生活に現われるほとんどすべての事柄についての会話を載せている。今日でも、色彩の象徴法とか手話術についての観察は読んで楽しいものである。

書籍印刷術について、彼は一章の会話を捧げており、この発明が世界を変える意義をもっていたことを指摘している。この会話からほんの一部を例としてひいてみよう。

印刷術の発明者であるヨハネス フストとヨハネス グーテンベルクをつねに讃えつつ感謝しなければならないこの気持ちは言いつくせるものではありません。彼らはこの手工芸を、以前からシナでは行なわれていたこととはいえ、時をかけて考えだしたのです。書物というものは、かつては、ただ王家や殿さまの家で見かけられたのですが、今ではどれほど身分の低いものでも、僅かなお金で手に入れられますし、一人の男が一日もあれば、昔なら百人の写字生が盛んな督励をうけて成し遂げられなかったほどのものを、どのような言葉でも間違いなく、特別の苦労もなく紙にのせることができます。こうした技術が世界の始めとともに知られていたなら、どれほどの書物が今の世までに蓄積されていたことでしょう。また、まだまだ知られぬままであったら、どれほどたくさんの書き物が日の目を見られなかったことでしょう。いくつかの役にも立たぬ代物がまぎれ込んでいるとはいうものの、良い書物が言葉では言い尽せぬほどの役に立っていることに較べれば問題にもなりません。

しかしエンターの本でもっとも有名になったのは、選帝侯聖書であった。ヨーアヒム ザントラルトの版画で飾られ、初版は一六四一年に出され、一七六八年までにはさらに一三回版を重ねたのである。エンター家は、ニュルンベルクでじつに多くの聖書を印刷しており、今日なお個人所有になる古い家庭用聖書の多くがこの印刷所のものと言えるほどである。保存されている聖書の数が多いということは、とりもなおさず、今日ではこの聖書をもっていても、思うほどの値打ちがまったくないことを意味する。

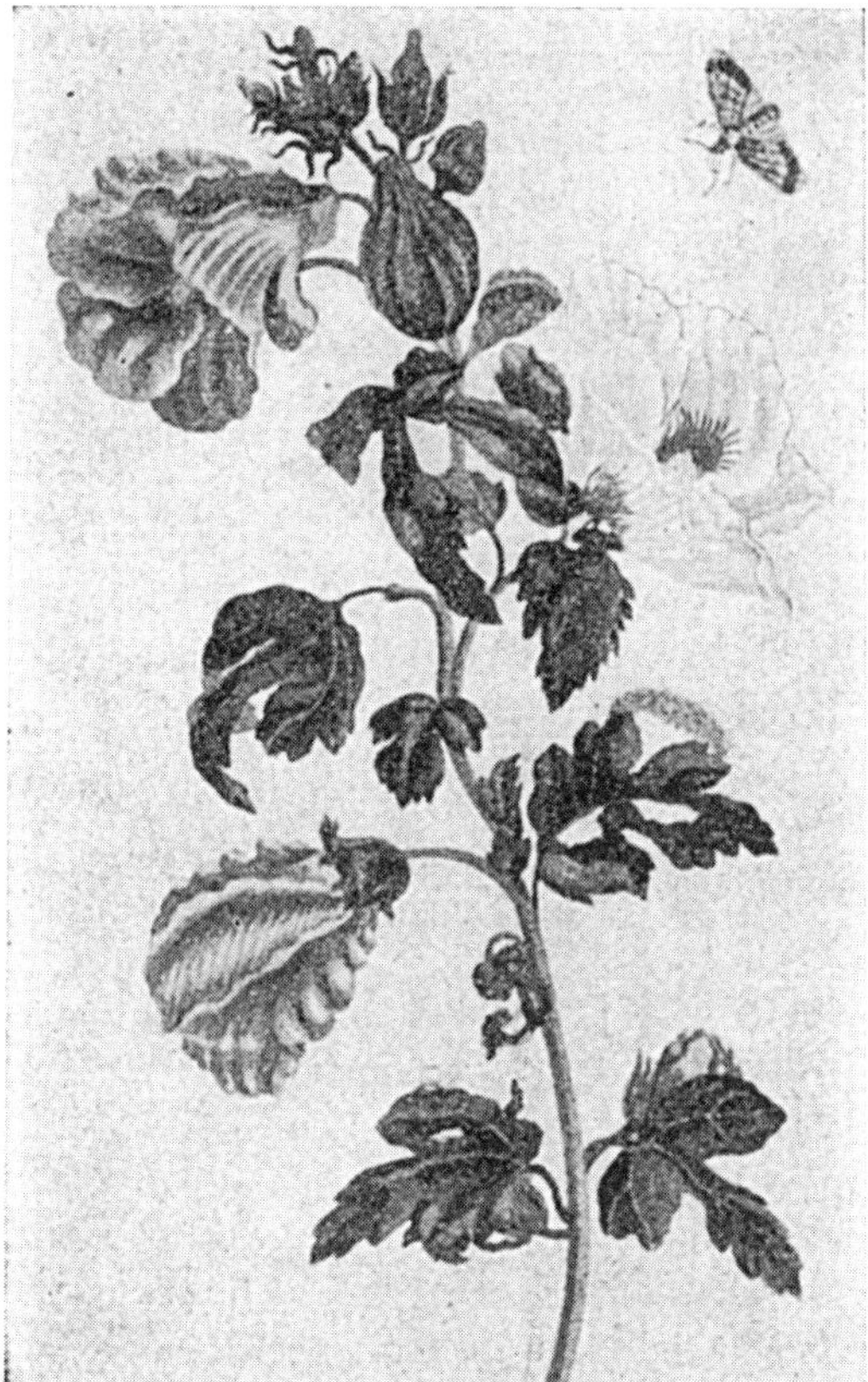

＊　マリーア　ジビラ　メーリアン『スリナムの昆虫』
（ハーグ，グロッセ印刷　1726）
改訂増補版。この本は1968年のオークションでは，200万円で取り引きされた

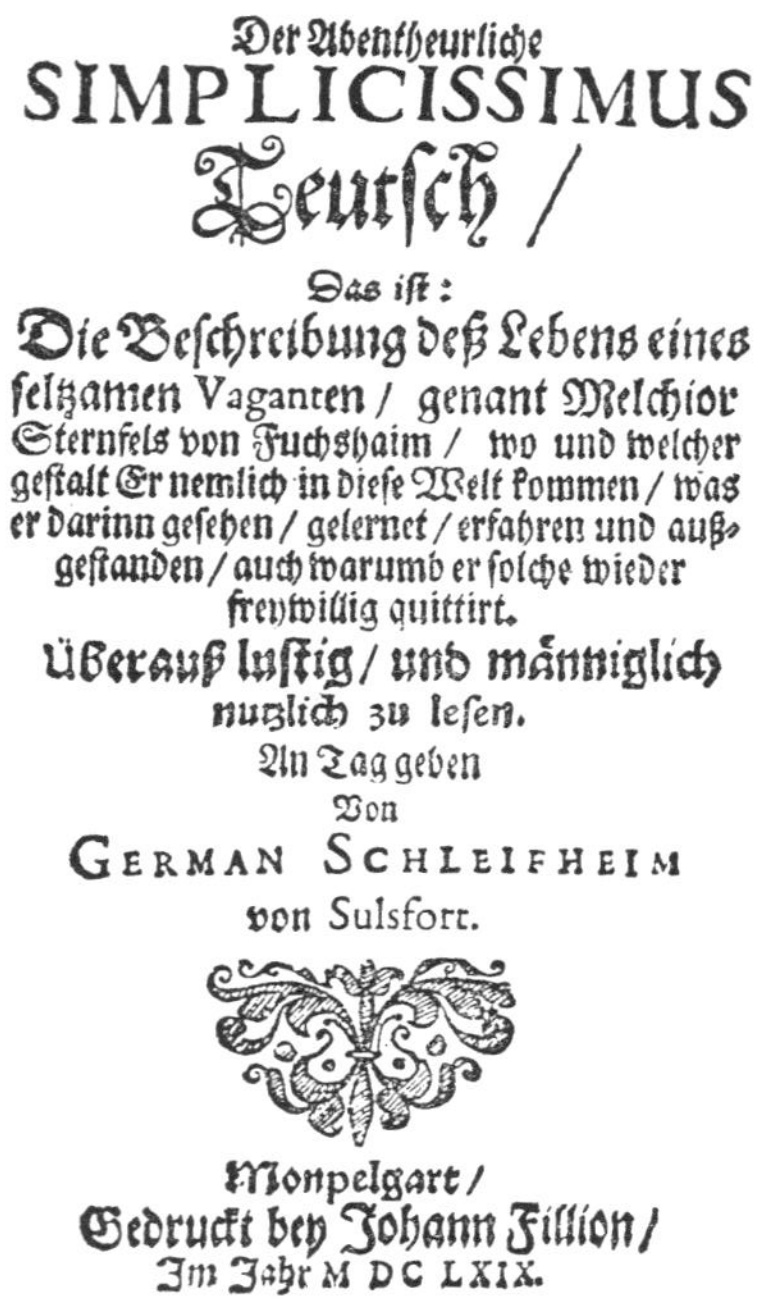
Der Abentheurliche
SIMPLICISSIMUS
Teutsch /
Das ist:
Die Beschreibung deß Lebens eines seltzamen Vaganten / genant Melchior Sternfels von Fuchshaim / wo und welcher gestalt Er nemlich in diese Welt kommen / was er darinn gesehen / gelernet / erfahren und außgestanden / auch warumb er solche wieder freywillig quittirt.
Überauß lustig / und männiglich nutzlich zu lesen.
An Tag geben
Von
GERMAN SCHLEIFHEIM
von Sulsfort.
Monpelgart /
Gedruckt bey Johann Fillion /
Im Jahr M DC LXIX.

der Abenteüerliche
Simplicissimus Teütsch
Ich wurde durchs Fewer wie Phoenix geborn.
Ich flog durch die Lüffte! würd doch nit verlorn.
Ich wandert durchs Wasser, Ich raißt über Landt,
in solchem Umbschwermen macht ich mir bekandt,
was mich offt betrüebet und selten ergetzt.
was war das? Ich habs in diß Buche gesetzt.
damit sich der Leser gleich wie ich itzt thüe,
entferne der Thorheit und lebe in Rhüe.

＊グリンメルスハウゼン『ジンプリツィシムス』初版本（一六六九）銅版口絵と扉表紙。絵は主人公がフェニックスのようにさまざまな境遇の中を不死身に経巡ってきたことを示す。足元の面は、そのときどきの顔という意味である。作者名はアナグラムになっている

しばしば古い聖書の市場価値は一万円以下である。

「選帝侯聖書」の挿絵画家ヨーアヒム　フォン　ザントラルトは、最初のドイツ美術史の著者である。この書は一六七五―一六七九年に、ニュルンベルクで刊行された『トイチェ（ドイツ）アカデミー』である。エンター家の書籍印刷所は、一七一七年、支配人のヨハン　ハインリヒ　エルネスティの手に渡った。彼は一七二一年初版、一七三三年には再版で、参考目録付きの書籍印刷術教本『設備のよい印刷所』を出版した。この本にはもっぱら植字と印刷の実際の指示が書かれているが、また「書籍印刷人の日々の祈り」も見られる。この祈りは当時の印刷者の責任感や宗教的拘束を雄弁に語っている。それゆえ、ここに再録しよう。

主よ、全能の神よ、印刷は素晴らしい高貴な技術です。あなたは印刷を人間に近年初めてお恵み下さり、あらゆる身分のものに、ことにあなたの教会に、大きな助けと便益をもたらされました。私は今あなたのお恵みにより、こうした技術と知慧を習得いたしました。願わくば、あなたの良い霊により私をお導きになり、あなたの誉れと真実のキリスト教会の教えにもっぱら奉仕できますように。そして生きとし生けるもの、あるいは教会や学校にとって良いこと、ためになり役立つことを全うできますように。主よ、あなたはご存知です。非常な勤勉、絶えざる心配り、文字や記号をすべての言葉にわたって正確に学び知り、またかなりの骨折りが、この有益な技術のために要求されることを。それゆえ私に、あなたの神のお恵みをもってお力添え下さり、私が植字と印刷のすべてによく気を配り、すべての印刷をあたう限り誤りなく欠けるところなく仕上げるにふさわしく励むことができますように。善良な父よ、私が歓びをもって霊を扱い、真実を述べ、教えにみちたものを扱い、正しいキリスト者なら、その信仰と職業において助けとならず、すすめられもしない仕事を好むことがないようにお導き下さい。ああ、神さま、偽りや無用不道徳な行ないからお守り下さい。このような行ないは、キリスト者の魂の躓き妨げとなります。私がこうしたことを植字し印刷するのをこばみ、この世で悪へ歩む契機や機会を与えられぬようお守り下さい。私をあなたの聖なるみ言葉と真の変らぬ愛で包み、節度あり誠実で慎重な生活を送らせて下さい。私はそれによって、私の魂も身体も護ります。そして、あなたのみ前と栄えある世の前に、正しい働き手が生を全うし、やがて私のこの上なく大切な救世主イエス キリストのみもとに参り、主より永遠の歓びと幸いの冠を戴くのをご覧になるでしょう。あなたの誉れと私の幸いのために、この祈りをお聴きとどけ下さい、神さま、アーメン。

当分の間、地図書はネーデルランドでのみ印刷されていたが、一七〇二年に、ニュルンベルクで、ヨハン バプティスト ホーマンが地図製版所を設立した。ホーマン製の地図はたちまちに世界的名声を博した。一七〇七年、四〇枚の地図を納めた最初の地図書が出版されたのである。

一七世紀の書物は、他の世紀の書物に較べて、その姿においては劣りはするが、その多くは内容に関しては傑出している。ところで、数々の大戦争はひとびとに気持ちをふるい立たせる思想を与えた。グリンメルスハウゼンの『ジンプリツィシムス』(2)(一六六九)は五巻にわたって、フモールによる距離をとりながら、三十年戦争下のドイツの運命を写し出した。これはドイツが世界文学に寄与した最初の偉大な発展小説で、一人称体で書かれている。シェイクスピアの最初の全集、いわゆるシェイクスピア＝フォーリオは、一六二三年に出版された。今日では、この本は図書館が垂涎する宝となっている。一冊が数千万円で売買されたほどなのである。

フランスでは、コルネイユ、モリエール、ラシーヌが、長期にわたって模範とされる戯曲を書いており、哲学者デカルトは「コギト、エルゴ スム（われ想う、ゆえにわれわれあり）」という言葉を告知した。スペインではすでに一六〇五年に、セルバンテスの『ドン キホーテ』の初版が刊行されている。この世紀にひしめく偉大な名前のうち、ここでは、ケプラー、ガリレイ、スピノザ、ライプニッツ、そしてヤーコプ ベーメを挙げておこう。

この世紀になってドイツでは、ドイツ語がラテン語に代って地歩を占め始めた。マルティン オーピッツ(3)は一六二四年に『ドイツ詩書』を書いた。自国語が文学の言葉になる――これは、この時代の一つの発見であった。パウル ゲーアハルトが一六六六年に刊行した『祈禱詩集』のうち「今やすべての森は静まり」という詩は、今日までその美しさをなに一つとして失っていないし、一六五七年、『ケルビムの如き旅人』の題名のもとに出版されたアンゲルス シレジウス〔シレジアの使者、本名、ヨハネス シェフラー〕の二行詩集は、今日でも一七世紀のひとびとに対してと同じように生々と語りかけてくるのである。

グリューフィウスと名前をラテン語化していたアンドレーアス グライフ(4)の詩は、三十年戦争のもたらした破壊をアレクサンドリーナー韻律〔弱強六脚韻〕で嘆く。それらの詩は、劇的に世界の分裂を示すことによって、今次の世界大戦の壊滅を経験したわれわれに、心を激しく揺る新たな現実感をもって迎えられた。しかし彼の戯曲も重要なものであった。ことに彼は、ドイツ喜劇の創立者と見られてよいのである。今日でも、『ペーター スクヴェンツ先生』の道化芝居は楽しめる。世俗に通じたブレスラウの市参事会議長ホフマン フォン ホーフマンスヴァルダウの詩集（一六七九）は、諸外国の技巧の勝った様式がドイツにおいても勝利を占める契機をなしている。

一七世紀にはまた、知識を大規模な辞典に集成する最初の試みがあれこれとなされるのである。百科全書派の国であるフランスでは、一六七四年に、L・モレリによる『歴史大事典』が、一六九七年にはP・ベイルの『歴史批評辞典』が公刊された。さらに二種の著名な「ポリグロット」(多国語聖書)がこの世紀に刊行された。一六二九―一六四五年には六ケ国語のパリー版ポリグロット一〇巻、そして一六五二―一六五七年には、ウォールトンがロンドンで編集した一〇ケ国語六巻の聖書「ロンドン版ポリグロット」である。

書籍の大コレクションにとって、三十年戦争時代は受難の時であった。書物はいつも貴重品と見られていたので、あらゆる図書館が戦利品として国外に持ち去られたのである。ハイデルベルクではオトハインリヒの図書館にウルリヒ フガーの蔵書が統合されていた。ここの「パラティナ」は世界的に有名であった。それが教皇と教会に対する戦いにあって重要な文書と見なされた。ハイデルベルクがカトリック派同盟軍に占領されると、バイエルンのマクシミリアンは「パラティナ」を教皇に献呈してしまった。教皇は、司書レオーネ アルラッツィをハイデルベルクに派遣し、蔵書、とりわけ写本のすべてをローマに持ち帰るよう指示した。アルラッツィはすでにローマにあった印刷本だけをハイデルベルクに残しておいてよいとした。それらの本といえども、のちには大部分マインツのイエズス会学寮に持って行かれた。そして今日マインツ市立図書館に見られるのである。

アルラッツィは任務をじつに良心的に遂行した。彼はローマから、図書送り出しについての詳細な指示をうけた。重量を軽減するため、特に飾りのついていない装幀の本からは木製表紙を取りはずすように言われていた。一六二二年一二月、アルラッツィはハイデルベルクに到着し、ティリィに親しく迎えられた。一六二三年二月、書物は梱包され、荷箱は五〇台の車に載せられた。行程はミュンヘン経由で、ここで書籍は重さの軽い樽に詰めかえられた。八月、アルラッツィは宝の山とともにローマに到着した。ここに「パラティナ」が保管されたのである。第二回パリー和平会談締結（一八一五）の際、少なくともドイツの写本はハイデルベルクに持ち帰れるという成功をおさめた。

他のドイツの図書館も、この大戦争には苦汁をなめた。スウェーデンのグスタフ アドルフは、ドイツを勝ち誇って進撃し、彼がウプサラに設立した図書館に、高価な書物の宝を加えようと努めた。彼はヴュルツブルクから、イエズス会図書館と宮廷図書館を運び出させた。イエズス会図書館は、皇帝軍の手で奪還され、ヴュルツブルクに運び戻された。グスタフ アドルフは、マインツで多くの書籍コレクションを押収した。一六三五年、スウェーデンの官房長オクセンシアールナは、この地より残っていた貴重本のすべてを奪い去らせた。この勝利品をスウェーデンに輸送する船は、しかし、バルト海に沈んでしまった。

皇帝の権力は次第に後退して行った。代って個々の王侯が重味を増したのである。そうしてドイツの随所の王宮に、文化の中心、したがって図書館が誕生した。王侯ないし宮廷の図書館から、のちの国立図書館が成立しているのである。

ドイツで筆頭に立っていたのは、ミュンヘンの宮廷図書館である。マクシミリアン公は熱意と愛情をもって拡張に努めた。一六一八―一六一九年に、彼は全図書に自分の紋章の銅版画を貼付せしめた。そのためには、版画が一万枚以上も必要とされた。ケルン アン デア シュプレーでは一六五九年に、選帝侯図書館が設立された。これはのちのプロイセン国立図書館の発祥である。ヴォルフェンビュッテルには、ブラウンシュヴァイク公アウグスト二世が、一六四四年、図書館を作り、のちにその司書となった劇作家レッシングによって有名になった。この図書館は一六六一年にはすでに、二万八千部の書籍と二千点の写本を蔵していた。公は、自ら図書館のカタログを作成した。(5) その他に設置された重要な図書館は、ワイマル(6)とゴータ(7)のものである。都市にも図書館が設立された。学校図書館であったり、公共市民図書館の場合もある。ダンツィヒは一五九六年、ハンブルク一六一〇年、リューベク一六一六年、チューリヒ一六二九年、ブレーメン一六六〇年と続く。これらは今日重要な市立図書館になっているものもある胚種であった。

さらにドイツ以外の三図書館を、ここで挙げておかねばならない。一七世紀に設置され、今日に至るまで畏敬の念をもって名を挙げられるもので、オクスフォードの「ボドレイアーナ」、ミラノの「アムブロシアーナ」とパリーの「マザラン図書館」である。学識ある外交官トマス ボドレイ卿は、破壊されたオクスフォード図書コレクションの再興を晩年の使命としていた。彼は全ヨーロッパで蔵書を買い集めさせ、図書館施設までも指定した。こうして一六〇六年に図書館を開くことができた。そして二年後に、国王の示唆で、この図書館は設立者の名をとり、「ボドレイアーナ」とされた。昔ながらのボドレイアーナの部屋部屋は、手を加えられずに残っている。その傍に近年、近代的な図書館が建てられた。

ミラノでは、書物の熱愛者フェデリゴ　ボロメオ伯が、数多くの国から写本や稀覯本を集めさせ、アムブロシア学寮の図書館に注ぎ込んだ。蒐集に当っては専門の建物が建てられ、その美しさはコレクションの価値に劣るものではなかった。「アムブロシアーナ」はだれでも入れる図書館として、一六〇九年に開館した。

パリーでは、マザラン枢機卿が、一万二千部の図書と四百点の写本からなるコレクションを集めていた。彼はグーテンベルク聖書をもっていた。それゆえ長い間、グーテンベルク聖書はマザラン聖書と呼ばれた。枢機卿は自らの図書館を、一六四四年、一般に用いられる図書館に変えたのである。

一七世紀の司書でもっとも有名なひとは、大学者ゴトフリート　ヴィルヘルム　ライプニッツであった。最初彼は、マインツで大臣の司書をしていた。一六七六年、ハノーファーのヨハン　フリードリヒ公が彼を呼びよせ、新設の宮廷図書館長に任命した。一六九一年、彼はさらにヴォルフェンビュッテルの図書館長を兼任することとなった。ライプニッツは、書物の価値について、さまざまな想いをめぐらし、このテーマに関して多くの覚え書を記している。マインツ時代にも、「図書組織改革の最善の方法についての省祭」がある。

古代から文字を簡略化し、文章を耳にすると同時にできる限り早く筆記する方法がさまざまに試みられている。ローマではキケロの奴隷で、マルクス　トゥリウス　ティロというひとが一つの文字方式を考案し、主人が語った演説を書きとめることができるようにした。この風変りな記号は、その考案者の名をとって、「ティロ符号」と呼ばれる（本文二二四ページ図版参照）。これは一〇世紀に至るまで、写本、特に欄外書込注釈（マルジナリア）に用いられている。略語はこのほかに、神聖な名称を書くのを写字生がはばかった際にも用いられた。古代では、そのような略字が皇帝名に、中世では、主（ドミーヌス）、キリスト、あるいはイエスという名前に代えて僅かな文字で記入されている。写字生は略字方式のすべてをわきまえており、貴重な筆記備品を倹約したのである。グーテンベルクや初期の印刷者は、この略字を引き継ぎ、写本を忠実に摸倣しようとした。

一六〇二年、イギリス人J・ウィリスの教本『速記術 *The Art of Stenography*』が出版された。速記あるいは略記に対する「ステノグラフィー」という語は、ギリシア語から術語として作られたのである〔希ステノス「狭い、細い」〕。ウィリスは幾何学的な速記術を説いた。彼の方式は、アルファベット文字を略記する最初のものであった。その後続いたイギリスでの試案によって、一七二六年、ロンドンに速記術協会が設立されることとなった。ドイツでは、ガーベルスベルガーが決定的な一歩を踏み出した。彼の『ドイツ式話し言葉記述法あるいは速記術入門』は一八三四年に出版された。一八四一年には、W・シュトルツェが『ドイツ速記術教本』を編んだ。一八八七年には、シュライの『簡略ドイツ速記術』が続く。この二通りの方式は、一八九七年、「シュトルツェ＝シュライ法」としてまとめられた。「ドイツ統一速記術」を作ろうとする長年月の努力は、ついに実を結んだのである。一九二四年、この方式は政府決定によって効果を発揮することになる。

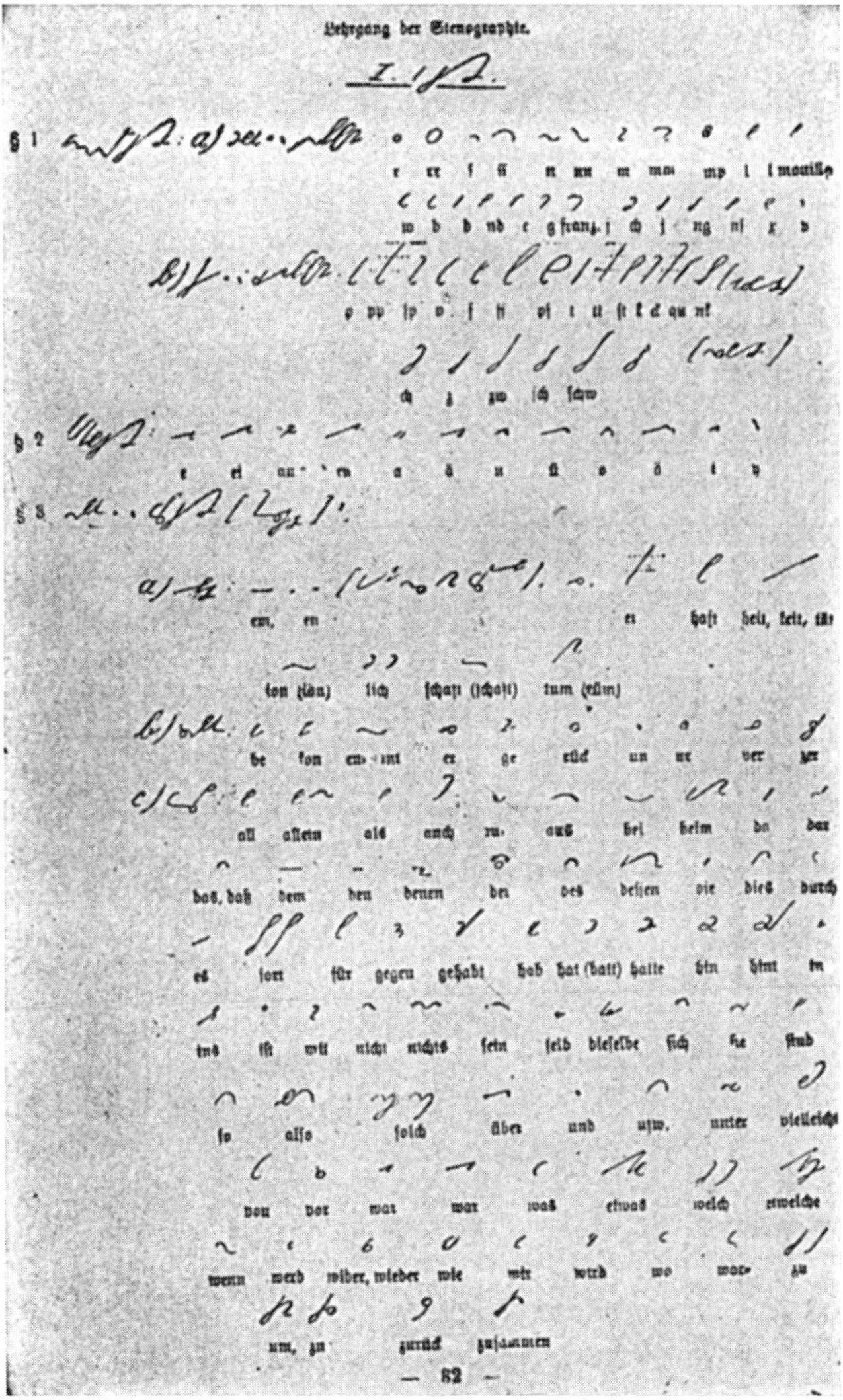

** シュトルツェ＝シュライ速記術

書籍印刷者の職分意識は、印刷業がふえるに従って次第に盛り上ってきた。一六四〇年に二、三の都市で、最初の〔印刷〕業種記念祭が行なわれた。すなわち、彼らの技術が発明されて二〇〇年たった祝いである。一六七二年と一六七九年には、規格パンフレットが出版され、印刷職人が仕事上わきまえておかなければならない重要なことは、すべてここから知ることができるようになったのである。

このパンフレットは、書籍印刷術の讃美でみなぎっており、本来は書籍印刷者の職分意識を昂揚することに寄与しているのである。そこで、一六七九年にヤーコプ レーディンガーが編集した『新版規格小本』から次のような讃辞を写し取っておこう。

近年諸技術の豊かな母であるわれわれの高貴なドイツで芽生えでたすべての技術のうちで、その真価が讃え尽せるものではない、いとも賞揚さるべき書籍印刷術が、もっともすぐれ、有益かつ必要であるとするのは当をえていよう。

この技術がすぐれているのは、すぐれたひとびとの有益な文書や発明を伝えるのみならず、果敢な英雄の雄大な功業を後世に残し、忘却より守るからである。昔時にはどれほどの労苦、労働、費用を用いて、篤学の士の書を書き写さねばならなかったか、一〇冊、二〇冊などと言わず、一冊の本を仕上げるにもどれほど長い時を要したかを考えてもみよ。今日にあっては、この素晴らしい技術によって、短時日のうちに、数百冊が生みだされるのは、だれしも驚嘆しよう。植字工が文字を（ヘブライ語、ギリシア語、ラテン語、あるいはどのような言葉であろうと）活字ケースの中に見つけ、ステッキの中に組み上げ、あるいは再び解く、その素早さを見るのは楽しい。植字工の手がケースに行きつ戻りつするさまは目にもとまらぬほど早い。組んだ活字が一行に満ちると、ゲラ（組盆）に載せる、そのあざやかさ。多くはこのとき、柱から組版の全体までも仕立てられる。印刷工は、なんと見事に紙を湿し、インクがのるようにしたり、印刷中にはインクを調節して、黒すぎたり薄すぎたりせぬようできるのだろう。それはとにかく、印刷そのものの早いこと、組版が印刷機の版盤にのせられるや、一人が一日に千帖もそれ以上も印刷できるのだから。

同書には、印刷工見習いの修業終了、すなわちいわゆる「入会式」(デポジツィオン。原意「寝かせる」)の場面の絵がある。「入会」は印刷業組合の特別な風習であった。あらゆる儀式、質問、応答が確実に定められていたのである。印刷されたもっとも古い「入会式行事」は、ダンツィヒの植字工パウルス デヴィーゼが低地ドイツ語の韻文で書いている(一六二一年刊)。詩人ヨハン リスト(8)は、それを高地(いわば標準)ドイツ語に移し、新たに手を入れた。初版は一六五四年で、のちにも版を多く重ねた。

一八世紀になると、ヨハン リストの韻文体と並んで散文体が好まれた。それによると、二〇〇年以上前の書籍印刷業者の生活が如実に窺える。そこで、一七四三年版に基づき以下に初めての翻刻を行なうことにする。(次頁の図版はその冒頭部)

入会式行事

散文にて記す。

開会者(壇にのぼり、以下のように語り始める。)

高貴な、尊敬さるべき、仕事に熟練し、敬愛さるべき皆さん、有意尊重さるべき立会いの皆さん、経験が私

DEPOSITIO
In
ungebundener Rede.

Vorredner
tritt auf den Platz, und fängt also an
zu reden:

Wohledle, Vorachtbare, Kunsterfahrne,
und Hochgeehrteste Herren,
Werthgeschätzte Zuschauer,

どもすべてに教えるところによれば、私たちの心は感覚によってもっとも揺り動かされます。いや、それにより多くは、さんざん考えてやっと到達できる以上に、仕事を習い覚え、あるいは中断する気持ちにされるのです。澄んだ鐘の音が教会へ行くことを思い出させねば、もっと暖い寝床に寝ていようとするひとのいるのは、本当ではないでしょうか。いつかそこでさんざんなぐられてできた瘤が引き止めなければ、再び村に駆け込むものがいるのは、本当ではないでしょうか。ですから感覚というものは、前のひとたちを教会へ、後のひとびとを家にいさせる気持ちを起こさせるわけです。いかなる面からしても尊敬に価する聴衆の皆さん、私が今、疑う余地のないこうした真実を皆さんの心に植えつけたからとて、けげんに思わないで下さい。話の運びに大切なのですから。私は、今申し上げた真実に基づく行事の皮切りをする栄を担うものです。そして皆さんがよくご存知のように、それをよく言わぬひともいくらかはおります。それゆえ私はおゆるし願って、いささか努力し、このそしりを退け、私どもの先祖がこの行事に当っては賞讃さるべき意図をもっていたことを明らかにいたそうかと存じます。

私が皆さんを説得することから始めようと思ったのは、余計なことかも知れません。徳を修め、悪を退けるのは、私たちの勤めであります。このことは私が言わずとも、正しいことと思っておられることと信じます。と同時に、今の世では物事がほとんどさかさまになっているのに気づきます。悪を修め、徳を退ける、であります。すでに私どもの先祖がこれに気づいておりました。ですから彼らは、この悪習の根を究め、取り除こうと気を配ったのです。つぶさに調べた結果、私たちの堕落した気質の弱みか、投げやりのためかいずれかによって、徳を修め悪を退けるという勤めをまめに考えぬのだ、と分かりました。それゆえ彼らは努力して、こうした悪習を取り除く手段を考え出した次第です。私が話の初めに挙げましたように、私どもの心は多くは感覚に揺り動かされるのでありますから、わけても外に現われたしるしや行動ですぐさま心を動かし、徳に向けて振い立たせようと考えついたわけです。これこそが、そもそも行事全般の源でした。こうした賞揚さるべき意図をそれ相応に讃えぬひとがおりましょうか。私たちが只今取り行ないます行事は、じつにこうした意図に立っております。私どもは、高貴な書籍印刷術の賞讃さるべき組合に、申し出をうけつけ、新たな職人である仲間を増そうとしております。当人をして非の打ちどころのない徳の品行、悪を篤実に避けるに向けるべくいましめることほど、至当にして讃えられるものはありましょうか。しかし私どもがこのいましめを感銘強く印象深く行なうには、在来とられて来た慣習にのっとり、感覚を通じることにより、なおも末長く深く心に刻みつけるにしくはありません。したがって、ただ今より催される行事の意図は、徳行へのいましめに他なりませんので、非難さるべきものではなく、むしろ賞讃に価するのであります。これをもって私は、私が果たすべくお約束したことを果たしたわけでございます。すなわち、私どもの先祖がいかに賞讃さるべき意図をもって行事に臨んだか、お分かりいただけたと思います。終りにあたって、いかなる面におかれても尊敬さるべき皆さん、ご好意をもってお聞き下さり、すべてを善意におとり下さり、行事が終了しました暁には、ご好誼ご愛顧を末長く賜りますようお願い申し上げます。

（退場）

受け入れ人の挨拶（集会の観衆に向けて）

すべての面で尊敬すべき親愛な皆さん。そして貴重な友よ。これより取り行ないます行事は（先にも申し述べられました如く）、（高貴にして賞讃さるべき印刷術を習得いたしました）一人の若者を、不品行不作法より解き放ち、有益な思い出を与えることにより、徳ある慣習、生活を営むべく指示し、全き篤実な心意気へと振い立たせ、しかして私どもと共に立派な職人職分を身につけさせる目論みしかもっておりません。いましばしのご辛抱をいただき、まずこれがどのようなものであるのか、入会式はどこから生まれたのか、そしてどのような役に立つのかをお聞きおき願います。皆さんの多くは、受け入れ人の役職はただ笑止の茶番や無用のおしゃべり、また出まかせにあるとお考えでしょうから。いやそれどころか、愚にもつかぬ大道芝居であって、若者をよくするどころか躓きのもとゆえ、なくしてしまった方がよろしい、とお考えでしょう。ところが、事をいささか些細に検ずれば、大本には初め目に映ったのとは全然違うところのあるのに気がつかれましょう。大勢のひとに遊び半分にお見せするのが、すべて愚にもつかぬ大道茶番劇とは言えますまい。私どもの先祖がもたらした多くのことは、一目見たとき笑止と映っても、心に刻まれたところからは、まず道理や気力、活力が身をもって感じられるのです。クウィンティリアーヌスはよく語ったものです。「ヴィティス ノストリス アド アニムム ペル オクルス エッセ ヴィアム。つまり悪徳には道があり、目を通って心と胸に入る」と。こうした道は目ばかりは通らず、耳を通り、口から入り、手や足からも、いや、身体じゅうを通って心に入ると言ってよろしい。また正にこうした道を通して愚行や悪徳を人の心から追い出し、代って良い慣習と徳を植え込むために、ご先祖さまは入会式を設け、目、耳、口、手、足そして全身を、然るべき印象深い意味をもつ道具でせめ立てたというわけであります。

だれがこの入会式なる習慣を始めたかは詳らかにはいたしませんが、この習いはもっとも古い一つであることは伝えられております。大グレゴーリウスは「モノディア デ ヴィタ バジリィ」（帝王伝独唱）にて、この風習は、当初ギリシアなるアテネの大学で学者たちが行ない定めたと書いております。さらにグレゴーリウス ナツィアンツェーヌスは、入会式そのことについてこう書いております。弟子をとるときに、その者が誇りや尊大さというようなものをもっているなら、それを押えつけ、恭順にし親しみをもたせるために、引き廻し、嘲けり、笑いものにするのは、じつに笑止である、と。続いて彼は語ります。一部のものは弟子となるものを言葉をもって励まし、わずらわしい不要な質問をして、あつかましく粗野に、あるいは理にかなって論争したりするものである、云々と。これは今日でもよく見られるところです。

ところで入会式が百年千年とさまざまな国、さまざまな賢者のもとにあって学校での習いとなり、わがドイツにも起こり、あるいは取り入れられ、今に至るまで相変らず行なわれておりますと、私どもがそうした習慣を守りますのも至極当然のことであります。ここには、若者への良い思い出と、あらゆる立派な教訓が取り込まれているからであります。それゆえ、私どもはこの良き目的に近づきますために、(下僕に向かって語りかける)さあ行って新入りを連れて来い。(下僕去る。)

下僕 (新入りを連れて来て、語る。)これにかような不思議な獣をつれて参りました。聞くがよいぞ、お前になにが言われるか。

受け入れ人 (新入りに向かい)、これまでにもお前の先輩をうんざりさせ、今度はお前が連れて来られたこの野蛮で、がさつな馬鹿げた見せ物は、まったく違ったものにしないわけにはいくまい。お前をここにやって来たままで帰すつもりがないからだ。お前の態度素行の悪いところをひきはがし、捨ててやるのと、性根を直し、不作法やひねくれをなくしてやらずばおくまい。お前はこれからは、いいかげんな暮しやふしだらをふっつりやめて、新鮮で立派な習わしを身につけねばいかぬぞ。お前がここに上って来るとき、もう叱られることをいくつもしておる。一、村の飲み屋にでも入るように駆けて来よって、ノックもせずに入りよった。本当は今一度入口を教えて連れてでてやるところだ。貴賓に伺候したり、目上の者をたずねるときは、部屋の戸が開いていたり、他のものが先に入ったとしても、丁寧にノックをして、然るべく名乗らねばならん。二、帽子を脱ぎ、列席の紳士方に深く頭を下げ、できるだけ腰を低くせねばならなかった。三、お前に椅子が与えられたら、むぞうさに坐ったろうが、それは田舎者のすること。決してしてはならん。なにごとも丁寧に丁寧に行なうことだ。

下僕　ですがご主人さま、どうしてこいつにかような帽子をかぶせたのでございましょう。まったく牛にそっくりでございます。

受け入れ人　こうして飾り物を見て思い出すのも故ないことではないのだが、お前はキリスト教の教育をうけておらねば、もの分かりの悪い人間どころか、野生の動物の幾層倍も仕末が悪いだろう。そうそう、ホメーロスがキルケのことをこう書いておる。キルケは魔法の飲み物をもって、ユリシーズの輩下より人の姿を奪ってしまった。あるものは豚、あるものは犬、あるものはロバ、あるものは別の獣に変えられた、とな。

下僕　（後から見、前から見ながら）ところでこいつはそうした動物にも見えましょうか。

受け入れ人　見えるとも。人間の腐った本性は、こうしたキルケ以外のものではない。キルケに従うものは、下品な豚、汚れた犬、のろまなロバ、気位高いくじゃく、あるいはそうした獣のいずれかになるのだ。

下僕　今おっしゃられたどの動物でも、豚や犬、ロバやくじゃくで、角の生えたのを見たことがございません。

受け入れ人　確かなことだな。山羊、それとも角を生やした別の動物は見たことがあろう。それゆえ、コルヌンクスとか角生やしという名前が「コルヌ、つまり角」からできたのだ。ここにおる男が、角とか阿呆のしるしを全部つけた帽子で飾られているのは、どういうわけでか。——見せしめのためなのだ。これですっきりした服装、わけても頭と足元には気をつけて、帽子や靴をいつも気持ちよくきれいにするようになるだろう。身体を包み飾るリンネルの服はもちろんのこと。だからお前は、こうした身に着けるものは、自分勝手に選んで無智を笑われないよう、手ほどきされたしきたりの格好に気をつけるよう、身なりが大事と心にとめておくことだ。

（新参者は自分の格好を眺めまわす。）

下僕　ごらんなさい。こいつは自分のなりを見て、様子がいいのに驚いておりますよ。

受け入れ人　お前がこうして自分のなりを見たさまを、これから新しい服、きれいな服を着るときに忘れまいぞ。口をあんぐり開いていては、自分で気に入ったあまり、皆が見てくれるものとの心をもらすようなことになる。そうした思い違いでお前たちの多くは阿呆になり下っているのだからな。

下僕　この男は思い上って、想う娘のところにいると思っております。

受け入れ人　もう娘を口説いているとは思わしくない。娘と話をするのは若い者にはすすめられない。一度そうしたひっかかりができると、交って行くのをやめる気持ちにはどうしてもなれないものだからだ。だが正気を失わず、恋心が本心をいつわるのでなければ、品のよい方々と時たま話をしたり、知り合いになるのは悪いことではない。礼儀作法が身につくし、分別ができてくるからだ。

下僕　さあ、娘さんと交際し、作法がよくなり、分別ができてくるとのお話です。すると結婚も遠からず、ますますその考えになりましょう。

受け入れ人　いやいや、そういうことではない。結婚の考えは、女房を養うことを知らぬ若い者がもたぬよう気をつけねば。この歳で選ぶつれ合いは、たいていのこと、両の目しか相談相手にしておらず、目のつけどこも貞節でなく家庭でなく、ただただ顔の面なのだ。一千回の誓いを立て約束をして、そうした女から望みのすべてを身にうければ、お陰で仕事は怠ける、働きよりも女に使う方が多いということになり、借金はかさみ、ついに夜逃げだ。それだからとて女を放っておけば、やがて別のところで結婚してもうまく行かずに報いをうけることになる。といって、約束を守り通して結婚すれば、女房とともに惨めになり、やがて目が開け、ことに金かせぎの方便がないとなると、自分の幸せを何ゆえに無駄にしたかがわかり、いちゃつきで腹がふとるわけでなし、後悔先に立たずだが、こうした悪い女は捨てておけばよかったと思うようになるものだ。

下僕　これが作法をよくし、分別をつけることでしょうか。

受け入れ人　（新参者に向かい）　何のためにお前は作法をよくし、また世の中で先へ進むことを考えておるのか。

下僕　ご主人さま、どうやって先へ進むかをお尋ねですが、先へ進むことはできますぜ。門はこの通りみんな開いておりますから。

受け入れ人　そういった進み方を言っておるのではない。どうやってこれから身を立てていくかと聞いておるのだ。

新参者　私は立派な書籍印刷人の技術を習いました。

下僕　己れを書籍印刷人と言い、またそうしたものであり、それで身を立てるとは、たいしたことを言うことになるのだぞ。

（注。ここであらゆる質問をしてよろしい。）

下僕　それはそうと、お前は音楽ができるかな。書籍印刷人なら知っておらねばならぬが。

（音楽の本を差しだす。）

受け入れ人　この音楽の本をお前に渡すのは、ほかでもない、お前が仕事に疲れたときに、音楽に楽しみと心の力づけがあることを知ってもらうためだ。とはいうものの、魔女セイレーンの心くすぐる歌声やみだらな色歌と正しい歌、わけても讃美歌とははっきり区別することをわきまえねばならぬ。色歌などは悪の手始めとなるが、讃美歌は神の耳に快く響き、上よりすべての善い全き賜物をうけることになるのだ。

下僕　歌がうたえましても、遊びはできるものでございましょう。ここに、さいころとカルタを出しました。

受け入れ人　さいころや、カルタは、試しに渡しただけのものだ。お前がいけないことに興味をもっておるか見るためにな。こうしたことに決して気をとられてはいけぬぞ。悪い仲間に会って、時をついやし金をついやす業に目がくらんだり、引き入れられたりせぬように。遊び事からは、極悪の敵からのように逃げだせ。お前が自分の時を遥かによく使うには、良い本を読み、そこから絶えることのない教訓を汲みとることだ。

下僕　（入会式用のベンチと、仕上げ鉋、コンパス、錐、物差しなどの道具を持って来て、新参者にその上に横になるように言う。）

受け入れ人　こうして横にならねばならぬからには、ここに大切なことがあると分かってもらいたい。もともと入会の名はここからでていることもな。お前は転がっておる。材木のようにな。仕上げには、斧か手斧（ちょうな）、荒けずりと仕上げの鉋、コンパス、錐、物差しなどが道具として必要だ。これからも分かることだろうが、大変な骨折りのお陰で、一人の見習いが立派に仕立てられ、お前のようなものから、悪いところは身体であれ心であれ、すべて切り落とし、けずりとり、丹精こめてたたき直すというわけだ。どんな木を使っても木像が彫れるというわけではない。じっさいそうだ。木によっては粗くて堅く、うまくけずれないので、かまどで燃やすのほかには役に立たぬ。だがまた本当に、堅い節には丈夫なのみが必要だ。よく言われることだが、人間あまりに荒けずりな木であってはならない。手をかけてもらい、今日にも明日にも立派に役立つ材木や木像になれるよう努めなければいけない。そして、社会を築き飾るため、どんな身分にあっても、身につけた技量に従って役立つようにしなさい。それゆえ今お前に加えている切りとり、けずりとり、穴をあけ、輪を描き、均整をつけるといったすべてのことは、お前がどこにおっても話の相手の勝手が分かり、よそに行っても立派なひとびとと話し合いや議論をしたり、お祈り、飲み食い、立居振舞い、また横になるにも、言ってみればあらゆる動作にじつにきちんと、行儀正しく慎重な態度がとれるよう分かり易く教えようとしたわけだ。

下僕　（新参者に立ち上るよう命じる。）

受け入れ人　お前は今、この行事の観衆の方々の足元に身を横たえねばならなかった。これはお前の素直さ、恭順、従順のしるしとなろう。従順こそひとさまの好意をうけるもととなるのだ。それゆえこれを機会に、長上や目上のひとを、なにをおいても敬い、同輩に対しては、丁寧な態度をとり、上に立つことはせぬ生き方を学びなさい。高みに立ったと思い違いしたり、自分には長所や器用さがあると思いこんで、他人をあざけってはならぬ。敬うべきを敬うがよい。かと言って常にひれ伏すこともない。羽根を広げて飛び立ち、時とともに順を踏んで己れもひとに敬われる地位につけるようにすることだ。

下僕　（やすりをもち来たり、新参者の手をとり、爪を磨いてやる。）

受け入れ人　爪と手をやすりで磨き、滑らかにしたその教えは、手の汚れを放置しておいてはならぬということばかりか、手を不正の武器、摑み合いなぐり合い、はたまた盗み奪いに用いてはならず、大切な仕事に使えという意味だ。何人にも邪なことはするな。手を出しすぎるな。ひとそれぞれの分を守れ。とは言え、立派なお方のいる前で手の爪を切るようなことをしてはならぬ。

下僕　（筆をとり出し、新参者に鬚を描く。）

受け入れ人　今度は黒々と鬚をつけてやった。ところでそのこころは何か。こうしたことは、子供たちが大人と同じになりたいとてすることだ。だがそれをもって、子供っぽい考えや幼稚な悪戯が見られるのほかは、何ということもない。それゆえ心すべきは、お前はこれまでは子供であったが、いつまでも幼稚な悪戯をだらしなくし続けてはならぬということだ。これからは次第に大人になり、自分で自分を賢明に導き、場違いの一時の心の動きや下らぬことは押えつけるのが当り前の歳となる。ホラーティウスが、まだ鬚の生えぬ少年について言っておることを国語に直してみれば、こうなる。まだ鬚の生えぬ少年は、躾けを教える個人教師が立ち去ると、乗馬や狩りや歩き廻ることに精を出し、蠟のようなもので、ありとある悪の型にはまってしまい、忠告警告してくれるひとに不満を感ずる、といったものだ。だがお前は鬚の生えた人間として、自分で自分を正しく導くことを始めるばかりか、いささかでも、目上の鬚の生えた方々によく導いていただかなくてはならないぞ。

下僕　（ペンチをもって来て、歯を抜くふりをする。）

受け入れ人　次いではペンチで牙歯を口から引っこ抜いてやらねばならぬところだ。この見せしめは、ひとに嚙みついたり喧嘩腰にならぬよう、またいかなるひとの名声や評判にも、黒いそしりの歯をもって食いつかぬよう、とのことだ。最大の不作法、神をおそれぬ業、そして立派なひとなら誰しも悪しきことと言うのはすなわち、隣人なるキリスト者を、書状または口をもって責め痛めつけることなのだ。本来ひとは誰に対しても心からの愛と善意をもって語るべきであるし、またそういうことから生まれる美点は、ひともまたわれらのことをこの上もなく褒めそやしてくれるところにある。それゆえ悪の歯を抜き、次いで意地汚い下食好みの餓飢歯も抜き、同時に笑い歯も抜いてしまわねばならぬ。なにしろ笑いすぎると阿呆番付に入れられるからな。

下僕　（櫛をもち来たり、髪を整えてやる。）

受け入れ人　櫛をもって髪を櫛けずったるの意は、髪と頭を清潔にさっぱりとしておくべしとのこと。とは言え、キリスト者に非ざるように、誇りが度はずれ、あさましくも嫌気の元となるほどに、他人を不快にしたり、尊い時を乱用するほどには始終化粧したり飾りたてたりはならぬ。かかることは名誉を重んずるものの恥とするところだ。それゆえ、頭の手入れには努めても、節度を心がけるよう。

下僕　（耳かきをもち来たり、耳垢をとる。）

受け入れ人　耳かきについては、美徳の教えにしっかり耳を傾けるよう、あらゆる不潔な馬鹿な考えや恥ずべき言葉を避けるよう、との意味がある。耳こそは、学問技芸が注ぎ込まれる漏斗なのだ。こうした漏斗を清潔に綺麗にしておかぬと、教えてもらったことがすべて腐ってしまう。また一方では、下らぬおしゃべりや下劣な冗談話、そしてまた有害な声に対しては、蓋をしめ栓をしておかねばならない。ユリシーズは輩下の耳に蠟を詰め、セイレーンの耳をさそう淫らな歌の魔法にかからぬようにした。それゆえ、以後も知慧の蠟をありとある悪の誘惑に対して用いるよう。

下僕　これでお前に向かって行なうべきことはすべて済ました。また、お前のもっていた粗野で磨かれておらぬ点もすべて指摘した。そこで今度は、お前が今後どのような態度をとって行くつもりか、それを申し述べる番だ。

新参者　私は悪を断ち、行ない正しい生活を始めるつもりでございます。

受け入れ人　（斧で帽子を頭からうち落とし、次のように言う。）　お前が猪突でのろまな牛のようでおらぬため、角も切り落してやったぞ。これがしるすところは、これまでの強情と、生来のしぶとい性が、お前の身中からさっぱり取り除かれ消え去ったということだ。これでお前は、敵に対しても隣人のキリスト者に対しても、言葉やそしり、悪業、ののしりなどをもってして突きかかったり傷つけたりはせぬ。かくしてお前の身中におった年老いた罪の山羊はきれいさっぱり消し去られることになろう。事の次第は只今の受け入れ式にて示されたところだ。それゆえ、不注意により、あるいは罪深い恥ずべき生活により、昔の角がまたまた生えてこぬよう精魂の限り気をつけるよう。

（ここで受け入れ人は平手打ちを食わせ、次のように言う。）

最後にわしの手からこれを受ける。これはお前がこれまでは教えさとしのすべてに従ってはおらぬが、これからは従うと約束するしるしとしておこう。それゆえ今後は誰一人としてお前にかような仕打ちを加えることは許されぬはずだ。だがその代り、この受け入れ式で行なわれた説き明かしや警告、わけても師匠より只今下される訓戒のことごとくに従うよう。

（ここで二人の証人がつけ加わり、師匠に登壇を求める。師匠は証人に向かい言う。）

師匠　敬愛する友よ。お招きにあずかり登壇いたしました。いかなご用に立てますやらお教えいただけますまいか。

証人　（答える。）　いかにも。ここなる若者は、掟と仕来たりにより、己れが定めにまったく従容と耐えました。そこでお願いの儀は、同人を放免し〔修了させ〕、訓戒と教示をお与え下さり、今後の生活をいかに送るべきかお教え下さることにございます。

師匠　その儀は、まず当人が私に咎を明かしましたら取り行ないましょう。

新参者　（これまで負っていた不徳を逐一申し述べる。続いて師匠が以下の指示を与える。）

指示

一、第一にして尊き掟。真実の信仰は汝の行ないのすべてと生活の基礎にして目標たるべし。

二、他人に行ないほどこして欲しいと思うところを他人にもなすべし。

三、貴き書籍印刷術の名誉と、この技芸の習得とを片時たりとも忘れるべからず。

四、それがためには日々励み、この技芸の知識見識を広めること。また己が知識をもってすでに極みに達し、他に必要なものはなしなどと思うべからず。

五、学び知りたる善きことは、のちに能うる限り誠実実直に実行に移すべし。

六、わきまえるべきこと。汝は汝の技芸を今や汝の口に糊することをうるものと習得はしていても、本来は、汝が神と世に仕えるべきものとして教示をうけたのであること。

七、かかる目標を就業中に思い浮べるならば、多くのことは自ずと解決し、生業は立派になされるべし。

八、交際にあたっては、長上に丁寧に、同輩に親切に穏やかに、下輩にいたわり深くあるべし。

九、感謝の念を忘れるべからず。なんとなれば感謝は新しい善行をもたらすがゆえなり。

一〇、今後は貴い技芸の親縁者であり会員なるがゆえ、振舞いにおいても賤民と隔りあることを示すべし。

一一、この讃えるべき目的を保つため、真摯徳行に励み、悪業を避けるべし。

一二、粗野なること田舎じみたることは、分別ある人間には見当らず、技芸会員にあっては言うに及ばず。

一三、軽薄なる者や愚者は道理にあらがうことあまりに多く、そのため至上の善事もそこなわれる。卑小な賤民さえかかることは恥とするところなり。

一四、利己心は他人を傷つけるというよりは、それを懐くものに害をなす悪徳である。しかも己れの得になると思う場合にはなおさらである。

一五、強情心はそれを覗かせる人間の無智を知らせる。

一六、親切心、謙虚、恭順は、技芸の親縁者に似つかわしい徳であるばかりか、その持ち主はどこにても誰にでも好意をもたれる。

一七、自分自身や自分の技能についての惚れは徳であるどころか、その持ち主の短所をひとに知らせる悪徳である。

一八、一人の主人に仕える限りは、主人の利益を進めるのほかには、自分で進めうる真の利益はない。

一九、それゆえ、職人が己れの仕事によって主人を富ませようと思わず、かえって自分に害をまねき、神の恩恵も失うことになるのは、道にはずれたことと思え。

二〇、神が汝を主人の座につけ給うときには、汝がなんぴとであるかを忘れるなかれ。そしてこの技芸の習得は自分自身の利益以上のものであることを心に銘記せよ。

閉会挨拶者

高貴な尊敬すべき芸たけたる紳士諸君、敬愛すべき観衆の皆さま、

皆さま方は只今、まことに貴重なるご好意ご厚誼の明らかなしるしをお示し下さいました。と申しますのは、有難くも、私どもの振舞いに多数ご同席下さったばかりか、ご自身そのうるわしきご来臨をもってことさらなる花をそえて下さったからであります。私の役目は、皆さま方各位にまことに当然なる御礼を申し述べ、同時に、只

今取り行なわれましたることのすべてを悪くとられることなく、ただただよきにご理解たまわるよう伏してお願い申し上げることにございます。かく申しますのは、只今の私どもの目論みは誠実公明なものでございまして、私どもの讃えらるべき技芸の新入り職人に、あらゆる悪徳を断たせ、代って徳業に一意専心せしめるためのほかは、まったくなに一つご披露しようと思ったものはないからでございます。なにとぞご好意をもちまして、私のお願いのほどをお聴きとどけ下さいますよう。さすれば私も皆さま方各位に、私どもの感謝のほどをあらゆる折をとらえまして繰り返し表わしますことに相励む所存をお誓い申し上げます。折角お元気にお幸せにお暮しのほどを。

私は、皆さまがたのご好意ご厚情を乞い願い上げますことを光栄に存じます。

印刷人たちは、この受け入れ式の演戯を上演するにあたって、じつに粗野な風俗を見せたために、この「芝居」は一九世紀の初頭に禁止されるに至った。その代りに登場したのが、一九世紀半ば頃からのずっと地味な「ガウチェン」(9)という若い印刷人に対する洗礼である。

印刷人が仲間に加えられるにあたって、彼は加入証(Gautschbrief)を授与される。これは誇りをもって保存されるのである。この種の証書でもっとも古いものは、前世紀半ばに作成されている。証書はそのつど入念に印刷され、五人の受入れ人と数人の証人の署名がほどこされた。加入証の言葉は大むねことさら古めかしいドイツ語を用いており、印刷人たちは、それによって彼らの由来の古いことを示しているのである。加入証には、印刷人の紋章の封蠟が押してある。この封蠟で印刷業のしるしである鉛の小片が張りつけられている。今日にあっても行なわれるこの印刷業界の風習を紹介するために、次に、

** 「入会式行事」の場面
レーディンガー『新版規格小本』（フランクフルト 1679）より

** 1882年2月18日ベルリーンで授与された「加入証」
左下の黒いシミに見えるのは封蠟。文中に「古式に従いガウチェンの神聖な洗礼を受け」とある

一八八六年マインツで発行された「加入証」の文面を採録しておこう。

本状をもって下記を周知せしめるものである。すなわち、印刷者（被加入者の氏名が続く）は本日一八八六年八月一〇日、グーテンベルクの時代一四〇〇年に定められたる法令により、とどこおりなく、皇帝勅書をもって、植字台の卓抜なる騎士に叙せられるべく、伝来の光輝ある慣例儀式に従い、大元素〔水〕の全き神秘にひたされ、かかる洗礼を通じ印刷業組合に加入せしめられたものである。

なお、望ましからぬことながら、本件に関して疑念、無智等々により異議をとなえる挙にでるものこれあれば、その者は最低三マルクの罰金を科せられよう。同金子は公共の福祉のために預金されるものとする。

印刷業組合会員一同

このあとに、審査の親方、介添人たち[10]、海綿もち人および証人たちの署名が続く。

一七世紀にはいく種類かの、印刷機についての論文が出版された。これらの詳細な説明の挿絵には、粗けずりな木版画よりも銅版画の方が向いていた。一六〇七年パドゥアで出されたイタリア人ゾンカの作品『機械と建築新展覧 *Novo teatro di machina e edificii*』と一六八二年のモクソンの著作『機械演習 *Mechanick Exercises*』には詳細な説明と、各部分に至る印刷機の図版が記載されている。

初期印刷術の産物に対する関心も次第に活潑になってきた。最初の独立したインキュナビュラ目録がコルネリス　ボイゲムによって編纂され、一六八八年アムステルダムで公刊されている。このパンフレ

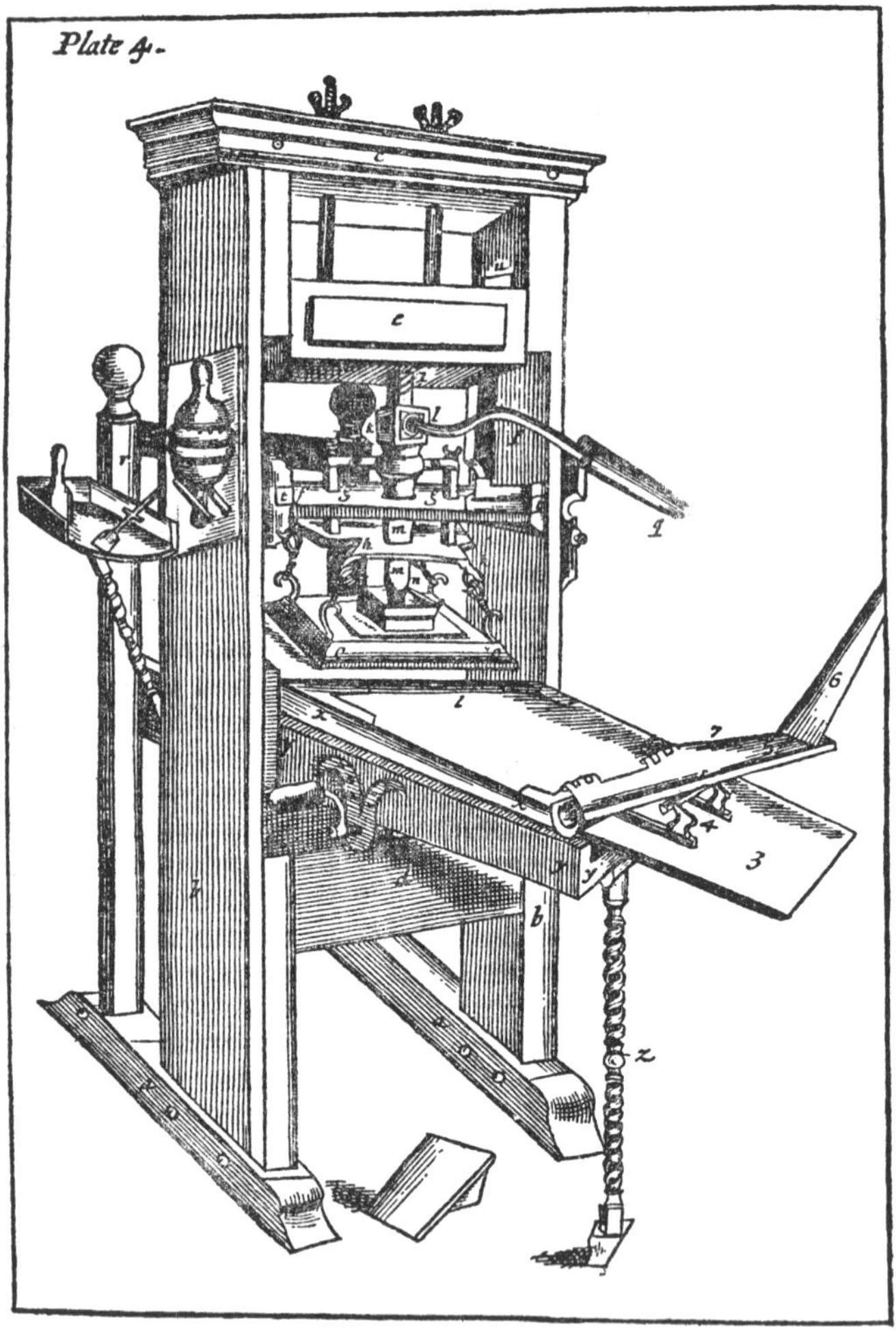

** モクソンの示した印刷機
構造はグーテンベルク印刷機とほとんど同じである

Avisa
Relation oder Zeitung.
Was sich begeben vnd
zugetragen hat / in Deutsch: vnd Welsch-
land / Spannien / Niederlandt / Engellandt / Franck-
reich / Vngern / Osterreich / Schweden / Polen /
vnnd in allen Provintzen / in Ost: vnnd
West Indien etc.

「アヴィーザ通報」ヴォルフェンビュッテル（1609）

ットは、その時代までに知られていた一五〇〇年以前に出版されたもののすべてを数え上げている。今日知られている四万余点のうち、ボイゲムが記載しているインキュナビュラは三千点ほどしかない。

印刷本によって、ひとびとは、世界の様子やあちこちで起きる珍らしいことを知る習わしを身につけるようになっていた。一六世紀には「最新ニューズ」といったものが氾濫した。多くは一枚物で、重要な事件、戦い、天災、都市の占領、犯罪事件、あるいは統治者の死亡とかが載せられた。また、ちらし[11]があり、奇型児や異常な星座を報知した。こうしたちらしは政治上あるいは教義上の争いに関与することが多かった。しばしばこうした新聞は木版画で飾られている。この種の報道はついには確固とした習慣になってきて、定期刊行の新聞が十分な購読者をうるようになった。この新聞の原語「ツァイトゥング」は、当初「知らせ」を意味したにすぎなかったが、今や新規の制度に移し変えられたのである。

ちらしはまったく不定期に発行された。フランクフルトの出版人ミヒアエル　フォン　アイツィングは、ちらしをあらゆる「銘記すべき売買および出来事」についての半年毎の報告の形に発展させ、これは一五八三年以後「フランクフルト見本市通報」の紙名をとった。次いで一六〇九年には、シュトラースブルクの出版人ヨハン カロルスが週報出版の着想をもつに至った。この「シュトラースブルク通報」は、最初の本当の意味での新聞である。同年、ヴォルフェンビュッテルでは、「アヴィーザ、通報または新聞」という紙名の同じく各週刊紙が刊行された。これをもって継続的に発行される新聞への道がつけられたのである。史上最初の日刊紙は、一六六〇年、ライプツィヒの出版人ティモーテウス リッチによって「合戦および世界事情新着消息」の紙名で出版されたものである。

新聞に続いて、間もなく学術雑誌が現われた。パリーでは一六六五年に「ジュルナール デ サヴァン Journal des Scavants」が、一六八二年にはライプツィヒでオットー メンケによってラテン語の標題をもつ雑誌「アクタ エルディトールム Acta eruditorum」が創刊され、百年間続刊された。

三十年戦争の世紀にはいくつかの印刷所が創設され、やがて世界有数のものに数えられることになった。ヴァティカンでは一六二六年、「デ プロパガンダ フィデ(布教)」印刷所が建てられ、のちに「プロパガンダ」の名で知られるようになる。布教活動によってローマはあらゆる国との結びつきがあり、すべての国の言葉で印刷する必要が生じたのである。組織的な活字の貯蔵がなされた結果、間もなく、同じテクストについて百種類の言語文字の刊行が可能になった。パリーでは一六四〇年、リシュリューによって王室印刷所 Imprimerie Royale が生みだされ、今日なお国立印刷所 Imprimerie Nationale として存続している。ヴィーンでは一六七八年、ヨハネス フォン ゲーレンが印刷所を設立した。この人はマーリア テレジア女帝によってオーストリア貴族に叙せられ、その功績をたたえられた。

同じ時代に、銅版画にまったく新しい相貌を与える発明がなされた。メゾチント彫法である。ヘッセンの陸軍中尉フォン ジーゲンがこの製作法を一六四二年頃初めて適用した。すなわち、銅版画の場合と違って、線をプレートに彫り込まず、表面全体を粗にして、明るい部分はさまざまな調子に滑らかにぼかした。転写をすると、平面的な絵画的な効果が生じたのである。これは凹版よりもむしろ石版に似ている。このようにしてリトグラフの効果が先取されたのは、一五〇〇年頃、きわめて繊細に製作された木版が銅版の効果に接近したのと類似した事情である。

ドイツで大戦争で国土が荒廃していた頃、北アメリカで書籍印刷が知られるようになった。最初のアメリカの印刷所は、一六三八年ケイムブリッジ（マサチューセッツ）に設立された。ここで最初に印刷され刊行された書物は、『全詩篇 *The Whole Book of Psalms*』（一六四〇）である。フィラデルフィアでは一六八五年に印刷が開始された。ニューヨークではようやく一六九三年のことであった。

一八世紀になると書物は今日知られた形に近づき始めた。体裁はハンディに、活字はそれにつれて小さくなった。そして装本にはペルガメントに代って、多く背革装か紙装が用いられた。今や各国語がラテン語にとって代るようになった。新活字体の数々が作られ、今日まで使用されている。挿絵では、今や銅版が木版を完全に駆逐してしまった。ドイツでは、大戦争の結果がまったく克服されていたわけではない。紙や印刷は一七世紀よりも遙かによくなったわけではなかった。この国はまだ貧しかったのである。それは当時編纂された書物を見れば一目瞭然である。どの本もどこか安手な外見をもっている。

だが、よりよい仕事をしようと真面目に努力していた印刷人はすでに何人かいたのである。ライプツイヒの町は、書籍都市フランクフルト アム マインにとって代っていた。かつてフランクフルト アム マインでジグムント ファイアーアーベントが演じた役割は、今やライプツィヒの書籍印刷人ヨハン ゴトロープ ブライトコップフが継いだ。彼は印刷術のあらゆる領域にわたっての大量な図書を蒐集していた。彼の目的は、印刷術史を書くことにあったからである。おしくもこの計画は実現しなかった。この勤勉な人物は、あまりに多くの考えをもちすぎたためであった。

数巻からなる計画をとっていた著作については、一七七九年に、予告だけが公表されている。この中でブライトコップフは、書籍印刷術発明に関する多種多様な見解を今こそ整理すべきことがいかに必要であるかを説いている。この論説の序文は次のようなものである。

印刷術発明の歴史について

印刷術発明の歴史が数世紀の長きにわたり不分明のままになっていたことは、諸々の著述家が数多くの意見によって史実を歪曲し、真実の認知をますます困難にして行く契機を与えていた。愛国心、己が家系への愛着、世間知、博識、類似、誤解、反抗心、軽率、解釈の誤り、先達の不注意、戦乱といったことが、さまざまな意図や原因に基づいて、印刷術の発祥地、発明者、年代などを、本当の時代や状況とは異ったものにしたのである。長い論争ののちに論者たちはついに三点にまで問題をしぼり、さまざまな枝葉を刈りとった挙句に一組、研究が他の一組、そして偶然が第三の組と、ついにシュトラースブルクとマインツが手を結び、あらゆる創始者と目されるもののうちからハールレムとマインツの地、コスターとグーテンベルクの名が残って各自権利を主張しようとしたわけである。こうしてみると、新規の意見は出されようはずもないし、不可能とも考えられてこよう。それにもかかわらず、昨今印刷術の歴史に十分照明が当てられてみると、ドイツとグーテンベルクに対してはイタリアが、マインツに対してはバンベルクが新たな競争相手におかれるばかりか、ハールレムとコスターに対してはアントワープが対置され、しかも百年の長があるという有様なのである。・・・

一七七七年、彼は可動活字で地図を印刷する発明を小型な本で公表した。実例として、彼はそれより大きい著作に愛の地図を添えていた（本文二三二ページ図版参照）。だが彼の発明は実用化されないままになっている。一七五四年には彼は新種の楽譜印刷を世に問うことをえた。すでにマインツのキュヒラーが用いていた方法、すなわち音符と五線の同時印刷をさらに簡易化したものである。今日では楽譜は金属プレートに刻字されるから、この彼の発明はもはや実用的な意味をもってはいない。彼の名前は、ブライトコップフ・フラクトゥーアの名称に残っている。一六世紀初頭に生まれたフラクトゥーア書体は、バロック時代にはますます誇張され、読み難くなっていた。この書体を生き残すとしたら、どうしても手を加えなければならなかったのである。この使命を引きうけたのがブライトコップフであった。一七五〇年、彼の最初の試案が公表されたが、この書体改良の仕事は一七九四年の死の日まで続けられた。こうして作られたものは、今日まで生きている。ブライトコップフの父、ベルンハルト クリストフ ブライトコップフは、一七一九年にブライトコップフ印刷出版所を設立し、のちには「ブライトコップフ＆ヘルテル」の名で世界的名声を博したのである。J・G・I・ブライトコップフの発明した楽譜印刷法は、ブライトコップフ＆ヘルテル楽譜出版社で一八三〇年まで用いられていた。

ヨハン ゴトロープ イマヌエル ブライトコップフの死後数年を経ずして、ジャン パウルの『新生

𝔄𝔅ℭ𝔇𝔈𝔉𝔊ℌℑ𝔍𝔎𝔏𝔐𝔑𝔒𝔓𝔔ℜ𝔖𝔗𝔘𝔙𝔚𝔛𝔜ℨ
abcdefghijklmnopqrſstuvwxyz

＊　ウンガー・フランクトゥーア書体（現行）

『*Palingenesien*』が、ブライトコップフ－フラクトゥーアを発展させた新活字体で出版された。この書体の製作者は不詳であるが、これをもって印刷された本の著者にのっとって「ジャン－パウル書体」と言われている。

フラクトゥーア書体の改良については、ベルリーンのヨハン フリードリヒ ウンガーも着手していた。明瞭で読み易いアンティカ書体は、すでに多くの愛好者をえていたのである。ドイツ以外の国ではどこでも普及し、ドイツでも浸透し始めていたほどであった。ドイツの詩人でも、グライムやラムラー[12]は、著書をアンティカ活字で印刷させていた。印刷出版人ゲッシェンは、彼のところで出したヴィーラントやクロプシュトックの多くの版をアンティカ活字で印刷した。この書体は、パリーのディドーが作ったものと近似している。フリードリヒ シラーは、一八〇一年ウンガーに宛てて、自作の『オルレアンの少女』をアンティカ活字で印刷してほしいものだ、と書いている。ウンガーはこの希望をかなえた。こうした時をおいて、フラクトゥーアをはっきりさせ、アンティカの明瞭さに匹敵させるときはなかった。だがフラクトゥーアへの賛意もなかったわけではない。一七九四年、ゲーテの母は息子に向けた手紙の中で、じつに感激した調子で次のように書いている。すなわち、ゲーテがその著作を「ドイツ」文字で著わし、「じつに不快なラテン」字では印刷させてはいないというのである。シラーやゲーテと出版社との往復書翰では、いく度もこの問題が論じられている。

ウンガーは断え間なくフラクトゥーア書体改良を行なった。フラクトゥーアの改良のみが救い手になりえたのである。一七九三年、ウンガーの小著『新ドイツ活字体試案。考案および鋼版製作J・F・ウンガー。ベルリーン一七九三年』が出版された。前もってウンガーは、三種の活字彫刻をフランス人のディドーに作らせたが、この試みは三つともまったく満足のいかないものであった。フランス人である製作者は、この純粋にドイツ的な課題にはなじめなかったのである。ウンガーはひきつづき自ら製作に乗りだした。彼の試作は成功し、フラクトゥーア書体は救われたのである。この新フラクトゥーア書体によって、ウンガーはドイツ古典派作家の印刷に適合した活字を手にすることになった。彼はゲーテの三大出版人(13)の一人となるのである。一七九二年より一八〇〇年にかけて、彼は七巻本の『ゲーテ新著作集』を印刷する。一七八九年、ウンガーはゲーテの『ローマの謝肉祭』を大型のディドー=アンティカで印刷し、誤植がいくつかあったため、ゲーテの憤激を買っていた。

ウンガーとゲーテの往復書翰は、一八世紀の出版界について多くの事柄を語っている。書体や紙質、印税や詩人の友人たちへの特製本などについて知られるのである。なかでも貴重なのは、出版人が著者に対して、着手した原稿を仕上げるように督促している控え目ではあるがなかなかに厳しい手紙の数々である。そうした書翰の中で一七九五年九月二二日付けのものを次に引用してみよう。

枢密顧問官閣下、

同便にて『ヴィルヘルム マイスター』の刷り上がり分をお送りできますのは光栄に存じます。第五部は一三折りで終了いたします。「美しい魂の告白」の私方に頂きました分は、およそ六折りになると存じます。この部を書籍市までに仕上げますには、只今が限度でございますので、まことにもって恐縮には存じますが、第三巻の結末をお送り下さいますようお願い申し上げます。ご寛恕をもちまして、この私のご催促のお願いを決してご不快におぼし召さぬようお願い申し上げます。私方といたしましても、余儀なくかかるお願いでお煩わせいたしますのも、熱心な読者にせまられての結果でございます。

この機会に在来より大きい新造の活字体の見本を同封申し上げます。さぞこれまでのものよりも好評を博することと存じます。この書体によりまして出来ばえが一層高まることと思われるからでございます。

ウンガー

ドイツ書籍印刷の有様は一八世紀になると、印刷者よりもむしろ著者の側から規定されてくる。当時のドイツ書は前の三世紀のように印刷術の産物としてではなく、重要な著作の初期刊行本として蒐集されるのである。それでいて、この世紀の前半は、大文学時代とはまったく異った性格をもっている。一七二九年にはカウコール制作の全巻銅版による『キリスト教魂の宝 *Christlicher Seelenschatz*』が出版され、一七三一年から一七三三年にかけては、スイスの自然科学者J・J・ショイヒツァーの『神聖自然誌 *Physica Sacra*』〔原題『銅版聖書』〕四巻が刊行されている。この何百という銅版画が挿入された著書は、啓蒙主義の精神で聖書の奇蹟を自然科学的に解き明かそうと試みたものである。ノアの箱舟の入念な建造図があったり、楽園の記述のところでは、あらゆる蛇の詳細な分類と名称が見られたりする。こうした合理論的な解釈と並んでわれわれをびっくりさせるのは、謙虚敬虔な唱句である。一七三一年から一七四三年には、シュナーベルの『フェルゼンブルク島 *Insel Felsenburg*』が出版された。これは一種の

＊　カウコール『キリスト教魂の宝』扉表紙（ボン　一七二九）、全二二八枚綴り
本文も銅版に彫られた点が珍重されている。カウコールはケルンの選帝侯の枢密顧問官であり、書家、銅版画家でもあった

Christliche
Seelen-Schatz
Außerlesener
Gebetter.

＊　ショイヒツァー『神聖自然誌』（アウクスブルク　ウルム、ヴァグーナー出版）
出エジプト記三〇章二三節の部
原題は『神聖自然誌を・・・示した銅版聖書』。
七六〇点を収載する。体裁はフォリオ

ロビンソン　クルーソー物語で、大成功をおさめた。

一七五〇年頃からイギリスではジョン　バスカーヴィルが書籍印刷と活字体制作とに活躍していた。彼の行なった印刷は、今日では蒐集家が渇望する対象となっており、彼の手になるアンティカ書体は、製版者ならばだれでも知っている。最初、バスカーヴィルはバーミンガムで習字教師をしていたが、その頃新活字体を企画し、自分の印刷所を所有したいという望みが目ざめた。これに必要な資本を彼は漆器製造とその大規模な販売によってえた。彼は篤実な商人であり、財産は着実に増大して行った。彼の漆絵をほどこした馬車は、まもなくロンドン中に知れわたり、漆器宣伝の要を摑んだのであった。一七五〇年には十分な財を築き、当初の計画の実現に乗り出すことができた。彼は占有の活字鋳造工場を作り、活字鋳造と書籍印刷に必要な器具のすべてを、自力で倦むことなく製作した。用紙さえも作ろうとしたが、結局は、入手した紙を加工することで満足することになった。長年にわたる工程ののち、彼は一四段階(シリーズ)のアンティカ書体と九段階の斜字体を作った。これらは一六世紀のアンティカ書体とこの後ボドーニが考案した古典派的アンティカの中間的位置を占める。処女作として、彼は一七五七年に、ウェルギリウスの作品を印刷した。どのような装飾も断念して出来上った本は、活字と組付けの配置だけが力をもち、テクストをいささかも歪曲することなく読者に伝えたのである。当時印刷や植字の他に、バスカーヴィル本が特に驚嘆の的となったのは、独特な用紙の処理方法であった。つまり彼は、用紙に非常な滑らかさと絹のような光沢を与える作業を厳格に守ったのである。この秘密をあばこうとした同時代人の試みはすべて不成功に終った。今日の推定では、バスカーヴィルは用紙を熱した圧延機にかけたとされている。これによって、彼の用いた紙に時として認められる褐色部の説明もつこうという次第である。バスカーヴィル本でもっとも重要な一つは、英国国教の「祈禱書 *Book of Common Prayer*」であって、彼が天下周知の自由信仰論者であったにもかかわらず、制作の依頼をうけたのである。

バスカーヴィル印刷所とその設備については、ゲッティンゲンの物理学教授リヒテンベルク[14]の書いた写生的な手紙によって知ることができる。一七七五年一〇月一六日、教授は修道院記録係であったシェルンハーゲンに宛てて、次のように伝えている。「ここから私はバスカーヴィル社に行き、あの有名な活字鋳造と印刷の工場を見学しました。当主は亡くなっています。夫人は印刷所はやめ、活字鋳造所だけを続け、最後には一切を売却するとのことです。夫人は郊外の家に住んでいますが、それを取り巻くいくつもの庭園は、王侯がもっても恥かしくないほどです。至るところで趣味の良い家財が目に入ってきますが、しかもそれを自らの力でえた分別ある商人の控え目な心根が伝わってくるのです。夫人は私を異常なほど丁重に迎えてくれ、私が彼女の夫の讃美者であることがわかると、活字見本を数部贈呈してくれました。この一部はすでにディーテリヒに送りました。そればかりか私はコモン プレイアー ブックも一冊もらったのです。これは彼女の夫が印刷し、今では稀覯書になっています。それからマデイラとトーストをご馳走になりました。」

この手紙は印刷所をフランスに売却する直前に書かれた。詩人ボーマルシェが、バスカーヴィルの活字と印刷機械を用い、ケールで一七八三年から一七八九年まで、七〇巻のヴォルテール著作集を印刷したのである。

一八世紀印刷界最大の人物は、ジャンバティスタ　ボドーニで、パルマ公の印刷人であった。彼が印刷した書物の卓抜した点は、高貴な書体、群を抜いた組付け、稀に見る上質紙、そして非常に広い余白（欄外）である。こうした本はおおむね簡素な紋様の入った紙装幀をほどこされているが、これらの装幀は独特であるため、専門家はボドーニ本を外から見ただけで直ちにそれと見分けるほどである。ボドーニは書籍印刷者になる運命をもっていたかに見える。彼の生年（一七四〇年）は、たまたま書籍印刷者たちが、グーテンベルクの発明三百年を祝う記念祭の行事の数々があった。一八歳の年に、彼はローマで「デ　プロパガンダ　フィデ」印刷所を知り、異民族や異国の文字に感激した。八年のローマ滞在で、彼はこの世界に広くまたがる印刷所の訓練をうける。それから彼は一七六八年、パルマ公の宮廷に召聘され、公が基礎をおいた印刷所の一つの管理を委ねられた。今やボドーニは、彼の最善の力と知識の総力を注ぎこむことができたのである。続く数十年の間彼がパルマで製作した印刷物の目録は、ほぼ千二百点を数え、堂々とした一巻をなしている。

一七九一年、ボドーニは公爵領有のもののほかに私設印刷所を開いた。ここで彼は、宮廷の考えとは独立した彼自身の芸術的理想を実現することができた。ボドーニ工房で最初に生まれた出版物はホラーティウスの作品で、すでに彼の様式をあますところなく示している。バロック時代には、扉表紙を饒舌に埋め尽す習わしがあったので、内容や著者を知るには、しばしば一苦労するものである。このホラーティウスで、ボドーニはまったく新しい工程を示している。簡潔に、著者名と本の表題が記されているだけなのである。彼はこの簡単に見える表題に何週間もの時を費やしたと言われている。こうしてボドー

Q.

HORATII

F L A C C I

O P E R A

P A R M A E

IN AEDIBVS PALATINIS

CIƆ IƆ CC LXXXXI

TYPIS BODONIANIS.

ボドーニ制作のホラーティウス作品集
（自作の活字を用いている）

ニは彼独自の様式を見出したのである。何代にもわたって、印刷人は、彼から教えられるところがある。

ボドーニのもっとも有名な作品の一つは、一五五ヶ国語による主の祈りである。これは一八〇六年、ボドーニの死の七年前に出版された。教皇はそれより先フランス旅行の折、王室印刷所で作られた一五〇ヶ国語の主の祈りの献呈をうけていた。パルマ公は教皇にそれを見せられたとき、彼のおかかえ印刷人にこの壮大な作品にまさるものを作らせることを思い立った。ボドーニはそれに成功したのである。彼のところにまだない活字は、ローマのデ プロパガンダ フィデ印刷所で借りた。こうして彼はフランスの作品を五ヶ国語凌駕することができた。非常に広い余白によって、この本は見た目にもフランスの手本より遙かに大きいものとなった。

ボドーニは、しばしば、彼の豊富な活字をそれにふさわしい作品で見せている。彼のこの種の初期の印刷物の一つは、一七七五年に出版されたヨーロッパおよびオリエント二五ヶ国語の『エピタラミア（祝婚歌）*Epithalamia*』である。この本はルイ一六世の妹の成婚のために印刷された。ボドーニの死後、未亡人は一八一八年に『印刷術便覧 *Manuale Tipografico*』の書名で、夫が準備していた目録、すなわち、ボドーニ活字と飾り物全部の目録を二巻本にして出版した。この作品のためにボドーニは造本についての論文を書いており、それによってわれわれは彼のさまざまな目的を知ることができる。

論文の冒頭からしてすでに、彼は思想が印刷された言葉によって驚くべきほど広められることを指摘している。一九二七年私家版として出された翻訳によると、彼は次のように書いている。

私は本書で長年の精励と作業の成果を閲覧に供する。この年月を私は喜びと愛情をもって、人類のもっとも美しく意味深く、しかも有益な発明の全き成果である技芸に捧げてきた。それは活字体である。活字のより完全な形こそ、印刷芸術なのである。同一のテクストを大量に作ることが肝要であるし、いやそれ以上に、無条件に同質なものを作る保証をし、特に価値ある本の場合には、明瞭でできる限り読み易い形にして後世の眼に供することが問題になるからである。こうした有益な目的と全過程の道具、特にこうした道具によって、われわれは活字の最初の発明より前進し、今日では容易に何千もの規則正しく印刷された紙の上に、本来はまったく束の間の言葉をとどめおくことができ、また言葉は口をもってなしうる以上に永続性をもち明白な形に刻印されるに至っている。このことを考え、これほど大規模な工芸の成果を目のあたりにすれば、人間精神の活動に讃嘆をおしむことはできないのである。

上下方向にさまざまな力強い筆致をもつ「ボドーニ－アンティカ」は、今日では大き目な印刷所ならどこにでも備えられている。

ボドーニ活字の鋳型は残存しており、イタリア政府はそれを一九二二年に設立した「ボドーニ印刷所 Offizina Bodoni」に提供した。印刷資材の受け渡しの際、この印刷所のみが使用権をもつとの合意がなされた。

スペインでは、カルロス三世の治下で、偉大な印刷者ジョアキム イバラ（一七五九－八八）が活躍していた。カルロス三世は芸術に大変理解があった。その彼はイバラを「国王印刷人」に任命した。こうした高い地位のおかげで、イバラは思い切った計画を実行に移すことができたのである。一七七二年は王子の一人が仕上げたサルスティウスの翻訳を、全文斜字体で印刷した。ラテン語原文は下欄に小さいアンティカで記された。ボドーニはこのサルスティウス本を見て感嘆した。一七八〇年、イバラは他の刊行本のほかに、四巻本でセルバンテスの『ドン キホーテ』を、銅版画、ヴィニェット〔見返し装画〕、銅版によるイニシアル〔飾り頭文字〕をそえて出版した。彼が一七八三年に始めた大冊のスペイン文学史の印刷は一七八五年彼が没したのちも、未亡人の手で引き継がれ、一七八八年に完成した。

フランスは一八世紀において、活字体を創業した印刷人に、二人の偉大な名前を残している。フルニエとディドである。ピエール シモン フルニエは、時代の様式にかなったアンティカ書体を作ろうと考えていた。そのかたわら彼は、活版技術上の尺度を改革して、どこで鋳られた活字もいずれの印刷所でも用いられるよう努力していた。彼は自分の経験と改革を二巻本の著作『活版印刷術便覧 *Manuel Typographique*』に書き下ろし、一七六四年と六六年に印刷した。

フランスにおける活版印刷術(タイポグラフィー)に決定的な影響を及ぼしたのは、ディド家であった。この家系の一〇人が書籍印刷で名を成している。フランソワ＝アンブロワーズ ディドは、一七七五年、フルニエの努力を基礎として、今日なおも用いられている活版技法上のポイント体系を作り上げた。彼が定めた「活版ポイント」は今日の度量衡からすれば 0.376mm である。(15) すべての活字の大きさと、植字器材の全体は、これ以来このポイント体系で測られた。今日植字工が一〇ポイント活字と言えば、どれだけの大きさかすぐわかるのである。同時に、ディドは新形式のアンティカ活字をもって登場したのであった。それは時代の精神に即応し、在来支配的であったガラモン活字を凌いでいた。一七八九年、フランソワ＝アンブロワーズは、印刷所を息子のピエールに譲り渡し、活字鋳造所はもう一人の息子フィルマンに継がせた。

ピエール　ディドは印刷にあたって、活字の美しさと配分だけを生かし、その他の装飾はすべて断念することに努めた。これは以前イギリスでバスカーヴィルが行なったのと軌を一にする。一八〇一年から一八〇五年にかけて、彼は三巻本ラシーヌ著作集を手がけ、彼の活版印刷技術の理想を実現した。ピエールの弟フィルマンは活字鋳造所を継いでからは、アンティカ活字をさらに完全なものとした。すでに一八〇〇年頃、彼の活字はヨーロッパ諸国を席巻していた。一八一九年、彼は新活字のカタログを出版している。

フィルマン　ディドは、ステロ版（ステレオタイプ）を実用化することもしている。この種の試みはすでに一六世紀にもあったが、実用価値のないままに終っていた。ディドは、版組した一ページ全体の型をとり、それに金属を鋳込むのに成功した。このようにしてえられた金属板を用いることによって、原組版によるのと同一な印刷が可能になった。この方法で活字をいたわることができたし、またステロ版の鋳込みも任意にいつでも増すことができたのである。一七九五年、最初のステロ版印刷見本が出版された。その三年後、ディドはウェルギリウスのステロ版刊本を出した。この「ステロ版刊行本 éditions stéréotypes」に挿入された別刷で、ディドは自分の発明の多面にわたる長所を挙げている。彼は特にこの新式の工程の廉価な点と、書籍業者に非常な特典を与えうる点を強調している。大きな簡易化としては、増版にあたっての植字工程と校正作業の割愛が注目されている。すべてのステロ版刊行本に付けられた文章は次のようなものである。

市民ピエール ディド、フィルマン ディドおよびL・F・エランによるステロ版刊行本叢書は、公衆に以下に挙げる諸種の重要な長所を提供するものである。

一、購入費の非常な節減。

二、厳正な校正。（校正の首尾は確実である。もしも最大限の注意にもかかわらず、初版本にいくつかの誤植が生じたにせよ、誤りがわかれば、直ちに以後の全版本では必ず訂正が行なわれるであろうから。）

三、数巻からなる作品の場合、その作品の全巻を購入せず、一巻ごとに購入しうること。それゆえ、購読者はかなりの額を前払いする必要はまったくないであろうし、不完全な作品をもつのではないか、という不安もないであろう。

本叢書（一八折りおよび一二折り判）は、現代語や死語の有名ですぐれた全作品を含むであろうし、直ちに続巻が刊行されよう。

さらに企画者にとっても特別な利点がある。すなわち、われわれにまったく適った丈夫なプレートを入手でき、こうして活字セット、植字、校正などの面倒はまったくなしに、すべての版を印刷できる点である。それによって紙や印刷の前払いはまったくいらなくなる。特に外国人は今日のフランス文学の作品校正の長所を評価するであろう。

あれこれのステロ版の著作集を個々に購入するのは自由だが、作品は揃いとし、分割販売はしない。揃いの作品は同類の一〇点で、うち七点は購読者の決定による。この七点中、特別な作品のいくつかはすでに予約完了している。価格は各一ページ三フラン。

（付記）印行ステロ版刊本については、書店には四分の一の割引きがなされよう。同一作品を同時に千部買いとる場合には、割引きは三分の一に達することもあろう。

〔原文 フランス語〕

ボドーニの同時代人に、帝室によって叙爵されたヴィーンのヨハン トマス エードラー フォン トラ

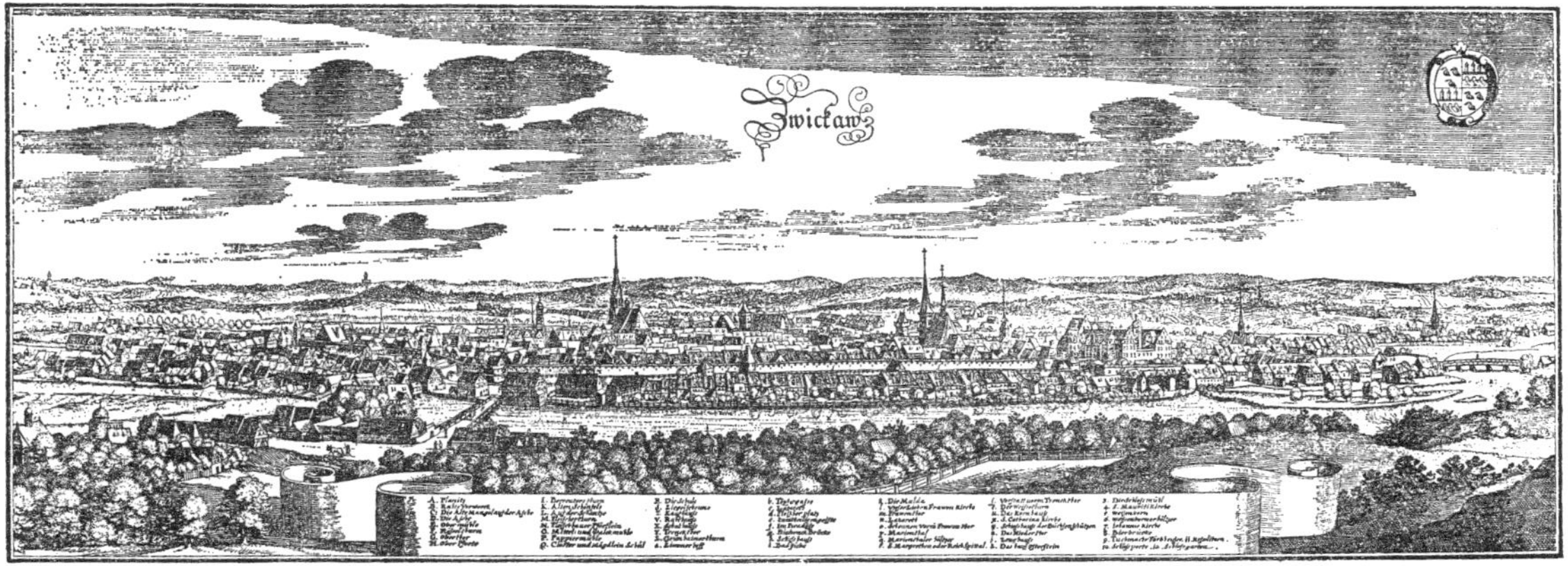

＊ マテーウス　メーリアンの地図書（1650）より「ツヴィッカウ」の鳥瞰図
下部には図版内の符号と対照して，建物，地名などが記載されている

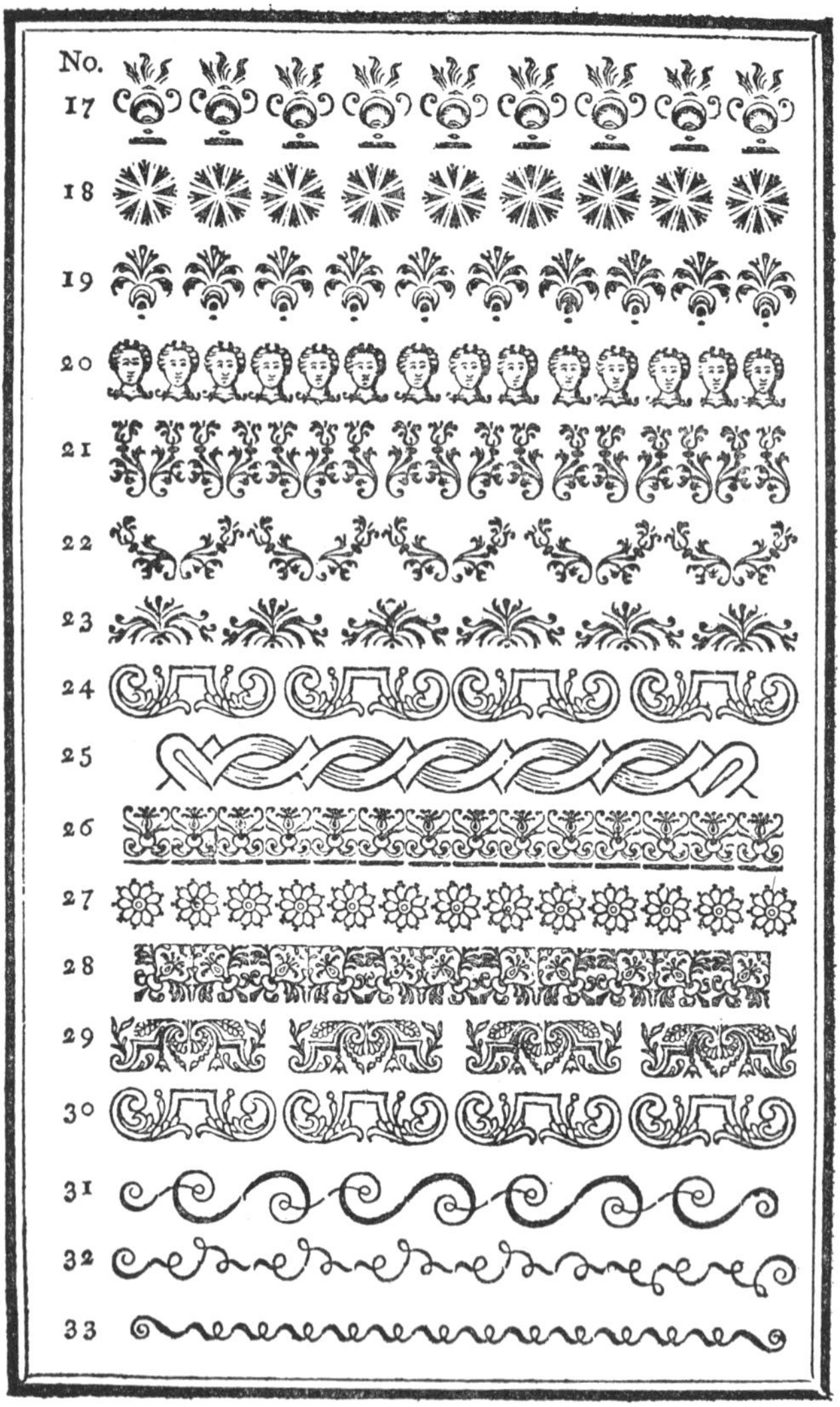

** トラトナー『小薔薇と飾り』より

トナーがいる。貧しい孤児から身を立てオーストリア最初の印刷人の地位に出世した人物である。彼は印刷所設立の認可を女帝マリーア テレジアに直訴してえたのであった。引きつづき帝室の恩恵をうけたトラトナー印刷所は、例のない発展をとげた。僅か数年のうちに、彼はヴィーンでの三四の印刷所のほかに、支店を、アーグラム、インスブルック、リンツ、ペストおよびトリエストにもつに至る。九都市に書店を設け、二〇ヶ所に比較的大きな書籍倉庫をもった。オーストリア皇室特許をえて、トラトナーはドイツ文学のもっとも重要な作品を遠慮会釈なしに海賊出版した。これによって著作者やその出版者は大変な損害をうけたのであったが、オーストリアの精神的発展には、測り知れぬ影響をおよぼしたのである。次いでさらに、偽版の書物をヨーロッパの書籍市場に流し始めるに至って、彼は瞬日にしてオーストリア最大の富豪の一人になった。トラトナーは彼の印刷所に専属活字鋳造所を併設した。豊富な飾り物を含む彼の活字見本に、彼は『小薔薇と飾り *Röslein und Zierraten*』の表題をつけている。

ディド、バスカーヴィル、イバラ、ボドーニ、ブライトコップフといった大印刷人は、印刷術へひとびとの関心をひきよせたのである。彼らの活躍以前に、いやもしかするとその前ぶれとして、書籍印刷者たちはヨハネス グーテンベルクのことを感謝の念をもって思いおこしていた。一七四〇年、いくつかの都市、特にライプツィヒで、グーテンベルクの偉大な発明三百年祭が行なわれたのである。この催しを機に、書籍印刷史の最初の記述が見られる著作や書物が印刷されている。

ライプツィヒでの一七四〇年の書籍印刷者記念式典では、当時の文学上の統帥ヨハン クリスティアン ゴトシェト教授が、『書籍印刷術発明に対する記念讃辞』という大講演を行なった。以下にその一部を抜粋してみよう。

ところで、苦心の末の書籍印刷術が一たん着手されるや、一切はたちまちのうちに変貌したのである。かつてはじつに高価、じつに稀有であった書物、古代の賢者、歴史家、弁論家そして詩人、また法律学者や医家の著述が、いまや驚くべき方法をもって複製され、そしてまた貧困の学芸愛好者には、じつに廉価に受け渡されたのである。かつては立派な書物が二、三冊も購えなかったほどの金子をもって、今や数個の書庫を満たすことをえた。かつては王侯、人民のうちにあっては財あるもののみがなしえたことが、今や下の下の者にも与えられぬということがなくなった。万人が、学問技芸習得の権利をえた。いやおおよその点について言うならば、習得の手段をさえもえたわけである。高等初等の学校の数が増大した。学問の後援者が現われ、温情ある基金、給金、年金などをもち、教える者、学ぶ者のためを考えてくれた。要するに、全ヨーロッパは学問技芸に満ちたのである。しかも過去三百年の間には、確かに学問の全分野にわたって、それ以前の三、四いや五千年間における以上のことが成しとげられている。いかに多くの誤謬がこの間、学問の世界から追放されたことであろうか。いかに多くの世迷い事が棄て去られ、いかに多くの溝が補塡されたことか。いかに多くの昔時よりの真理が新たに証明され、また新しい発明がなされたことであろうか。かかるすべてのことは汝のみに感謝せねばならない。おお、汝高貴な、賞め尽しえぬ書籍印刷術よ。汝はわれわれに古来の学問の宝を保全し、近代がそれに付け加えた業績を広める。汝はわれらに諸外国の発明工夫を伝え来たり、遠隔の地のひとびとにわれらが国びとの営為を告げ知らせる。汝はついには、われらの著述、われらの名、われらの努力の業を消滅より守り、さらにのちのちの世に伝え継いでくれることであろう。

一年後にゲッティンゲン大学歴史学教授ヨハン　ダーフィト　ケーラーは『グーテンベルクの名誉回復』の一著をものし、グーテンベルクの公式証書を集成して、グーテンベルクが実際に書籍印刷術発明者で

Hochverdiente
und aus bewährten Urkunden wohlbeglaubte
Ehren-Rettung
Johann Guttenbergs,
eingebohrnen Bürgers in Mayntz,
aus dem alten Rheinländischen Adelichen Geschlechte
derer
von Sorgenloch, genannt Gänsefleisch,
wegen der ersten Erfindung
der nie gnug gepriesenen Buchdrucker-Kunst
in der Stadt Mayntz,
Zu unvergänglichen Ehren der Teutschen Nation,
und insonderheit
der löblichen uralten Stadt Mayntz
mit gäntzlicher und unwiedersprechlicher Entscheidung
des darüber entstandenen dreyhundertjährigen
Streits,
getreulich und mit allem Fleiß ausgefertiget
von
Johann David Köhler,
Hist. P. P. O. zu Göttingen.

Leipzig,
Bey Caspar Fritschen, 1741.

ケーラー『グーテンベルクの名誉回復』扉表紙

あったとの証明をなそうとした。

この著述によって、学問的なグーテンベルク研究の基が置かれた。バロック時代の習慣により、扉表紙にはこの本の内容が手短かに挙げられている。そこでこの多弁な表題をそのまま複写しておこう。

マインツ生まれの市民、ラインランドの旧家フォン ゾルゲンロホ、通称ゲンゼフライシュなる貴族の家系をひくヨハン グーテンベルクが、マインツ市において、賞讃し尽しえぬ書籍印刷術の最初の発明をなしたることを、信ずべき公証書により確認した功績高い名誉回復の書。ドイツ国民、わけても誉れある古都マインツの不朽の名誉のために、この件に関して生じた三百年来の論争を完全かつ異論なく裁定し、忠実に精励ひとえにヨハン ダーフィト ケーラー、ゲッティンゲン大学歴史学正教授これを著す。ライプツィヒ、カスパール フリッチ出版、一七四一年。

一七四三年、ライプツィヒのC・F・ゲスナーのもとで、『書籍印刷に精通した徒弟』が出版された。この詳細な副題は「あるいは、賞讃さるべき書籍印刷術にあたり必要にして有益な基礎。印刷に際し注意すべきこと、学ぶべきことのすべてが、熟練者により講述」という。この本の序文には次の文章が読まれる。

書籍印刷術はその始源を
神の善く賢明な先見に感謝せねばならない。
それは、善い、すなわち、自然の贈物の一つであり、
完全な、あるいは聖霊による贈物と同じく、

天上より来たったからだ。

すでに一七二六年から一七四二年にかけて、ニュールンベルクの書籍商であり蒐集家であるフリードリヒ　ロート＝ショルツは、三巻からなる書籍印刷者と書籍商人の肖像に印刷人標章ないし出版人標章をそえた銅版画集を上梓していた。本書をもって、同時代や後代のひとびとの関心は、数多くの偉大な印刷業界の人物像に向けられていたのである。一七一〇年に出版されたパウル　パーターの論述や、一七六〇年のダニエル　シェプフリーンによるアウクスブルク印刷史も、書籍印刷史にとって重要である。一七六六年より一七七五年にかけては、ハンブルクの印刷所支配人ヨハン　ルーデヴィヒ　シュヴァルツが、「書籍印刷者」という表題で、同業者向けの最初の専門新聞を出した。これを砦に、彼はじつに熱心に、古くからあり、多くは誤用されていた「徒弟修了」の規定を論難した。一七八八年には、トイベルの『活版印刷ハンドブック』が出版され、一八〇五年には増補第二版が迎えられた。

オーストリアの詩人で書誌学者であったミヒアエル　デーニスは一七八七―八八年に、ヴィーンのトラトナーのもとで出版された二巻本に『書誌学入門』を記し、書誌学上の問題のほかに、さまざまな国の文学史を取り扱った。その序文で彼は、人間の生活にとっての書物の意義の大きさを力説している。そこで次にその数節を引いてみよう。

まずまず凡庸な学識を要求するようなひとにとっても、書物の知識は必要であろう。貴人にとっては、まこと誇りとなろう。というのは、かような身分のひとは、生まれながらに蔵書そのもの、あるいは蔵書蒐集の手だてをえなければならぬし、彼の立場職務上、旅先ではしばしば図書館を訪れざるをえないからである。[16] かかることが明らかであるのと同じく、次のことも確かなことである。すなわち、書誌に対する見識が欠如しておれば、時として人格を軽視され、また嘲笑の犠えともされるのである。たとえ平時は、生まれ、地位、道徳的な性格、いや、まずその他の知識によって大方の尊敬をえている人物にあっても、そのようなことになる。実例を挙げよう。あるフランスの廷臣は、セネカがアンリ四世の時代に生きていたと思っていた。なぜなら彼はこの哲学者の訳本に、「アンリ四世陛下に捧ぐ」の添書を見たからである。あるイギリスの貴族は、金牛(Bull は英語で雄牛)(die Goldene Bulle（金印勅書）の読み誤りを言う）を見るためにフランクフルトに旅した。ある説教師は、カプツィン派大全からヴァレリウスマクシームス作なる『非カトリックおよびカトリック信仰箇条について』を作り出した。ある司書は、『ミシスドミニキスあるいは使節について』の論文を儀典家の項目に入れてしまった。なぜなら彼はそれが日曜礼拝に関わるものだと思ったからであった。こうした話はほかにも多々あり、リーリエンタール、ヴィニョル＝マルヴィル、ライムマン、シェルホルンその他のひとびとがあれこれと集めているが、それらはすべてこうした悲しむべき経験不足を証明しているのである。

ところで、こうした実話が書誌学の必要性を語る一方、他方ではそれを遙かにしのぐ魅力ある話もある。私はそれを語らないではいられない。すなわち、よりすぐれた精神の持ち主は必ず確固とした書籍愛好心によって際立っているということである。ホメーロスの作品はアレクサンダー大王の戦友であった。それは夜分にあっては世界征服者の枕頭にあり、この作品のみが、敵将のもつ幾多の宝のうちに見出される宝の金の小箱に相当するものと見られたのである。同じようにカルタゴの征圧者はクセーノフォンなくしては眠りにつけなかった。ユリアーヌスは、すぐれた精神をもっていたことを否定しえぬひとであるが、「ひとびとは馬を、あるいは鳥を、あるいは野獣を好む。だが余は幼少の頃より、書物をもちたいという欲望が異常に育つばかりである」と打ち明けている。

印刷機はグーテンベルク時代から、ほとんど変化していなかった。ただ、軸のような二、三の部分が木に代って金属で作られるようになったため、いくらか大きさを小さくすることはできた。そして一七七二年には、スイスの活字鋳造者フリードリヒ ヴィルヘルム ハースは、ほとんどが鉄製の印刷機を作った。これに次いで一八〇〇年に、ロード スタンホープがすべて鉄を用いたものを作った。スタンホープ印刷機は今日もなお、印刷所にあっては手引き印刷機として見られるものである。

一八世紀での書籍印刷に対する愛好ぶりは、二、三の王宮で気散じの役にたったほどであった。ヴェルサイユでは、ルイ一五世王妃マリーア レツィンスカが書籍印刷機によって悩みを晴らした。ポンパドゥール夫人も印刷機が操作でき、可愛い刷り物を作っている。同じくヴェルサイユで、フランス皇太子の二度目の妃であったマリーア ヨゼーファ フォン ザクセンが印刷をしていた。この宮殿の中の印刷所は、ルイ一五世によって、「王室印刷所 Imprimerie du Cabinet du Roi」として生みだされたものであった。ジュネーヴでは、才智ある女流作家デピネ夫人が印刷所を設立していた。イギリスでは、一七八一年頃、ジョージ三世がロンドンの宮殿で印刷をしており、一八一〇年頃には、ウィンザーに専用の印刷工房を設けた。ヴィーンでは皇帝ヨーゼフ二世が皇太子であったときに、私家版印刷所を設立させている。トラトナー印刷所の支配人の一人が施工を指導した。ヴィーン宮殿での書籍印刷機操作の進講の様子は、木版画にされている。この絵はほほえましい。若い皇太子は絹とビロードの服を着て立っており、傍らの印刷機が、きらびやかな宮殿の広間とじつに奇妙な対照をなしているのである。実際に貴重な作品を生み出した印刷所は、フリードリヒ大王がベルリーンの居城に設置させたものであった。大王は当初ラインスベルク城の塔屋を予定していたもので、宮廷印刷所の印刷物は「城の塔にて Au donjon du château」の標語を記載している。一七五二年、ここで王の作品が一版わずか二四部で印刷されている。

一八世紀の書物について語り、あるいは一八世紀の書物を蒐集する人は、多くは活版技術（タイポグラフィー）よりも装画を考えている。特にフランスの刊行本は、その繊細な銅版画によって傑出している。芸術家たちは、本の中に出現するみやび（ガラント）な状景を同じくみやびな銅版画で再現することを心得ていたのである。一八世紀フランスの銅版画本はヨーロッパ全国で模倣されたが、どの国の本も、内容が異なるため、まったく別種な相貌をとることになった。フランスの書物では、宮廷の世界や貴族社会が前景に出ているのに較べ、同じ時代のドイツの書物は、市民的な環境を優先するのである。書物愛好（ビブリオフィール）というのは、社会の上品な流儀にかなっていたし、ましてもともとは文章よりも絵に関心が向けられていた。したがって、多くの本は一人ではなしに、数人の高名な芸術家によって装画されているのである。こうして一連の插絵本が現われた。たとえば文章のない「版画叢書 Suite d'Estampes」であり、あるいはあとからこうした銅版画絵本に文章を書き加えさせたものでは、たとえば、ジャン　モローの『服飾と風俗の記念碑 *Monument du costume physique et moral*』にレティフ　ド　ラ　ブルトンヌが文を入れている。デュクロは彼の魅力的な小説『マホガニーとジルフィル *Acajou et Zirphile*』を、ブウシェがテシーン伯のために制作した銅版画に合わせて書いたのである。

このように愛好の度を増して行ったフランスの銅版画本の需要は、数多くの傑出した画家や銅版画家を登場させることになった。その名を挙げれば、ベルナール　ピカールが一七三四年にフェヌロンの『テレマック』の挿絵を描いているし、同年には、モリエールの六巻本にフランソワ　ブウシェが絵を添えている。これは高価な飾りをほどこしたフランス本がつぎつぎと華麗に現われる序幕であった。シャルル　ニコラ　コシアンが一七四三年にラフォンテーヌの寓話の挿絵をたずさえて登場する。フランソワ　グラヴロは一七五七年、ボッカチヨの『デカメロン』のために図版を制作し、その後もしばしば再版されている。この版はこのほかにも、シャルル　エーザンとフランソワ　ブウシェの銅版画を収めていた。エーザンはドラの諸作品も飾っており、今日では一八世紀最上の美本に数えられている。ジャン　ミシェル　モローは一七八四年、ヴォルテールの著作のために絵を描いた。それより前、彼は一七七三年のモリエールのための装画で著名になっていた。一八世紀フランスの書籍美術は、諸外国のたいていは手仕事というだけの版画家の業績に対して塔のようにそびえ立っている。それはヨーロッパの書籍グラフィックの模範となり、多くの外国の挿絵画家がパリーの版画学校で育て上げられているのである。

多数のドイツの挿絵画家の中から、ここではもっとも重要で多面的であったものを一人だけ挙げることにしよう。ダニエル　コドヴィエツキである。彼はドイツ古典派のほとんどすべての重要な作品に絵をほどこした。それに一八世紀の多くの文芸年鑑（アルマナック）には、ドイツの文学作品のもろもろに添える絵物語が見られる。それらの数は千点を超え、一八世紀ドイツ市民生活を忠実に写し出している。調度、服装、風習などが驚くべき観察力と表現の才をもってとらえられているのである。コドヴィエツキがきわめて小さな図版ながらも伝えるべきところはわきまえているのには讃嘆させられる。一七七〇年、レッシングの『ミンナ　フォン　バルンヘルム』は彼の挿絵を載せて出版された。

コシァンの銅版画
ルクレティウス『物の本質について』より
アムステルダム（パリー）1754

一八世紀になって初めて、著者たちは本の収益によって生活し始めた。今や出版人は、原稿に対して合意に基づく金額を支払ったのである。これが著者印税の始まりとなった。「印税 Honorar; 仏 honoraire」は本来「敬意を表する贈物」を意味する。これは著者が自分の仕事に対して金をうけ取るのにまだ抵抗があった頃の産物である。一五、六世紀の慣例では、著書を影響力の大きい人物に献呈すると、そのひとが著者にその返礼の贈物をしなければならなかった。マルティン ルターは一六世紀最高の多産な著述家であったが、一度として「ホノラール」を要求しなかったし、またうけ取りもしなかった。彼は印刷された言葉によって同時代に働きかけようとしたのであって、それの報酬をうけることなどは不当に思っていたのであろう。彼の同時代人であるチューリヒのコンラート ゲスナーはそれと逆で、本を書くことだけが家計の支えであり、家を建てることもできるのだ、と強調した手紙を遺している。初期の印刷出版人は学者を使って原典を改訂したり編集させたりしなければならなかった。こうした学者には定期的に一定額が支払われている。また、ラシーヌのような詩人が老年になって没年まで王侯から年金をもらっていたという事実も残っている。

一八世紀になると、著者が作品に対して出版者から支払をうけるのは当り前のことになった。ヨハン カスパール ラーヴァーターは、『観相学断片 *Physiognomische Fragmente*』全四巻で二万三千グルデン〔銀貨単位〕をえたし、ズルツァーは『美学 *Theorie der schönen Künste*』で一五〇〇ターラーの印税を支払われた。非常によく知られているのはゲーテの印税である。彼の著書は一八一五年以降、年額三〇〇〇ターラーをもたらしているのである。晩年のゲーテは、二〇もの出版社から全集印刷の契約申

** トイベル『活版印刷ハンドブック』（1805　第2版）の挿絵（出版年号は印刷機に入っている）。両手のバレンでインクづけをしている。植字工は女性

* ゲスナー『書籍印刷に精通した徒弟』（ライプツィヒ　1743）に記載された各種見本。460ページあまりの本文に続き，112ページの徒弟終了劇の台本がついている

し込みをうけた。ハノーファーのハーン書店は一五万ターラーを条件にしたが、ゲーテは古いつき合いのコッタに節を立てた。一版四万部で、コッタは一二万ターラーを支払うことにさせられた。ゲーテは自分の作品の価値を知っており、前人の及びもつかなかったことだが、自分の方から請求することを心得ていたのであった。出版人フィーヴェークと『ヘルマンとドロテーア』に関して交わした書翰は事を明白にしてくれる。詩人は出版人にこの詩作品を提供し、手紙に封印をした紙片を添えていた。これに請求書が納められていたのである。出版人が請求額以上を供与するのであれば、請求額だけを支払うことでよろしい。だがそれを下廻れば、作品は彼の手から落ちる、というのであった。フィーヴェークは数千ターラーにのぼる並ならぬ高額を申し出たが、それが正しくゲーテの請求と一致したのである。このようにして『ヘルマンとドロテーア』は一七九八年、フィーヴェークのポケット本の一つとして初版を迎えたのであった。この金額がどれほどの高額であったかは、ゲーテがベルリーンのミューリウスから『シュテラ』(一七七六)の分として僅か二〇ターラーをえていたことを知れば、推し測れようというものである。

われわれが一八世紀の宮廷図書館を見学するとき、まずはその行き届いた装幀に目を奪われる。小型判の書物はすべて皮装で、背とヒラの飾りは金箔入りになっている。天然皮革の穏やかな色合いに加えて、着色皮革でくるんだものがある。特に愛好されたのは、赤色モロッコ革で、モロッコ産山羊革を赤く着色したものである。あらゆる色と繊細な金の飾りは、見るものの心を和ませる調和をかもし出す。

そしてわれわれは、こうした本の宝の持ち主が懐いた歓びを容易に想像することができるのである。一八世紀には、製本術がフランスで極みに達した。当時の高級な衣裳に好まれたレース編みが、本の表紙飾りの原型となっていた。そしてしばしば、小型の美しい手装本にレース模様をかけたものがある。パリーで特に指導的位置にあった製本業者は二軒あった。一二軒の同業を加えたパドゥルー家と一八軒の仲間をかかえたドゥローム家である。第二代パドゥルーはルイ一五世の王室製本師であったが、彼の手になるものでは、レース模様装幀（「ダンテル様式 à la dentelle」）のほかに皮製モザイク装幀がある。パドゥルーはポンパドゥール夫人の本を装幀した人でもあった。

一八世紀の製本業者は、氏名と住所を記した小さいラベルを製本した本の表紙裏に貼る習わしをもつようになった。今日こうしたラベルで製本者の名前を知って、じつに嬉しい思いをすることがしばしばある。

コドヴィエツキの描いた大きい銅版画で、偽版を攻撃するものが一七八一年にある（二三二ページ図版参照）。そこには一人の華美に着飾った出版人が見られ、もう一人の出版人を身ぐるみはいでいる。出版人の仲間はほくそ笑みながら獲物を分ける。哀れな本屋たちがあわてて逃げ出し、床には正義の女神ユスティーティアが伏して泣いている。この絵の下には、「ベルリーン市C・F・ヒンブルクのもとで見らる」とある。ヒンブルクは、ヴィーンのトラトナーやカールスルーエのシュミーダー、マクロートと並んで、ドイツ古典主義時代の極悪偽版出版者の一人であった。[17] コドヴィエツキはこの男に対して、その名を記した交戦状をもって罰を与えようとしたものと見てよいであろう。ヒンブルクは、成功を収めるような作品に対する勘がよかった。印税は一文とて支払わなかったので、彼は出版物を豪華に仕立てることができた。一七七五年から七六年にかけてと、一七七七年と一七七九年に、彼は非合法なゲーテ全集を出版している。それはとにもかくにもゲーテの著作の最初の全集であった。彼は第三版にはようやく詩人に向けて数部の献本をして、ベルリーン陶器数個で謝金を払ったのである。ゲーテはこの仕打ちと品物に激怒して、一篇の詩で報復をした。それは次のようなものである。

焼き物がなんだ、こんな砂糖菓子は捨てろ
ヒンブルクがために　わしは死滅だ

書物の偽版はインキュナビュラ時代にすでにあった。初期印刷人のうちでは、自分のところの本をいとも忠実に写しとられて破産したものがいた。偽版製作者たちは時として、原版印刷者の奥付けまでも盗んでいるので、インキュナビュラ研究者が時折り泥舟に乗せられたことがある。宗教改革時代は偽版の花盛りであった。ルターの著書のいくつかは、出版後数ヶ月で盗み刷られ、ルターはなんどもこうした盗賊行為に立ち向かっている。

彼が一五二五年九月二六日、ヴィテンベルクからニュルンベルク市参事会に書いた手紙は、彼がいかに力をこめてヴィテンベルクの彼の印刷人を擁護したかを示すものである。彼は、ニュルンベルク市参事会に、原稿がヴィテンベルクで印刷中に盗まれて、ニュルンベルクで印刷物になって出ていると訴える。複本は七ないし八週間待ってもらえまいか、という彼の希望は、今日にしてみれば小さきに過ぎる。彼は、ニュルンベルクの印刷人が なおも ヴィテンベルクの印刷人に被害を与えるならばニュルンベルク市を公に弾劾すると、市当局に迫る。この書状は一六世紀の印刷人の悩みの核心をわれわれにまざまざと教えてくれるのである。それゆえ言葉通りに示しておくことが肝心であろう。

賞讃さるべきニュルンベルク市の尊敬さるべく賢明なる市長殿および市参事会各位、好意ある親愛な紳士諸氏。

キリストの恩寵と平和を。尊敬さるべき賢明聡明な親愛なる皆さん。私は以下貴賢に遺憾の念を表明するものであります。当地における私の印刷人は、印刷中であった日曜祭日聖福音説教集の数章を知らぬ間に持ちだされ盗まれ、それはおそらく本書の大半でありましょうが、賞讃さるべき貴市にもたらされ、直ちに複製売却されましたため、当方にて完成を見る以前のこととて、かかる寸断された書物により当方は甚大な損害を蒙った次第でありあます。この不完全な聖福音書はこのままに置くがよろしく、さらに残余をうるべく機会をねらい、また以前にも行なわれたがように瞬時に複製を行なう便宜をはかられるならば、当方はまったく破滅いたすこと必定であります。ラインの彼岸の諸都市はかようなことをいたさず、たとえ行なうにしても当方には損害を与えぬでありましょう。彼地の出版物は流入して来ず、また貴市におかれては住民の利益を図り放逐するからであります。さて、私どもは事態を静観してまいりましたものの耐え難きに至りました。かかる不祥事の原因の一つには、私が予言者方を攻撃の的にはする気がもてず、その品位をおとしめるものを作らぬためでありますが、それによって貪欲と悪意とが神の書の理解を妨げなおざりにすることは必定であります。賞賛さるべき貴市の市民は、まさに無情な隣人であり、己が罪を棚に上げて、近くにおりながら他人のことは意に介せず、むしろ他人に損をかけて乾杯をする類と申せましょう。かようなわけで、また惨め至極なのは私の立場であります。すなわち私はかような仕事は真につらく思いはしても、キリスト教のために欣然と行ない、名前のことはともかく、利するところはなく、むしろ一冊の本を出すに三重四重の仕事が課せられはしても、利のために行なう必要はございません。また多くの儲けをえて、私ゆえに印刷人諸氏が非難を浴びたり堕落したりしてはいけぬのです。あなた方は立派なことをしてこられました。それにつけ加えて企て行なうことはなにもありません。必要のないことを盗みによって成しとげられたのです。街道あるいは家にいて盗賊におそわれたのとは別と申せましょうか。私たち貧者はそれを忍ばざるをえず、しかも追い立てられているのであります。ところで、私はかようなことがもとで沈黙を守ることになろうとも、それに甘んじもいたしましょう。しかし、心にかかることがあって口を開くに至りました。つまり、聖書はかような悪魔の奸計にかかって道を妨げられ、そのうえ、私の文書が総じて手を加えられ損なわれて他所で印刷されているからであります。それゆえ、私は以下の件を親しくお願いする次第であります。貴下におかれては、なにとぞこの件にてもキリスト教徒にふさわしい勤めを遂行され、ご当地の印刷人を監督なさり、かような重要な書物にあっては私どもにさほど損失を与えぬよう、時をおいて複製し世に出すようお計らい下さること。ご当地印刷人がさほど待てぬ場合には、七、八週は待ち、私どもの書物も糧をえ、複製本によりさほど損害を蒙らぬようお取り計らいいただきたく願います。この処置の効果なき場合には、公開状をもってかような盗賊窃盗行為に警告を発せざるをえませんが、賞讃さるべき貴市を名ざすことはすすんでいたさぬつもりでおります。しかし彼らは、自分たちも食うていかねばならぬと言うやも知れません。然り、他人に損をさせぬ限り、しかも彼らが他人に期待しているように、他人のものを奪い盗まぬ限り、であります。コーブルガー一族〔コーベルガー、ニュルンベルクの大書籍商〕は、多くの書物を棚ざらしにかかえ込んでいることはよく承知いたしております。他の印刷人とてそれ以上の数をかかえ込んでいるのです。だからといって、私どもに何ができるでしょうか。彼らがそれがゆえに私どもに報復をしてよいものでありましょうか。私どもは本を出して彼らに損失を与えるつもりではなく、神が命じ給うて私どもの本は売れ広まっているのであり、他の商業では多々ある事柄であります。貴下におかれては、やむなき本状をご理解下さり、昨今の悪意ある印刷人の出現までは保たれておりましたキリスト教徒の愛と誠にふさわしい行ないを遂行され、かかる新種の悪意とキリスト教徒にあるまじき企てを許されざることを願うものであります。私にはかよう申し上げるだけの立場が与えられております。主にゆだねつつ、アーメン。

ヴィテンベルクにて　一五二五年マタイ祭後の火曜日

マルティーヌス　ルター

一五一一年皇帝マクシミリアンによって発布された保護状は、なんらも決定的な成果は見なかった。「精神財所有権」という概念は当時まだ未知のものであったので、複版製作者たちは道義にはずれた行為を犯しているという気持ちはなかったのである。

一六、七世紀の多くの書物は君主の特許を掲げており、君主は国内での複製を禁止したのである。同時に国内での複製本の販売が禁止されていた。これらの特許は印刷出版人の多面にわたる仕事についても数々の言明をしているので、ここではジグムント　ファイアーアーベントに対してプファルツ伯ルートヴィヒが交付した特許を、一五八三年出版のルター聖書から転記してみよう。

余、神の恩寵によるルートヴィヒ、ラインなるプファルツ伯、神聖ローマ帝国大膳頭にして選帝侯、バイエルン王、以下略、は、余が上下廷臣、城守、司教職、裁判官、町長、地方書記、税関書記、蔵番、市長、市参事、市民、村民、聖俗臣民、余がプファルツ伯選帝侯領領民ならびに親縁者のすべてにあまねく挨拶を送り、ここに以下を告知する。フランクフォルト　アム　マイン市民書籍商、義兄弟ジグムントおよびヨハン　ファイアーアーベント両名は、臣民として下記の企画あることを届出上申していた。すなわち、さるほど故マルティン ルター博士が独訳し、死去直前改訂なしたる聖書全巻を、新たに真正なる学識経験豊かな神学者一名の助力加勢をえて、先の故マルティン ルターに成る真正歪曲せざる翻訳を再度考閲し、直ちに理解しえ、また有益な大意にて解説し印刷いたしたいとの旨を別紙の願書により願い出たものであるにつき、余は汝らに特別な慈悲を示し、寛大に以下の特許を通達するものである。すなわち、指示の期間、本聖書は余が領国諸国にてなんぴとたりとも覆刻するべからず。また覆刻の生じた場合には売買を禁ずる。

次に、余はかかる好ましいキリスト教の著作を世のために振興することは本意にて喜ばしく思い、汝らの願いを至当とし、上記特許を通達することを特に計らうものである。また同書を本状により、本状発行日より六年間余が領国諸国にてなんぴとにも、上記聖書を中判ないし他の体裁にても、図版の有無にかかわらず、覆刻を許可せぬものとする。また本国および他国にて覆刻されることある場合も、余が領国諸国にて、公け秘密を問わず、売買取引きを禁ずる。この禁を犯した場合には、冊子没収の上百グルデンの罰金。半金は冊子とともに余に、残る半金は前記二名の書籍商に帰するものとする。よって汝らすべてに、以下を旨とすべく特に命ずる。すなわち、いかなる部局の管轄下、また余が領国統治下のいずこにおいても、前記聖書を印刷することおよび、領国または他国にて印刷されたる場合の売買は、本二通の特許許可状をもって禁止されるのみならず、上述二名の書籍商あるいはその委任者の訴えによって、違反者に対する前述の刑罰は遅延なくとり行なわれるものである。かかるすべては余が意志と確固たる信念に基づく。特許状は余の印形を押し封印する。上記下附、ハイデルベルク、一五八三年九月二日月曜日

ルートヴィヒ選帝侯

一八世紀にあっては、ドイツの小国分立は盗版に便宜を与えた。国王から宣下された特許は僅かに自

国でしか通用しなかったからである。小国合併が初めて実効ある変化をもたらしえた。一八三五年、ドイツ連邦〔一八一五—一八六六〕は複製禁止制定の成果を挙げたのである。

一八世紀後半をとかく「複製(盗版)時代」と呼ぶのは、当時ほとんどすべての重要な新刊書がすぐさま複製されたからである。一七六九年、ヴァイトマン後継社でヴィーラントの『ムザーリオン』が刊行された。この本には高級オランダ紙使用の旨が誇りをもって記されていた。この直後出た盗版の一つは、紙質が悪いにもかかわらず、ヴァイトマン版初版本にある高級オランダ紙使用の記載をそのままのせていたのである。

盗版は出版人から、本を出し、よい装幀をし、また著者に相当の印税を支払う気力を奪ってしまった。そのため一八世紀の多くの詩人は非常な危機に陥った。この時代の数多くの書物には、複製禁止がうたわれている。一七七四年、基本的な論文『純法律原則にてらした書籍複製』が、ゲッティンゲン大学の国内法教授ヨハン シュテファン ピュッター(18)によって公表された、

この著述の中でピュッターは、偽版をきわめて多角的な視点から検討する。彼が明快に証明しようとするところは、偽版の購入者が結局欺かれているということである。すなわち、

複版製作者がその商品を合法的な出版人よりも廉価に供給しうるということまでは間違いないところである。だがそうして見れば、窃盗者とその故買者も、合法的な商人に較べ、いかなる盗品をも廉価に提供しうるのである。したがって、単に廉価という点でのみ複製を正当化するか、好意的な目で見ようとするならば、まったく同じ理由をもって、故買者と窃盗者を公益にかなうと見なすに十分となろう。

だが一方において容易でないのは、複版製作者と合法的出版人の価格の差であろう。後者はより大きな出費、すなわち、印税、より上質な紙、より綺麗な印刷、そしてより正確な校正を負わされているのである。それに対して、購入者も遙かに粗悪な商品を入手すればそれなりに比較して高い値段を支払わざるをえないことになる。じつに、複版製作者が依然として偽版に対する購入者をえようとばかり望むならば、偽版そのものが原版よりも高価に売り出されるという例がないわけではない。よって公衆はまったく予期せずほとんど信じ難い具合に欺かれるのである。

出版社や出版販売店が恒常的に増加し、偽版が咲き乱れるようになると、書籍販売自体の組織化が必要になった。この準備に着手したのは、ライプツィヒの書籍商エラスムス ライヒであった。彼は一七六五年五月一〇日、ライプツィヒで書籍業組合を設立しえたのである。この組合は偽版追放を使命としていた。同じ目標を遂行したのが、一七七三年に公表されたザクセンの書籍販売に関する訓令である。これは複製本の販売を禁止し、偽版製作者は合法的な出版人に与えた損失を力に訴えても徴収されると威嚇するものであった。

書物や版画を所有したいという欲望はますます大きくなってきたので、一層多くの書物や版画をこれまでより早く廉価に印刷しうるための改良が必要になった。木版は書籍装画にとっては理想的な技法の一つであった。活字と同時に印刷できたためである。しかし板目彫は、磨滅が激しいので、少部数しか作ることができなかった。それに一八世紀のひとびとは、趣味が洗練され、木版画を却けるようになった。今日でも、どこか粗野なところがあるのを暗示しようと思うときに、「木版画のようだ」と言うわけで

＊　18世紀初頭のレース模様装幀（フランス）
赤色モロッコ皮使用。中身は17世紀中葉の銅版による祈禱書

＊　18世紀初頭の印刷工房
ネパーシュミート『賞讃しつくしえぬ書籍印刷術振興のために』（メミンゲン　1709）木版画はアブラハム　フォン　ヴェールト作

ある。一七七五年頃行なわれた木版は、板目には彫りつけず、刃鑿で木口（こぐち）を刺すように彫っている。「木口板」とは木繊維に垂直に切り取った板である。この板は、そぎ取れる心配のある板目板に較べ、遙かに細かく彫り刻むことができる。イギリスでこの技法を芸術的な高みにまでもたらしたのは、トマス ビューイクであって、この技法を用いて何冊かの動物譜の挿絵を作った。一七九〇年には、彼が図版を作った四足獣の著作が、一七九七年から一八〇四年にかけては、鳥類の博物誌がやはり彼の木版を載せて出版されている。一九世紀になると、木版はすでに描かれている原図をステロ版に仕上げるのに役立つ。一九世紀の絵入り新聞や数多くの図鑑はこうしたものに満ちている。そしてわれわれはこうした無名の木版師（クシログラファー）〔希クシロン「木」〕の功績に目を見張らざるをえない。原図を複写する場合、「ファクシミル〔模写〕彫り」という〔羅ファク シミレ「似せて作れ」〕。

著作の植物の正確な図版を添えたいという願望から生みだされたのは、エーアフルトの開業医ヒエロニュムス クニプホーフによる天然押型印刷の発明である。彼は押花や押葉で印刷する技法を考案した。押葉を印刷インクを浸ませた布か革の上に置き、軽く押して着色してから、湿した紙に転写したのである。この方法によって、じつに細かな葉脈でさえもそのまま複写することができるようになった。黒色インクによる転写はあとでたいていは手彩色が施こされた。クニプホーフの『原型植物学 *Botanica in Originali*』は一七三三年以降、何巻にもわたり数百の彩色図版を納めて刊行された。

クニプホーフの技法は一九世紀になって、ヴィーンのオーストリア帝国国立印刷所所長Ａ・アウアーによって再度取上げられ、完全なものとされた。彼は乾燥した植物を軟らかな鉛板に押しつけ、それをもとに電解法によって銅版を作り、それをステロ版として用いた。アウアーの発行した雑誌「ファウスト」には、こうした天然押型印刷の試作がでている。彼は植物のほかにも、蝶、宝石、手編みレースなどを複写してみせている。

一八世紀中葉のマインツでは、極少部数の祈禱式典書の製作法が進められた。「型紙印刷 Schablonen-druck」である。この異変について記述している往時の書物には「板金書き法」が語られている。こうした書物は手写本と印刷本の中間を占めている。おしなべて非常に大きな体裁で、素材は品位のある羊皮紙である。文字と楽譜は銅の薄板を打ち抜いて、この上からインクを刷毛塗りして羊皮紙に写しとったのである。文字は、輸送用木箱に見られる型紙文字のような形をしている。型紙はすべてずれぬように枠板で固定されたもののようである。これらの型紙印刷本は彩色飾り文字や装飾模様が入っており、同じく型紙どりしたものである。この方法は、近年になっても時に食器戸棚や衣裳櫃に模様をつけるのに用いられていた。

初期印刷時代では、紙は皮紙より廉価ではあったが、新規に生まれてきた製紙工場の競合が値段を押えるまでは、まだまだ高価であった。当時の手抄き紙は木材を添加しないボロ布だけで作っていたからである。そのためこの種の紙はほとんど限りなく持ちこたえもし、美しい変らぬ白さを保持しているのである。

紙の製造に不可欠なボロの調達は固有の職業、すなわちボロ採集業を必要とした。製紙工場のあった

紙 の 製 造

(上)ボロの選別　　　(下)裁断と溶解

下図の下にはフィート縮尺が示されている

土地の王侯は、この業務に特別な認可を与えていた。ボロを集め売るのは、だれにでも許されたわけではなかった。こうした特許状の多くが残っているが、ここでは一七六五年に発行された一つを例として挙げてみよう。

神の恩寵により、余、カール テオドールはラインなるプファルツ伯、神聖ローマ帝国国庫頭にして選帝侯、バイエルン国王、以下略、である。

親愛なる臣下よ、汝らは、余が一七六三年一〇月一一日付けをもって、ボロ採集調達の密商予防に対し、余が王権および特別な計らいをもって認可したるボロ採集業マルティン クラポルがために布令したところのことを失念していることはあるまい。すなわち、いかなる関税所に至ったボロ積載の運送人あるいは採集業者も、検査官により査証をうけ、ボロの出荷地および到着地を申告せねばならない。さらに、運送人あるいは採集者が捺印された証明書を提示できず、また担保納入により当該のボロを公認業者クラポルに引き渡し帰途かかる捺印ある証明書を帯行することを誓約することなき場合は、かかるボロは、クラポルまたはその代理人が届出を行ない、爾後の指示がなされるまでとどめ置かれるものとする旨の規定である。一方クラポルに対して命じられたところは、同人が、余により他にボロ採集を特許されたもの、あるいはさらに許可される予定であったものに、あらゆる密商予防のためにボロ採集者証明書を交付し、これによって被交付者が遅滞なく通行しうるようにすることである。したがって、汝らは上記を厳に思い起し、また関税検査官においてはその旨を厳正に指導せねばならない。よって国外に向け搬出されるべきボロは、特許公認状所有者クラポルの証明書のなき場合、一〇グルデンの保証金をもってとどめ置かれるものとする。

デュッセルドルフ、一七六五年三月一二日、選帝侯殿下が特に下された命令により

記フォン ゴールシュタイン伯爵

印刷および文書のための紙の需要はますます高まって行った。それゆえ、割安な原料の必要性は倍加したのであった。この時にあって、フランスの物理学者レオミュールがある重要な観察に成功した。彼は、すずめ蜂が紙に似た物質で巣を作っていることを確証し、この物質が細かに噛みくだかれ、蜂の唾液によって接合された木繊細であることを知ったのである。こうして製紙法の新しい進路を示す各種の論文や著述が公表されるようになった。一七六五年から一七七一年にかけて、レーゲンスブルクの牧師ヤーコプ クリスティアン シェファーは、六巻本の『まったくボロを用いぬか僅かにボロを添加して紙を作る試みおよび代表例』を出版した。

彼の試論の序文で、シェファーは特に次のように書いている。

今日においては紙の使用が不可欠となり、いかなるところ、いかなる時にも紙が十分たくわえられていて、とにかく紙不足がいたるところで明白になるようなことは常々全力を尽して避け打開するようにすることが、経済および国家に課せられること急を告げつつある。すなわち、紙はヨーロッパにおいては疑いなく一二世紀以来用いられているが、僅かに古い使いふるされ不要となったリンネル製品、これをクズとかボロと称するが、こうしたものからのみ作られていることは周知である。

そしてまさにこのようなボロの欠乏、広汎な不足が、今日に至るまで長年の間、至るところで嘆かれているのである。かかる一般的な紙の欠乏、そしてここから国家、国家収益、学問および商業にとって生じる少なからざる損失損害は、私をして数年前次のことを思い出さしめた。つまり、ゼバ、レオミュール、ゲタール、グレーディチ等々の多くの学者が紙に関して考えをこらし、それぞれの提言をなしていた、ということであった。彼らが信じており、当然にも記述しているところは、紙を作るには、なにもボロやリンネル製品ばかりが必要ではなく、他の多くの素材でも、これまで普通に用いられていたボロと同じく巧みに良い紙が作られないわけはないということである。

シェファーは著書に彼が製造した紙の見本を添えた。原料としては、木材、藁、苔、ホップの蔓、葡萄の木、いらくさ、泥炭、あざみ、屋根板その他を用いていた。この試みを実用化するまでには、なお七〇年を要した。一八四三年に初めて、ザクセンの織物工フリードリヒ ゴットロープ ケラーが石臼で木材を機械的にすりつぶす工法を発明しえたのである。彼の特許申請書の中で、彼は「ある種の木材を水を加えながら石臼でひくことによって、かゆ状の塊に変えること」について語っている。

これまでに獲得した知識の全体を概観的に総合しようという望みが、一八世紀において大百科全書や事典の成立をうながした。すでに一七〇四年には、ヨハン ヒューブナーの『国家・新聞・談話実用事典 *Reales Staats- Zeitungs und Conversations-Lexicon*』(19)が出版されていた。印刷人ハインリヒ ツェードラーは、一七三二年から一七五〇年にかけて、六四巻からなる『全学術芸術の完全大綜合事典 *Grosses vollständiges Universal-Lexicon aller Wissenschafften und Künste*』(20)を刊行した。この事典は他のあらゆる書物を不要なものにしてしまおうとしたことが、予告に読みとれる。印刷経費が不足したことがあったが、ツェードラーは富籤を発行することによって、一万ターラーばかりの収益をえた。

この時代には一方では、それまでに刊行された全書籍の表題を集成する企てもいくつかあった。一七四二年、ライプツィヒの出版人テオフィル ゲオルギが『綜合ヨーロッパ著作事典 *Allgemeines euro-*

Grosses vollständiges
UNIVERSAL LEXICON
Aller Wissenschafften und Künste,
Welche bißhero durch menschlichen Verstand und Witz
erfunden und verbessert worden,
Darinnen so wohl die Geographisch-Politische
Beschreibung des Erd-Creyses, nach allen Monarchien,
Käyserthümern, Königreichen, Fürstenthümern, Republiquen, freyen Herrschafften, Ländern, Städten, See-Häfen, Vestungen, Schlössern, Flecken, Aemtern, Klöstern, Gebürgen, Pässen, Wäldern, Meeren, Seen, Inseln, Flüssen, und Canälen; samt der natürlichen Abhandlung von dem Reich der Natur, nach allen himmlischen, lufftigen, feurigen, wässerigen und irrdischen Cörpern, und allen hierinnen befindlichen Gestirnen, Planeten, Thieren, Pflantzen, Metallen, Mineralien, Saltzen und Steinen rc.
Als auch eine ausführliche Historisch-Genealogische Nachricht von den Durchlauchten und berühmtesten Geschlechtern in der Welt,
Den Leben und Thaten der Käyser, Könige, Churfürsten und Fürsten, grosser Helden, Staats-Minister, Kriegs-Obersten zu Wasser und zu Lande, den vornehmsten geist- und weltlichen Ritter-Orden rc.
Ingleichen von allen Staats- Kriegs- Rechts- Policey- und Haußhaltungs-Geschäfften des Adelichen und bürgerlichen Standes, der Kauffmannschafft, Handthierungen, Künste und Gewerbe, ihren Innungen, Zünfften und Gebräuchen, Schiffahrten, Jagden, Fischereyen, Berg- Wein- Acker- Bau und Viehzucht rc.
Wie nicht weniger die völlige Vorstellung aller in den Kirchen-Geschichten berühmten Alt-Väter, Propheten, Apostel, Päbste, Cardinäle, Bischöffe, Prälaten und Gottes-Gelehrten, wie auch Concilien, Synoden, Orden, Wallfahrten, Verfolgungen der Kirchen, Märtyrer, Heiligen, Sectirer und Ketzer aller Zeiten und Länder,
Endlich auch ein vollkommener Inbegriff der allergelehrtesten Männer, berühmter Universitäten, Academien, Societäten und der von ihnen gemachten Entdeckungen, ferner der Mythologie, Alterthümer, Müntz-Wissenschafft, Philosophie, Mathematic, Theologie, Jurisprudentz und Medicin, wie auch aller freyen und mechanischen Künste, samt der Erklärung aller darinnen vorkommenden Kunst-Wörter u. s. f. enthalten ist.
Mit Hoher Potentaten allergnädigsten Privilegiis.

Anderer Band, An — Az.

Halle und Leipzig,
Verlegts Johann Heinrich Zedler,
Anno 1732.

＊　ツェードラー百科事典のおしゃべりな扉表紙

ENCYCLOPÉDIE,

OU

DICTIONNAIRE RAISONNE

DES SCIENCES,

DES ARTS ET DES MÉTIERS,

PAR UNE SOCIETÉ DE GENS DE LETTRES.

Mis en ordre & publié par M. *DIDEROT*, de l'Académie Royale des Sciences & des Belles-Lettres de Pruſſe; & quant à la PARTIE MATHÉMATIQUE, par M. *D'ALEMBERT*, de l'Académie Royale des Sciences de Paris, de celle de Pruſſe, & de la Société Royale de Londres.

Tantùm ſeries juncturaque pollet,
Tantùm de medio ſumptis accedit honoris! HORAT.

TOME PREMIER.

A PARIS,

Chez { BRIASSON, *rue Saint Jacques, à la Science.*
DAVID l'aîné, *rue Saint Jacques, à la Plume d'or.*
LE BRETON, Imprimeur ordinaire du Roy, *rue de la Harpe.*
DURAND, *rue Saint Jacques, à Saint Landry, & au Griffon.* }

M. DCC. LI.

AVEC APPROBATION ET PRIVILEGE DU ROY.

＊　ディドロ／ダランベールの百科事典の扉表紙

päisches Büchherlexikon』を、一七九三年には、ヨハン ヴィルヘルム ハインジウスが一七〇〇年に着手していた『綜合著作事典 *Allgemeines Büchherlexikon*』が発刊された。この二つの著作は、今日いずれの大規模な図書館でも、重要な参考図書となっている。『ゲオルギ』や『ハインジウス』は、専門家ならばだれでも常識である。

今日一八〇〇年以前の学者について知ろうと思えば、一七五〇—一七五一年に刊行されたクリスティアン ゴットリープ イェヒァーの『綜合学者事典 *Allgemeines Gelehrten-Lexikon*』と一八一〇—一八一九年の続刊を手にすればよい。この事典は、最近になってやっと新版(リプリント)となって覆刻された。これは本書の利用価値を物語るものであろう。ラテン語のインキュナビュラは、一七九三—一八〇三年に、ゲオルク ヴォルフガング パンツァーが一一巻に表題をまとめ、一七八八—一八〇五年にはやはりパンツァーによって、三巻本の『中古ドイツ文学年鑑 *Annalen der älteren deutschen Literatur*』が編纂された。両者とも今日なお、図書館にとって不可欠な参考資料になっている。後代のインキュナビュラ学者のすべてが、初期刊行本のどちらかと言うと外見特性に気を奪われているのに対して、パンツァーはもっぱら内容から出発していたのであった。

フランスでは、すでに一七世紀に大規模な事典が刊行されているが、一七五一年以降、ディドロとダランベールによる巨大な『百科全書 *Encyclopédie*』が三五巻にわたって出版された。数千点の銅版画を収容した一二巻の図鑑部は、生活様式のきわめて細かなところまで伝えてくれる。たとえば家具の部では、家具設計図が記載されているので、今日でも昔の戸棚を模造しようと思えばできるであろう。

携帯用あるいは廉価の聖書の普及には、今日いくつかの聖書協会が従事している。そして聖書や聖書の抜粋を大約一二〇〇ヶ国語に翻訳して世界じゅうに送り出している。こうした協会の最初のものは、一七一〇年、ハレのヒルデブラント フォン カンシュタイン男爵によって生み出され、彼の名をとって命名された。最初のうち聖書は、ハレの孤児院の印刷所で印刷されたが、一七三六年には、カンシュタイン聖書協会は独自の印刷所を開設することができた。

一八世紀の刊本のうち数点は、その内容、あるいは刊行の数奇な事情によって著名となっている。ザウアー版聖書がその一つである。これはアメリカで印刷されたヨーロッパの言語による最初の聖書なのである。プファルツ出身のクリストフ ザウアーがこのドイツ語聖書を、一七四三年ジャーマンタウンで印刷した。外見は当時の他の聖書とほとんど違いはないが、誕生の意義によって本の世界の貴重品に高められているのである。一七四九年から一八〇四年にかけて、パリーでは、ビュフォンの博物誌四四巻が刊行され、手彩色銅版画を多数掲載している。

銅版が改良されるに従って、今や手書きの魅力を余すところなく活かした書道書の刊行が可能になった。この種のものはヨーロッパの全国に現われた。スペインでは、アンドラーデが一七二二年に一冊の書道書をもって頭角を現わした。彼は一ページ大の像をただの一筆で描くという手練のほどを示しているのである。イギリスでは、ジョージ ビッカムが一七四三年『万能書家 *The Universal Penman*』を出版し、ドイツでは、ニュールンベルクの書家ミヒァエル バウレンファイントの出した一七一六年と一七三六年の刊本がもっとも著名である。

Fig. 1.
A
B
Fig. 2.
C
A
B
Fig. 3.
Fig. 4
Fig. 5.
C
Fig. 6.
A
B
Fig. 7.
B
C
B
A
A
Fig. 8.
A
A
B
C
B

＊『百科全書』の図版の１例

マノエル　アンドラーデの書道書より

（リスボン　1722）

一八世紀の一人の銅版画家の名前が、古いグラフィックの蒐集家の間では鳴り響いている。ジァンバティスタ ピラネージである。このイタリア人は数多くの組み物絵のほかに、一七五六年には四巻本のローマ古都の銅版画集を上梓した。彼の息子のフランチェスコは父親の着手した仕事を続けた。これらの銅版は今日では、ローマにあり、今でも時として参考刷りをすることがある。

一八世紀の本全体のうちもっとも知られているのは、ドイツではもちろん古典派の初版である。ドイツ文学の転廻点を意味したのは、一七七三年ヘルダーが刊行した論集『ドイツ的気質および芸術について』である。これにはゲーテのシュトラースブルクの大聖堂についての論文も再録された。シラーの『群盗』の一七八一年における刊行のされ方は、センセーショナルである。シラーはこの小冊子を自費で八〇〇部しか印刷できなかったし、カール学院の生徒の一人が無償で銅版の扉絵を作ってくれたのであった。『群盗』第二版は一七八二年マンハイムで出された。もっとも垂涎の的となる初版本には、ゲーテの作品がある。一七七三年の『ゲッツ フォン ベルリヒンゲン』と一七七四年の『ヴェールタア』は貴重本であって、今日古書カタログに出れば、それは一事件である。一七九〇年、ライプツィヒのゲッシェンは次のような表題の本を公刊した。『ファウスト、断片、ゲーテ作、正本 Faust/ein Fragment/Von Goethe/ Ächte Ausgabe』この薄い小冊子がドイツ語による初版本のうちもっとも有名で高価なものなのである。この本こそは世にゲーテのきわめてスケールの大きい文学を知らしめたのであった。

一八世紀には、今日なお営業している数々の出版社が創立された。マールブルクのエルヴェルト書店は一七二六年以来続いている。後年ここで出版されたものでは、グスタフ ケネッケの『文学図鑑』（一

Die

Räuber.

Ein Schauspiel.

Frankfurt und Leipzig.
1781.

* シラー『群盗』(初版　1781) 銅版扉表紙

八八七）と、『ドイツ方言地図』（一八八一以降）とがもっとも著名である。マインツでは音楽出版社のB・ショッツ ゼーネ〔ショットの息子たち〕が一七七〇年に設立されている。これは今日、世界の有数な音楽出版社の一つである。同じくマインツで一七九七年に、美術出版社ヨーゼフ ショルツが営業を始め、のちには多くの著名な芸術家が協力者として名を連ねた。一七八五年にはゴータで、ユストゥス ペルテス出版社が開設された。ここのゴータ『王室カレンダー』や『系譜学提要』通称『ゴータ』は常識になっている。ホフマン&カンペ社は一七八一年ハンブルクで生まれた。ここではハインリヒ ハイネの著作が出版されたし、今日では広く愛好されている旅行雑誌「メーリアン」が出ている。あのゲーテの『ヘルマンとドロテーア』を世に送ったフィーヴェーク書店は、一七八六年ブラウンシュヴァイクに設立された。したがって設立一二年にしてやっと、ゲーテとあの有名な取引きをしえたことになる。

北アメリカは一八世紀に、この国でもっとも人気のある人物の一人である書籍印刷者をもっていた。ベンジャミン フランクリンである。彼は石けん製造見習工から、指導的な政治家に出世した。彼は多面にわたる活動の傍ら、書籍印刷にはつねに特別な愛情を注いでいた。一七三〇年、彼はフィラデルフィアで、アメリカでは初めてのローマン活字の本を制作した。『神の愛と讃美の調べ』がそれである。彼が一七三二年から毎年編集発行した「貧乏リチャードの年鑑」は、一版一〇万部を数えるに至った。

フランクリンは自分の墓碑銘を用意していた。この文章は比喩のすべてを彼が心から愛していた本の世界からとっている。そこで原稿を次のページに掲載しておこう。

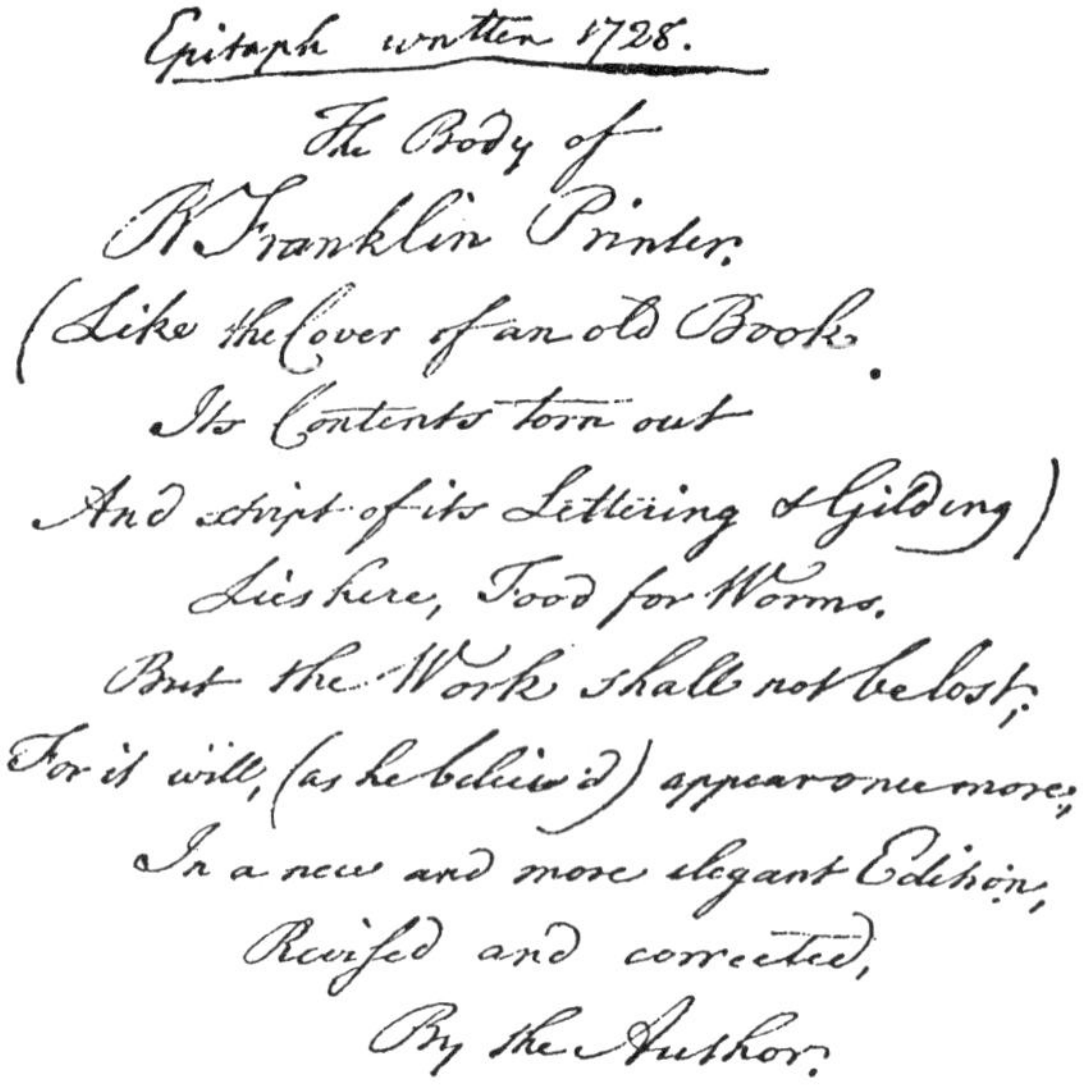

Epitaph written 1728.

The Body of
B Franklin Printer,
(Like the Cover of an old Book,
Its Contents torn out
And stript of its Lettering & Gilding)
Lies here, Food for Worms.
But the Work shall not be lost;
For it will, (as he believ'd) appear once more,
In a new and more elegant Edition,
Revised and corrected,
By the Author.

碑銘，1728年記す

印刷者 ベンジャミン フランクリンの
身体は
（古い本の表紙のように，
そのページはひきちぎられ，
題字は色褪せて）
ここに眠る。紙魚の餌となり。
だが作品は消え去るまい，
作品は，彼が信じていたように，今一度
新しい，もっと優雅な版となって，
手を入れられ，正されて
万物の著者によって出されるからだ。

一九世紀は、書籍芸術においては衰退の時代と見なされる。ではあるが、書物についての大部分の発明が一九世紀になされたことを忘れてはなるまい。すなわち、まさに高速度印刷機、多色印刷、石版印刷(リトグラフィー)、パルプ紙、トジ機等々の技術改良が頻繁に行なわれて、大量生産への道が開け、それに伴ない細部がなおざりにされるようになったのである。それに再版が無際限にできることにも大きな危険があった。しかしながら、一九世紀の傑作刊本を照合して見れば、この世紀も書籍芸術に寄与していることが明らかになるだろう。冒頭にはボドーニの不易の貢献があり、世紀の中頃にはメンツェルやその他の偉大な挿絵画家が、見るものをいつでも感嘆させる作品を作り出し、世紀末にはイギリスで、ウィリアム モリスが「ケルムスコット プレス」を創始して、初期印刷本の美しさと完璧さに劣らぬ書物を送り出しているのである。

啓蒙主義は、本を自分でもちたいと望む新しい読者層を生みだした。いつも手元において、拾い読みをしたり読みふけったりしたいというような作品があった。どの家にも小さな蔵書があった。それに加えて書物は安く、当時の言い方なら「廉価提供」にならざるをえなかった。多くの本には表題のところに「廉価版」とさえ銘うっている。しばしば版によってさまざまな用紙による刊本が出ている。詩人たちは贈呈用にできる「筆稿紙使用」の特製本を数部うけとっていた。

** ブライトコップフ作成の「愛の国」地図
（ライプツィヒ 1777）

** コドヴィエツキの偽版に対する戦い
「暗闇の作品。あるいはドイツ書籍販売史への寄与。名誉をたっとぶすべての書籍販売人の福祉と警告のために。寓意的に描く。ベルリーン，C.F.ヒンブルクの正体」（1781）

一九世紀および二〇世紀

一九世紀に書物の分野でなされた大部分の発明は、本づくりの費用を安くすることに役立つものであった。一九世紀の書物に決定的な影響を与えた発明の一つは、一八〇〇年間近かになされた。石版またはリトグラフがそれで、アーロイス ゼーネフェルダーが製法に成功した。ここで先に述べたことを今一度思い返してみよう。木版は書籍印刷と同じく凸版印刷である。すなわち、印刷が出張った部分によってなされる。銅版は凹版印刷である。銅板の凹んだ部分のインクが紙に移されるからである。一九世紀には、軟かな銅板に代って、硬い、部数の多くとれる鋼板が登場した。鋼版は、一九世紀前半に好まれた装画製作法であった。石版（あるいは、ギリシア語の「石」にあたる単語から作った「リトグラフ」）は、平版印刷である。インクのついている部分は、木版のように出張っていず、銅版のように凹んでもいない。平らな面に印刷をしない部分と一緒にある。この方法は、水をはじく油の性質に基づいている。石版印刷では、絵を油性のインクで石版石に描き写し、次いで版面を水で濡らすと、水は画線以外のところについている。ここでインクを版面につけると、水のないところだけに付着していることになる。それから石版に紙を押しつければ、絵が写し取れるのである。

** ゼーネフルダー像
1818年の石版画
手にしている本には『リトグラフィー』とある

ここでは化学的な過程が中心となるので、ゼーネフェルダーは彼の新方式を「化学印刷法」と名づけた。この油と水とが決定的な役割を果たす発明は、良好な成果を挙げえたとはなかなか思えないのだが、最初のリトグラフからしてすでに、この新方式がすぐれた印刷をなしとげていたことを示しているのである。リトグラフを用いると、画家の鉛筆の線の効果を保持することができる。それゆえ、多くのリトグラフは原画そっくりである。

アーロイス ゼーネフェルダーは、もともと楽譜をもっと簡単に印刷する方法を考え出そうとしていた。一七九七年、彼の試みが成功した。同年のうちに彼は一篇の歌曲を音譜入りで、新しい技術を用いて出版した。これはリトグラフの最初のインキュナビュラである。(一八二一年までのリトグラフは「リトグラフのインキュナビュラ」と言われる。これらはいくつかの専門書誌にまとめられている。)

石版は一九世紀でもっとも人気のある装画製作法となった。まもなくどの都会にも石版印刷者がいるようになり、非常な手ぎわをもってどのような絵も石版に写しとった。商店広告、葡萄酒のラベル、新聞雑誌の図版、本の插絵、それに警察の手配書さえも、今や石版印刷で作りだされたのである。

一八一八年、アーロイス ゼーネフェルダーは『石版印刷術の完全な学習書 *Vollständiges Lehrbuch der Steindruckerey*』を編纂した。

この本の中で彼は、さまざまな偶然がいかに発明への道となったかを、魅力ある言葉で記している。以下は彼一流の描写のほんの一例である。

母が私に洗濯カードを書いてくれと言って来たとき、私はちょうど石版石を綺麗に磨き上げ、もう一度上塗りをかけてから、裏向き書きの練習を続けようとしていたところだった。洗濯女は洗濯物を待ちうけていたが、紙は一切れも手元になかった。私の貯えは試刷りでたまたま最後の一枚まで使ってしまっていたのだ。それに普通のインクも干上っていた。新しい筆記用品をもって来てくれるものが家にはいなかったので、私は案じる暇もなく、手元にあった蠟と石けんと煤で作った石版用インクで、磨き上げた石版面に洗濯カードを書き、新しい紙がきたら写しとろうと思った。

あとになって、この石版の字を拭きとろうとしたとき、不意に考えが浮かんだ。この版面を硝酸で腐蝕したら、石の上に蠟インクで書いた字はどうなるだろう。ひょっとして文字が木版のように黒く染まって転写できはしないだろうか、というのであった。

この本でゼーネフェルダーは、リトグラフのあらゆる方法をすでに取扱い説明している。驚くべきことには、この発明間もない方法が、あらゆる細部にわたって当時すでに完成されていたのである。その効用と迅速な完成は、グーテンベルクの発明に比肩されよう。ゼーネフェルダーは、彼の『学習書』に新方式による見本の数々を載せている。その一つにシュリヒターグロル(1)に対する献呈のページがあり、黒地に白の絵と字が浮かんでいる。多色石版すら、すでにゼーネフェルダーの本に述べられている。この場合、同一の絵に何枚もの石が必要である。リトグラフは、仕上げが華やかな多彩な効果を生むことが知られた。事実その彩色印刷の出来ばえを目にすると、感嘆の念がさそわれるのである。中世写本の最初の彩色複製は、この新しい技術で作られた。

与えられた原本をそっくりそのまま複製するほかに、早くよりこの新しい技法を評価していた芸術家

オノレ　ドーミエの木版画

(パリー　1840)

がいた。フランスでは、雑誌「シャリヴァリ Charivari」に一八三二年以降、毎日、ドーミエ、ガヴァルニその他の一ページ大の絵が掲載された。これらのリトグラフは本当のオリジナルなのである。ドイツでは世紀半ばに、アードルフ メンツェルが一連のリトグラフの続き絵を発表している。すでに一八二六年には、ドラクロワがリトグラフで『ファウスト』の挿絵を描き、ゲーテのおしみない賞讃をえた。詩人はそれ以前にすでにある手紙で次のように書いていた。「この技法は、均衡ある美術家が背後に控えているならば、あらゆることをなしとげることができる。」彼はさらに、リトグラフでは、刷り始めの方の絵に手を入れることが肝心だ、と言っている。事実、リトグラフの手引き印刷はそれぞれが異なり、どれ一つとして完全に同じものはない。

書籍印刷機は、グーテンベルク以後三五〇年の間、僅かな変化しか見せていなかった。ただ、いくつかの部分が木製から鉄製に代ったため、小さ目に作ることができた。一方、印刷工程はまったく同じままであったから、一冊の本を印刷するには多大な時間を必要としたのであった。これは特に、即座に普及されねばならない文書、まず新聞雑誌の場合、手痛い問題だった。一八〇〇年頃、以前は手仕事でされていたさまざまな工程が機械化された。機械時代が告知されたのである。手引き印刷の苦労多い仕事をなくす印刷機械を作り出す時は近づいた。この課題を担ったのが、一七七四年アイスレーベンに生まれたフリードリヒ ケーニヒである。一八〇三年まで、彼はテューリンゲンのズールで試作を続けたが、満足のゆく結果はえられなかった。着想を実現するためには多大の金額が必要であったが、だれ一人とし

** ドロクロワがゲーテの『ファウスト』のために
制作した石版画（1828）
ファウスト，グレーチヘン，メフィストー

て彼に十分な費用を提供しようとするものはいなかった。ドイツでもオーストリアでも、さらにはロシア皇帝にも見放されたとき、彼はイギリスの援助に期待をつないだ。彼は一八〇六年イギリスに渡り、大むね印刷工と書籍商をして生計を立てた。決定的な転機が来た。彼は富裕な書籍商トマス ベンズリが彼の着想に熱を燃やすようにすることに成功したのである。こうして実行された組織的な試作の助手は、ドイツ人のフリードリヒ バウアーであった。五年間に、ケーニヒは四台の印刷機械を組立て、イギリスのパテントをえた。一八一一年、彼は平圧印刷機を完成することができた。これは昔ながらの手引き印刷機に依るところが大きいものであった。この印刷機をもって、一八一〇年に初めて、一冊の書物の一部が印刷された。早くも一八一二年には、ケーニヒは業界に圧胴（シリンダー）印刷機を紹介することができた。これにはグーテンベルク以来の手引き印刷機がもっているような平圧板がなく、その代りに印刷圧胴（シリンダー）が用いられた。これによって大部数印刷への道が開けたわけである。印刷史上グーテンベルク自身の発明は別として、フリードリヒ ケーニヒの発明ほど印刷の進歩に深くくみいっているものは他にない。

ジョン ウォールタアはロンドンの「タイムズ」の創始者であったが、ケーニヒの新式機械を目にして、二台の複式印刷機を自社の新聞印刷用に組み立てるよう依頼した。二個目の圧胴によって機械の性能は三倍に高められ、一時間に一六〇〇枚の印刷が成し遂げられたのである。これは手動印刷機に較べ途方もない進歩を意味した。とは言え、機械を動かすのは相変らず手によっていて、側面の巨大なはずみ車を廻していた。蒸気機関は世紀の半ばをすぎてやっと印刷機運転のために用いられるようになる。

一八一四年、ウォールタアの注文した二台の複式印刷機が完成した。そして一一月末にケーニヒとバウアーは、一夜で「タイムズ」の全発行部数を刷ることができた。これは印刷史はもとより新聞史の一大事件であった。

「タイムズ」用の複式印刷機に、ケーニヒはまだ満足してはいなかった。彼はたゆまず高速度印刷機の改良に従事し続けた。一八一六年、彼の「一面・裏面印刷機 Schön - und Widerduckmaschine」が完成した。一面・裏面印刷は一枚の紙の表裏に印刷することである。それまでは片面が印刷されていたにすぎなかったのである。この新しい機械によって一時に表裏二面に印刷することが可能となった。それに加えて、この新造機では、印刷圧胴は以前のように走行方向を常に変える必要がなく、停止することなく一方に廻しておけるようになった。これによって労力が非常に節約できた。これまでの皮装ローラーに代って、今日でも用いられている「ローラー材」を巻いたローラーが登場する。ただの一人の男が、数世紀来果たせなかったこうした一切のことを短期間のうちに発見発明したことは、驚嘆に価する。

ケーニヒは、敏腕なベンズリに対しては、初めのうちは援助をうけていたものの、時につれて意見が合わなくなった。グーテンベルクとフストの仲よりもうまく行かなかった。そこで彼は、一八一七年にドイツに帰国した。ヴュルツブルク近郊のオーバーツェル修道院の空き屋に、彼はバウアーとともに高速度印刷工場を設立した。

一一月になると、彼は広告を配布させた。その初めの部分を次に引用してみよう。

私どもはここに予告を申し上げるものです。私どもは、これまでロンドンに置いておりました工房を、この地ヴュルツブルク郊外の旧修道院に移転することにいたし、工場にするには最適のこの非常に広い場所に、大規模な機械作業を操業する準備をしております。印刷機械製造が私どもの工場設置の第一目的の一つであります。今日までのところ、この機械の発明について、ドイツでは僅か断片的かつ不完全な情報しか与えられておりませんので、ここにすでに英語で印刷されイギリスの実情を考慮した趣旨書を翻訳いたし、この発明をドイツにてご利用になることをお考えの方々に差し上げたく存じます。

書籍印刷所所有者各位

私どもはついに当国の書籍印刷者の方々に、一三年余の研究により確固たる忍耐心と多大な犠牲を払い成し遂げ完成した発明であるケーニヒ印刷機をおすすめすることができるようになりました。数限りない困難を克服していたことだけが、この趣意書の発行が遅れた原因ではありません。むしろ、発明者が初期の計画を達成しながらも、改良点の発見に努め、遅延やそれに伴なう費用をものともせず、またその試作はただ結果を見て判断できるというような重要な改良をしていたからであります。かような事情のもとにおきましては、私どもは皆さまに発明品をおすすめすることを暫く控え、今日にみる完全な段階に到達し、また発明者がさらに改良する必要がないと断を下すに至り……

一八二三年には、ケーニヒの作った機械の一台がドイツで初めて新聞を印刷した。ケーニヒの没後は、共有者フリードリヒ バウアーがひとりでケーニヒ&バウアー商会を継いだ。この会社は、今日では世界で指導的な地位にある印刷機械製造工場の一つである。

フリードリヒ ケーニヒは、自分の印刷機のために多色ローラーも考案せずにはいられなかった。こ

**　ケーニヒ製作の印刷機
（上）1803年の試作（下）1811年の高速度印刷機完成第1号機
いずれもシリンダーが使用されている

の発明によって、一九世紀前半のうちに、それまで使い慣らされていた印刷用バレンやタンポンは次第に駆逐された。印刷用バレンはしかし、今日まで印刷人のシンボルとして残っている。この絵は印刷会社の便箋やマークに見られるのである。バレンを用いて良い印刷をするには、非常に入念な作業を必要とした。そのため、印刷用バレンについては、昔の印刷術教本はどれも、常に多くのスペースをさいている。一八二七年に出版されたベンヤミーン クレープスの『書籍印刷術ハンドブック』では、まだ何ページかをバレン製法に費やしている。この論述でもっとも重要な点を次に引用してみよう。なぜなら、かつての印刷人が良い印刷をするために、どれほど精魂を傾けたかが知られるからである。

バレン革は鞣していない羊皮から作る。羊皮の毛は石灰処理で取り除いておく。購入時には濡れていても乾いていてもよい。乾燥している場合には、灰汁に浸して柔かくしなければならない。一枚の皮からは、普通二個の中程度のバレンが切り取れる。皮は一四ないし一五時間浸しておいてから、灰汁より取り出し、水と石灰が分離するように鞣し柔軟にする。次いで皮を鞣台またはよごれのない板に置き、できる限り伸ばす。これにはバレン木で擦ってもよいし、皮を半分に折って擦り合わせてもよいが、十分しなやかに、張りをもった柔かさのでるようにすることが肝心である。最後に、皮を等分に切ってから、床に置き両足で踏みつけてもよい。とにかく一滴の水も残らぬよう、また十分柔かくしなやかでたわめ易く、湿り気がとれているか確かめること。ここで半分にした皮をバレン木の縁に等間隔のひだをつけながら半分まで釘止めする。口を開けておいた半分からよく解きほぐしたバレン毛を詰め込んで行き、それが終ったら残り半分を釘止めする。余分な皮は切りとる。十分滑かな面をもつように毛を詰めたバレンはうまく出来上っている。これによって革のどの部分も活字に触れる。バレンは完全な半球形をして、凹凸があったり、ごつごつしていてはいけない。詰め方が固すぎてもいけない。インクをつけるときにしなやかさが足りず、ほとんど使いものにならないからである。詰め方がゆるいと、インクづけのときに、活字がぼけるのみで、版面によごれがいっぱいつき、詰め毛が押しつけられると革に皺がよってしまう。

こうして張りをもたしたバレンを灰汁につけ、ただちにバレンナイフでゴミなど邪魔物を削り取る。次いで丈夫なきれいな紙をもってバレンを擦り、完全に乾かす。バレン革にインクが均等にのらぬとしたら、バレンが十分に擦り磨かれておらず、乾き切っていないと知るべきである。それゆえこの場合には、紙により再度擦り磨き乾かすか、紙を燃やして、その上でバレンを手早く慎重にあぶればよい。冬であれば炉火で徐々に乾かすのもよかろう。バレンができ上れば、上に述べたようによく磨き乾かすことである。

ケーニヒの高速度印刷機と並んで、アメリカで別種のタイプの印刷機械が生まれた。これは平圧式印刷機であった。昔ながらの手引き印刷機に範をとっていたが、版盤と圧盤が垂直につけられたものであった。版盤は固定され、圧盤が紙と一緒に開閉し、その度ごとに版盤にぴったり押しつけられるようになっていた。平圧式印刷機は、特に小サイズ少部数の印刷に向いている。これは発明以来絶えず改良をほどこされ、高速度印刷機とともにあらゆる印刷所で用いられている。印刷所によっては平圧式だけですませていたところもある。

輪転印刷機は、大きなロールによって供給される紙、つまりもはやシートの形にしないでよい紙を用いた。これとは別に、安価ではあるが、印刷に適した紙の製造が肝要になってきた。それゆえ、製紙法改良の多くの発明は、印刷機改良の発明と手を携えて行なわれたのである。パリの製紙工場長であったルイ　ロベールは、機械による製紙工程を実践した最初のひとであった。一七九九年、彼はその発明のパテントをとった。要点は、継目のない抄き網を二個の圧延ローラーの上で動かし、絶え間なく動いているようにすることであった。この成果は巻き取り紙であった。これまでの手抄き製法では、一枚一枚の紙しか得られなかったのである。一八〇六年、ダルムシュタットの製紙業者イリッヒは、紙に機械で膠がけすることに成功した。膠がけは、印刷インクが浸み通ったり、筆記インクがにじんだりしないようにするために必要である。手抄き紙も膠がけされていた。だがそれには高価な動物の膠が用いられたのである。最初の製紙機械である長網式抄紙機は、一八〇四年、フランスで、フールドリニエ兄弟の手によって作られた。一八四四年のパルプ紙発明については先に述べた。この紙はひどく変色し、破れ易いという欠点があった。古い古典派時代の刊本にはこの性質が見られる。軽く触れただけで角が破れるのである。木材パルプから加工して作った紙の素材は、繊維が短かく、紙には耐久力がない。この種の紙は、一八六三年、アメリカ人ティルマンが、木材を苛性ソーダ液の中で煮て、カユ状に変える処理法を発明したことにより、初めて良質になった。この方法で、今日の製紙工場の原材料であるセルローズがえられる。これに加えるボロ溶解液の多少に従って、紙質の良し悪しが決ってくる。その日その日のものである新聞紙は、ボロ溶解液を加えずに作る。高級紙は今日でもなお、パルプを添加せずに調製する。そこでしばしば本の広告に、「木パルプ非混入(holzfrei)紙により」印刷、というような文句を目にするのである。

紙が手によって抄き桶から掬いだされる場合、「手掬い抄き紙〔手抄き紙〕」という。この種の紙は今ではほとんど作られていない。一八四〇年、ドイツには、まだ千二百をこえる抄き桶があったが、今日ではヨーロッパじゅうにほんの僅かしか見当らない。シナでは今日もなお約二千年前と同じに、手抄き枠をもって紙を作っているし、「純和紙（エヒテス ヤーパン）」も手抄きである。

高速度印刷機とそれに必要な紙が発明されると、植字工は時間のかかる手仕事をしていてはついて行けなくなった。そこで、植字も機械でする必要が生じた。それまでの経験で、機械が多くの点で人手に代りうることがわかったので、百年前にはまだ不可能と思われていたような企てを試みることになった。文字を組んだり、行組み（「ゲラ組み」）をするばかりではなく、使用した組版を分解（「解版」）することも解決しなければならなかった。こうした人間の頭脳に結びついた機能を機械に行なわせるなどとは、ほとんど不可能に思われた。ところが、その解決は成功を迎えることになっていた。一九〇四年までに、一六九人の発明家が、植字機の問題に取り組んだ。最初の発明者は、一八二二年に植字機のパテントをとったイギリス人、ウィリアム チャーチであった。実用価値をもった最初の植字機は、ドイツ人カール カステンバインによって、一八六九年頃作られた。彼は、パリーにいた病身の植字工から、発明の核心となる提案をうけていた。彼は最初ブリュッセルに植字機械工場を開設したが、一八八三年になって、ハノーファーに移転した。

しかし、この植字機の操作は難しく、面倒であった。そこで、発明家のオトマル メルゲンターラー(2)に究極的な功績の栄冠が与えられることになる。彼の組立てた機械は、植字がタイプライター式のキーによって行なわれ、植字の終った一行は、直ちに印刷用の一行分の活版を鋳造するというものであった。このように巧みに考え出されたシステムは、向うところ、鋳造に必要な紙型を再び活用することになった。長年の間、メルゲンターラーはその着想を実現することに励み、一八八四年になって初めて、専門家の間に、自作の行単位植字鋳造機を操作してみせることができた。一八八六年機械は完成し、今日知られる「ライノタイプ Linotype」の名称を与えられた。

一九世紀中頃まで、書物はすべて人手をもって製本していた。これは高価であるし、時間がかかった。高速度印刷の時代では、こうした作業は無理になってきた。手作業製本では、折り丁の綴つけが特に時間をとっていた。それゆえ、まず折り丁の糸綴をするための機械が必要であった。この発明は、一八五五年に成功した。今日どの製本所にもある紙を折り上げる機械は、一八九〇年にやっと発明された。

版画印刷は、一九世紀になって長足の改良をうけることになった。長期間にわたって、木口木版が、版本や新聞雑誌に絵を印刷する唯一の手段であった。絵画は、まず骨を折って木版用の原図に写しかえられねばなかった。木版彫刻師あるいは当時の言い方で「クシログラーフ（木版師）」は、驚くべき腕前を見せている。しかし、これに費やされた時間は、一方ではすべての部分が機械で製作されるようになった本とは、まったく釣合いがとれなかった。大部数を刷り上げるには、すでにディドがステロ版を発明していた。ステロ版の簡易化から、一八二九年に考案された紙によるステロ版製作法がもたらされた。今日の輪転印刷機の印刷ローラー〔丸鉛版〕は、ステロ用紙型がなければ、まったく鋳造できないであろう。一八世紀の刊行数には十分であった銅版は、高速度印刷機時代の大部数には手が負えなくなったので、柔かい金属を耐久力のある金属で覆うことが必要になった。これは電気的方法によってのみ可能であった。電気（メッキ製）版（ガルヴァノプラスティック）といわれる発明は、一八三七年モーリッツ ヘルマン

フォン ヤコービーによってなされた。

今日の書籍印刷で、図版の印刷に用いられる二種のステロ版、すなわち腐蝕凸版〔画線エッチング〕と網目版〔オートタイプ〕も、一九世紀の発明である。どのような図版を印刷するにも、専門家は、腐蝕版と網目版のどちらを選べばよいか決めなければならない。腐蝕法が可能なのは、原図が黒い線か点、あるいはハーフトーンのない面からできているときである。黒い線があまりに近よっている場合、たとえば銅版画を原図にするようなときは、版面が腐蝕中に「流れる」危険がある。この場合、専門家は原図を倍率のよいルーペで見て、網目版で仕上げるよう提案するであろう。この方法では、画面全体を網点に分解する。すなわち、細かな方眼が彫りつけられたガラス板〔スクリーン〕を通して撮影するのである。網目が細かくなるにつれ、原図のもつ効果に近づくことができる。しかし細かい網目のスクリーンは、印刷用紙が非常に滑らかでなければ採用できない。新聞用紙では、粗い網目が用いられる。それゆえ、新聞の写真では、肉眼で網目が見えるのである。それに対して、腐蝕版はどのような紙にも印刷できる。そのため、ザラ紙を用いた本では、腐蝕版が優先するのである。こうした本に網目版印刷をのせねばならないときには、滑らかなアート紙を別に差しこんで添える。

腐蝕版の発明は、一八四〇年、ブラージウス ヘーフェルによって成し遂げられた。彼は亜鉛〔ジンク〕板を化学処理し、画線部が残り、他の部分がえぐられるようにした。もちろんこの処理は、鏡像のように反対向きに行なわれなければならなかった。亜鉛板はこののち、さらに木枠に「かさ上げ」され、活版面に届くようにする。今日では、亜鉛板の代りにプラスティックを用いるいくつかの試作が成功してい

＊ 腐蝕凸版の網目は，黒点の分布をパーセントで表わす。
左が20パーセントの網版，右が80パーセントの網版
257ページ図版は100パーセントの網版

＊ 左が60線，右が100線の網目写真版

る。オートタイプは、四〇年以上遅れてやっと、ゲオルク　マイゼンバッハにより発明されることになる。一八八一年、彼はハーフトーンのある絵もステロ版にすることに成功した。腐蝕法によっていたのでは、書物や雑誌に写真を印刷することはできなかったであろう。網目を用いることから、オートタイプは「網目腐蝕版」とも言われた。この新しい方法は、多色印刷にも実効のあることを示している。四原色〔青（アイ）赤、黄、黒〕を混合することによって、きわめて多彩な絵画や、どのような色の原図も再現されるのである。四枚のそれぞれの色に撮り分けた版は、正確に重ね合わされなければならない。つまり、ときどき粗悪な多色印刷で見られるように、一つの色版がずれてしまわないようにするのである。オートタイプ工程で作られた多色印刷を、倍率の高いルーペか、もっとわかり易くするには顕微鏡で見ると、驚くべきことが知られる。一つ一つの色の点が見分けられるのである。その点はこうもしなければ、じつに小さくて、一つも見えない。たとえば、びっくりするのは、赤い面に黄色い点があったり、緑の面に赤い点といった具合に、思いがけない組合せが数多く見出されることなのである。

つづいて発明された写真による複製法は、腐蝕版やオートタイプと並ぶもので、一八六八年、ミュンヘンのヨーゼフ　アルベルトによる写真版〔卵白平版〕である。彼は原本をクロム酸塩〔クロムみょうばん〕ゼラチン膜に撮影し、露光しない面がインクを受けつけないようにした。こうして非常に正確な複製法が生まれた。今日もなお、もっとも高度な出来上りを要求されるファクシミル版は、好んで写真版で製作されている。たとえば、肉筆原稿を原本そのままに複製するには、これ以上適当な技法はないのである。

こうした多くの発明は、新たな魅力ある可能性を生みだし、同時に読者層は絶えず成長して行った。それに応じて出版社の数も増え、その多くが今日まで営業している。一八〇一年には、フライブルクのヘルダー出版社が開設され、ここの百科事典は、ブロックハウスおよびマイヤーと並び、ドイツ三大百科の一つになっている。一八〇五年、ブロックハウス出版社があとに続き、この百科事典はたちまちに名を成した。本書の原本版元シューネマン社は、一八一〇年設立された。一年遅れて、ライプツィヒにトイブナー印刷社ができ、一八二三年には、トイブナー出版社に改組される。一八九八年にトイブナー社で始められた叢書「自然界と精神界から」は、もっとも普及したシリーズの一つである。一八二六年には、ゴータにビブリオグラーフィシェス インスティトゥートが設立された。これは、一八二八年から一八七四年まではヒルトブルクハウゼン、そののちはライプツィヒに移転された。数多くの質の高い刊行物が、この出版社の名を世界に広めている。創設者ヨーゼフ マイヤーとその子孫の名をとって、ここから出版された古典派期文学全集は「マイヤー クラシカー Meyers Klassiker」、百科事典は『マイヤー百科』と名づけられた。百科事典の初版は、一八三九年より一八五二年にかけ、四六巻をもって出版された。ビブリオグラーフィッシェス インスティトゥートの刊行物でもっとも著名になった一つは、ドイツ語正書法字典『ドゥーデン Duden』[4]であった。初版は一八八〇年である。[3]

プステット出版社は一八二六年、ベーデカーは一八二七年に設立された。一年後に、レクラムが営業を始め、「世界文庫」は廉価と質のよさをもって世界的名声を獲得した。ヴェルハーゲン&クラージンク出版社は、一八三五年ビーレフェルトに始まる。ここからは、一八七六年から一九五三年まで月刊誌

2 Silbergr. 7 Xr. rhein.

Universal-Bibliothek

2

Faust.

Eine Tragödie

von

Goethe.

Zweiter Theil.

Leipzig.

Verlag von Philipp Reclam jun.

Jeder Band ist einzeln für 2 Sgr. käuflich

レクラム世界文庫はゲーテの『ファウスト』から始まった
（ライプツィヒ　1867）
『ファウスト』第２部の表紙

『モーナーツヘフテ』が発行され、立派な図版や、文学芸術に関する貴重な論文が掲載されていた。それより前、一八三八年設立されたブラウンシュヴァイクのヴェスターマン出版社は、一八五六年から月刊誌を出し始め、今日もなお多くの読者に、経済や芸術上のアクチュアルな問題についての当をえた解説を紹介している。世紀半ばをすぎると、今日もなお名声をはせている多くの出版社が活動を開始する。ブルックマンが一八五八年フランクフルトに(のちにミュンヘンに移転)、ハラソーヴィッツは一八七二年ライプツィヒ、オットー マイアーは一八八三年ラーヴェンスブルクに、S・フィッシャーが一八八六年ベルリーンに(今はフランクフルト)、アルベルト ランゲンはミュンヘンで一八八六年、ブルーノ カシーラーは一八九八年ベルリーン、そしてクレーナーは一八九七年シュトゥットガルトと続いた。

一九世紀の書籍芸術は、その最上の功績を挿絵本の分野で示した。イギリスでは、ロウランドスンが、一八〇九年、『シンタックス博士の旅行』の組み物絵と『死の踊り』を製作した。ビーウィック のイソップ木版画集は一八一七年に出版されている。一八二三年には、ディケンズの挿絵画家であったクルクシァンクが、シャミッソーの『ペーター シュレーミール (影を失した男)』の組み絵を描いた。一八〇〇年頃、ウィリアム ブレイクが大部分は自作のための木版による挿絵を作った。これは当時としてはまったく異常な絵であったが、今日ではなお現代的な感覚に思えるのである。

フランスの偉大な石版画家については、すでに石版製作のところで述べた。石版画のほかに、フランスでは木版画が愛好された。ジアン ジグウは、一八三五年、『ジル ブラス』の木版画を作った。一九世紀でもっとも厖大な木版作品を残したのは、ギュスターヴ ドレである。この奔放な空想力をもった画家は、さまざまな本に次から次へと一ページ大の挿絵を飾った。その木版はじつに見事に彫られており〔ドレは原画のみ〕、描線の細部はどれ一つないがしろにされていない。これらの木版画を前にすると、われわれは感嘆せずにはいられない。明暗が見事に表現されているのである。貴重なのは『ミュンヒハウゼン』である。一八六一年、彼はダンテの『地獄篇』と聖書の挿絵を描いた。聖書の場合、豪華な二巻で出版され、独訳本もあり、今日なお多くの家庭に見られる。

この時代のドイツの偉大な挿絵画家は、アードルフ メンツェルである。彼の一八四〇年に出版されたフランツ クーグラー著『フリードリヒ大王史』絵入り本は、どの点からしても成功作である。体裁は感じがよく、テクストの組み方は押しつけがましくなく、挿絵は快く全体に融け込んでいる。一八三九年、メンツェルはこの大作の制作に感激してとりかかったのであった。出版人J・J・ヴェーバーは四三〇〇ターラーの報酬を提供していた。メンツェルは三〇〇を越す絵を描き、しばしば自分で木版に移した。最初のうち木版彫刻師たちの仕事に嫌気をおぼえたからである。彼らは、下絵を木版彫刻に都合よく変えることになれていたのであった。しかしメンツェルは、原画を完全に忠実に復元するよう主張した。彼はとうとう、自分の繊細な絵を手を加えることなしに写しとれる望み通りの版木師を見つけた。この成果は今日もなおわれわれを感嘆させる。木版画がじつによくできていて、画家のタッチが直接感じられるほどなのである。

純粋な木版画で挿絵を作っていたのは、アルフレート レーテルである。一八四一年、彼の一ページ大の挿絵が数多く入ったマールバハ版『ニーベルンゲン』が出版され、一八四八年には代表作『死の踊りも』

AVENTURES DU BARON DE MUNCHHAUSEN. 77
Peu de temps après, les Russes conclurent la paix avec les Turcs, et je fus renvoyé à Saint-Pétersbourg avec nombre d'autres prisonniers de guerre. Je pris mon congé, et je quittai la Russie au moment de cette grande révolution qui eut lieu il y a environ quarante ans, et à la suite de laquelle l'empereur au berceau, avec sa mère et son père, le duc de Brunswick, le feld-maréchal Munich et tant d'autres, fut exilé en Sibérie. Il sévit cette année-là un tel froid dans toute l'Europe, que le soleil lui-même y gagna des engelures, dont on voit encore les marques qu'on observe sur sa face. Aussi eus-je beaucoup plus à souffrir à mon retour que lors de mon premier voyage.
Mon Lithuanien étant resté en Turquie, j'étais obligé de voyager en poste. Or, il advint que nous trouvant engagés dans un chemin creux bordé de haies élevées, je dis au postillon de donner avec son cor un signal, afin d'empêcher une autre voiture de s'engager en même temps dans l'autre bout du chemin. Mon drôle obéit et souffla de toutes ses forces dans son cor, mais ses efforts furent vains : il ne put en tirer une note, ce qui était d'abord incompréhensible, et ensuite fort gênant, car

** ドレが制作した『ミュンヒハウゼン男爵の冒険』の挿画（木版画）
（「ロシアは寒いので太陽でさえ氷のかさぶたがついてしまう」）

フリードリヒ大王とヴォルテール
アードルフ　メンツェルの挿絵

が出された。——だれからも愛好されたのは、ルートヴィヒ リヒターで、グリム、ベヒシュタイン、あるいはムゼーウスの童話、ヘーベルの『アレマン方言詩集』に挿絵を描いた。彼は民謡や学生歌の挿絵も描き、他の挿絵画家とともに三七巻になってオットー ヴィーガント出版社から出された『ドイツの民衆本』にも協力している。たちまち広く好まれるようになった本は、一八四六年、ヴィルヘルム カウルバハが挿絵を描いた『ライネケ狐』である。人間の性格が動物の姿で皮肉られているのは、フランスのグランヴィルが好んだ手法と同じである。今日でも、ゲーテの詩を読みながら、カウルバハの絵を眺めるのは楽しいことである。

一九世紀前半に生きていた数人の人物

は、書物にかけた情熱で有名であった。いや、悪評が高かったのである。書物への愛情は病的になりうるものであって、愛書家を非行に走らせることがある。これを「書籍狂（ビブリオマニー Bibliomanie）」という。もっとも有名な書籍狂であったのは、たぶんザクセンの牧師ヨハン ゲオルク ティーニウスであろう。彼は、一八一三年、欲しくてたまらぬ本を手に入れるために、殺人をおかしたのである。一八二三年、彼はその罪により、懲役一二年の判決をうけた。スペインの神父ドン ビンセンテも、本を熱愛するあまり、悲しい名声をうることになった。彼はバルセロナの書籍競売で、無雙本（ユニクム）と見なされていた本を手に入れることができず、激昂のあまり、その場に居合わせたひとを一〇人も殺してしまった。彼に対して開かれた法廷審理で、彼はこのほかにも、書籍狂いから放火一件、その他いくつかの犯罪をおかしていることが立証された。ドン ビンセンテの自己弁護は、犠牲者の魂をおびやかしているこの世の生を縮めてやろうとした、というのであった。だが、このような弁解に耳を借さなかった法廷は、一八三六年、彼に複数殺人の罪で死刑を宣告した。イタリアのリブリ伯爵もこの類であった。彼はフランス国籍をえて、学芸委員の地位についていた。この任務のため、彼はフランスの公共資料のあるところは、どこにでも出入りできた。こうした信任を、彼は数百の貴重な写本を盗むのに利用したのである。一八四二年、彼はその一部を、イギリスのアッシュバーナム卿に売却した。パリーでの判決は彼の身柄を左右できなかった。彼は時を移さずイギリスに逃げてしまっていたのである。リブリが盗んだ写本は、マネッセ詩歌写本をパリーからハイデルベルクに返還するときに、再度重要な役割を帯びることになる。シュトラースブルクの古書籍商トリューブナーが、マネッセ写本と、リブリがパリーで盗んだ写本を取り戻して交換することに成功したのである。すなわち、彼は一六六点の写本を、イギリスから買い戻せたというわけである。

リブリほどは悪質でなかったにせよ、やはり特記に価するほど悪質であったのは、ベネディクト派修道僧になったことのあるジャン　バティスト　モジェラールである。宗団を退いた彼は、大規模な書籍ブローカーとなった。彼はすぐれた専門知識をもっていたので、きわめて価値の高い本を手に入れ、転売で大儲けをすることができた。今日パリーの国立図書館にある二点のグーテンベルク聖書は、彼がマインツで入手したものである。ラインランド地方でのフランス政府代表委員となったモジェラールは、一八〇二年から一八〇六年にかけて、組織的にドイツの図書館を荒し廻った。多くの貴重本がパリーに流されたが、多くはモジェラールの私腹を肥した。高価な書物の歴史を研究するひとは、彼の名前になんど度も出会うことであろう。

一九世紀になって、本が恒常的に増え氾濫するようになり、小国が併合されてくると、出版界に新たな法律が必要になってくる。すでに一八一五年には、ドイツ連邦約款によって、出版の自由を認める条項が制定された。一八一九年には、先にカールスバート決議により暫定的に中止されていた検閲が、再び行なわれることとなった。一八二五年には、ライプツィヒで、ドイツ書籍業取引所組合 Börsenverein des Deutschen Buchhandels が設立され、以後、出版界に関する一切の立法措置に推進力をもつようになる。一八三四年以降、組合から「取引所報 Börsenblatt」(5) が発行され、書籍業界の指導的機関誌となる。組合が法律面で達成した最初の成果は、一八三七年の、ドイツ連邦会議決定による精神的所有権

〔著作権〕認知であった。これによって出版法整備への道が準備されたのである。

「取引所組合」という名称を説明するためには、以下のことを言っておかなければなるまい。すなわち、この組織は、書籍市での決済制度を調整するために設けられたのである。こうした金銭上の必要理由が後退してしまってからも、取引所組合は、もともとの名称を維持したというわけである。組合は、一八一九年に制定された検閲規定を緩和させ、一八四八年には、検閲の完全廃止に成功した。組合の重要な課題には、書籍の小売り正価を維持することがあった。今日にあっては、全国どこでも同じ本は同じ値段をつけているのが当然である。一八三六年、取引所組合はライプツィヒに最初の会館を落成することができ、一八三九年には、第一回の「ドイツ書籍業人名録」を発行した。組合業務最大の成果は、一八四五年に、三〇年間の版権保護をドイツ全土に広げたことである。また、「文書、図画、楽譜および脚本の著作権に関する」決定的な法律が、一八七〇年に施行されるに至った準備段階には、取引所組合の陰の力があった。

一八六七年、連邦決定は、〔いわゆる〕「古典作品の永久版権(6)」を廃止した。この決定は広範囲に影響を及ぼす意味をもっていた。今や古典作品は至るところで出版してよいことになったからである。それ以来、いくつもの名の通った版が現われ、多くの家庭の書棚を満たしているのである。「古典」にどの作家を含めるかは、出版社の判断に委ねられていた。そこで作家によっては報いのない栄誉をうけるものがでてきた。一八六七年のうちにも、レクラム出版社は世界文庫の蓋あけとして、ゲーテの『ファウスト』を刊行した。同じく一八六八年には、ヘンペル出版社が「ドイツ全古典国民文庫 Nationalbibliothek

الديوان الشرقي
للمؤلف الغربي

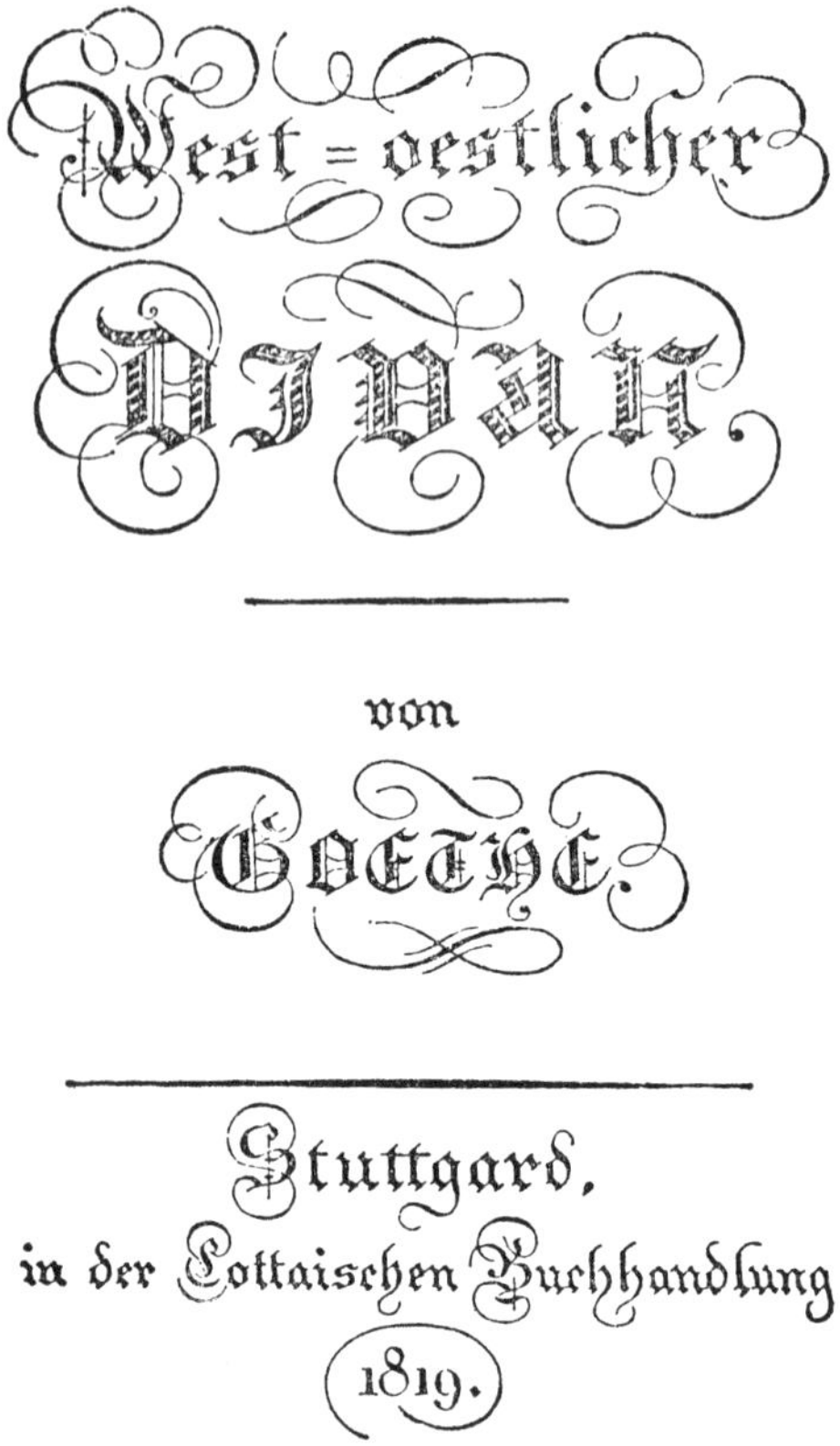

West = oestlicher

Divan

von

Goethe.

Stuttgard,

in der Cottaischen Buchhandlung

1819.

『西東詩集』初版の扉表紙および銅版口絵
ゲーテの指示によって制作された ⑦

sämtlicher deutscher Klassiker」[8] を創設し、数百巻に及んだ。

一九世紀ほど、内容的に重要な作品を数多く刊行した時代は、まずない。たとえば、ゲーテの『西東詩集』のように、偉大な詩人の単行本が多く出版されているのである。また巻数の大きい全集、たとえば四〇巻の『ゲーテ作品集、著者校閲全集 Goethe's Werke. Vollständige Ausgabe letzter Hand』[9] は、一九世紀前半に刊行されている。一八〇六年には、ハイデルベルクのモール＆ツィマー社が、アルニムとブレンターノの『少年の魔法の角笛』三巻を出版した。一八二三年には、シナ語最初の聖書が印刷された。この頃、最初の絵入り雑誌が生まれている。一八四三年、ライプツィヒのJ・J・ヴェーバー社が「イルストリールテ ツァイトゥング（絵入り新聞）」を出し、一八四五年は「フリーゲンデ ブレッター（ちらし）」、一八四八年「クラデラダーチ（どしんばたん）」〔風刺週刊誌〕、そして一八五三年「ガルテンラウベ（園亭）」〔家庭雑誌〕と続いた。一八七二年、「ガルテンラウベ」の発行部数は三一万部であった。

一九世紀のもっとも有名な書物は、医師ハインリヒ ホフマンの『もじゃもじゃ髪のペーター *Struwwelpeter*』である。ホフマンはこの絵本を自分の息子へのクリスマスプレゼントとして描いたのだが、一八四八年に出版した。シュトゥルヴェルペーターは、今日まで五〇〇版以上版を重ねている。ヴィルヘルム ブッシュの『マクスとモーリッツ』（一八六五）も大きな評判をえている。

一九世紀の残り三分の一には、繁栄と、ほとんど行き着くところを知らぬ技術的進歩が、書物の堕落を招いた。多色石版画がその技巧を示す好機をえた本が何冊も出た。しかし今見ると、その押しつけがましいきらびやかさは滑稽である。上流階級のサロンには、「豪華版」が毛足の長い絹ビロードの布の

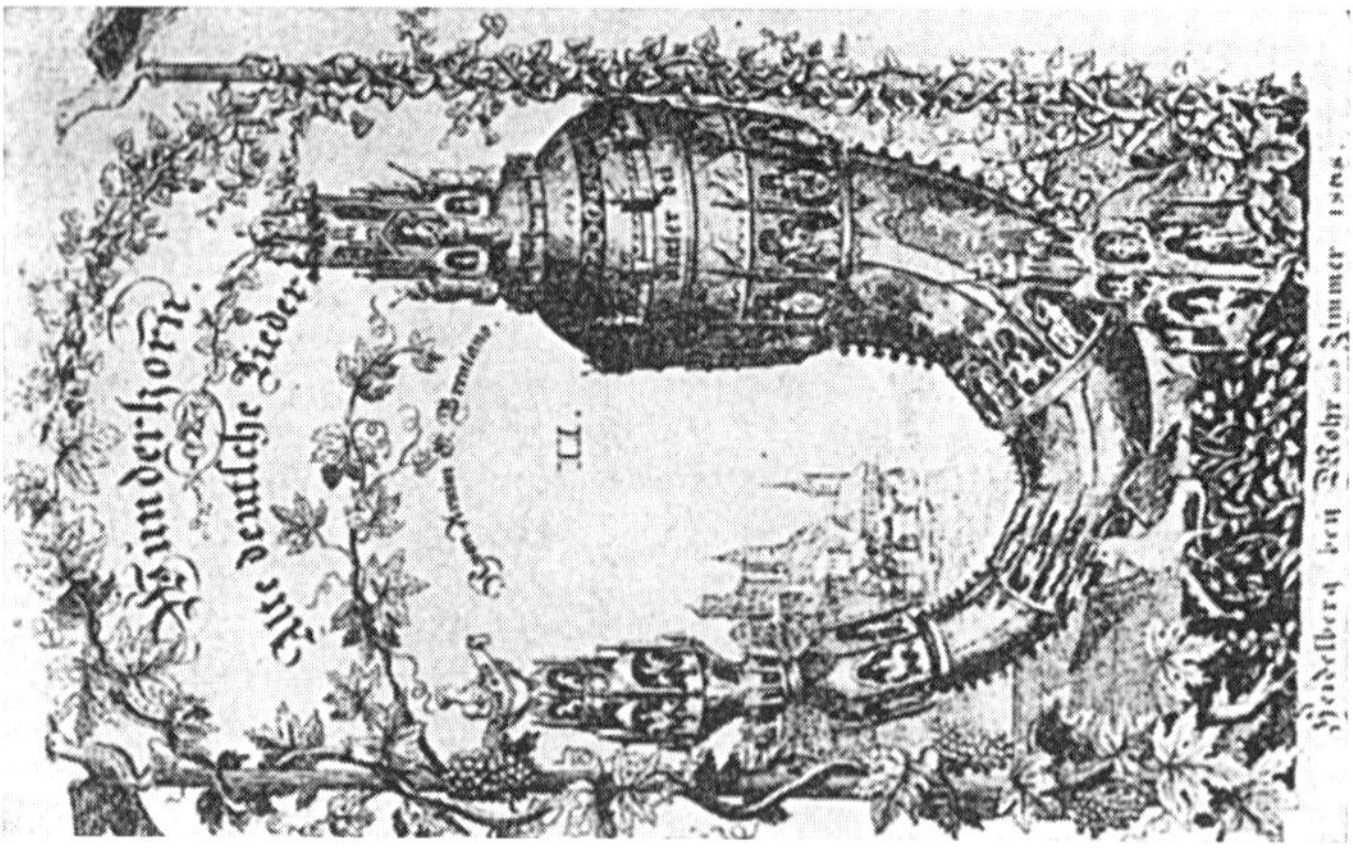

* アルニム／ブレンターノ『少年の魔法の角笛』第二巻の扉表紙
銅版画はPh・O・ルンゲの原画による
（ハイデルベルク　一八〇八）この本の第一巻の初版は稀覯書

** ホフマン『もじゃもじゃ髪のペーター』

上に置かれていなければならなかった。こうした本は、実際に考えられる限り「豪華」に装幀してあるが、今日の感じでは、魅力的どころか嫌らしいものである。「豪華版」はその巨大な体裁からして、すぐさま見分けがついた。革装でなければ、表紙に箔押しをしたり、色をつけて革に見せかけた。こうした本の多くは、中世の書物のように留金や角金がつけてあった。表紙の箔押しには、金がふんだんに用いられた。挿絵としては、絵画を撮影した写真が貼られていることがある。イニシアルは、初期印刷時代の飾り文字の摸倣である。挿絵に並ぶページは大きく空白となっている。つまり、見開き二ページを一単位として見ることを忘れてしまっているのである。

この時代では、ルネサンスがすぐれた手本と思われていた。そこで生活全体をルネサンスの摸倣で固めようとしたのである。今や住居はルネサンス時代のようにしつらえられたが、家具は昔風のものを新調したので、同情の笑いしかそそられぬような、あの装飾過剰の文机や食器棚やタンスができ上ったのである。書籍芸術においても、今様のルネサンス愛好心は、新しい形態を呼び起した。そのもっとも強力な推進者は、ミュンヘンのオットー フップであった。彼の活躍はじつに水際立ったものであったから、「ミュンヘン ルネサンス」と言う。オットー フップは、ルネサンスの紋章にまったく特別の愛情をもっていた。一八八五年以降、彼は「ミュンヒナー カレンダー」を発行し、この雑誌で主張した「古代ドイツ様式」を五〇年間信奉し続けた。彼はおびただしい数の紋章風蔵書票を作り、また浩翰なドイツ諸都市の紋章集を企画した。彼のほかには、二、三の出版社がルネサンス様式の本を手がけた。たとえば、ベルリーンのオットー フォン ホルテンやミュンヘンのゲオルク ヒルトである。

当時、芸術感覚のあるひとは大勢いた。彼らは何世紀も昔の形式を採り入れることに激しく反発した。彼らは、とっくに過去のものとなった芸術の一時期を隷属的に摸倣することを拒んだのである。このようにして、歴史化の傾向に反対運動が生じてきた。この反対運動の創造的な成果は、その主導的な雑誌名からとって、「ユーゲントシュティール Jugendstil」[10]と言われる。ユーゲント様式は克服されてしまうと、どのような様式も他の様式によって解消された場合に出会うように、嘲笑の対象となった。今日では、ユーゲント様式との距離は大きくなっているので、その価値と失錯を明確に分けてみることができる。書籍芸術においては、ユーゲント様式は不滅の功績を残している。特に、ユーゲント様式は、黒白装飾の効果を発見したのである。ユーゲント様式の書物では、すべての部分が一個の統一意欲によって形造られている。装幀、活字、組み方、挿絵のすべてである。一時代が、創造的なひとびとの熱気によって、これまでに充溢しているのは、一九〇〇年頃をおいては稀である。ときとして的はずれになることは否めなかった。かと言ってそうした失錯のゆえに、この時代全体をけなすことは当をえないことである。

最初、ユーゲント様式は、この時代に創刊された二、三の大きな雑誌によって培われ広められた。一八九五年に、オットー ユーリウス ビーアバウム編集の「パーン Pan（牧神）」[11]が創刊された。この雑誌には、今世紀初頭の書籍芸術で名をなしたひとびとの仕事が見られる。エクマン、ベーレンス、そしてE・R・ヴァイスらである。彼らより先輩の芸術家では、マクシミリアン クリンガー、アルノルト ベクリーン、ヨーゼフ ザトラーなどが「パーン」の協力をしている。この雑誌の挿絵は、豪華本の絵に

A.W.ハイメルの詩集『漁夫』
(ライプツィヒ　インゼル社　1899)
装画　E.R.ヴァイス

** エクマンのデザインによる「7」

意識的な対立をなしている。線と黒の部分が勝利を勝ち誇り、のちのユーゲント様式がうんざりするほど濫用したすべてのモティーフが、すでに見られる。つまり、睡蓮、水仙、白鳥、あるいは天に漂うような女などである。ドルグリーン印刷所が「パーン」の印刷を見事に仕上げた。この雑誌に出た中でももっとも高価な絵は、トゥルーズ＝ロートレックの一枚の多色石版画である。この絵は、当時激しい論議を呼びおこしたものである。一九〇〇年まで発刊された「パーン」は、この絵が入っていると、今日一冊で六〇万円、絵がなければ揃いで六万円ほどで買える。――一八九六年には、ユーゲント様式の名付親となった雑誌「ユーゲント Jugend[12]（青年）」がミュンヘンで創刊される。初年度の各号のページを繰ってみると、青年たちが新しい精神に満たされた感激の一端に触れるのである。タイトルページには繰り返し、いかに既存の精神態度が青春の噴出をさまたげようとしているかを示す絵が見られる。その一つには、眼鏡をかけ鬚をはやした老人が、花をつけた若木を切り倒そうとしているものがある。「ユーゲント」には、ユーゲント様式の活字体を作ったオットー エクマンの絵が豊富に見られる。エクマンは、とりわけ数字の7、つまり「週」のマークをデザインしていた。オッフェンバハ アム マインにいたカール クリングスポーアは、この7のデザインを目にして、この作者こそ新しい活字体を作る資格があると認めた。彼はエクマンと交渉し、こうしてエクマンは仕事にとりかかった。二人が想い描いていたのは、これまでに現われた書体のどれにもまったく依存しない書体、つまり、同時代のひとびとに語りかけるとともに、自然界の形姿と同じように何の抵抗もなく受けとめられるような書体であった。一九〇〇年、ルートハルト鋳造所、のちのクリングスポーア兄弟社が、エクマン書体を携えて登場する

＊　エクマン活字体（大文字）

ことになった。それこれ、当時のひとびとが必要としていた書体であった。大成功をおさめたこの活字は、以後もしばしば真似られている。このユーゲント様式字体を生み出したエクマンの構想は、書体創作における偉大な仕事であった。

「ユーゲント」と同じような働きをしたのは、一八九六年に創刊された「ジンプリツィシムス Simplizissimus」[13]であった。この雑誌は、もっぱら政治上の出来事を槍玉にあげ、あまりに激しい批判をしたため、いくどか没収という目にあった。ここに依って目立った活躍をしたのは、ウーラフ グルブランソンとTh・Th・ハイネである。Th・Th・ハイネは、多数の本のジャケットを作り、一九〇八年には、ヘッベルの『ユーディト』の插絵を描いている。一八九七年彼がバリズン五人姉妹〔ダンスにユーゲント様式をもたらしたアメリカのショーダンサー〕のために描いた絵は、正真正銘のユーゲント様式である。一八九九年には、雑誌「インゼル」[14]が創刊された。これを母胎に、一九〇二年、インゼル出版社が生まれた。この雑誌においても、黒白線画や装飾画を見ると、新しい書籍芸術の誕生が感じられるのである。

ユーゲント様式は、新世紀の初頭に、私家版印刷所を作り出す道を開いた。また偉大な書籍芸術家を育て上げ、正しい道に導いた。ユーゲント様式は、因習を断ち切る助けをすることによって、新しいものへの力を解き放ったのである。

独自の道を歩んだのは、メルヒオール レヒターである。一八九八年の『貧者

＊ドーベック『バリソン・シスターズ』（ベルリーン　一八九七）
Th・Th・ハイネによる扉表紙
ハイネの書籍美術へのデビュー作でもある

＊クレマンソー『シナイ山麓にて』（パリー　一八九八）
トゥルーズ＝ロートレック制作の石版画扉表紙

メルヒオール　レヒターの装画
(メーテルリンク『貧者の宝』 1898)

の宝』の装本によって、彼はもっともすぐれた書物の一冊を作っている。彼はそれによって、字と飾りを結びつけ、一冊の書物を一貫した精神でまとめ上げる道を示したのである。シュテファン ゲオルゲのために、レヒターは『生の絨毯』の装本をした。しかしこの本では、木製表紙や重い紙の使用という点で、遥か昔の形態への依存度があまりに明瞭に感じられる。[15] ゲオルゲの詩は、こうした枠組みに囲まれているので、眺めているうちに読むのを忘れるほどであるので、書物本来の意味を失っている。『インド旅行日記』で、メ

ルヒオール　レヒターは、聖書のように荘厳に目の前に現われる書物を作った。だが、こうした地味な文章はやはり地味に印刷した方がよかったであろうと思われる。

ドイツでユーゲント様式が凱歌を挙げているときに、いや、それよりもっと前に、イギリスでは、書物革新の強い運動が始まっていた。この運動はまず第一に、書物をインキュナビュラのもつ完全さで印刷しようと企てていた一人の男に結びついている。彼こそは、詩人、画家、政治家であったウィリアム　モリスである。彼は一生をかけて、真正な人間を教育することに努めた。彼は、タピストリーとステンドグラス工場を設立し、一方では、古い写本を集め、自ら修道僧のように筆写をする訓練をした。彼の著作全集は、二四巻を満たしている。モリスは、すでに六〇歳になろうとしたとき、ロンドン＝ハマースミスにケルムスコット・プレスを開設した。一八九一年のことであった。没年までの五年間、彼は自分で制作した印刷物をもって、書籍芸術の理想を実現することができた。

一八九五年、彼の印刷所で刊行された小冊子で、ウィリアム　モリスは、完全な書物についての自分の考えを述べている。

私が書物を印刷し始めたときにもっていた希望は、正当な美しさを具えているが、同時に読み易く、眼を疲れさせぬか、読者の注意を珍奇な書体で妨げぬようなものを作り出すことであった。つねづね、私は中世の書写法、そしてまたその後継者である初期印刷に感嘆することしきりであった。インキュナビュラを見るうちに、これらは純粋にタイポグラフィーによるだけですでに美しく、贅沢にほどこされている多くの装飾がどれ一つとしてなくともやはり美しい、ということがわかった。そこで私はもっぱら、印刷と版面によって歓ばしい姿を示せるような書物を作り出そうと思った。こうした観点からすると、第一に私は次のような事柄に注意しなければならなかった。すなわち、紙、字体、活字・単語・行の正しい組み方、そしてページ面の中の組版の位置である。

もちろん私は、手抄き紙を考慮の対象としないわけには行かなかった。耐久力と見ばえのゆえである。価格のために紙質をなおざりにするのは、まったく誤った倹約と言わねばなるまい。それゆえ、私は紙の種類のみを決定すればよかった。その際、私は二通りの結論に達した。まず、紙はまじり気のない亜麻ボロで作られていて――たいていの手抄き紙は、今日では木綿を混入している――丈夫であること。つまり「どうさがけ」[16]がしっかりしていること。ついで、紙には簀目型が入っていること。だがあまり目が強いと、見た目に荒く感じられる。この点で、私は一五世紀の紙抄き人たちと同じ考えをもつようになった。こうして私は、一四七三年頃のボローニア産の紙を手本にした。私と親交のあった、ケント州リトル チャートのバチェラー氏が、望み通りのものを仕上げ、私は満足した。彼は、今日もなお私が用いている立派な紙を、初めから作ってくれたのであった。

さて、書体である。意識的に、というよりはむしろ本能的に、私はローマン字体で始めた。私が求めたのは、きわめて純粋な輪廓をもち、不必要な飾り曲線は毫もつけず、落ちつきがよく、今日一般に用いられている活字の重大な欠点で、読むのに困難なだけである過度の強弱のない書体であった。そしてまた、脇から緊めつけられたようでもいけなかった。近頃の書体がすべてこうなっているのは、営業上の理由からだけなのである。そこで、完全なローマン字体の手本となるべき源はただ一つとなった。それは一五世紀のヴェネツィアの巨匠たちの刊本であって、わけてもニコラ ジャンソンは、一四七〇―七六年にもっとも完全純粋なローマン字体を創作している。この書体を、私はじつに入念に研究し、写真にとって大きく引き伸ばし、繰り返し模写した、その結果、私は自分自身の書体をデザインした。したがって、私は手本の本質的な特徴を吸収しはしたものの、奴隷的に写し取ったのではなかった。いや、私のローマン字体は大体において特に、ジャンソン書体の場合よりも、むしろゴティック体の傾向がある。

やがて私は、ローマン字体のほかに、ゴティック字体ももっていなければと思うようになった。そこで私が自分に課した問題は、ゴティック字体を、一般に言われている読み難いという非難から解放することであった。私の考えたところ、こうした非難は、書籍印刷が始まった最初の二〇年間の書体には当らないものである。マインツのシェファー、シュトラースブルクのメンテリーン、そしてアウクスブルクのギュンター ツァイナー、彼らはすべて、末端を尖らせたり、不自然に圧縮したりすることを避けている。不自然な特徴は、後代の数人の印刷人から現われてくる。初期の巨匠たちだけが、先達である写字生の実際を学んでいる。じつに鷹揚に単語を短縮し、十分な省略語を用いているために、植字工もずいぶんと楽であった。これは私はまったく避けた――&記号は例外として。そしてそうした活字は、絶対に必要なものだけを用いたのである。目標をいつも念頭に置き、私はゴティック体のデザインをした。これは、思うに、どのようなローマン字体とも同じくらいに読み易く、正直に言って、むしろ私のローマン字体よりもすぐれていると考えている。この字体はテルティア〔一六ポ〕（ローマン字体はイングリッシュ〔一四ポ〕である。のちになって初めて、二段組みのチョーサーで小さ目の活字が必要になり、パイカ大〔一二ポ〕のゴティック体を作るきっかけとなった。

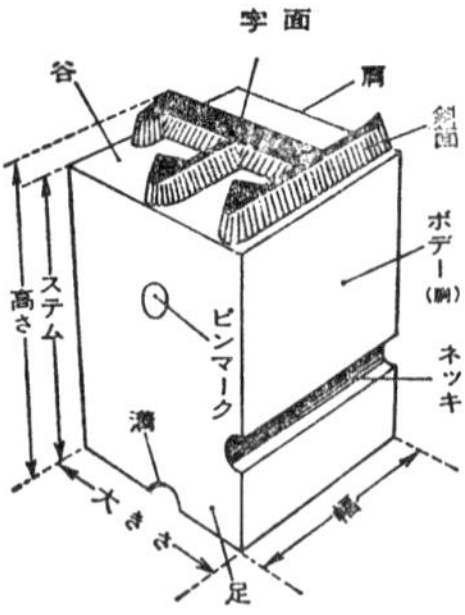

＊　活字の名称

　こうした字体の活字は一切、私のために――このことははっきり述べておかねばならない――E・P・プリンス氏が、すぐれた見識と技能をもって彫ってくれている。私のデザインをじつに十全に再現しているのである。

　さて、組み方はどうかというと、まず字づらは、活字の軸いっぱいにとって、活字間に不自然な白地ができることを避ける。それから単語相互の隙間は、語の分け目が明瞭になる以上には大きくせず、出来る限り等間隔になるようにする。現代最優秀の印刷人でさえも、端正な版面を作るのに必要なこうした事柄に、ほんの僅かしか注意を払わない。ぞんざいなひとたちは、まさに酔っぱらって気ままに字を並べているとしか言いようがない。こうなると、わけても、ページいっぱいにのたうつあの醜い亀裂ができることになる。[17] これは上質の印刷にとっては、不面目以外のなにものも意味しないようなことである。最後に、行間の白地は、度をこえてはならない。現代の行間どりの習慣は、なるべく身につけぬにこしたことはない。印刷物を特に引き立てようとする確固とした理由があれば別である。私は、ほんのいくどか、行間を空けてみたことがある。それも私のパイカ＝ゴティック体の行間にでる紙の長所を考えてのことであった。チョーサーやその他の二段組みの書物では、極薄インテル[18]だけを用い、一六折り判の本には、一切インテルを用いなかった、結局は、といっても結論的なことではなく、ページ面における版面の位置について語らねばならない。つねに内側の欄外余白〔ノド〕をもっとも狭くし、上側〔天〕はいくらか広く、外側〔横の小口側〕はもう少し広く、そして下側〔地〕をもっとも広くとるようにする。中世の写本や印刷物で、この規則からはずれていることは決してない。現代の印刷者は、計画的に違反を犯している。したがって、一ページだけが書物の単位ではなく、見開き二ページがそれに当る、という事実に抵触しているのはまったく明らかなのだ。わが国でもっとも重要な私立図書館の司書をしている友人が私に伝えてくれたところでは、彼が丹念に調査した結果、中世には、欄外余白は次々に二〇パーセントずつの差をもたせる規則があったとのことである。今日、こうした事柄、つまり余白の分配や位置は、美しい書物を作り上げるために非常に重要なことである。こうしたことを正確に注意すれば、普通の書体で印刷された本であっても、結局は上品で快いものと見えるであろう。だがなおざりにしていれば、もっとも美しい書体であっても、その効力を失ってしまうであろう。

私が、職業上の好みからしても、自分の本を分相応に飾ろうとしたことは、ごく当り前であった。ただ次のことは言っておきたい。私がつねに眼目においていたのは、自分の本の装飾を印刷面の構成要素として作り上げることなのであった。私の友人エドワード　バーン＝ジョーンズ卿は、この重要なポイントを一度たりとも見過ご

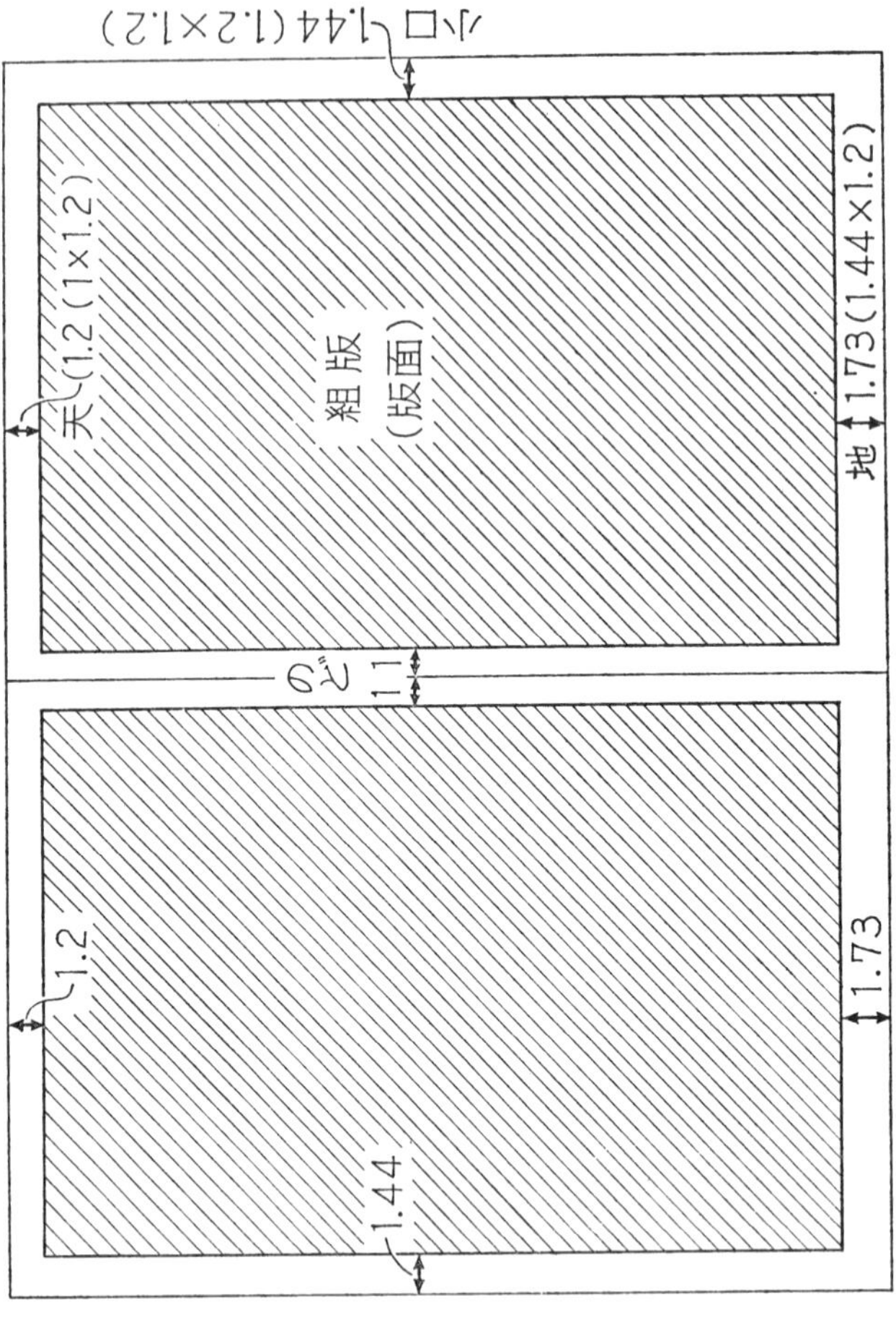

* モリスの提唱した版面のとり方

さず、立派な真似のできぬ木版画を制作して、私の書物のいく冊かを飾ってくれた上に、目下完成間近かとなっているチョーサーを豊かなものにしてくれる予定である。こうして、彼の仕事は一連のもっとも美しく創意に満ちた絵を与えてくれるのみならず、印刷された書物に考えられる限りもっとも調和のとれた装飾も作りだしてくれるのである。

ケルムスコット・ハウス

アパー　モール、ハマースミス　一八九五年一一月一一日

モリスが印刷した本の大部分は、古代や中世の文学、あるいは北欧のサガであった。彼自身の著作も多い。これらの書物が備えている一切が、純粋で完全である。手抄き紙、モリスがデザインした印刷活字、木版による装飾、深みと光沢のある黒色印刷インキ、豚皮紙の装幀、これらすべてである。モリスの代表作、チョーサーの『カンタベリ物語』はフォリオ(二つ折り判)で、彼の死後ようやく印刷が完了した。

今日われわれは、そっけなく実質的なものに慣らされている。だからウィリアム　モリスの印刷は飾り過ぎに見えることがある。しかしたいていは、最初二ページだけがこのように豊富な装飾をほどこされているので、彼の印本はむしろ内側の方がわれわれの趣味に合う。彼の偉大な功績は、一八九〇年頃の平均的な本がどのようなものであったかを知るときにのみ、完全に理解しうるのである。ケルムスコット・プレスが次代の書籍芸術家に及ぼした影響は、当時のものでもっとも強いものであった。ここでは一八九八年まで二人の男が働いており、彼らは一九〇〇年、独自に印刷所を開設した。それは、製本工コブデン＝サーンダスンと印刷工エマリ　ウォーカーであった。印刷所はダヴズ・プレス（鳩印刷所）

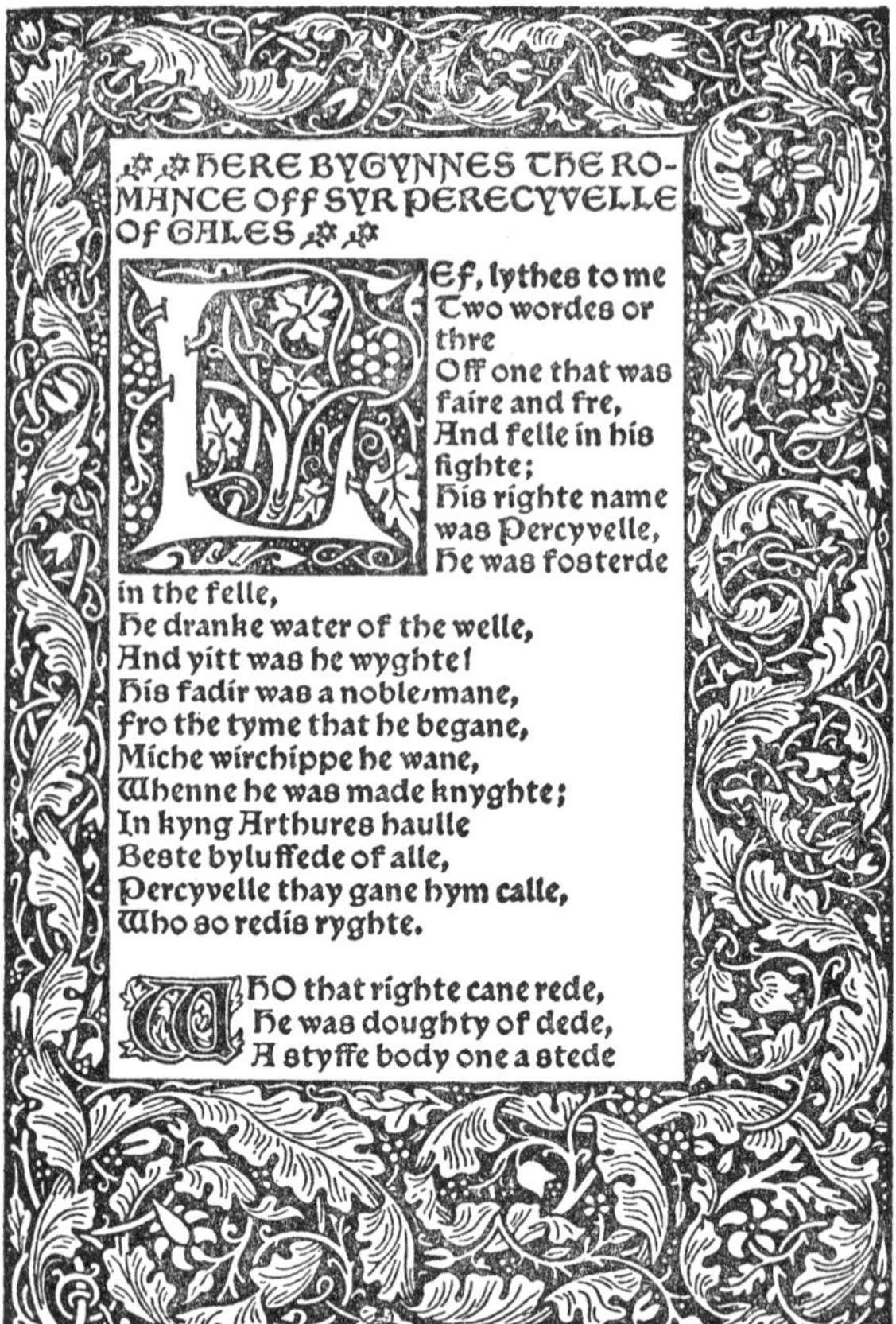

HERE BYGYNNES THE ROMANCE OFF SYR PERECYVELLE OF GALES

LEF, lythes to me
Two wordes or thre
Off one that was faire and fre,
And felle in his fighte;
His righte name was Percyvelle,
He was fosterde in the felle,
He dranke water of the welle,
And yitt was he wyghte!
His fadir was a noble mane,
Fro the tyme that he begane,
Miche wirchippe he wane,
Whenne he was made knyghte;
In kyng Arthures haulle
Beste byluffede of alle,
Percyvelle thay gane hym calle,
Who so redis ryghte.

WHO that righte cane rede,
He was doughty of dede,
A styffe body one a stede

ウィリアム　モリスのゴティック字体刊本

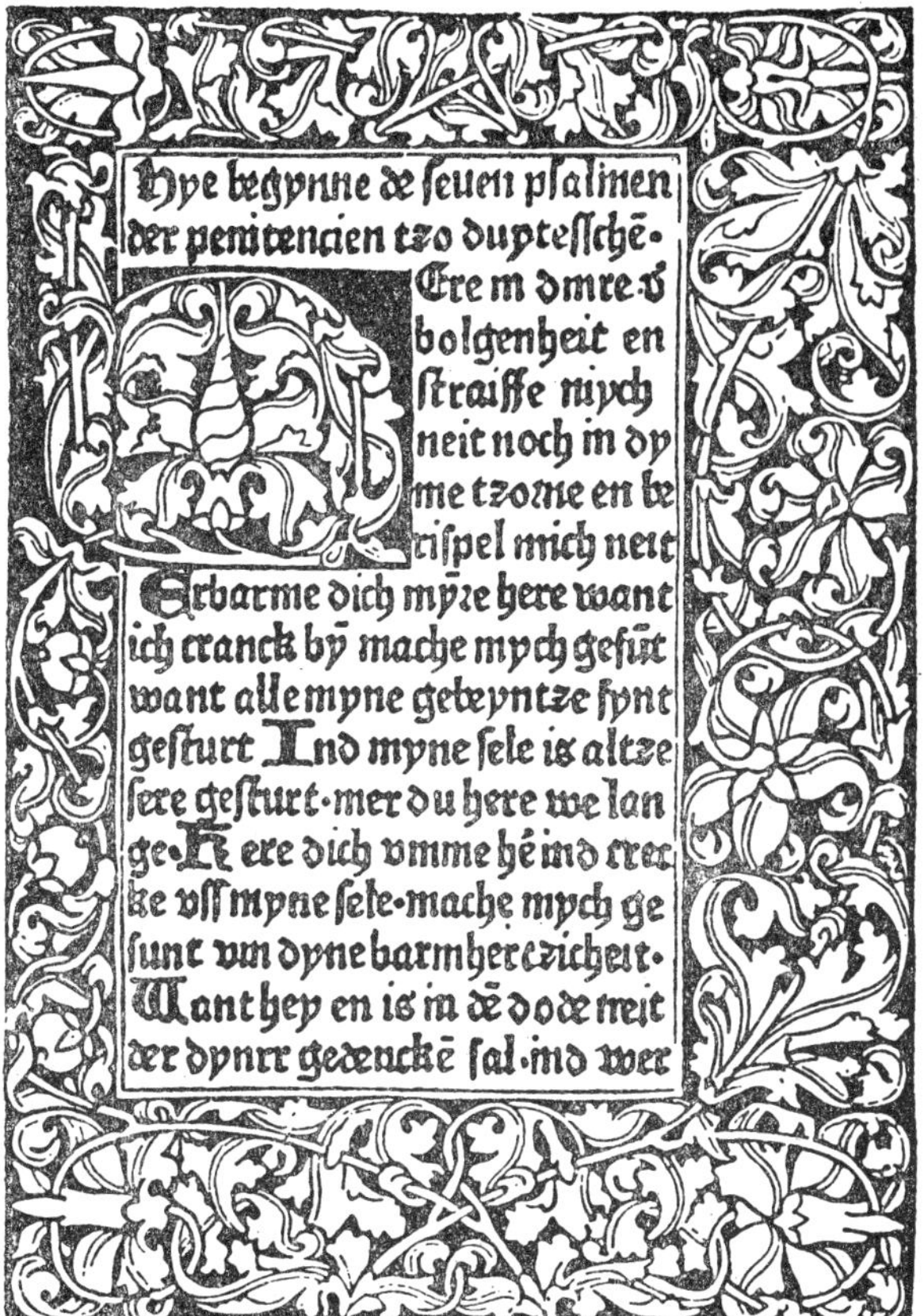

Hye begynne de seuen psalmen
der penitencien tzo duytesschē·
Ere in dinre·v̄
bolgenheit en
straiffe mych
neit noch in dy
me tzorne en be
rispel mich neit
Erbarme dich myre here want
ich cranck byn mache mych gesūt
want alle myne gebeyntze synt
gesturt Ind myne sele is altze
sere gesturt· mer du here we lan
ge· Kere dich vmme hē ind trec
ke vss myne sele· mache mych ge
sunt vm dyne barmhertzicheit·
Want hey en is in dē dode neit
der dynre gedenckē sal· ind wer

＊　『時禱書』
ケルン　1485年頃
印刷者不詳

と名づけられた。コブデン゠サーンダスンは、一切の装飾を断った本を作り、気品ある書体といくつかの飾り文字の効果のみにまかせようと思った。

彼の最初の書物は、『理想の書物 *The Ideal Book*』の表題をもち、一九〇〇年一〇月に完成した。美しい本についての彼の見解が納められているのである。その一部(一九二一年の独訳による)を次に引用しよう。

書籍印刷および書写芸術の主要課題は、著書が伝達しようとしていた考えないしはイメージを、途中で損なうことなくわれわれの認識に伝達することにある。そして美しい書籍印刷の主要課題は、記号を通じて精神にもたらされるべき思考内容の美や魅力を、印刷による美や魅力によって押しのけてしまわないことにある。むしろこうした印刷は、一方では伝来の手段がもつ明晰さや美しさを用いて伝達を容易にし、他方では内容の休止点や途切れたところをいずれも利点として、印刷術特有の穏やかな美を展開すべきである。ここから結論される当をえた印刷とは、印刷が全体として明瞭で美しいこと、最初または序のページ、表題、章の見出し、頭文字、飾り文字等々に一つの特徴ある美しさが与えられている場合なのである。そこで直ちにわかるように、装本家にとっての広い活動分野が開けてくるわけである。

さらに、詩作品にあっては、私の見るところ、詩形は耳に対するのと同じくらい強く目に語りかけてくる。それゆえ紙面での割付けは、詩形が一目で捉えられるとともに、細部の価値も生かしうるようにするべきであろう。こうした瞬時の把握と評価を妨げるものはすべて、それ自体いかに美しかろうとも、やはり本全体との関連においては、タイポグラフィー上の不法行為なのである。

彼はアンティカ書体をデザインするにあたって、モリスと同じように、ヴェネツィアのニコラ ジャンソンの立派な活字体を手本とした。ダヴズ・プレス刊本五一冊の中には、ドイツ語のゲーテ作品集五巻が見られる。代表作は、英訳聖書であって、一九〇三年から一九〇五年まで五巻に分けて出版された。一九〇九年の『ハムレット』は現代での完璧な印刷本と言えよう。

一九〇〇年になる少し前、イギリスでは、夭折したオーブリ ビアズリがセンセーショナルな挿絵を描いていた。彼のドイツへの影響は長く続いた。ビアズリは一八九八年に死んだとき、やっと二六歳になったばかりであった。彼はすでに一八九二年に、マロリの『アーサー王伝』の絵と飾り文字をもってデビューしていた。一八九四年には、オスカー ワイルドの『サロメ』を、一八九六年には、雑誌「サヴォイ」の挿絵と装飾をしている。

二人の有名なイギリスの書籍蒐集家の名をここで挙げておかなければならない。ロクスバラ侯は、多数の写本と初期印刷本を集めた粒よりの蔵書をもっていた。彼の死後、その蔵書は一八一二年に、競売されることになった。このオークションはセンセーションであった。イタリア初期印刷本のボッカチオの競りのときは、スペンサー卿とブランドフォード侯爵の争いとなった。同じ日の夕方には、興奮した参会者が、イギリス最初のビブリオフィル〔愛書家〕クラブとなるロクスバラ・クラブを設立した。三一人の会員は、のちに四〇人になった。

史上最大の書籍蒐集家の一人はスペンサー卿であった。彼はいくつかの個人の蔵書を買い入れることによって、公共図書館でも及ばぬようなコレクションを築いた[19]。彼の司書となったトマス F・ディブデインは、一八一四年から一八二三年の間に、七巻のスペンサー蔵インキュナビュラ目録を編纂した。この目録は、ロンドンのシェイクスピア・プレスで見事に印刷された。七巻のうちには、多くの印刷見本や、一部は二色刷りで覆刻した木版画が豊富に納められている。ディブディンは、さらに何冊かの書籍史の仕事を仕上げた。彼がヨーロッパ諸国で行なった書籍探訪旅行記は、彼に世界的名声をもたらした。

スペンサー卿コレクションは、一八七二年、イギリスの工業王ジョン ライランドの手に買いとられたが、死後〔一八八八年没〕一八九九年に、未亡人が公共図書館にした。マンチェスターにあるジョン‐ライランド図書館は、今日では世界でもっとも蔵書数の多いものの一つである。一五世紀の重要な聖書で、ないものはなく、またアルドゥス版[20]は特別な一室を満たしている。装幀コレクションでは、すべての有名な製本師の名前が見られ、写本部には、きわめて古い聖書伝承の世界的に著名なものが集められている。

ドイツでも、重要なインキュナビュラ・コレクションの基礎が一私人によって置かれた。そのひとは、ライプツィヒの仕立職匠（マイスター）ハインリヒ クレムである。彼は、衣裳モードについての著作で財を築き、徐々にインキュナビュラを集め、その数七五〇部に及んだ。後代の貴重な印刷稀覯本も蒐集の対象であった。彼は自分のインキュナビュラを「美飾」させるくせがあった。欠けたところを補わせ、数多くのミニアトゥーア〔細密画〕や飾り文字、縁飾りを描き込ませたのである。グーテンベルク聖書でさえも、こうした「美飾」に甘んじなければならなかった。一五世紀の装幀は、背表紙を金で華美に彩色することによって装いが変り、一八世紀のものと同じになってしまった。彼はコレクションの中でもっとも美しいページのいくつかのファクシミル版を作らせたので、他の蒐集家たちも彼の宝に与ること

＊　ポープ『髪の毛盗み』（ロンドン　1896）
ビアズリが最初に手がけた書籍装画
（47ページ中に９葉）

＊＊ グーテンベルク像
トルヴァルセン作（彫像を石版画にしたもの）

（310ページ参照）

ができた。一八八四年、クレム・コレクションはザクセン国に買い取られ、ライプツィヒの書籍産業博物館に委託された。同じ年のうちに、クレムは一巻の目録を作成し、一冊ごとに詳細な記述を行なった。特記に価するのは、この目録の表紙が、マインツで発掘されたローマ時代の橋の木でできていることである。今日このコレクションは、戦災により貴重な作品を失っているが、ライプツィヒのドイツ書籍博物館にある。

書籍印刷術の発明者ヨハネス　グーテンベルクは久しく忘れられていた。彼の生都マインツでさえも、彼の名をつけた通りはなく、[21] 記念碑が彼の存在を物語っていたわけでもなかった。そこに登場するのが皇帝ナポレオンである。彼は一八〇四年マインツに進駐したとき、訓令を下し、グーテンベルク広場を設置するように命じた。一八二七年には、彫刻家ショルによって等身大のグーテンベルク像が制作された。だが私的な依頼であったために、像は新設のグーテンベルク広場には意味をなさなかった。ローマに滞在していたデンマークの彫刻家ベルテル　トルヴァルセンが、このマインツの広場を飾ることになるグーテンベルク記念碑制作の依頼をうけた。世界じゅうの印刷人がこの基金を寄せていたが、最高の金額はマインツ市が受け持った。一八三七年に除幕式が行なわれることになった。トルヴァルセンは、この発明者をじつに信ずべき姿に作り上げることができたので、この像は残存していない肖像の代りを勤めえたのである。このようなわけで、今日見るグーテンベルク、長い鬚を生やし威厳のある活気に満ちた男は、トルヴァルセンの作品によっているのである。

一九六二年、グーテンベルクの新しい像がマインツのグーテンベルク博物館に陳列された。それはフィンランドの彫刻家ヴェイネ アールトネンによって制作された非常に大きな胸像である。作者は、書籍印刷術の発明家が、活動の最盛期にあった頃の力と生気にあふれ崇高なまでの人柄を表現している。この作品がこれからのグーテンベルク像の原型になることもありえよう。

一八四〇年には、きわめて華々しく、書籍印刷術発明四百年記念祭が催された。この日のために、グーテンベルクに関する書物や著述、そしてまた二、三の典型的な印刷物が出版された。一八七六年には、アントワープ市が残存していたクリストフ プランタン印刷所の建物を買い入れ、プランタン＝モレトゥス博物館にした。これは最初の意義ある印刷博物館であった。最大のグーテンベルク記念祭は、彼の生誕五百年を機に、一九〇〇年マインツで行なわれた。今でもマインツの古老はその時の伽話のように華麗な光景を語っている。同年にはマインツのグーテンベルク博物館が開設された。国際グーテンベルク協会が発足したのは、一九〇一年のことであった。

昔は、王侯だけが書物を集めることができた。この時代になると、多くの家に精選された小規模な個人蔵書が見られるようになった。多くの蒐集家は、各自一つの小さい領域を選び、完全にすることを努め、往々目標に到達することもあった。ドイツでは、一八九九年、最初のビブリオフィル協会 Gesellschaft der Bibliophilen が結成された。第一次大戦の少し前、一九一一年には、マクシミリアン協会 Maximilian-Gesellschaft がその後を追う。今日もあるこうした協会は、完全な書物を育成することを課題としている。協会独自の出版物では、理想の書物の例を示そうとしているのである。会員は年次総会で互いに面識をもつようになる。

書物や書物の歴史に関心が昂まることから、雑誌さえも生みだされた。一八九七年創刊の「ツァイトシュリフト フューア ビューヒァーフロインデ（愛書家のための雑誌）Zeitschrift für Bücherfreunde」である。この雑誌は多年にわたって、当時の本づくりの入門や、書物のさまざまな歴史について豊富な図版入りの論文を多数掲載した。一八八四年ライプツィヒに設立された書籍産業組合や、同年発刊されることになった「ツェントラールブラット フューア ビブリオテークスヴェーゼン（図書館中央誌）Zentralblatt für Bibliothekswesen」も、書物に奉仕するものであった。時として非常に大部になった「ツェントラールブラット」別冊では、書籍史の個々の問題が学術的に論及されている。

一九〇〇年直後のドイツでは、書籍芸術の育成が始まった。この動きは、書物の歴史全体を通じて例がないほどのものである。

一九〇〇年、『芸術作品としての書物 *Das Buch als Kunstwerk*』の書名のもとに、ペーター イェッセンが基本方針を示す論文を発表した。彼は一九世紀においての驚くべき書物の堕落ぶりを指摘し、書物の復興をなしうるいくつかの進路を示している。その序文で、彼は次のように述べる。

確かに私は、どこの家でも一冊のゲーテは見出しはした。——だが、どこでも読むまでには至らなかった。まず、快適な、神経質なまでに清潔な牧師館でのことであった。一列に並んだ本。私はやっとのことで気持を押えて手にとった。あせた空色のクロースは糸目もあらわになり、赤味がかっている金箔押しは、手ずれによってみすぼらしい痕だけになっていた。この表紙の内側には黄色いパルプ紙のページがゆるんでつながっていた。縁はやけ、もろく、どこを開いても破れ目があった。印刷は、使い古しの薄くなった活字にくすんだインキを用い、細かく弱々しいものだったので、私の健康な眼でも半時間もすると痛くなってきた。ここではゲーテをあきらめなければいけないな、と私は思った。私を親切にもてなしてくれた牧師たちは、この詩人の書をしばしば手にとっていたが、このように私を悩ました一切のことが気にさわったことがないというのだった。所詮は一冊の本なのであった。ほかのものがこのようにみすぼらしかったら、彼らは我慢しなかっただろう。部屋や台所のものとか、また衣裳戸棚のものでも、庭のものでも。

今や至るところに私家版印刷所が作られ、完全な書物を制作することをその目標にしていた。印刷所の所有者たちは、美しい書物への感激にとりつかれ、時間や費用の犠牲はまったくいとわなかった。手本となったのは、完全な初期印刷本やイギリスの印行本であった。私家版印刷所の作品が手(作業)組み、手引き印刷機によって、高級紙か、場合によっては皮紙に印刷されねばならないのは、当然のこととされていた。どの印刷所も独自の印刷字体をもち、その多くは、所長自らデザインしたものであった。場合によっては、そうした印刷字体は初版を出したあとで、活字鋳造所にひきとられて印刷市場に売りに出されたこともある。こうして出来た書物を入手する内輪の交友グループが、少なからぬ費用を分かちもつ助けとなったのである。多くはテクストが中心になった。蒐集家の蔵書にすでにあるものでも、それを美しい姿で見たいと思うあまりに二冊目でも欲しくなるというわけであった。このような特製本の蒐集家には、入手した本は一冊も読まず、好きな作品をじつに完全な姿で所有しているということで、幸福感を味わうひとびとがいた。私家版印刷所の刊本は市場には出なかった。印刷所によっては、一部ごとにナンバーを打ち、特定の番号を書架に収めたいという蒐集家を対象とした。〔ドイツの工業王といわれた〕フーゴー シュティネスは大のビブリオフィルであったが、いつも一番を入手した。

ドイツ私家版刊行本目録は、一九二五年に発行されたが、六〇〇ページに上る大冊である。一九三一年には引き続き一九三〇年までの補巻が出された。二巻とも編者はユーリウス ローデンベルクである。

美しい書物に対するこうした熱狂的な献身は何を意味したのか、また今日でも何を意味しているのか問い返してみよう。美しい本にこのように一種の崇拝の念を捧げるわけがわからない人間がいるのも確かである。ゲーテさえ、「だれが一冊の本を印刷のゆえに手にするだろうか」と言ったことがある。とにかく、完全な書物とのつき合いほどわれわれのためになるものはないのである。文章を書かねばならぬものは、それが立派に印刷されるであろうと知れば、一層立派な文章にすることであろう。それゆえ多くの著者は、自分の文章が印刷されてきたのを見ると、直ちに朱筆を入れるのである。出版人にとっては、こうした時宜を失した訂正はあまり嬉しくない。

私家版印刷所刊本の発行部数は、大方三〇〇部以下であった。このように高価な書物の購買者層は当然のことながら小規模であったからだ。したがって、こうした書物は影響力をもたないと思われることであろう。ところが事実は逆である。世代を問わずすべての印刷者は、これらの理想的な印行本に啓発され、また活気づけられた。そして自分たちも同じようなものを生みだしたい、という願いが目ざめさせられるのである。模範的な印刷の影響は大きく、粗雑な印刷字体や行き届かぬ整版は通用しなくなった。私家版印刷所の仕事の実りは、今日収穫の時期となっている。活字、版面、印刷などが悪いと言われるような本は、ほとんど一冊も現われなくなったのである。

模範的な印刷物を制作しようという意欲に満ちて、一九〇〇年、三人の若い芸術家がシュテーグリッツ工房 Steglitzer Werkstatt を組織した。フリッツ ヘルムート エームケ、フリードリヒ ヴィルヘルム クロイケンス、そしてゲオルク ベルヴェの三人であった。ベルリーン＝シュテーグリッツにある屋根裏部屋で仕事が始まった。数年後には教習所を併置し、社屋の新設にまで至る。だが注文は一定せず、資金も尽き、この新鋭の工房はすでに一九〇六年には人手に渡ってしまった。しかし、三人の芸術家は本づくりの仕事を続けた。彼らが各自印刷所を興し、各自の活字体を作ったことが、彼らの力量を証明している。

シュテーグリッツ工房の努力は、主として小物印刷物、蔵書票、各種広告物に向けられた。エームケが執筆し、模範的に印刷された趣意書には、この印刷所の芸術綱領が含まれている。次に全文を引用してみよう。

多くの実業家が当今の芸術上の諸々の要求に対していだいている誤解こそ、自分自身芸術家である私たちが、約一年前「シュテーグリッツ工房」を設立するに至った契機でありました。本工房では、芸術応用のすべての分野のほか、特に印刷に専念いたしております。しかもその印刷は、かつてのもっとも美しい開花期の産物と同じく、書籍印刷芸術と言われるにふさわしいものであります。このような簡素質実な産物を生み出すことにより、「流行」と声高に言いふらし、「分離派あるいはユーゲント様式」なる総称のもとに横行している類に有益な対立をなし、もって飾り文字の揺れ動き落ち着きのない混乱の中の休息点を提供するものであります。諸氏は折々必要あって印刷所を利用されることでありましょう。ここに本回状をもって、将来も私たちの印刷工房をご記憶下さるようお願い申し上げます。シュテーグリッツ、一九〇二年初春。

「シュテーグリッツ工房」

シュテーグリッツ工房の処女印刷本は、一九〇三年、オイゲン ディーテリヒス出版社の注文で制作された。エリザベス バレット＝ブラウニングの『ポルトガル語からのソネット』独訳本である。豊富な装飾はエームケがデザインした。

シュテーグリッツ工房は、もっぱら小物印刷を取り扱い、書物は一冊しか印刷しなかったので、私家版印刷所に数えることはできない。ドイツ最初の私家版印刷所は、ヤーヌス（雙面神）プレッセであって、カール エルンスト ペシェルが設立し、一九〇七年に営業を開始した。ペシェルとティーマンが署名した一九〇七年八月の案内状には、刊行数最高二百部と限定されている。第一回刊行本は、予約価三〇マルク、出版正価四〇マルクと決められた。この本はゲーテの『ローマ悲歌』であった。このうち市場に出たのは一二〇部だけである。

同年、芸術感覚豊かなヘッセン大公エルンスト ルートヴィヒは、ダルムシュタットにエルンスト・ルートヴィヒ・プレッセを設立し、クロイケンス兄弟に管掌を委任した。兄のフリードリヒ ヴィルヘルムが装飾を担当し、弟のクリスティアン ハインリヒが印刷の配慮をした。第一冊は、一九〇八年に出

ERSTER AKT

ANMUTIGE GEGEND.
FAUST AUF BLUMIGEN RASEN GEBETTET,
ERMÜDET, UNRUHIG, SCHLAFSUCHEND.
DÄMMERUNG.
Geister-Kreis schwebend bewegt, anmutige
kleine Gestalten.

ARIEL
Gesang von Äolsharfen begleitet.

WENN der Blüten Frühlings-Regen
Über alle schwebend sinkt,
Wenn der Felder grüner Segen
Allen Erdgebornen blinkt,
Kleiner Elfen Geistergröße
Eilet wo sie helfen kann;
Ob er heilig, ob er böse,
Jammert sie der Unglücksmann.

Die ihr dies Haupt umschwebt im luftgen Kreise,
Erzeigt euch hier nach edler Elfen Weise,
Besänftiget des Herzens grimmen Strauß,
Entfernt des Vorwurfs glühend bittre Pfeile,
Sein Innres reinigt von erlebtem Graus.
Vier sind die Pausen nächtiger Weile,
Nun ohne Säumen füllt sie freundlich aus.
Erst senkt sein Haupt aufs kühle Polster nieder,
Dann badet ihn im Tau aus Lethes Flut;
Gelenk sind bald die krampferstarrten Glieder,
Wenn er gestärkt dem Tag entgegen ruht;

エルンストールートヴィヒ・プレッセ制作の
ゲーテ『ファウスト』（ダルムシュタット　1922／24）

来た二七五部の「エステル書」である。一九二二―二四年には、エルンストールートヴィヒ・プレッセで、ゲーテの三巻本『ファウスト』（ウーアファウストを含む）が印刷された。この仕事はどの点からしても成功作であって、もっとも美しいファウスト刊本と言えよう。この印刷所の代表作は、一九二五年から二八年にかけて印刷されたが、残念なことに七巻をもって未完になったシェイクスピア大全集である。クロイケンスはこの刊本を、「ドイツ語ファウストの卓絶した印刷者、T・J・コブデン＝サーンダスン」に捧げている。制作されたナンバー入り二五〇部のうち一〇〇部は、エルンスト・ルートヴィヒ・プレッセ友の会会員に、一五〇部はインゼル出版社の小売り分に当てられた。一九二八年には三巻本のルドルフ コッホ著『万華譜 *Das Blumenbuch*』が刊行された。コッホの絵は、フリッツ クレーデルの手により梨材板目板に転刻された。印刷後それぞれの絵はさらに手彩色されたのである〔二五〇部、判型30×23 cm〕。このようにして、今世紀でもっとも豪華な書籍芸術作品の一つが誕生した。

第一次大戦の数年前、一九一一年、ルートヴィヒ ヴォルデとヴィリ ヴィーガント博士とは、ブレーマー・プレッセを設立した。これはやがてドイツの私家版印刷所に君臨することになった。二人は金持ちの息子で、不易の価値を創造しうる課業を求めていたのであった。その課題は書物にたずさわる仕事に見出された、というわけである。ブレーマー・プレッセの文学顧問は、ルドルフ ボルヒアルト、フーゴー フォン ホーフマンスタール、ルードルフ アレクサンダー シュレーダーと、この印刷所の精神的な側面を保証するにあまりある偉大な人たちであった。

ヴィリ ヴィーガントは、ニコラ ジャンソンの書体に範をとり、三種の大きさで美しいアンティカ書体を作り出した。彼の手になるものでは、その他聖書用ドイツ文字と、ホメーロスの『イーリアス』と『オデュッセイア』の印刷に用いた非常に美しいギリシア字体がある。唯一の飾りとしては、アンナ シモンズがデザインした飾り文字が用いられた。印行本は、青い仮綴にして蒐集家の手に渡された。蒐集家は自分の好みで本製本させたのである。印刷所はフリーダ ティールシに、気品ある皮装幀を依頼していた。

VNTER DEM NAMEN DER BREMER PRESSE beabsichtigt eine Vereinigung von Freunden des Buchgewerbes jährlich eine beschränkte Anzahl schöner Bücher erscheinen zu lassen. Es sind etwa vier Bücher für das Jahr vorgesehen, deren Auflage 250 Exemplare nicht überschreiten wird. Für den Druck soll eine Reihe neuer Schriften geschaffen werden, die ausschliesslich von der Bremer Presse verwendet werden. Zunächst ist die Antiqua der vorliegenden Anzeige geschnitten; eine deutsche und eine griechische Schrift sind in Vorbereitung. Satz, Druck und Einband werden in eigener Werkstatt mit der Hand gefertigt. Das handgeschöpfte Papier wird dem dieser Ankündigung gleichen.

Die Herausgeber möchten in Kürze über einige der Bedürfnisse und Forderungen Rechenschaft geben, von denen die Bremer Presse den Ausgang genommen hat. Jeder, dessen geistige Bedürfnisse nicht lediglich von der Verstandesseite her befriedigt werden, wünscht ein ihm liebes Buch in der ihm selbst und dem Werke gemässesten Form zu besitzen. Hiermit ist ausgesprochen, dass es sich bei Veröffentlichungen wie die angekündigte um Werke handeln wird, deren Inhalt in einem wie immer beschaffenen Grade an die Phantasie appelliert. Sie möchte, was ihr an unsichtbaren und unwägbaren Werten dargeboten wird,

R.A.シュレーダー起草のブレーマー・プレッセ設立趣意書
創作書体と手抄き紙が使用された(22)

ブレーマー・プレッセの刊行部数は、稀にしか二〇〇部を越えなかった。これ以上の部数のものは、プレッセに併設された出版社の刊行物のみに限られていた。この手のものでは、活字と版組みをブレーマー・プレッセが請負ったダンテがあり、今昔を通じてもっとも完璧なダンテ全集の一つである。

ブレーマー・プレッセの印行本を前にすると、あらゆることが視覚にうったえてくるのである。われわれは不規則な縁をもつ手抄き紙、申し分のない版面、完全な印刷、気品ある書体といったもので心楽しくなる。ここで生まれたもっとも美しい印刷作品の一つは、一九二五年のラテン語版アウグスティーヌスである。初期印刷時代このかた、いかなる本もこのような美しさをもって印刷所を巣立ったことはないのである。一九二六年から二八年までに、ブレーマー・プレッセは、ルター訳全聖書をフォリオ判五巻に印刷している。しかし、印刷字体と見出しは、アウグスティーヌス本から放散されるような時代を超えたものではない。

ブレーマー・プレッセ設立と同じ年に、ベルリーン=シュテーグリッツでは、E・W・ティーフェンバハによってオフィツィナ セルペンティス（蛇印刷所）が設けられた。印刷所主は妻と休みなく働き、世界文学作品を、ドイツ、ラテン、ギリシア、ヘブライの各国語で植字しては印刷した。活字体には、インキュナビュラ時代の書体が手本となった。ギリシア文字には、コンスタンティン ティッシェンドルフが発見したシナイ写本の書体が用いられた。この活字はドイツの活字鋳造所で製造された。オフィツィナ セルペンティスの印行本はいささか古風な感じがするが、ティーフェンバハはこうした効果を意識的に求めたのである。代表作は、ボッティチェリの絵とハンス タデーウス ホイヤーによる飾り文字の入ったダンテ三巻本である。一九二九年には、マクシミリアン協会の年次刊行本として、オフィツィナ セルペンティスがきわめて入念に印刷したアルミン レンカー著『紙の本』が刊行された。

オッフェンバハでは、書家で書体芸術家であったルードルフ コッホの周りに一つのサークルができていて、今日に至るまで書体芸術界に影響を及ぼし続けている。コッホは、クリングスポーア活字鋳造所のために、おびただしい数の活字体をデザインした。彼はまた、書物の装飾や植字、印刷もしている。彼はさらに活字彫刻の難しい技術もこなし、自著『未開地』(一九二二)や「ペーター゠イェッセン書体」のために自ら活字を制作した。一九一一年に、ルードルフ コッホはルードルフ ゲアストゥングとともに、「ルドルフ印刷叢書 Rudolfinische Drucke」刊行の目的で工房を設立した。この叢書をもって、彼は自分で思い描いた完全な書物を実現することができたのである。一九二六年には『四福音書』が、一九三二年からは『キリスト教の諸象徴』が出版された。

ハリイ ケスラー伯によって一九二一年ワイマルに創設されたクラーナハ・プレッセは、今世紀でもっとも美しい書物のいくつかを制作することに成功している。一九二六年に、ウェルギリウスの『牧歌』がラテン語原文とルードルフ アレクサンダー シュレーダーの独訳をつけて出版された。ケスラー伯とシュレーダーは、三〇年前「パーン」の編集にあたったとき、同じ精神の結びつきをえていたのであった。見出しと飾り文字はエリック ギルが彫り、挿絵木版はアリスティド マイヨオルの手になった。この版のための紙は、特に注文してフランスで手抄きさせたものであった。偉大な書籍芸術の功績となったのは、シェイクスピアの『ハムレット』の印刷である。これには サクソ グラマティクス[23]の歴史書と

HAMLET PRINZEN VON DÆNEMARK DRITTER AKT
VIERTE SZENE

Königin Was willst du tun? Du willst mich doch nicht
morden?
He hilfe! hilfe!
Polo. (Hinter der tapete) Hilfe! he! herbei!
Ham. Wie? was? eine ratte? (er zieht)
Tot! ich wett ein goldstück, tot!
Er tut einen stoß durch die tapete.
Polo. (Hinter der tapete) O, ich bin umgebracht!
Fällt und stirbt.

nach Schwedland, Norwegen oder England sandtet, statt ihn eurem verruchten buhlen zum opfer zu lassen? Seid nicht gekränkt, ich bitte euch, hohe frau, wenn ich von schmerz und trauer hingerissen so kühn mit euch rede und euch weniger achtung zolle, als es pflicht gebietet, denn da ihr mich vergessen und völlig die erinnerung an den verstorbenen könig, meinen vater, in euch ausgelöscht habt, so dürft ihr euch nicht wundern, wenn auch ich die grenzen und schranken gebotener achtung überschreite. Seht, in welche not ich jetzt geraten bin, und welch unheil mein schicksal und euer großer leichtsinn und mangel an klugheit über mich gebracht haben, daß ich gezwungen bin, den narren zu spielen, um mein leben zu retten, statt mich in waffen zu üben, abenteuern nachzugeben und jedes mittel zu versuchen, um mich als den wahren und unbestrittenen erben des kühnen und guten königs Horwendil bekannt zu machen. Nicht ohne grund und gerechten anlaß erscheinen alle meine gebärden, mienen und worte wie die eines irren, und wünsche ich, daß alle mich für völlig des verstandes und jeder vernünftigen überlegung beraubt halten, denn ich bin dessen ganz sicher, daß derjenige, welcher sich kein gewissen daraus gemacht hat, seinen eigenen bruder zu töten, (an das morden gewöhnt und verführt durch den wunsch, zu herrschen, ohne daß seine tükken durchschaut werden) nicht zögern wird, sich zu retten durch das gleiche grausame wüten gegen fleisch und blut seines von ihm erschlagenen bruders. Daher ist es besser für mich, wahnsinn zu heucheln, als den gesunden verstand, wie ihn natur mir beschert hat, zu gebrauchen, dessen helles klares licht ich gezwungen bin, unter diesem schatten der verstellung zu verbergen wie die sonne ihre strahlen hinter einer großen wolke, wenn das wetter im sommer sich verdüstert. Die mienen eines irren dienen mir dazu, mein kühnes gesicht zu verbergen, und die gebärden eines narren sind mir bei weiser führung gerade recht für den zweck, mein leben und das gedächtnis meines so kurz verstorbenen vaters den Dänen zu erhalten. Denn der wunsch, seinen tod zu rächen, ist mir so ins herz gegraben, daß, wenn ich nicht bald sterbe, ich hoffe, eine solche und so große rache zu nehmen, daß diese länder ewig davon reden werden. Jedoch muß ich zeit, mittel und

シェイクスピアおよびサクソ　グラマティクスの
『ハムレット』（ドイツ語訳）
木版画　ゴードン　クレイグ
クラーナハ・プレッセ本（ワイマル　1928）

古いハムレット史料とからの抜粋が併載されているのである。木版による挿絵は、イギリス人エドワード　ゴードン　クレイグ(24)が制作した。発行部数は僅か二五五部で、そのうち一七部は局紙(25)を、八部は皮紙を用いている。皮紙版の一冊は、イグナーツ　ヴィーメラーがスイスの蒐集家のために、白い豚皮で製本し、赤い題字をほどこした。この本を一度でも繰ってみれば完全な書物とはいったいどれほどの高みにまで達しうるものか、という感にうたれるのである。

第一次大戦の一年前に、F・H・エームケはループレヒト・プレッセを設立した。彼はすでにシュテーグリッツ工房で本を一点手がけていたし、デュッセルドルフの美術学校で、『ウパニシャッド・ヴェーダ』の記念碑的な版本を印刷するにあたって美術指導を行なっていた。彼はループレヒト・プレッセで、模範的な印刷を行ない、彼の活字体を初めて用いようと思った。その際に、彼は一層よい版面をえようと、活字を変えた副本をそえた。副本はのちには市場に出さなくなった。このミュンヘンに設置された印刷所は、その名をバイエルン皇太子のループレヒトにあやかったのである。一見してこの印刷所の版本は、あざやかなジャケットがどの本にもかけられているのでそれとわかる。どの本にも似つかわしい書体が選ばれたが、多くは活字が先にできて、それに適合するテクストが探し出されたという具合である。このようにして、内容と形が快い調和をかもし出す印本が生まれたのであった。エームケが古い年代記に選んだ書体と活字の大きさは、たとえばジャン　パウルの『生意気盛り』やニーチェの『ツァラトゥーストラ』に用いたのとは別のものである。

クロイケンス兄弟、フリードリヒ　ヴィルヘルムとクリスティアン　ハインリヒの二人は、一九〇七年はエルンスト・ルートヴィヒ・プレッセの業務にたずさわったが、第一次大戦後独立の印刷所を開くことになった。クリスティアン ハインリヒは、クロイケンス・プレッセをフランクフルトに置き、詩人ルードルフ G・ビンディングを共同制作者兼顧問に迎え、フリードリヒ ヴィルヘルムは、ラーツィオー・プレッセをダルムシュタットにもって、ゲーテの『タッソー』や多くの書物を自分が描いた插絵入りで印刷した。一九三七年、クリスティアン ハインリヒは、マインツ・プレッセの主宰としてマインツに呼ばれた。この印刷所の友の会は、刊本購入を義務としていた。ここで生まれたのが、三巻本の『少年の魔法の角笛』とヘーベルの『宝の小箱』で、版面は初期印刷本を彷彿させるものである。印刷所最大の課題は、五〇巻を予定した「世界ゲーテ全集」であったが、戦争のために惜しくも端本となったままである。

一九三〇年頃、私家版印刷所の最盛期は終りを告げた。こうした企業には、潤沢な暇や金が要った。忙しく生きる時代のひとびとは、美しい版本で楽しむ暇はもうなかったのである。彼らは今や、安く、しかも内容は新しい本を求めた。高速度印刷機と植字機械の進歩は見事なもので、一冊の書物を手づくりにするのは、もはやし甲斐のないことであった。二、三のビブリオフィーレ相手の印刷所は、こうした理由をもって方針を変え、テクストは手組みにしても、高速度印刷機で刷り上げる、ということをした。これはすでに、ブレーマー・プレッセが店頭用版本で実践していたことであった。マインツでは、一九三六年にアルベルト エゲブレヒトがエゲブレヒト・プレッセを設立し、ここで作られた書物は、私家版印刷所の美しさはもっているが、高速度印刷機にかけられ、書籍商の手を経て売られたのである。これらの本は、このようにして、幅広い読者層に気品あるタイポグラフィーを教える助けとなった。エゲブレヒト・プレッセは、今日でも仕事を続けている。一九五二年、この印刷所は、ハネス　ガープの挿絵入り『サッポー』で、内外に讃嘆された書物を作ることに成功している。

今次大戦後、ビブリオフィル向けの工房は、印刷学校か企業の計画に依存しない限りは存続しえなくなった。一九五〇年に開設されたグリレン・プレッセは、リーヒアルト　フォン　ジヒョウスキーがハンブルク国立美術学校で指導をしているものである。そのもっとも美しい印刷は、イソップの『寓話集*Buch der Fabeln*』で、彫刻家ゲーアハルト　マルクスの木版画を収めている。ここでは、初期印刷時代でのように、木版とテクストは共刷りにされているが、一五世紀に見られた完全さが、二〇世紀の書籍芸術に移入されているのである。ドイツのある活字鋳造所の援助をうけ、ゴトハルト　ド　ボークレールの指導下で仕事をしているのは、一九五二年設立のトラヤーヌス・プレッセである。この印刷所では、一九六〇年、希独対訳ヨハネ福音書が見事に印刷された。現代の聖書印刷の模範である。

私家版印刷所がもっぱら書物の容姿に気を配り、書物の美に新しい尺度を立てたのに対して、もう一方では、偉大な出版社主となった人物たちは、彼らが好ましいと思う針路に突破口をつけたのであった。長年インゼル出版社を主宰したアントン　キッペンベルクは、ゲーテ蒐集家で、ゲーテや広く時代を超えた文学の作品を広めることを社是とした。ピーパー出版社は一九〇四年に、ローヴォルト出版社は一九〇八年に設立された。一九四五年に再開されたローヴォルト社〔大戦中ナチスの国策に合わぬと、業務を停止された〕は、一九五三年にロロロ叢書（ローヴォルト・輪作小説 Rowohlts Rotations Romane）の第一巻〔ハンス　ファラダの小説〕を出し始めることで、新機軸の本、つまり安いポケットブックを生み出した。私家版印刷所本は、むしろ読むためよりも眺め感嘆するためにあったようなものだが、こうした新しい本は、読むためのものであって、眺めるためには作られていない。多くの出版社はこれに刺戟をうけた。今日ではこうした安いシリーズものを除いては、書店というものが考えられなくなっている。実際このような外見はじつに取りえのない書物によって精神の解放が行なわれてきたのである。映画一回分の金で、今ではプラトーンの対話とかダンテの『神曲』が買えるのである。これらの本は本棚に並べておくものではなく、読んだあとでひとにやってしまうものである。特に内容が気に入って、いつも手元においておきたければ、保存版を買い足すことができよう。

大出版社の中で新興の一つは、一九五〇年からのズーアカンプ出版社である。この出版社は、特に現代文学の育成に励んでいる。若い作家詩人は世に出る第一歩を、この出版社の援助に負うことが多い。大出版社のなしうることは、良いものを認め、冒険する勇気をもつところにある。

このところ多くの書物は多色印刷で出版されている。今では技術が原本に忠実な複製を許すところまで来ている。そこで古い写本の良質な刊本が多く見られるのである。ベルンでは、ウルス グラーフ出版社が、ロンドン、ダブリンまたザンクト ガレンにある著名なアイルランド写本や、アムブロシアーナ図書館本『イーリアス』の原本に忠実な覆刻制作の壮挙を行なっている。出版部数は大体八〇〇部を超えず、価格は一〇万円から二〇万円の間である。これより以前に、インゼル出版社は、グーテンベルク聖書とハイデルベルク本詩歌写本の卓抜なファクシミル版を作って、広範囲の読者層に入手の便宜を図

J. G. Cotta | Philipp Reclam | Hoffmann und Campe

Eugen Diederichs | Insel-Verlag | F. A. Brockhaus

Suhrkamp | S. Fischer | Rowohlt

Carl Hanser | C. H. Beck | Artemis

Carl Schünemann

ドイツの出版社章のいろいろ

っている。最近では、グラーツにあるアカデミー出版社のファクシミル版が特にすぐれている。こうした覆刻本は、原本の特徴をすべてとらえ、最大の長所は、十分な利用価値を具えているために、原本を図書館の奥深く入念にしまいこみ、ごくたまにしか見ずともすむことにある。多色印刷の改善は、何年か前ならば金では買えなかったような児童書も生み出している。

フランスでは、戦後になって、偉大な芸術家のオリジナルグラフィック作品がいくつか、非常な少部数で高価な値をつけて出版されている。この種のもので一番重要なのは、シャガールの絵入り聖書であって、一九五七年パリーで刊行された一〇五点のエッチング入りの二巻本である。制作はすでに一九三一年に始められていた。出版部数は二七五部で、どの本にも画家の自署が入っている。

フランスの特製本は、二〇部あるいは、しばしばそれ以下の刊行部数である。それとはまったく逆に、ある本が巨大な部数で出版され、何度も増刷しなければならないとき、「ベストセラー」と言われる。つまり、もっともよく売れる本ということである、ベストセラーの法則は究明できるものではない。本によっては予期せぬ結果ベストセラーとなり、また成功しうると思っていた本が、まったく徐々にしか読者をえられないことがあった。また何年も売れ行きが伸びなかったのに、突然ベストセラーになった本もある。しばしばこうした成功を促進するのは、表題や外装、あるいはスキャンダルといったものである。世界的な成功をおさめた一例に、ツェーラムの考古学小説『神々と墓と学者』がある。驚くべきことに、この場合問題となったのは、まったく小説の要素ではなく、学問研究の一分野の本ということなのである。ツェーラムは、無味乾燥の素材を口に合うようにすることをわきまえていたわけである。おびただしい数の作家がこうした刺戟的な事件のあとを追っている。人類の古代文化、聖書、地球の年代、またその他多くのこれまでは学問だけに取っておかれた分野について、今日ではさまざまな平易な解説書が出ている。出版部数が多いというのは、本を安く売れるという利点がある。本づくり、すなわち原稿、印刷の手数、装本には、少部数であっても同じだけの費用がかかる。「増刷」には、用紙といくらかの時間が必要なだけである。大部数の製本も、少部数のものより比較的安く上がる。それゆえ出版社は、出版物のどれかを普及版にして出すことに決めることがときどきある。この方面での重要な事実の一つを挙げれば、一九三〇年頃出版された普及版は二・八五ライヒスマルク、大判の図版図鑑本は四・八〇ライヒスマルクといった見当だった。今日における普及版に、新たに取り入れられた良い行き方は「ビューヒァー デア ノインツェーン(一九の本)」[26]であって、この出版には代表的な一九の出版社が連携しているのである。

国家社会主義（ナチズム）は出版界に大きな動揺をもたらした。一九四五年まで、多くの詩人作家は執筆を禁止されていたので、一九四五年以後の、足止めされていた文学への飢えは大きいものであった。古い世代であるヘルマン ヘッセ、ハンス カロッサ、ルードルフ G・ビンディングらに代って、新しい世代がでてきた。そこで出版する側からすれば、価値と無価値の区別をするのは容易なことではなかった。それに加えて、外国の多くの作品が独訳されたのである。一九四五年までは、他民族の文学作品をドイツで出版するには、一方的な選択がなされていたためであった。こうしたことが、一時は外国文学の過大評価のもとともなった。たとえば一九六〇年には、四〇ヶ国語から二六一三点の独訳がなされた。出版社が書物の製作をする一方では、書店が読者への受け渡しの配慮をしている。西ベルリーンを含める西ドイツでは、一九六二年現在で、九八五都市に約四五〇〇軒の書店がある。すべて店頭正価を原則としている。一冊売るごとに書店は通常売価の$33\frac{1}{3}$%を得る。これは見たところ高額に思えよう。だが、この収入をもって店舗の家賃、店員の賃金、それに売れない本のリスクを支払わねばならぬことを考えに入れなければならない。いくつかの出版社は書店に対して、これより少ない儲け幅を決めている。書店は大部分の本を確定注文で引き取る。[27] 書店は、そのうちどれくらい売れるか大体わかっている。つまり自分の顧客層を正確に知っているのであって、ある種の本については、誰がそれを買うか直ちに判断できるのである。生まれもっての書籍商は、顧客に適切な本を取り出して見せる才能をもっている。顧客というものは、自分をよく理解してくれていると思う店にいつも喜んで行くものである。書籍商の多面にわたる課業習得のために、戦後ケルンに書籍商専門学校 Buchhändlerfachschule が生まれた。この前身は第二次大戦までライプツィヒにあった。

書籍商のほかに、またしばしば書籍商と結びついて、古書籍商がある。これはさらに二種類に分かれる。新古書〔アラ本〕店 modernes Antiquariat と、一度使われた書籍の商いである。新古書店は、出版社が値を下げた書物を扱う。以前はこういった本には「Ramsch がらくた、見切り品」という言葉が用いられていたが、今日では感じの悪い連想をさそうので、もはや口にされない。本来の古書店は、主として遺産の全部か重要な一点ものの買い入れで賄なう。書籍蒐集家にとっては、古書店で長いあいだ探していた本を見つけたり、それを安く手に入れられたりするのは、もっとも素晴らしい喜びのうちである。[28] 本当の書籍蒐集家ならば、そうした稀に見る幸運の瞬間について、だれでも語ることができるのである。

Der Buchhändler.
Sucht ihr der Weisheit Schatz: gebt gute Bücher Platz
Was ist des Menschen Leib allhier?
ein Wander-Gut auff alle Stunde
ein offt gedrucktes Papier;
ein Buch in Trübsal eingebunden,
mit diesem handelt Tod und Zeit,
bis einst auspackt die Ewigkeit.

カスパール　レイケンの銅版画による『職種図鑑』に見られる書籍商
（ドイツ版　レーゲンスブルク　1698）[29]

插絵画家ロルフ　フォン　ヘルシェルマンはその瞬間について、かつて次のように言った。「にわかに生命感がおこり、しかも昂められた感じだ。」

最大の規模の書籍商たちは、年二回書籍の競売会を開催し、[30]そのために評価価格を入れた厚いカタログが発行される。競売前の数日、出品書は古書店で下見できる。競売人の知り合いの蒐集家には、貴重な品物でも店外に下見のために送付される。カタログには、書物とその状態が詳しく記されている。また各種の損傷も触れずにおくことは許されない。どの書籍蒐集家にとっても、古書目録を読むのは楽しいものである。特定の領域、たとえばルター本、豪華装幀本、あるいは古い絵などをまとめたカタログは、貴重なハンドブックになっていることがある。

古書店の横枝とも言えるのは、ブキニスト〔屋台売りの古本屋〕と手押し車の古本売り（Bücherwagen）である。セーヌ河畔のブキニストはパリーの魅力となっている。これが現代の都市計画につれて姿を消さねばならなかったとき、じつに多くの知名人が擁護をして、それまで通りに店を開いていてよいことになった、という話がある。——大学の前に本を積んだ手押し車が立っていることがある。ここで学生たちは僅かな金で貴重な本を手に入れることができる。古い都会には、書店街とか、アムステルダムのように書店小路のあるところがある。そして大都市の広場には時として書籍コーナーがある。

今世紀には、書籍商のほかに、読者に本をもたらす別の一つの形態、すなわち書籍協同組合 Buchgemeinschaft〔ブック・クラブ〕が誕生した。こうした組織は会員による資金をもっており、会員は規定の出資を義務づけられている。そのかわり、会員は毎年一定数の本を、提供された書目から選びとることができる。このような本は、出版社から引きうけ、特別な挿し込み印刷をほどこすか、協同組合が独自に本を制作するかのいずれかである。大規模な出版部数や書籍商の仲介をはぶくことによって、定価が店頭値段を大幅に下廻るのが狙いである。このように安くできるのは長所であるが、短所は、なんと言っても選択の余地が書店でよりもじつに乏しいことにある。書店はどのような刊本でも販売できるからである。もっともよく知られた書籍協同組合には「ドイツ書籍協同組合 Deutsche Buchgemeinschaft」、「ドイツ書籍連盟 Deutscher Bücherbund」、「書籍組合グーテンベルク Büchergilde Gutenberg」、および「ベルテルスマン読者トラスト Bertelsmann Lesering」がある。(31)

多くの読者や図書館は外国の図書の購入を望むので、数軒の書店は輸入図書を専門的に扱っている。こうした書店はすべての新刊を記録分類することによって、常時、いずれの分野、いずれの国での出版物についても情報を提供することができる。

今世紀でもっとも美しい書物の多くは插絵入りである。有名な芸術家が本づくりに奉仕しているのである。図書印刷の技術のすべてが彼らの意のままになる。つまり木版、銅版、エッチング、網版、腐蝕版、卵白平版、オフセット、そして写真製版がある。多くの美術家のうちここでは数名しか述べる余地がない。ハンス マイトは、マクシミリアン協会年次刊行本として出版されたシラーの『ヴァレンシュタイン』に六〇点のリトグラフを制作した。マクス スレーフォークトは尽きることのない想像力をもって

277 **Omeis (M. D.)** Geistliche Gedicht- und Leider-Blumen / frommer Seelen Erquickung geweihet u. gestreuet v. d.] genossen Damon M. D. O. Nürnberg 1706. 8⁰. — V o r g e Anleitung zur Teutschen accuraten Reim- u. Dicht-Kunst Art / deutliche Regeln u. reine Exempel vorgestellet... T. Recht-Schreibung / ... Hierauf folget eine Teutsche I in Verlegung W. Michahelles, 1712. 8⁰. M. Frontisp. Pgt. d

Goed. III, 25, 44 u. 275, 28. Maltzahn 381, 1315. Tadellos erhalten O.; Altdörfer Professor und berühmtes Mitglied des Blumenorde in seinen letzten 10 Lebensjahren war, hat nur diese Sammlung g viele Moraltheologischen, herausgegeben, in denen er die Regeln selbständigen Poetik praktisch anwendet.

278 — Gründliche Anleitung zur Teutschen accuraten Reim- richtige Lehr-Art / deutliche Regeln u. reine Exempel v Beitrage von d. T. Recht-Schreibung / ... Hierauf folget logie / Nürnberg, in Verlegung W. Michahelles, 1712. 8⁰. M.

Goed. III, 25, 44. Maltzahn 381, 1315. Aus d. Tit. ist ein kleines S Im Auftrag der Pegnesier verfaßte Poetik zum praktischen Gebra gen geschichtlichen Kapiteln. Pag. 24—38 gibt er als Ergänzung zu deutschen Dichtung des 16. Jahrhunderts mit vielen Namen, zum T schöpfte. Ein auch für damals überschwengliches Lob Opitzens pag.

Opitz (M.) 1597 – 1639

Wichtiger wie alle Einwände, die in alter und neuer Zeit gegen die Tatsache seiner Anerkennung von Beginn der Literaturepoche, bis zu deren Abschluß. Über alle Gegensätze, ja über alle Verär hinaus war und blieb er während dieser Zeitspanne Gesetzgeber, M wir ihn beurteilen, was er uns zu geben hat, hat bei unserer Bewe seine zeitgenössischen Gegner von Hübner bis Wekherlin (sie waren liche Vorläufer) hat er zu sich bekehrt oder gezwungen. Alle Erw in den theoretischen Anschauungen fußen bewußt und ausdrücklich stürzen, sondern ergänzen. Mag er dürr oder reich, ein rationale fremden Gutes oder ein Feuerkopf gewesen sein: alle diese Fagen ti santen geschichtlichen Wirklichkeit, vor der Tatsache, daß es gerad einheitlichsten aller Kulturgebiete, einmal einen wirklichen Diktator ceptor germaniae mit unbeschränkter Machtvollkommenheit ein ganze zeitlebens und noch weit über seinen Tod hinaus beherrscht und g Jahrhundert lang ein Dichter nicht höher geehrt werden konnte, als dern Opitz", und daß seine Regelung des deutschen Vers- und Sat altdeutschen rythmisch-musikalischen Verses, wie des bloß silbe strengen, von ihm eingeführten Accentuation bis heute herrscht. W wand verkleinern, er habe „nur" im richtigen Augenblick das ausge Luft lag, jedem andern auch hätte einfallen können, so liegt eben i wesentliche Geheimnis historischer Größe; es bedeutet den Einklang das Genie des Tätertums. Bis auf den Dichter und Lenker unserer ein einziges Mal nur dieser eine geistige Täter erstanden, der zuglei war. Seine Mittel waren kleiner, seine Absichten enger, unglückseli standen ist. Aber sein Werk hat er vollendet, den deutschen Vers der einzigen Ausnahme der katholischen detuschen Dichtung, die unb hinausblickend ihrer eigenen Art gefolgt ist, ist das Jahrhundert, de hundert gewesen.

＊　オークション・カタログの1ページ

ここに挙げたものはこの種の「古典」とされるカール　ヴォルフスケール編集の「マンハイマー蔵書競売」のときのもの。今日では17世紀文学の書誌として用いられている

abcdefghijklmn
opqrsſtuvwxyz
chck 1234567890

＊　エクマン活字体（小文字，数字）

DER MEISTVERWENDETEN

＊　コッホ＝イエッセン書体

Die ebenfalls von Rudolf Koch ſta
lien zur Jeſſen-Schrift ſtimmen he
„Claudius" und ergeben mit ihr zu

＊　コッホ＝クラウディウス書体

ABCDEFGHIJKLM
abcdefghijklm

＊　「グロテスク」書体

数多くの本を石版画で飾った。またマクス　リーバーマン、ロヴィース　コリント、アルフレート　クービーンらも挿絵を描いている。独特な木版様式を見出したのは、フランス　マゼレールで、多くの作品中コスターの『ウーレンシュピーゲル』の挿絵と飾り文字が代表的である。カール　ロッシングは、彼が挿絵を入れた本で木版画の復活を行なった。今次大戦以後は、ヨーゼフ　ヘーゲンバルトとグンターベーマーが豊かな作品を制作している。

二〇世紀は、活字体の面では、エクマン書体という天才的な創作をもって始まった。オフェンバハのルートハルト鋳造所の古い活字体見本には、次のような誇りをもった言葉が見られる。「エクマン書体は路を切り開く。」同じ一九〇〇年には、オットー　コップが描いた「新ドイツ字体」が発表された。これはユーゲント様式風のローマン体であった。ルードルフ　コッホは、一九二四年にイェッセン書体、一九三〇年にはヴァラウ書体（フラクトゥーア字体の活力と明快なローマン字体を結び合わせる試み）、一九三三年はクラウディウス書体、そして一九三六年にはマラトン書体を作った。これらの美しい印刷書体は残念なことに、フラクトゥーア字体が使用されなくなるにつれて、今ではほとんど見られなくなってしまった。現代風の即物主義の時代では、きわめて味気ない書体が生まれており、飾りとなるセリフ(32)のないローマン体で、「グロテスク」という名がつけられた。この種の最初の活字は、一九二七年、ヤーコプ　エアバールが発表した。その十年後には、世界的成功を納めたパウル　レンナーのフトゥーラ体が続いた。同様な成果を挙げたのが、エルンスト　シュナイドラーの装飾字体「レゲンデ(伝説)」とゲオルク　トルンプの「デルフィン（いるか）」で、特に小物印刷に向いていた。

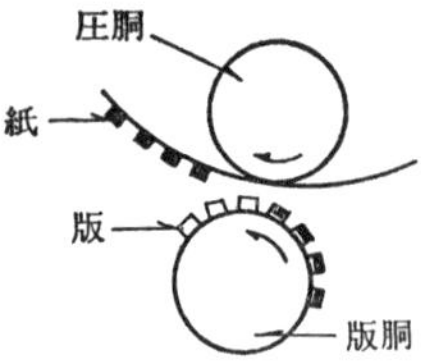

＊　凸版印刷工程

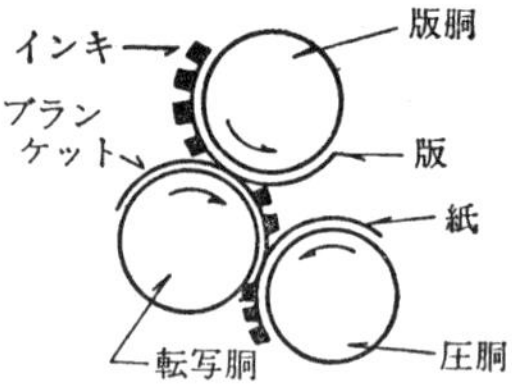

＊　平版またはオフセット印刷工程

世紀の変り目からは、技術が世界を変え、書籍印刷の進展にも決定的な影響を及ぼしたことは言うまでもない。一九〇七年には、オフセット印刷がアメリカからヨーロッパにやって来た。この語は、英語で「セット オフ set off」すなわち、移す、の意味である。つまり、インキを紙に直接にではなく、媒介物によって移すことを指しているのである。オフセット印刷は、リトグラフのように平版印刷工程であるため、アーロイス ゼーネフェルダーが本来の始祖と見なされる。この印刷工程は、多色印刷を大量に仕上げることができる。多色刷りのポスターを印刷するにも、オフセットは有能である。オフセットは長い間欠点を指摘されていたが、それも性能のよい機械が製造されることによって完全に除去された。

過去の貴重な書物の新版を作りたいという望みは、一九一三年に、マヌール印刷工程〔卵白平板がこれに当る〕を導き出した。マヌール Manul という名称には、発明者マクス ウルマン Max Ullmann の名前が隠されている。この工程は、感光膜を塗ったガラス板によって、本の一ページごとの写真版をとり、ついでこれをジンク〔亜鉛〕板に焼き付け、オフセット印刷か、書籍印刷かの方法で任意の複写をとることができるものである。このようにして、戦災で失われたが、どうしても検索に必要なハンドブックが、残存する原本によって覆刻されている。この方法だと、テクストを新たに版組みする手間がはぶける。こうした「リプリント版」

製作を行なうために、当今になって、新たな技術が的確に開発されたのである。[33]

一九四〇年頃から、ドイツではシルクスクリーン〔ドイツ語では Siebdruck 篩印刷〕が知られている。これもオフセット印刷と同じにアメリカから来たものである。シルクスクリーンは、セリグラフとも言われる。この印刷工程は、特に少部数の多色版の印刷に向いている。手仕事によって工程を仕上げると、原本の効果を挙げることができる。紙の上にはインキの手ざわりもでてくるのである。だが今では、毎時千部を制作できるシルクスクリーン印刷機もある。

図書館はつねづね、利用を簡便にし、該当書を迅速に見つけ、手続きは少なくするように努めている。館内は親しみ易い外観を具えてきたし、書物はもはや黒い紙のカバーはされず、透明なビニールを貼ってあるので、色刷りの表紙がそのまま見える。[34] 一般図書館[35]では、開架部門が設置され、読者は興味を呼び醒まされる本を自分で探すことができる。したがって、本の貸出注文することなしに、ある作家がどのようなものを書いているか見ることができるのである。多くの都市には、移動図書館が設けられ、書物を一定の時間に一定の場所に運んで行くことになった。多くの図書館は、専門分野別のリストを発行し、利用者が労せずしてある分野にはどのような図書があるか確認することができる。こうした調査には、専門カタログも役に立つ。これには、一分野の図書が集録されているのである。こうしたカタログで、本の大きさ、ページ数、図版の有無等も知られる。

多くの図書館は、一週の数日は晩になっても開館していて、勤め人も本を選び、家に持ち帰れるようになっている。都市の多くには、児童図書館があり、子供が低い机で本を眺めたり、児童書を読んだりできる。いくつかの児童図書館は多くの分館を作っている。それによって子供たちは危険な交叉点を渡ったりせずに図書館通いができるのである。ところで、望みの本をどれでもできるだけ迅速に取りよせられるように、近代式図書館には特別な運搬装置が設けられている。

一冊の書物を見つけ出すには文献目録(ビブリオグラフィー)が役立つ。これは図書の記録目録である。ビブリオグラフィーの目録もある。こういったビブリオグラフィーは、図書館の閲覧室〔目録室に常置してあることも多い〕にある。このほかには、匿名(アノニム)辞典や書名目録がある。書名目録は著者名を忘れた場合の相談相手である。一九三一年以来、約一五〇巻を予定した『プロイセン全図書館綜合図書目録 Gesamtkatalog der preussischen Bibliotheken』が刊行された。これはあらゆる重要な印行本を記載する遠大な計画をもった事業である。しかしこれまでのところは、第一四巻でやっと「B」の部のところまできているだけで、続巻の原稿は戦災で失われた。図書館の閲覧室には、肖像目録やあらゆる時代の造型美術家に関する大部の作品も並んでいる。また書籍価格の年鑑(36)、舞台年鑑、ドイツ研究者人名録(ゲレールテンカレンダー)、ドイツ文学者人名録(リテラトゥーアカレンダー)、教育学事典、諺辞典、字典、その他多くの書物が検索用にある。どの本で調べればよいのかすぐにわからなければ、図書館員が喜んで手助けをしてくれる。

あらゆる経験を考慮したうえの図書館建築は、新設されたベルリーン自由大学図書館である。この建物は、一九五七年にアメリカの大規模な援助で設立された。そして、フランクフルト アム マインの

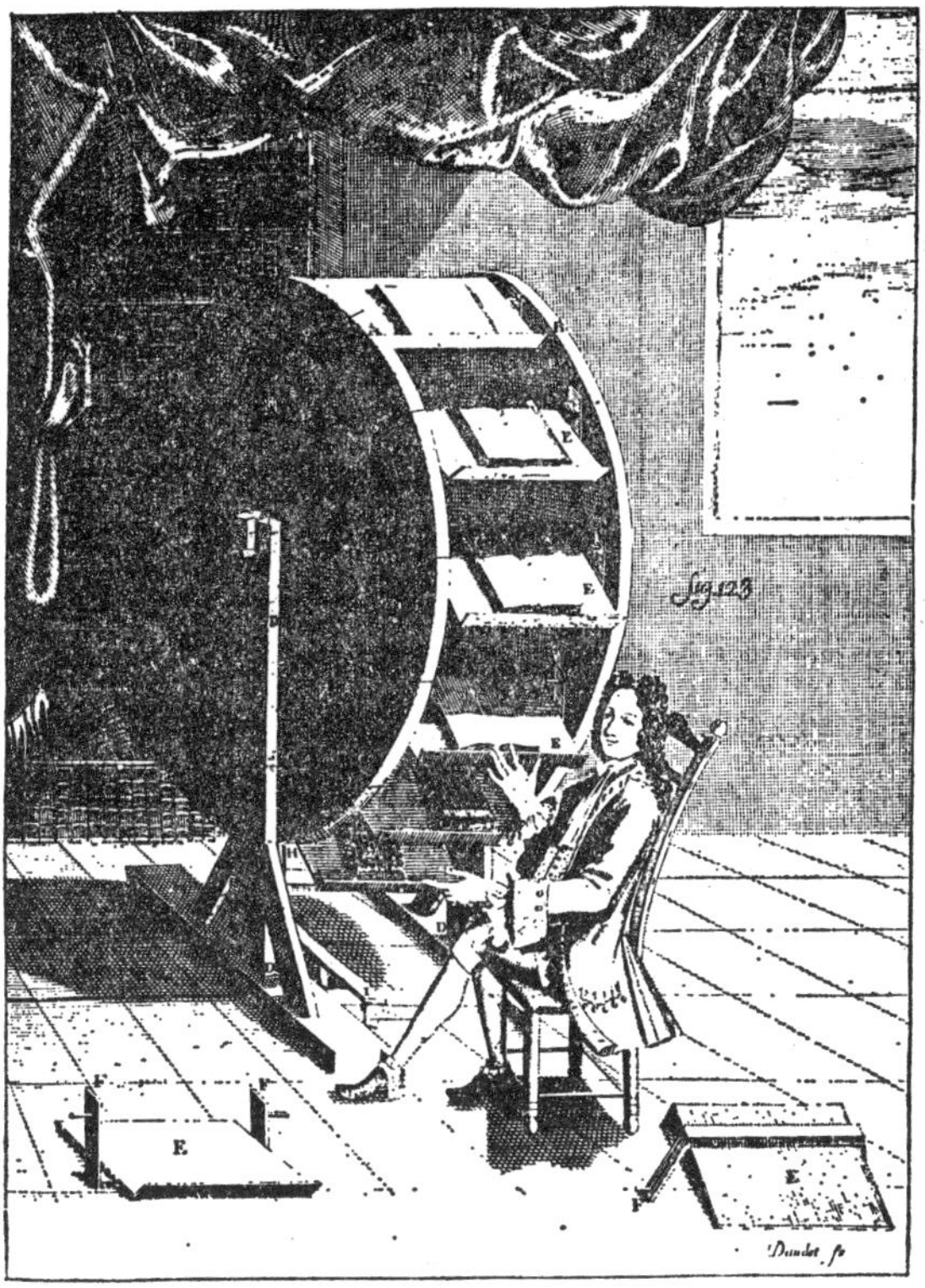

＊　グロリエ　ド　セルヴィエール『数学と機械のたのしみ』（リヨン　1733）に見られる回転式書架。実用かどうかはわからないが，これと同じものが昔は図書館の事典検索用に作られたもののようである

「ドイツ図書館」の新館も模範的な図書館建築である。

何世紀もの間、植字工たちは気ままな正書法をし続けていた。もちろん昔の植字指導書には、繰り返し単語の綴りの注意がなされてはいる。この悪弊を是正するために、一九〇〇年、正書法に関する条例が布告された。この新しい規定は、すでに出版されていた『ドゥーデン正書法字典』に取り入れられ、またこの字典は正書法の基本として推奨されたのである。

一九〇一年には、著作権法が発布された。これによって精神的所有権が保証され、複製（盗版）は不可能となった。剽窃、他人の作品を書き抜くことは、今や犯罪とされた。一九〇九年にはコピイライト法が制定され、先の著作権法は国際的基盤に立つことになった。「コピイライト」を与えられた作品の保護期間は、二八年間であるが、希望によってさらに二八年間延長されうる。一九三四年には、文学作品の複製に対する保護期間が、著者の死後五〇年に延長された。すなわち、一九五〇年に死んだ詩人の作品は、二〇〇〇年になってやっと印税なしで複製できるわけである。[37]

ある出版社で新刊書が出ても、読者がこの本のことを知らなければ何にもならない。そのためにいくつかの伝達の方法がある。まず出版社の案内書やカタログによるもので、これにその書物の予告や内容を記載するのである。二、三の出版社は、自社発行の新聞や年鑑（アルマナック）に内容見本を掲載して発刊している。書店は新刊書をウインドーに並べ、関心をもつひとたちの注意をひく。書籍商が新刊書を知るのは、出版社の外交員によるか、書籍見本市でか、「ベルゼンブラット」の広告を通じてである。一冊の書物の普及に非常に重要なのは、日刊紙や専門誌での書評である。批評用の本は出版社から批評の依頼とともに新聞社に送られる。添え書、これを「洗濯カード（ヴァッシュ・ツェッテル）」と言うが、それには出版社がその著作の特徴を挙げている。ラジオでも書評があり、本のいくつかの部分が朗読される。クリスマスになると、あらゆる分野から選んだ本が、項目別に分けてカタログに編纂され、簡単な内容紹介がつくので、読者はいながらにして自分の興味をもつ本を知ることができる。新版が売り切れ、さらに引き合いが考えられると、出版社は増刷[38]を出す、出版社によっては、印刷部数一〇〇〇部ごとを一刷とする。したがって第二五刷（25. Aufl.）とあれば、二五〇〇〇部を印刷したという意味になる。新版は、無改訂のことも新たに手を加えてある場合もある。新たな序文には、以前の版の序文も添えておいてほしいものである。

世界の出版社の数は、日々増加し、印刷界での新発明は次々に行なわれている。したがって、あらゆる書籍製作者（ブックメーカー）の連合がますます必要になってきた。一九〇一年、ライプツィヒで国際出版人会議が招集された。第一回国際書籍産業およびグラフィック展は、略称「ブグラ Bugra」のもとに、一九一四年ライプツィヒで開催された。第一次世界大戦の勃発がこの展覧会をにわかに終わらせてしまった。一九二八年にケルンで、「プレッサ PRESSA」すなわち国際印刷展に四四ケ国が一堂に会した。最新式の印刷機械のほかに、多くの国のもっとも美しい印刷作品も見られたのである。一九四九年以降はフランクフルトで再び年一回の書籍見本市が開かれ、多くの建物やホールでその年に刊行された本が見られる。陳列される書籍数や参加国は、年々増加している。極東の諸国でさえも広範囲な部門を占めている。

一九五一年以来、毎年フランクフルト書籍見本市の開催に際して「ドイツ書籍業平和賞 Friedenspreis des Deutschen Buchhandels」の授賞が行なわれる。式典はパオロ教会でドイツ連邦大統領列席のもとに催される。第一回平和賞授与はまだハンブルクにおいてであったが、受賞者はマクス タウであった。引き続きフランクフルトになってからは、アルベルト シュヴァイツァー、ロマーノ グァルディーニ、マルティン ブーバー、カール J・ブウルクハルト、ヘルマン ヘッセ、ラインホルト シュナイダー、ソーントン ワイルダー、カール ヤスパース、テオドーア ホイス、ヴィクター ガランツの順で、一九六一年にはインドのサルヴァパリ ラーダクリシナンであった。一九五一年にはデュッセルドルフで、最初の「ドルパ Drupa」、国際印刷・紙見本市が催された。第三回ドルパは同じくデュッセルドルフで一九五八年に、第四回は一九六二年であった。第六回は一九七二年に行なわれた。この展示会では、新造の印刷機械を始め、印刷や紙に関するすべての物が全世界から出品される。世界各地からの専門家がここで買いつけをする。またドルパでは印刷機械の実演が行なわれ、機械製造会社が大きな機械展示館を設ける。フランクフルト書籍市にしろ、デュッセルドルフのドルパにしろ、一旦歩いてみると、印刷された言葉が全世界を制覇する力をまざまざと知らされるのである。

毎年印刷される書物のおびただしい数量を前にして、こうした豊作物のうちからもっともすぐれ、もっとも美しい本を選び出したいものだ、という望みが起こってきたのも余儀ないことである。多くの団体から授与される文学賞にあっては内容のみが考慮されているのに対して、もっとも美しい本の選出にあたっては、本の容姿が決定的な要素となる。アメリカ合衆国では、その年のもっとも美しい本を顕彰するのではなく、「今年の本（複数）」が選ばれる。したがって、内容形態ともに群を抜き、この国の精神生活に意味をもった書物が表彰されるのである。第一回のアメリカの「今年の本」は一九二四年に選ばれた。

オランダは一九二六年から「今年のもっとも美しい本」を選び始めた。ドイツでは、「今年のもっとも美しい本」は一九三〇年に第一回のものが選ばれた。フランス、イギリス、スイスがこれに続いた。第二次世界大戦は、多くの国でこの習わしを中断してしまった。美しい書物はもはや刊行されえなかったからである。一九五二年になって、再び委員会の会合がもたれ、一九五一年度のドイツでもっとも美しい本の選定が行なわれた。この仕事は、最初のうち取引所組合（ベルゼンフェルアイン）によって運営されていたが、今ではフランクフルトのドイツ図書館付設の「書籍芸術財団 Stiftung Buchkunst」が管掌している。フランクフルトのドイツ図書館は、戦後、ライプツィヒのドイツ文庫 Deutsche Bücherei の後身として設立されたものである。[39] フランクフルト書籍見本市では、毎年、多くの国のもっとも美しい本が展示される。特に審査結果は印刷された目録に記録される。これらのもっとも美しい書物は、世界じゅうを展示されて旅する。このようにしてさまざまな国の本づくりの高みが知らされるのである。

新しい書籍・書体芸術研究所として、一九五二年にクリングスポーア博物館がオフェンバハに開設された。ここの使命は、現代の書物の育成にある。多くの展覧会において、この博物館は現代の模範的な印刷を紹介している。

特定な課題を出してタイポグラフィー育成を企てたのは、一九五五年にスウェーデンが公募した競技制作「リベール　リブロールム Liber Librorum（本の本）」である。世界じゅうの一流書籍芸術家五〇人が、聖書刊行のデザインを仕上げる競作に誘われた。その際、読書用聖書、研究用聖書、祭壇用聖書と三種の区別がなされた。デザインは現代の聖書刊本にふさわしいことが要求されていた。一九五五年秋、きっかり五〇点の試作ページが一五の国からストックホルムに寄せられた。これらは一冊に綴られ、多くの都市で展示された。同じテクストが異った国の異った芸術家によって、どのような形をほどこされたのかを見るのは、非常にためになる。アンケートの結果は、もっとも簡素で群を抜いたデザイン数点に大部分の票が集まったのである。

＊＊　グーテンベルク
（アールトネン作，ブロンズ）

書籍印刷人，医師，探険家
レオンハルト　トゥルナイサー
(1531-1596)
1572年制作の木版表紙カット

Montag den 26 May 1793 von Frankfurt nach Höchst und Flörsheim; hier stand viel Belagerungsgeschütz. Der alte freie Weg nach Maynz war gesperrt, ich mußte über die Schiffbrücke bei Rüsselsheim; in Ginsheim ward gefüttert; der Ort ist sehr zerschossen; dann über die Schiffbrücke auf die Nonnenaue, wo viele Bäume niedergehauen lagen, sofort auf dem zweyten Theil der Schiffbrücke über den größern Arm des Rheins. Ferner auf Bodenheim und Oberulm, wo ich mich cantonirungsmäßig einrichtete, und sogleich mit Hauptmann Vent nach dem rechten Flügel über Hechtsheim ritt, mir die Lage besah von Maynz, Cassel, Kostheim, Hochheim, Weißenau, der Maynspitze und den Rheininseln. Die Franzosen hatten sich der einen bemächtigt und sich dort eingegraben; ich schlief Nachts in Oberulm.

** ハネス　ガープの書籍装画
ゲーテ作『マインツの攻略』巻頭

書物の美学

書物は日常の必需品だけであったためしはない。内容は利用者に尊重されることを望む。著者の精神的産物、できる限り文学的な形を与えられた彼の思想、つまり、宗教、知識、あるいは芸術を媒介するものであっても、記述されたことそれ自体は、芸術的な形づけをされるように迫るのである。絢爛とした手写本や初期印刷本の美しさについてはすでに述べた。のちの時代になっても、また今日に至るまでも、重要な作品の豪華本が制作されている。特製の装幀に重きをおくひとは、欲しいと思う本を仮綴じで買って、製本屋に指図通りの装幀をさせることができる。フランス人やイギリス人がことに愛好している廉価な紙製本も、読者に喜びをもたらすものである。ポケット本シリーズの造本でさえも非常に念入りにされているのである。

われわれが完全と呼ぶことのできる書物にあっては、すべての部分が全体との調和を保っている。こうした調和はオーケストラのハーモニーに譬えてさし支えない。交響曲では、特定の楽器が際立って、全体の印象を妨げてはならぬように、書物においてもすべての部分は一つの理念に従ったものでなくてはならない。この目標が達成されているときにのみ、われわれは一冊の本を「美しい」と感じるのである。原稿を受け取り、それから一冊の書物を生み出そうとする出版人は、こうした秘密を知っている。そのあとから本を手にする読者は、ただその本が成功しているか失敗しているかを感じるのみである。もとより彼は、本のどこが気に入って、どこが気に入らないかを言うことができないにしても、そうした感じはもつことであろう。そこでここでは、一冊の書物はどれくらいの部分から出来ているものなのか、またそのすべてを正しく選び取って全体の妨げになるものが出ぬようにするのは、どれほど難しいかを示しておきたいと思う。

書物の造型はすべて内容を出発点としないわけにはいかない。詩集は常に旅行記や歴史小説とは違った体裁をとらざるをえないだろう。学術書も美しいものであって差し支えない。しばしば、目的を充足すれば、同時に最高の美しさを伴ってくるものである。一五世紀の書物においては、目的と美が一致していた。章の書き起こしは飾り文字で知らされ、注釈の始めの文字は本文の始めの文字に対応していた。製本をしてやむをえず出来る背表紙の本物の綴じ糸山は、今日でもなお美しく感じられる。

本づくり最初の問題は、印刷される素材である。紙は非常に異なった多くの種類があり、組成、重さ、色によって区別される。木パルプ非混入紙とパルプをたっぷり混入したものがある。日本からは、素晴らしい植物繊維紙〔二三七ページ参照〕すなわち「純和紙 echtes Japan」が来る。これは値段が高いので、特別に選ばれた印刷か公証書にしか用いられない。特別な美しさを具えている紙には、不揃いな縁が特徴の手抄き紙〔抄放し紙〕もある。これよりは調達し易い機械抄き紙(1)は、純手抄き紙の美しさに近づこうとしている。今日非常に好まれているのは、薄葉紙(うすようし)(Dünndruckpapier)で、分量の多い作品をきわめて小さいスペースに収めることができる。つまり、ヘルダーリーンとかノヴァーリスの全作品、あるいは全聖書を一冊の手ごろな本にまとめることが可能なのである。印刷所によっては、自社の抄入れ（すかし）のある特別な紙を作らせる。紙によっては昔の紙抄き網の格子模様が見えるものがあり、また波型の線で飾られているものがある。次いで、紙の「意匠」ということが言われる。大部分の読者はこうした細かな事柄にはほとんど目を向けないが、紙こそは読者の快不快に本質的な役割を演じているのである。

紙の強度を示すには、一平方メートル当りの重さで表示する。新聞用紙はほんの五二グラムほどの重量である。本に用いられる書籍用紙は、平均八〇ないし一二〇グラム、薄葉紙は僅か三〇ないし四五グラムである。それでもこの紙が非常に高いのは、高価な着色材を混入して文字が透き通るのを防がねばならぬからである。枚葉紙（まいようし）〔シート、全紙〕の大きさはＤＩＮ（ドイツ工業規格）(2)寸法で表示される。ポスターは通常Ａ２判（420mm×594mm）またはその倍のＡ１判である。書翰紙はＡ４判、半折書翰紙はＡ５判、葉書はＡ６判である。(3)個々の製紙会社は製品に対して、さらに特殊な番号をつけて注文に便利なようにしている。

書物の出来不出来にとって非常に重要なのは、正しい活字体の選択である。数百の異った書体が使用を待っている上に、続々と新しい印刷字体が制作されているのである。一五世紀来この方、芸術家は絶えず書体の造型に努力してきた。クリスティアン　Ｈ・クロイケンス教授はかつて、現代人は書体に鈍感になってしまった、と言ったが、残念なことにこの言葉は正しい。多くの知識人ですらほとんどローマン字体とフラクトゥーア字体の区別ができないからである。フラクトゥーア字体とローマン字体には多くの種類がある。フラクトゥーア字体の使用は、ドイツでは次第に衰えてきて、最近ではこの字体は消滅してしまったと言える。これによってドイツはこれまで誇りにしえた字体の宝を失ったのである。学校でもこのドイツ文字は数十年来なおざりにされており、そこで、多くのひとびとは今日ではドイツ文字で書かれた手紙を読むのがすでに困難になっている。こうしたなりゆきでは、今にドイツ字体で印刷された書物、したがってドイツ古典の旧時の美しい版本を読むのすら困難になる時代が来るかも知れないのである。(4)

今日ではどのようなテクストをもってきても、それにふさわしい書体がある。初期印刷時代では、いくつかの書体はテクストが与えられて初めて制作されたのである。今日は多くの美しい形の書体が使用を待っており、よさそうなものが余りに多すぎて適切なものを選ぶのが容易でないことが多い。書体は内容を基準にして決めなければならないのである。昔時の巨匠、すなわち、ガラモン(ド)、バスカーヴィル、ディド、ボドーニ、ブライトコプフ、ウンガー等々の書体のほかに、現代の書体美術家が作った書体が対等の位置を占めている。印刷者によっては、現代の作品は現代の字体のみを用いて読者に親近感をもたせようとしている。たとえばヘアマン ツァプフは古典的美しさを具えたローマン字体を何種類か制作したが、そのうち「パラティーノ Palatino」書体はきわめてよく普及している。ゲオルク トルンプはいく度も風変りな新軌軸の書体を発表して目ざましい活躍をしている。彼の「デルフィン」書体が、ほとんど流行書体となったこともある。普通に用いられている印刷字体のほかに、さらに家族的案内文や名刺に好んで用いられる筆記体や、特に広告に使用される飾り文字がある。

文字の大きさ、すなわち「活字の基準寸法」(5) はポイントか特別な名称で表示される。ほとんど読めないほどの最小の活字「ダイヤモンド」は、僅か四ポイントの大きさである。その次は、五ポの「パール」、六ポ「ノンパレル〔小さい砂糖菓子〕」、七ポ「コロネル」、八ポ「プティ」、したがってまだなお小さい。九ポは「ボルギス」と言う。さらに、一〇ポの「コルプス」、一二ポ「チチェロ」、そして一六ポ「テルティア」の名称がある。こういった大きい活字は、見出し、表題、または老人や弱視のひとのための読み物とか祈禱書に用いられる。普通読んでいるたいていの書物は、七ポから一〇ポの間の活字が使用されている。(6)〔本書は和文九ポで印刷されている。〕

一九世紀では、印刷者たちはできるだけ多くの種類の活字を一つの印刷物に用い、自分の印刷所が豊富な活字をもっていることを誇示したことがある。こうした形の活字カタログは結局、美しいとはいえぬ落ち着きのない姿となるのがとどの詰りであった。そこで今日では、一つの印刷物にはなるべく少ない活字体で済ませる試みがなされている。しばしばただ一つの種類の活字体を大きさを変えて用いるのである。重要な言葉や表現を明示するには、さまざまな方法がある。一番良いのはもちろん、著者がテクストで重要と思うところを文体で表現し、アンダーラインを用いたりして強調せずに済ませられる場合である。明示する必要のあるときには、「斜字〔イタリック〕体」が使える。つまり綴りを斜めに傾いた字体にするのである。書物全体を斜字体で組むこともある。書翰集とか日記の場合である。この他に強

Baskerville

バスカービル

BASKERVILLE

バスカービル・スモールキャップ

Futura

フーツラ

（普通，日本ではゴチと言われている字体）

Gothic

ゴチック

Garamond Type

ガラモン(ド)

Bodoni Type

ボドーニ・ブック・イタリック

＊　日本で使用されている主な欧字書体（10ポイント）

調を示すために綴りを太い字体にすることもできる。多くの書体について、文字線の細いもの、やや太め、太めのものと作り出せる。このようなわけで、専門家でないものには奇妙なというより滑滑な感じのする「ヴィーナス＝グロテスク体太字」などという呼び方がでてくる。ところで強調を示す第三の可能性は「スモールキャップ」にするのである。もしも同じ字体の大文字の使用をすると、文中で強調したい単語があまりに大きく見えすぎ、落ち着いた版面を妨げ中断してしまうことであろう。それに対してスモールキャップは、大文字、頭文字ではあるが、普通の大文字よりも小さいので、これを用いて版組みしても版面を乱さないのである。

文字のほかに、活字には記号や符号が含まれている。その他、特殊活字、たとえば列車時刻表に用いられるようなものがある。たいていの活字は何かを補足することによって、外国語のテクストを組むための活字に用いることができる。こうしたアクセント符号の類は、各国語ごとに特別な組合せが作ってあり、望み通り活字につけ合わせられる。

われわれが本を開くとき、その本の制作者が苦慮したさまざまな事柄は、もはや何ひとつとして感じさせられない。字面が読書を誘い寄せたり、著者の精神が直接、何の妨げもなしにわれわれの心に語りかけてくれれば、組み方は「合格」になるのである。

組み方には多くの方法がある。一九世紀に入ってからも、すべての書物は手組み作業を経ていた。今世紀の私家版印刷所では、書物を手で組むのは自明のこととされていたし、今日でもなお多くのビブリオフィル向きの印刷所ではそうした版組み法が習わしになっている。小広告、書翰箋、名刺、挿込み広告文（新聞雑誌等の）、その他短いテクストには相変らず残っている工程である。また多くの数式や化学記号、表、あるいは、外国語、たとえば、ギリシア、シリアまたはヘブライ語の文字を用いねばならない本は手植をする。この場合、植字工は機械植字のときよりも、一語一語、一行一行に注意を行き届かせることができる。だが今日の植字機械は卓抜な植字を行なうことができる。毎年顕彰されているもっとも美しい書物では、機械によって植字したもののパーセンテイジがいつも驚くべき高さになっている。機械植字は一行組み（ライノタイプ）と一本組み（モノタイプ）に分かれる。ライノタイプ活字の数は多く、版面は手組みのものとほとんど見分けがつかない。だが校正をするに当っては、一行全部を新たに植字し鋳直さなければならない。

モノタイプでは、文字が一つずつ鋳造される。モノタイプ植字機は精密な奇蹟の機械である。タイプライターに似たキーの文字を打つと、紙テープに孔があけられ、そのテープが回って行くことによって鋳造機を操作することができる。紙テープにあいた孔は文字または記号を意味しているので、非常なスピードで銀色に輝く組版ができ上る〔和文モノタイプでは一分間平均六〇字といわれる〕。一つ一つの活字からなるこの組版では、校正は楽に行なえる。

モノタイプという奇蹟の機械は、写真植字機によって凌駕された。この機械では、一ページ全体が写真によって作られ、そのあとで刷版を鋳造するのである。コンピューターも着実に進歩して行く製版工程に用いられるようになっている。

よい版組みの特徴は、単語相互の間隔がどこでもなるべく同じで、読み易さに必要な以上は離れていないことである。行が短かかったり、活字が大きいと、この理想を達成するのは容易とは言い切れない。そしてすでに長い間、一ページごとの版面を美しくする研究をしている印刷者もいるのである。ルードルフ　コッホは、自作の活字に同一文字の類型をいくつか作っている。これによって植字工は初期印刷時代に行なっていたように、字間の調整をすることができるのである。版組みの下手な印刷では、しばしば白地の間道がページ面を走っているのが見出される。テクストに精神を集中する代りに、読者はこうした欠陥に気を奪われてしまう。よい版組みでは気をそらすものが一つとしてあってはならない。単語間の間隔が小さすぎる場合には、「スペース不足」と言われる。良い仕事をしようと思っている植字工が陥りがちな過ちなのである。あまりに近よりすぎている単語をいちいち分けながら読まねばならないのは、非常に厄介な読書である。

重要なのは、また行間の空きである。各行が差しこみ線、いわゆる「インテル」で分けられている場合、「行間どり」があると言え、間隔なしに印刷されていると、「ベタ組み」と言う。一冊の書物の美しさとか読み易さにとって、行間のとり方を正しく選ぶのは重大なことなのである。哲学書には、広い行間をとって、いわば読者に熟慮の暇を与えているようなものがあり、また気ぜわしい話し方のため狭い行間、いやベタ組みを望んでいる文章がある。

一ページ分の版組み、これは縦横の長さで示すことができるが、これを「版面」（はんづら）と言う。ここでは、縦横の長さの釣合いがとれていることが重要である。行の長さがあまりに大きくなるようなときは、二段組みが好まれる。それによって、行の始まりが見つけ易くなるのである。新聞は欄分けや段分けがなければ、まったく読めなくなるだろう。同じことは、百科事典、字典その他の参考検索書に当てはまるし、また聖書のように荘厳な感じを与えねばならない書物にも当てはまる。初期印刷時代の大判の体裁をとった書物では、二段組みで印刷されたものがもっぱらである。今日の本のようにハンディな体裁では、こうした類の組み方はちらほらと採られているのみである。

本づくりをするものにとって、欄外注〔サイド・ノート〕あるいはマルジナリア〔書き込み注釈〕はいつも問題を投げかける。こうしたものは特に聖書印刷者の難問となる。マルジナリアをテクストの中に取りこみ、欄外を空けておく試みをしている印刷者もいる。美しい印刷の現代版聖書では、必要な特記事項が一番下の行に見られることがある。

ページの数字〔ノンブル〕も重要である。ノンブルがノド（綴目側の余白）にあると一定のページを探し出すには、いつも本を開けきらなければならない。数字が小さすぎたり隠れ気味であると、読者は見つけるのに骨が折れる。本文活字よりも遥かに大きい数字を載せている本があるが、そうした本はそれによって実質的な美しさを増しているのである。ページの半分ほどしかテクストが塡められていない場合、たとえば詞華集などで見られることだが、このようなときは数字がそのページに支えと安らぎを与えることができる。図版が来たときにはノンブルをいさぎよく落としてしまう。そのページ数を確認しようと思えば、前かうしろを繰ってみなければならないわけである。ノンブルの問題は、読者がこうしたことにまったく気がつかなければ最上の解決をえていることになる。

どのテクストも段落がある。初期印刷人は、段落によって調和のとれた版面が引き裂かれるのを恥じて、「改行記号」を植え込むことで新しい段落になったことを示した。ルードルフ コッホはこの古い記号を同じ理由から用いているが、それによって彼の本は、しばしば古めかしい外観をとることになった。これは彼の望んだところではあろうが、常にそぐわしいとは言えない。

ページの最終行では、ほんの数語がでてくることは避ける。その行に執筆者が数語書き足すか、植字工が次ページに廻すように試みることである。とは言えページの最初の行にそうした短かい行が用いられるのもおかしい。そこでしばしば、大幅な組変えや著者との検討が必要になってくる。

本来のテクストに属さぬもの、たとえば表題紙〔本とびら、タイトル・ページ〕、目次、図版目次、献辞その他をひっくるめて「つきもの」という。これには最大の心くばりを要する。というのは、これらのページは書物で会う最初のものだからである。表題は書物の精神を暗黙に語っているところがなければならない。それは活字の選定や割付けによって達成されうることである。印刷学校ではよく課題として、与えられた題名によって扉表紙を造らせることがある。提出された答案を見てびっくりするのは、一つとして同じものがないのである。とはいえ、熟練した眼からすれば、最上の答案はすぐに拾い出せる。印刷されたとびらの場合は、中心線を基準にしたものと釣合いのとれていないものは見分けがつく。後者では行のすべての始めか終りが、偶数字だけ右か左に寄っている。とびらは印刷するばかりではなく、描いたり彫ったりするもの、文字のほかにカット〔ヴィニェット〕、絵あるいは印刷社(者)マークをつけたものまであることは知られている。こうした形態のすべてについて、現代書籍芸術にはすぐれた例がある。本とびらの前には必ず目立たない「前とびら」(7)がある。この前とびらは、一五世紀の書物の遺物で、書庫に置いてあってまだ売れない未製本の書物の中身をわかり易く、また保護する役割をもっていたのである。

版面は読者が読み始める前にその書物の精神に誘いよせなければならない。詩集、戯曲、あるいは叙事詩の版面を思い浮かべて見ればよい。われわれの時代では、いわゆる「ひらひら組み」が好まれたことがある。これは単語の間隔を同じにとるために、行の長さがまちまちになり、タイプ印字をしたようなページの形ができるものである。このひらひら組みは乱用してはいけないが、書翰とか日記の版組みでは、個人的直接的な要素をとどめておきたいと思えば、しばしば圧倒的な魅力をもつ。

書物にとって決定的な意味をもつのは、体裁〔判型〕である。聖書のような書物は、大きな判型を要する。それによって何か重味がつくのである。地図は図面の関係から、美術書は絵のために大きいものにならざるをえない。児童書も今日では絵のためにたいていは非常に大きい体裁であるが、昔の児童書を見ればは体裁にはいろいろあることがわかる。小説にはハンディな判型が作られてきており、一方参考検索書には比較的大きい判の印刷が行なわれる。これは当然のことになっていて、「辞典サイズ」と言うほどである。ここ数年のうち正方形のもの〔俗に「重箱判」〕が明るい感じの本に用いられる向きがある。また細長い判も目につく。これは、活字体見本帳、古い銅版画を載せた旅行書、あるいは時代がかった趣きの年鑑などに多い。判型の選び方が悪いと、それだけで読者を遠ざけてしまう本も出てくる。適切な体裁からは不思議な力が発散するものなのである。今のところ人気のある新書は人気をなくさずには判型を変えるわけにいかないだろう。なじみの深い文庫、たとえばインゼル文庫、クレーナー・タッシェンアウスガーベ、ディーテリヒ叢書、あるいはレクラム文庫は、一たん選んだ体裁を保持して行くのほかはない。雑誌や年鑑でサイズを変え、したがって見なれた顔を変えてしまって多くの愛読者を失ったものは二、三にはとどまらない。

判型を選ぶのにあたって重要なのは、その書物は家においておくものなのか、旅行中の読書に向いているのか、あるいは、ポケットに入れて歩きたくなるものか、一度は眺めても貴重本として書棚に収めてしまうようなものか、といったことである。スイスでは、世界文学の作品を収録しているマネッセ叢

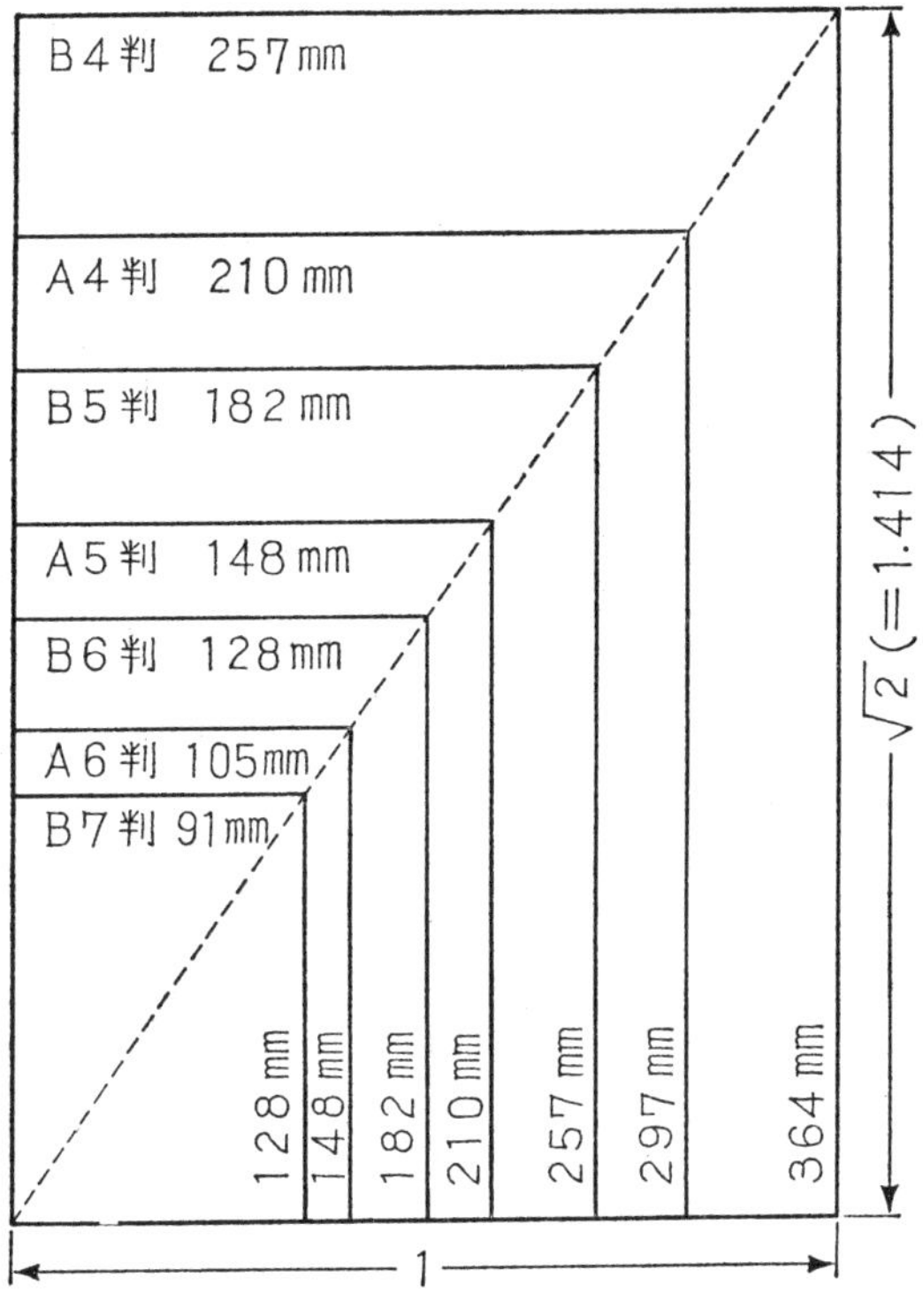

＊　JIS（日本工業規格）による判型

書に非常に小さい扱い易いサイズを採用して成功している。ゲッシェン叢書は、大判で手に余るものであったら大成功はしなかったであろう。(8) 一七世紀にエルゼヴィール本が絶大な普及をした根底には、その体裁の小さいことが貢献しているのである。

「体裁づくり」ということでは、書籍専門家は、印刷されたテクストを正しくページにおさめる技術を考えている。この場合、周りの余白の幅が重要である。昔の写本や初期印刷本では、こうした技術の傑作が見られる。余白の幅は、写字僧の時代に発する古来からの規則に従っている。一番狭いのはページが隣り合う綴じ目側の余白〔ノド〕である。ついで上側〔天〕、外側〔小口〕、最後に下側〔地〕と、一番広くなる。今ではこうした昔ながらの規則が無視されがちである。そして確かにそれでも美しい書物は生まれている。たとえば、ノドに一番広い余白をとり、小口には僅かに狭い余白がある、というものが好まれている。また、テクストが天地いっぱいにはみ出している本がある。印刷者は切れ目のない言説をこうした形で表現しようとするのである。このような変った割付けは、風変りなテクストとか新しいドグマの告知にはそぐわしい。今のポケット・ブックは分量の多いテクストをきわめて小さいスペースにおさめようというところから、広い余白を残す余裕はない。私家版印刷本で出会うような広すぎる余白は、書物の欠点になることもある。

書物の体裁には丈夫さということも含まれる。あまり厚くなった本は今どきのひとにあまり好かれない。出版社は薄葉紙を使ったり、分冊にして急場をしのぐ。こうして二巻、三巻本の小説が繰り返し読者を見出すことになる。分割した形では見たくない本もある。たとえば聖書で、しばしば数巻に分ける試みがなされているが、成功している例はあまりない。

書物が存在するようになってからというものは、ページを飾って読者に楽しみを与えたり、重要な箇所を飾りによって浮き上がらせようとする意欲も存在している。写本では、華麗な飾り文字が描き込まれ、初期印行本では、木版の飾り文字や縁飾りが見られる。一六世紀になると、とびらが豊富な色取りの木版による縁飾りで壮麗な外観を具えるようになり、一七世紀は書物を寓意に満ちた銅版画で飾った。一八世紀では、銅版のカットがテクストの流れを遮ぎり、一九世紀には特にウィリアム モリスが、印行本にそのためにデザインした木版の飾り文字と縁飾りをほどこすことを心得ていた。今日の書物も入念に選んだ書籍装飾によって非常に立派になっていることがあるが、中にはあまりに飾り立てすぎて、それだけで駄目になっているものもある。

この点模範を示すのは私家版印刷所刊本である。ブレーマー・プレッセの印行本は、おおむね唯一の装飾として、上品な描き版を用いた飾り文字を載せている。ここの書物はとびらも入念な描き版を使っている。こうした装飾の節約によって、注意は本質的なものに向けられる。書物は美しい飾り文字によるだけで、さまざまな飾りを載せすぎるよりも豊かに装飾されているように見えるのである。たった一つの飾り文字があるだけで、各章がおしつけがましい頭文字で始まっている本よりも貴重な感じを与える書物がある。

一五世紀では、印刷人マークをとびらや最終ページの飾りに用いるのが好まれた。今日では出版社が社章を本とびらの前につける向きがある。こうしたマークの多くは、たとえばインゼル出版社の船とか

オイゲン ディーデリヒ社の獅子は、すぐれたグラフィックデザイナーによって制作されたものである。

絵を除いては思い浮かべられない本があれば、またどのような絵も邪魔になるような本もある。ゲーテは、どのような絵を『ファウスト』に想像しているか、と尋ねられたとき、「魔法は絵がなくとも示せると思うが」と答えている。彼は、絵というものは精神や空想が生む形姿を拘束してしまうことがあると感じていたのであった。ドイツの詩集とかニーチェの『ツァラトゥーストラ』の絵入り本などをわれわれは見たいとは思わない。学校の初等教科書、童話、ライネケ狐、ガリヴァー旅行記、ラフォンテーヌの寓話といったものでは逆に絵のないものはつまらない。こうした書物の種類を分類しようと思うなら、おそらく次のようにも言えるであろう。すなわち、精神空間を活動の場とする作品があれば、片や視覚的な世界を目の前に築き上げていくような作品もある、と。

よい装画というものはテクストの案内をし、テクストは絵の導きになるようなものと言える。挿絵画家はテクストを非常に正確に知っていなければならない。そこで初めて彼はわれわれの想像力に訴えられるのである。もしも何かわれわれの考えとはまったく違ったものを描けば、著者とわれわれの仲をさいてしまう。その場合、彼は書物のあるべき姿とはまさに逆方向のことをしているわけである。つまり、書物というものは、著者の考えをいかなる廻り道もとらずに読者に近づける使命をもっているからだ。

だが挿絵画家は誰一人として、読者が本を読みながら何を考えるかわかりはしない。どの読者にしても独自のファンタジー、独自の思考圏をもっているからである。したがって、著者が何を考え何を思い浮かべていたかを感じとり、それを表現することを試みざるをえない。そのためにはいろいろな技法が使える。オリジナルの木版はそのテクストと一緒に印刷できるという大きな長所がある。そこで、一五世紀の絵入り本のほとんどすべてが木版の插絵で飾られているのである。銅版画、エッチング、石版やシルクスクリーンを本に印刷するには、特別な工程を経なければならない。概して技法の決定は、画家の側が下す。本の内容もまた、挿絵の制作技法選択に決定権をもつ。グリムの童話には木版画がじつにいいと思えると同時に、リルケの『旗手』にはおそらく石版画かエッチングの方がふさわしいと考えられるのである。オリジナルグラフィックは、今日ではほとんど豪華版にしか用いられない。大多数の插絵は、写真製版法によって、腐蝕法か卵白法、写真印刷、またはオフセット工程によって複製し、印刷に組みこまれるのである。

最上の装画本は、画家が印刷所と絶えず結びつきをもっているときに生まれてくる。木版画は、柔かなエッチングや多く非常に匂やかなリトグラフとは違った活字体を要求する。絵と文が調和を形づくられねばならないからである。これは昔の書籍画家や初期印刷人の心得ていたところである。今日ときとして出会うのだが、挿絵が本の中で太鼓の轟きにも似た調子を立て、繊細な楽曲であるべきところのすべてをぶちこわしていることがある。挿絵画家が自分をテクストの執筆者以上に重要と考えることは許されないことである。そうした書物の所有者は、絵によっていつもテクストの読みを曲げられてしまう。

挿絵は版面から飛び出てはならない。ときとして版面の枠を破っているのを見かけるが、書物の魅力を高めているものもある。たとえば、版画家ハネス ガープはゲーテの『マインツの攻略』を一群の渡

LIVRE SECOND

ETANT jà l'automne en sa force et le temps des vendanges venu, chacun aux champs étoit en besogne à faire ses apprêts; les uns racoutroient les pressoirs, les autres nettoyoient les jarres; ceux-ci émouloient leurs serpettes, ceux-là se tissoient des paniers; aucuns mettoient à point la meule à pressurer les raisins écrasés, d'autres apprêtoient l'osier sec dont on avoit ôté l'écorce à force de le battre, pour en faire

アリスティド　マイヨオルが木版画をそえた
ロンゴスの『ダフニスとクロエー』
(パリー　ゴーナン社　1937)

り鳥をもって幕開けとして、二ページにわたって鳥を飛ばせている。これは今日の書物の劈頭でもっとも成功している一例である（本文三三二ページ図版参照）。

書物というものは、普通考えられる以上に色彩が大切なのである。印刷者は、テクストを黒で印刷するかそれともネズミ色にするか、插絵やカットはどのような色調にすればよいか思案する。彼は念入りに紙を選ぶ。紙は純白、クリーム色、黄色、薄緑、あるいは淡紅色といろいろの場合がある。とびらまたはテクスト全体の字面には、第二の色である赤サビ色、ブルー、緑、または灰色が使える。われわれは書物の背や表紙を見るばかりではない。本を開けば周りの余白も目に映る。その色はいつも紙と印刷に調和していなければならない。ついで本の断ち口〔小口〕がある。これはしばしば赤か黄で色染めするが、たいていは地色そのままにしておく。われわれは本を全部読み終っていながらこうしたさまざまな色に気づいていないことがある。だが、以上述べた色彩は、本を手にする気になるかどうかに決定的な力をもっているのである。

世紀の変り目頃から、いずれの書物にもジャケット〔俗にカバー〕(9)を添えるのが習慣になっている。ジャケットには端的にその本の本質の一端を語る役目がある。そのため著名なグラフィックデザイナーが出版社からデザインの依頼をうける。文字だけの効果を挙げようとするひとがいるし、文字と絵の両方を用いるひともいる。ジャケットの折り返しには書物の内容がキャッチフレーズ風に記されているから、本選びをしている読者は直ちにその本では何が読めるかを知ることができる。ジャケットは、一種の書物の看板で、ウインドーでは推挙宣伝の役をしている。書店を覗くひとは、まずジャケットを見る。そのさまざまな色合いをもって花が蝶を誘うように、ジャケットはわれわれをひきよせる。正しい選択がなされていれば、ジャケットはさらに書物の内容をも語りかけてくる。一方われわれは色によって、好みのシリーズがどこにあるか、どこに美術書が見つかるか、小説、祈禱書あるいは旅行案内はどこを探せばよいかなどと見てとれるのである。

表紙とジャケットは中身と調和がとれていなければならない。洗練され芸術的に程度の高い表紙は、印刷のよさを期待させるし、また逆のことも言える。もしそうでなければ、買い手は欺されたと思う。表紙の材質は、厚紙、ビニール〔ドイツでは「プラスティック」と言う〕、クロース、半革〔背革〕、革などである。革装幀にするなら良質の革のみを用いるべきであろう。粗悪な革を用いた背皮装は、良質のクロース装ほども楽しくない。背表紙には、丸味を帯びたもの〔丸背〕、角ばったもの〔角背、角山〕、があり、表紙には堅いのと柔かいのがある。良質の柔軟な革で装幀した薄葉紙本は、今日ではもっとも歓迎されるものである。ポケットには快適に入れられ、旅行にもって行くのにもよいからである。

表紙の色を選ぶには、その書物の目的も重要である。日々手にする教科書は、汽車で流し読みする小説や、時間をかけて読む詩集とは当然違った装幀でなければならない。辞典は図書館用と個人用では別の装幀で出されることがしばしばある。図書館では酷使に耐える必要があるからだ。

ドイツではほとんどすべての書物がポケット・ブックを除き、出版社を出るときにしっかりとした装幀をされているが〔版元製本〕、よその国、特にフランスでは仮装本[10]を買う習わしがある。読者がずっと持ち続けようと思う場合に初めて本製本させるのである。こういう注文の製本は手作業で行なう。注文主は製本屋と色や製本の種類を相談したりする。書籍蒐集家ならば、特に愛好する本に手製本をほどこすのは一つの喜びである。立派な製本屋は客に助言し、色、材料、製本の種類を提案するであろう。

書物に付随するものはすべて本物であってほしい。こうした面で偽りの見せかけはどれ一つとして耐え難い。一日、一週間、一と月と書物と暮せば、どのような偽りも明るみにでてしまう。紙とわかる紙貼り表紙はそれなりの趣きをもち、模造革貼りに較べ数百倍も美しい。美しいクロース装は、金の背文字をつけまったく効果をねらった合成革装よりも楽しみを与えてくれる。抄き槽ではできず人工的につけた手抄き紙風の縁は不快な気分にする。製本のときにつけられた花ぎれ〔ヘドバン〕は本を美しくするが、テープを切り取って本に貼り込んだ花ぎれは、はがれてくれれば厭気をもよおさせるであろう。表紙にもガラス細工をほどこして宝石に見せかけているのがあるが、滑稽な感じである。それほど高価ではない本の留金や角金は金に見せかけようとすることはない。青銅だと本物と思い、金だとイミテーションの感じがするものなのだ。実際のところ、外見に偽りがある本の言葉はどれほど信じられるというものだろうか。したがってあらゆる部分が本物であるということは、覆すことのできぬ掟なのである。

数百万冊にのぼる書物が書かれ印刷されているが、そのあるものは永遠の若さを保っている。多くの書物が彗星のように昇り再び永遠の闇夜に沈んで行くのに、どの国にもいつでも新たに迎えられる本がある。この部類に入るものに、まったく別格に「本の本」と呼ばれる聖書がある。この一千年にわたるさまざまな著述をまとめた書物は、思考や芸術に抜き難い影響を及ぼしている。何世紀もの間、聖書はときとしてどの家でもただ一冊だけもっている書物であった。しばしば用いている言い廻しの多くは聖書に源をもっているのである。

世界を征服したもう一つの書物は、『千夜一夜』物語集である。子供たちでも「アラジンと魔法のランプ」、「シンドバッドの航海」、「アリババと四十人の盗賊」などは知っている。大人の間では、原本に基づいたオリエントの世界が好評を博している。

ホメーロスの作品、イーリアスとオデュッセイアも一般に知れわたっている。多くのひとは、ホメーロスを読んでいなくとも、トロヤの戦いやオデュッセイアの流浪の旅について知っているのである。ダンテの『神曲』もこうした類である。この作品はあらゆる文明国の言葉に翻訳されている。ドイツ語に訳されただけでも、小図書館を埋め尽すことであろう。

デフォーの『ロビンソン』やスウィフトの『ガリヴァーの旅』は子供でも知っている。リリパット国のことは、原作者を知らないひとまで知っている。クーパーの『革ゲートル物語』やビーチアー＝ストーの『アンクル トムズ ケビン』も、大人向きに書かれたものではあるが、子供の心に迎え入れられている。

アンデルセンの童話は全世界で読まれている。そしてドイツでは子供のいる家で、グリムの童話のないところはない。ヘンゼルとグレーテルの物語はどのような国の子供たちにも知られている。

共有財産となっている小説には、ヴィクトル ユーゴーの『ノートル ダームの鐘つき男』、アレクサンドル デュマ『三銃士』、セルマ ラーゲルリョーヴ『イョスタ ベルリング物語』、トルストイ『戦争と平和』そしてドストイェフスキー『罪と罰』がある。

＊　クーパー『革ゲートル物語』（独訳，ベルリーン　1909）
スレーフォークトの石版装画

あらゆる国で知られ、その芸術的価値によって古びることのない書物は、一括して「世界文学 Welt-literatur」[11]という習わしである。

八〇歳になったゲーテはある手紙で、自分は一生を読むことを学ぶために用いてきた、と書いている。読書は、時間と労力を要する困難な業である。正しい読書の秘密というものは、著者の言おうとしていることを感じとるところにある。これは、われわれが創造的に読書するときにのみ可能なことである。つまり、われわれは、言葉で言われているところを、自分の想像力で補わなければならないのである。[12]こうした読者の側からの共同作業は、当の書物が「感動」を与えたときになしうる。だが、読者は書物に没頭するときにのみ、感動させられうるのである。このことはなにも、すべての点で著者と同じ意見をもたねばならないというのではない。かりに書かれたことに異論をかき立てられても、読んだこととの結びつきはできているからである。

正しい読書には傾聴の能力が必要である。読書をするものは、読んでいる間は自分自身の世界を捨て、著者を信頼しなければならない。どの言葉も自分自身から出ているように読むべきである。そして初めて読者は著者に自分の見解を対置することがゆるされる。そうすれば彼は反対であれ賛成であれ自分の意見を初めて正しく知るであろう。読書をしているときのもっとも素晴らしい瞬間は、今読んだことは自分でも書けたかも知れないと、心の中で言うときである。立派な著作家は、のちに語る考えを前もってわれわれの頭の中に燃え立たせておくことができる。読者の側からすれば、先に考えていたことを、のちに作者の言葉として読むことによって、幸福な思いで自分の考えが証明されたのを確認するのである。

読書のできるひとは、次第に稀になって行く。その最大の罪は、さまざまな誘惑にある。技術は多くの労働を軽減するけれども、われわれはもう暇がない。しかし読書には時間が要る。休暇中や病床で読む書物は、もっとも根強い印象を残す。われわれが満足に読書できない理由はまだある。新聞は、一ぺんに全ページを眺め、見出しから内容を読み解くことを強いる。家に飛びこんでくる数多くの広告は、印刷された言葉への畏敬の念を奪ってしまう。以前は印刷されるものの数は少なく、重要なものと限られていた。今日では世界が印刷物で氾濫している。一目をもって新聞や広告の全体を見渡すひとは、書物のページも飛ばし読みする誘惑に陥る。そのようなひとは、あるいは内容を知ることになろうが、最善のもの、魂の滋養は捨てて自分を欺いている。そのような読者は何百と書物は知るだろうが、内実は貧しいままであろう。正しい読書をわきまえているものは、一篇の詩、一つの短篇小説からでも、他のひとびとが図書館全部からうるよりも大きい力をとり出すことができるのだ。

書物とラジオやテレヴィとの競争は激しくなっている。われわれは、書物の危機が生じているのだろうかと問い返してみざるをえない。われわれは、この問いを安んじて否定しうるのである。毎年増加している書籍出版数を見るだけでも、書物への関心が落ちていないことを知るからである。まさに、この不安定な気ぜわしい時代にこそ、落ち着いた読書の時をもち、一人の詩人の精神にひたり、異なった時間、時代、あるいは異国を渉猟することは、書物の仲立ちがあってこそでき、もっとも幸せをもたらす体験なのである。

ヨハン　シェファーの印刷人マーク
（マインツ　1525年頃）
牧人（シェーファー）の姿を示している

訳注

古代

（1） グローテフェント（一七七五―一八五三）の解読した碑文は二種であったが、その一つは、「ダレイオス、偉大な王、諸王の王、ヒュスタスペスの子」というものである。彼の功績はまさに画期的であり、また画期的であったがゆえに当時の学界が直ちにうけ入れるところとはならなかった。

（2） 矢島文夫訳『ギルガメッシュ叙事詩』山本書店、一九六五。

（3） Hieroglyphe（独）、hiéroglyphe（仏）、hieroglyph（英）はともに、ギリシア語の *hieros*（神聖な）＋*glyphein*（刻み込む）からできた語。聖用文字、聖刻文字などと訳されることがある。「ヒエラティック」は略記ないし筆記書体である。

（4） 「段」は、例えば和書で二段組み、三段組みと言うように用いているそれである。この原語は *Kolumne*（独）で *columna*（羅）「柱」からでている。一六世紀から用いられだした印刷用語である。版面が丁度柱のような形をとるところから言われたもののようである。別の解釈としては、巻物を一回転開いた分量という説もある。新聞や雑誌の「コラム」も同系の語である。

（5） *bibliothḗkē*（希）＜*biblion*「書物」＋*thḗkē*「容器、戸棚」。このギリシア語からラテン語を経て、今日の図書館を意味する各国語が生じた。なお、*biblion* は、パピルスの語からできたフェニキアのビュブロス（Byblos）港に語源をもち、複数形の *biblia* の変形が、聖書を意味する *Bibel*（独）*bible*（英）などとなった。

（6） 「アートリウム」はもともと農家の炉の煙ですすけた部屋を指したが、客に食事を供したりする、いわば応接間も意味した。それから神殿の前房にもこの名称が用いられ、「アートリウム リベルターティス」などができた。ここでは、監察官の文書がおかれ、犯罪事件の審問が行なわれたり、公共的性格をもち、本文に見られるような図書館にも適合した。

(7) 「バカーナル」は酒神バッカスを祝う三年に一度の夜祭りで、あらん限りの乱痴気騒ぎが特徴であった。

(8) *diptychum, dypticum*（羅）は、ギリシアの同語「二重にした」という意味からできた語。通常は象牙を削り彫り、内側は囲りに枠が残るようにした中に蠟を流しつめて文字を書き入れ易いようにした。ローマ時代では、高官が就任の披露として、知友に贈物とした。四世紀ごろからは、表にも彫刻をほどこすようになった。

(9) 「ギリシア訳旧約聖書」の別称。旧約聖書の創世記より申命記までの五経をギリシア語に翻訳するのに、紀元前三世紀中葉イスラエル一二部族より各六名、計七二人の学者がアレクサンドリアに派遣されたという伝説と、七二または七〇名の長老により訳されたという伝説に基づき「七十人訳」として知られる。

「ヴァティカン写本」は皮紙七五九葉、各三段、一段は四二行の体裁をとる。「シナイ写本」は皮紙三四六葉、各四段、一段は四八行。「アレクサンドリア写本」は七七三葉、各二段、一段五〇行。それぞれ大体藁半紙大である。

(10) 聖ヒエロニュムス（英ジェーロム）は四世紀後半の教父。ヘブル語を研究し、聖書をラテン語に訳した。ヴルガータは「一般に普及した、通用の」という意味であるが、今日では主として彼の訳業に用いられ、後代に残した功績は大きい。

(11) 四世紀にウルフィラが訳した聖書を銀と金を用いて書写したもので、福音書がこの内容をなす。

中世

(1) ラブラはメソポタミアのザグバにあった聖ヨハネ修道院の司祭。「福音集」は中世教会で祈禱用にした四福音書と典礼用要綱を納めた書物で、装幀はますます美麗になった。ラブラ版はフローレンスの「ラウレンシアーナ」にある。

（2）ケルズ修道院で制作されたのでこの通称がある。書体はアンシアル風。今日では、ダブリンのトリニティ・カレジ図書館の至宝となっている。一説には七世紀のものという。

（3）写本室によって特定の流派を立て、それらを厳密に区別することはできないという学者もいる。

（4）チューリヒ市参事会員リューディガーおよびヨハネス　マネッセ父子（一三世紀）は、中世のミンネザングが散逸せぬようにとの配慮から、精力的に歌唱を蒐集した。この写本は、一四〇人の大部分は南独の詩人たちの作品を納め、一三七人の詩人の姿をそれぞれ一ページ大の着色画にしている。それゆえ内容と豪華さにおいては右にでるものはない。そしてまた、この写本の遍歴の歴史も数奇であり、豪商フガー家の手に入ったり、スイスに戻ったりして一六〇七年にハイデルベルクに納まり、一七世紀の三十年戦争時には、疎開のためセダンに運ばれ、ハーグで王家の所蔵となった。それも束の間、次いでルイ一四世に献納されてパリーの国立図書館本となる。その後、本書二四八ページに見られるような経路でハイデルベルクに安住の地を見出すことになった。なお「マネッセ詩歌写本」の名称は一八世紀スイスの文学史家ボードマーの命名による。学問的には、同じくハイデルベルクにある画像のない別種写本を「小」と呼び、本写本を「大ハイデルベルク詩歌写本」と言う。

（5）作者不詳の説教用の物語集。ローマの歴史や伝説から題材をとり、例えば、のちに中世の詩人ハルトマンが『グレゴーリウス』を書き、またトマス　マンの『選ばれた人』で知られる聖グレゴーリウスの近親相姦伝説などが含まれている。この本の主要部は、一三世紀末、おそらくイギリスで成立したものと言われる。なお *Gesta* という表題はこの時代まで好んで用いられている。この他に本文の書目には、文学史上興味ある書籍が数多く見られるが、煩雑になるので割愛する。

一五世紀および一六世紀

(1) アンチクリストは、新約聖書でキリストの再臨以前に地上で神に対抗して悪に導くものと記されている。中世の「アンチクリスト」は、八世紀頃から伝説に現われているが、一〇世紀トゥルのアドソの著した『アンチクリスト書』に範をとって、好んで終末論的な宗教劇の題材とされた。最後の審判と神の勝利が主題となり、舞台効果の大きい愛国的な演劇となっている。テーゲルンゼー修道院で一一六〇年か九〇年に作られたものは、皇帝バルバロッサに従軍した聖職者の手になるもので、世界を征服した皇帝の勝利の讃美を行なう。すなわち、アンチクリストが諸侯を悪にさそい、バルバロッサも見せかけの奇蹟によって危い立場になるが、神の助けによってアンチクリストを打ち倒す、というものである。

(2) 中世後期に普及した大衆的な教化文学書で、殊に死の床にあるものに慰めを与える形で、告解の仕方や罪の枚挙を教える。この系譜はマルティン ルターにも続き、一七世紀にも影響が現われている。

(3) ドナートゥスは四世紀のラテン文法家。聖書のラテン訳者ヒエロニュムスの師。彼が著した文法教本は二種に分けられ、「小教程」は初学者向き問答、「大教程」は上級者用に編まれており、中世を通じ学校文法の典範となった。

(4) 死が人間に猛威を振うさまをアレゴリー化したものである。中世に強く前面に出てきた「メメントーモーリー(死を忘れるな)」の主題をどぎつく表現している。その目的は地上での栄誉や富に心を奪われることなく、常に浄福な死につける準備をするようにうながす教訓にある。書物の形としては一三世紀のフランス、スペインでは一四〇〇年に現われ、次いでイギリス、ドイツで盛んになった。一五二六年ホルバインが制作した絵から、大むね死神は骸骨の形をとることになった。

(5) 作者不詳。一一五〇年ごろ、今日では散逸した古文書を基礎にして、ローマの名所を記述した書物である。この本は以後しきりに用いられ、また改作されている。ローマ市の地誌として重要な著作に数えられている。

(6) ここでわざと「印刷プレス機」と訳したが、「プレス」はもともと、「しぼる」というラテン語からでた語である。従って「印刷、新聞」などを意味する「プレス」は、その初期の印刷機の機構のヒントとなった「しぼり機」に淵源がある。

(7) ヨハネス　フォン　テープラ　はヨハネス　フォン　ザーツとも呼ばれた。テープラは出生地であり、ザーツは彼が校長になった地名である。いずれもベーメン(ボヘミヤ)で、今日のチェコスロヴァキアにある。この散文作品は、産褥中の妻を死に奪われた男が、死神を非難し、両者の間で戦わされる生と死の意味の論争を記している。ドイツの初期人文主義が生みだした最初にして唯一の翻案ではない文学作品であり、また近代ドイツ語作品の嚆矢である。「アッカーマン」は畑の「農夫」ではなく、「筆耕の人」という意味。

(8) ラテン語で書かれたさまざまな作品を下敷にしている。表題は、「考案され作られた戒めの見本」の物語、すなわち経験者、その道に通じているものだけがわかる物、という意味で「宝石」とつけられた。

(9) 一一八〇年ごろ、バイエルンの詩人、おそらくは僧籍の吟遊詩人によって作られた英雄叙事詩。シュヴァーベン公二世が義父である皇帝コンラート二世に対して行なった戦いの史実に、十字軍によってもたらされたオリエントの世界をないまぜにした内容である。原本は断片的にしか残っていないが、一五世紀の初めまでには、五種の改作が成立している。このことは同時に、この物語が非常に愛好されたことを示す。ゾルクの印刷したものは、ラテン語の散文に改作された版のドイツ語訳本である。

(10) 尾崎盛景訳『阿呆船』(上・下)。現代思潮社古典文庫。

(11) コロンナ(一四三三—一五二七)は若い頃中東まで旅行をしたらしい。小説にはその反映がある。三八章の各イニシアルを綴り合わせると、「ポリアを弟フランチスクス　コルムナは愛し続けるであろう」の文になることより作者が推定された。木版画はアンドレア マンテニァ派の様式。作品そのものはラテン語やギリシア語の影響の強いイタリア語で読み難く、この本が有名なのは、アルドゥス本で、しかも装画がすぐれているためである。そしてその絵はヒエログリフの伝承に立っている。

小説は二部に分かれ、一部では、ポリア（ミネルヴァ？）の愛人となるポリフィロが、夢の中で半ばヨーロッパ的、半ばエジプト的な古代のユートピア的な世界を経巡り、さまざまな擬人化された人間の能力に出会う。最後に女王テロシア（目的）の国に入るところで、彼は三つの門のうち一つを選ばねばならない。「天上の誉れ」、「愛」、「地上の名声」のうち、ポリフィロは「愛の門」をくぐる。そこで彼はヴィーナスの神殿でポリアと結ばれ、愛の生活と旅が続く。第二部は旅の困難の克服をこまごまと描く。だが夜明けにポリフィロは目覚め、夢は第二の人生であったが、しかも束の間のものであったと知る。

小説そのものは次代に影響を与えていないが、絵はデューラーからベルニーニにまで強い影響を与え、ことにヒエログリフと文学との結びつきでは、一六、七世紀に盛んになる「エンブレーム（寓意画）」文学の創始期の傑作と見られる。

(12) ギリシア語の *polys*「多くの」＋*glotta*「舌」からできた語で、もともとは「多言語を話す」という意味。

(13) 表題はこの時代の例にもれずじつに長いものであるが省略する。ゲスナー（一五一六―一五六五）は本書で文学史研究に一つの階梯をつけた。集録されているのは、ラテン、ギリシア、ヘブライ語の全著作で、その当時までの慣例を破り、第一部では、アルファベット順に著作者を記述し、第二部は学科別の取扱いをしている。そして著作者の項では評価はごく僅かな場合に見られるのみであるが、各著作の序文の重要部分が巧みに引用されていることが特記に価する。本来の文学史にとって意義があるのは、第二部第四書で、八章の区分に従い、詩論、ジャンル論、ジャンル別詩人作家、素材別分類等々と、爾後の文学論にひきつがれて行く観察法がすでにここに示されている。

(14) ジッキンゲーン(一四八一―一五二三)は帝国騎士であったが、フッテンの宗教改革思想に共鳴し、シュヴァーベンとラインラントの騎士団の蜂起の先頭に立ち、トリーアやヘッセンと戦い、壮烈な最后をとげた。フェルディナント ラサル(一八二五―一八六四)は悲劇『フランツ フォン ジッキンゲーン』を書き、それが機縁となってマルクスらと政治と芸術に関する論争を行なっている。

(15) 『トイアーダンク』はマクシミリアンが書き下し、彼の宮廷司祭メルヒオール プフィンツィングが手を加えた。表題の意味は、騎士として「重要な(トイアー)こと」に「考え(ダンク)」を向けるための教え、というほどのものである。中世の寓意(アレゴリー)文学に属する。

(16) 色の比喩を駆使した寓意文学で、「ヴァイス クーニヒ」は「賢明な(ヴァイゼ)王(クーニヒ)」の意味があり、同時に王子が輝く星のもとに生れた、というところから、「ヴァイス」は「白く(輝く)」の意味にもあてられている。この小説は、この王父子の間の一種の帝王学傅育書である。

(17) ヴィルボルト ピルクハイマー(一四七〇―一五三〇)は、ドイツの古典学(人文主義)者であり、ニュールンベルクの家柄に出た外交官である。彼は衆望を集めるとともに、ニュールンベルクの学術文化興隆に果すところが大きく、デューラーの他にロイヒリーンらとの交友があり、ギリシア古典のラテン訳も行なっている。一八世紀末に彼の功績が再評価されるようになった。

(18) ルターは一五二一年一二月中旬から一五二二年三月初旬までに、宗教改革の論争のかたわら、この新約聖書の独訳をなしとげた。彼の親友もこのあまりの早さに驚嘆したとの記録がある。印刷完成は九月二一日の予定であったが、実際には一冊だけが仕上ったもののようである。しかしいずれにせよ「九月聖書」と呼ばれる理由がここにある。一五三四年の全訳版は決定訳ではなく、一五四六年の版（L）までに、七版が存在しており、いずれを定本とするかについては論議が分かれるが、一五四一年版（G）を第二主版とすることになっており、ルター自身が認めた版の最後のものはL版とされている。しかし近年のヴィテンベルク聖書刊行協会の覆刻では、それより一年先のK版を最終刊本としている。

(19) トリについては「学鐙」昭47年2月号掲載の二宮敬「万華園のことなど」で興味ある事柄が知られる。

(20) 中世以来の楽譜は音の長さの表示をしていなかったが、一二世紀末に音の長さを示す（可測）音符が考案された。これはまだ次の段階まで音符の縦棒がなく、音の長さによって黒い四角の大きさの幅を変えている。この点で活字の足が用いられたわけである。一四五〇年ごろからは、今日の音譜の前身とも言うべき中を白く抜いたものが用いられるようになった。但し、この方式では四番目に長い音譜が初めて今日の全音にあたる。

(21) 今日ではリーヒアルト　シュトラウスの交響詩によって知られているが、一五世紀末に北ドイツで生まれ、その後さまざまな方言の版本がでた一種の滑稽笑話集。主人公がティル　オイレンシュピーゲルで、馬鹿にされ軽蔑されている農民が、都市階級や領主層に報復するのが主題となっている。一種のピカロ（悪者）小説の類であるが、一貫した筋を形成していない。

(22) ドイツ西部に一六世紀末にできた作者不詳の読み物。これも雑多な笑話が集められている。都市が互いを軽蔑する小話を作ったものが典拠で、それを一つの都市を舞台に再編成してでき上った。一五九八年の版本は、この笑い話を拡める働きはしたが、原作のもつ物語性を冗長にしているとの評がある。この物語もいくつかの校本がある。

(23) 一五世紀末に成立した。フォルトゥナートゥス（幸運）と彼の息子たち（不幸）の織りなす笑話と魔法譚の要素をもつ旅行奇譚。小道具として、決して内身のなくならない財布と、望みの場所に移動させられる小屋が登場する。主題は市民ないし商人の道徳を説くことで、魔法や思い上りを警告している。特にロマン派の詩人たちに好まれ、翻案が数多くなされている。

(24) 一五世紀後半、フランスの原本を改作したもの。ナポリ生れの美しい王女マゲローネと、どのような苦境にも敢然と耐えた夫の物語。

(25) これもフランスに原作がある。一四五六年スイスのテューリング フォン リンゴルティンゲンがドイツ語版を書き、初版は一四七四年。海の精メルジーネと結婚して幸福な生活を送っていた伯爵レイモン フォン ポワティエが、約束を破って妻の正体を知ったために破局を来たすという物語。ゲーテの改作やフーケの『ウンディーネ』(バレーの『オンディーヌ』)と素材の歴史は続いている。

(26) フランスのシャルルマーニュ伝説から生じた武勲詩の四篇をエリーザベト フォン ナッサウ-ザールブリュッケンが一五世紀前半に逐語訳したものの一篇で、大帝の王子と忠節な従臣の物語。

(27) 始祖はおそらくポルトガルのバスコ デ ロベイラの『アマーディス デ ガウラ』であろう、とされている。それがスペインに入り、一四九二年ごろモンタルボが翻案し、四巻本として一五〇八年に出版して以来、ヨーロッパの寵児となり、翻訳翻案があい次いで、分量が増え物語が変化に富んできた。題材はギリシアの英雄伝説や東方の伽話、それにアーサー王伝説までがつけ加わっている。貴人の庶子アマーディスが孤児として育ち、長ずるに騎士となり夢に美女を見る。一方その美女は王女ニカエアとして現つの身をもっており、あまりの美しさに一目見るものは気が狂い、あるいは命を落すため、父王の手で塔に幽閉されている。こうした前提がありアマーディスがニカエアと結ばれるまでの、美の力、愛の力を描くのが当初の物語であった。後年の改作はこの筋に、さまざまな陰謀、冒険、奇譚、地誌を結びつけて行ったものである。周知の如く、セルバンテスの小説はそのアンチテーゼであった。だが素材は一七世紀においてばかりか、ヴィーラント、ゲーテ、ゴビノーまでうけつがれている。

(28) 一六八〇年ごろには国際的にラテン語作品を集録するようになったので、書籍界で重要な刊行物となった。それはともかく、「見本市目録」は、今日の史的研究には不可欠のものとなっている。というのは、この目録によって、記載の仕方からある作品のその時代における処遇、すなわち一種の評価や帰属部分が知られるばかりでなく(重要と見なされる本は、本文図版に見られるように、大きく印刷してある)、刊行の頻度、印行年度の確定等がなしうるからである。そしてまた、書籍表題が内容を明示するものでない場合は、簡単な説明を付していることも研究にとっては貴重となる。在来でも文献学では見本市目録が重要資料であったが、文学社会学が発展してきた今日では、その意義はなお増している。

一七世紀および一八世紀

(1) トマジウス(一六五五—一七二八)は哲学者で、権威(教会その他)に立った学術に対立した「理性中心」の旗手であった。ライプツィヒ大学教授の家に生れ、彼自身も二六歳で大学私講師として講壇に立った。だが多くの奇行と殊に啓蒙哲学の立場からの神学批判が忌諱にふれ、一六九〇年ライプツィヒをのがれなければならなかった。彼は逃避地をハレに見出し、一種の藩学校に職をえた。これがのちのハレ大学で、彼もその設立に尽力し、終世ハレで活躍を続けた。

彼の「奇行」とされた一つは、在来の慣習では講義にラテン語を用いるべきところ、一六八八年よりドイツ語を用い、しかもグラシアンの韜晦な著作『必携託宣』を論じ、その上当時の風習を皮肉ったものであった。そうしたトマジウスの反骨を如実に示すのが「モーナーツゲシュプレーヒェ」である。この最初の誌名は「トイチェ(ドイツ)モーナーテ」で、ラテン語で書かれ学識者を対象にした「アクタ」に対抗し、ドイツ語を用い、教養のある市民層を読者とした月刊誌として一六八八年から二年間定期的に刊行された。雑誌の性格は、フランスの「ジュルナール デ サヴァン」などと、エラスムスの機智に富んだ『コロキア ファミリアリア(親しい対話)』や一七世紀のユニークな文人ヨハン リストがエッセイに考案した『モーナーツゲシュプレーヒ』とを融合している。登場人物は世知に富んだ商人クリストフ、旅行をして見聞の広い貴族アウグスティーン、学者ベネディクト、杓子定木な学校教師ダーフィトの四人で、さまざまな階層や資質から、書評や芸術あるいは政治上の問題の論議を戦わすのである。そしてその狙いは、理性の活用を阻害している学者層に向けられていた。彼の哲学はさまざまな因習に固められた状態からの人間の解放であり、徳義は法にまさり、共同体を除いて法はない、とするものであった。

(2) 望月市恵訳『阿呆物語』全3冊岩波文庫。

(3) 一六世紀まで民衆本を除き文学作品はラテン(新ラテン)語によって書かれており、ドイツ語は卑俗な表現にしか向かぬものと見なされていた。しかしすでにスペイン、イタリアを初めとして、十六世紀にフランス、オランダにおいて母国語による古典形式の文学作品が産出されるにおよんで、ドイツでもおくればせながら母国語使用の文学運動が台頭した。オーピッツ(一五九七―一六三九)は、原則のない詩作の行なわれている中で、純粋明瞭、正しい語法、美しい文、という三原則のもとで、ドイツ語に可能な詩法を提唱した。これが『ドイツ詩書』であり、今日の文庫本サイズの八〇ページに充たぬ小著であったが、一七世紀全体にわたっておよぼした指導的役割は尋大であり、影響は一八世紀にまで及んでいる。

(4) グライフという姓はもともとそう言うだけのもので、「グリューフィウス」がすべての著作の作者名である。また詩人の兄もそのように称している。彼は同時代にあっては、悲劇、たとえば『ゲオルギアのカタリーナ女王』、正義の法官『パピニアーン』の作者として名高く、「ドイツのソポクレス」と呼ばれてもいる。『スクヴェンツ』は彼の作であるかどうか今日結論がでていない。題材は、シェイクスピアの『真夏の夜の夢』の寸劇ピラムスとティスベと共通である。

(5) ヴォルフェンビッテル図書館(正式名、アウグスト公図書館)は、総数四〇万部を所蔵し、一五世紀から一七世紀までの印行本を集めている点で最大級であり、研究者にとってはまさに宝庫である。蔵書本の分類整理は今も終了しておらず、貴重な「発見」が今後もなされることと期待されている。アウグスト公自ら作成した蔵書簿は今日でも使用されている。また、レッシングの集めた文庫もあって、一八世紀文学研究者にも重要な図書館となっている。

(6) ワイマルのこの(今日では、テューリンゲン州立)図書館は、ゲーテが利用したという意味でも有名である。ゲーテ研究者が訪れるのはもちろんのことだが、六〇万部の蔵書の主要部は、一六世紀の書物であって、ルターの著述やその時代のものが豊富に見られる。ルターの原典批判版全八九巻(通称ワイマル版、一八八三年以降)がここで編纂されたのも当然である。またゲーテ、シラーがドイツ劇文学の黄金期をこの地で築いたことが基になり、一六―一九世紀のドイツ演劇書の大コレクションがある。ここの四大文庫と言われるものは、一九四五年までに蒐集された書籍を母胎とするゲーテ時代ドイツ文学文庫で、ゲーテ、シラー、ヴィーラント、ヘルダーの著作、文献が整備されている。詩人作家の自筆ものは、五千点。記念帖(一六―一九世紀)は六百点近く集められている。

(7) 四八万部以上の蔵書をもつ。主力は一八世紀の著作。啓蒙主義やゲーテ時代の作品が多く、他に遺稿を多く蔵有する。

(8) リスト(一六〇七―一六六二)は一七世紀のユニークな詩人である。第一には北独の数少ない詩人であったことが挙げられるが、一種のエッセイストであったことが重要である。その形式として彼は『モーナトゲシュプレーヒ』を考え出した。それは一年一二カ月の一と月ずつにさまざまなテーマをあてはめ、一二カ月分をもって生活、芸術、学問、宗教などこの世のすべてを語り尽そうというものであった。たとえば一月には『この世のこの上なく高貴な液汁』(一六六三)で、酒、牛乳、水、インクを語るといった類である。彼の企画は、しかし第六書を書き上げた直後、その死をもって断たれてしまった。

(9) 「ガウチェン(カウチェン)」は、もともと紙抄き業の用語。紙抄き槽の傍に二人の職人が立ち、一人が抄桁をもってどろどろのパルプを紙状になるように掬い上げると、他の者がそれを受けとりフェルトの上に平らに乗せる。この二人目の仕事を指す。(語源的には英語の「カウチ」(臥させる」と同じ)。ここから印刷職の入会式にあたって、水桶の中に投げ入れ、そのあとでフェルトの上に寝かせる、洗礼と紙抄きのもじりの行事にこの語が用いられるようになった。

(10) 「介添人」の原語は *Packer*「つかまえるひと」。すなわち、新入会者をつかまえ、桶に入れる役目の者。「海綿もち人」は、二通りの解釈があり、前述の桶に投げ込む前に海綿で濡らしてやる者、または、前注のフェルトを用意する者である。なお古い「ガウチュ歌」には、「こやつをその濡れた海綿に乗せ」という件りがある。

(11) 「ちらし」の原語は *Flugschrift*。これは *Flugblatt* とも言い、いずれも *fliegen*(「飛ぶ」)する「飛ぶ」といっても、*Blatt*「紙」、*Schrift*「文書」からできている。「飛ぶ」といっても、フランス語の対応語 *feuille volante*「ルーズリーフ」と同じく、製本していないということを示していたが、普及の早さにひっかけて、「翼が生えたような」という意味を考えるようになった。内容的にはいわゆる「瓦版」的なものが多く、一枚ものから数十ページに及ぶものがある。また挿絵入り(例えばデューラー、クラーナハ)で出された場合もある。テーマには、政治、文化、社会、宗教、学術などの今日的事件をとり上げ、広く一つの立場を浸透させるのが狙いであり、今日のようなラジオ、テレヴィ、新聞雑誌というマスメディアのなかった時代にあっては、じつに有効有用な役割を果した手段である。文章形式は、歌、会話、手紙等々の当時の文学形式のすべてが活用された。わけてもこの出版物が盛んになったのは、宗教改革を機縁としており、まずルターの『ドイツのキリスト者貴族に告ぐ』(一五二〇)や『キリスト教の自由について』(同)がこの形式をとっており、反対陣営と入り乱れて文書合戦を展開し、同時にこの種の出版の有効性が立証された。その後も一七世紀の三十年戦争や、フランスからの解放戦争、ドイツ革命等々と、動乱期に急を要し製本工程をはぶいてもよいもの、あるいは匿名文書で通常ルートに乗せぬものとに利用された。

(12) グライム(一七一九—一八〇三)はアナクレオン風の酒や恋の歌を作った詩人である。後進の世話をよくしたところから「グライム親父」と呼ばれていた。ドイツの当時の文学事情にあっては新しい傾向をもっていたので、ドイツ文字を用いなかったのであろう。ゲーテは「このひとは得た価値からすると二流というべきであったろうが、その強い影響からすると、一流と呼ばれてよい」と言っている。

ラムラー(一七二五—一七九八)は古代調の韻律を守った頌歌(オーデ)を作り、同時代の詩人に範を示した。また彼の詩では外国語の効果的な使用が特徴をなしている。

(13) ゲッシェン、ウンガー、コッタの三出版人。

(14) リヒテンベルク(一七四二—一七九九)は実験物理学でも名を挙げたひとだが、文筆活動でも独特の位置をえている。啓蒙思想に立った機智に富んだ諷刺は卓抜で、及ばぬ範囲を見つけるのは困難なほどである。特に彼はローガウ以後にあってドイツのアフォリズムの巨匠であり、その点での影響も大きい。またホガースの銅版画の解説によっては、ドイツの美術批評の先駆的存在である。愛書家としても著名であった。後段に出てくる「ディーテリヒ」は、ゲッティンゲンにおける彼の印刷出版人である。

(15) 今日の活字ポイントの単位は 0.35146mm である。

(16) 一七世紀以来、貴族の子弟は勉学のために見学旅行をする習慣があった。その規模はさまざまではあったが、中には数年間、家庭教師に付き添われてヨーロッパ各国の都市を遍歴した例も少なくない。その際、有名な図書館を訪れるのは勿論のことながら、僧院や貴族の館に立派な蔵書があると聞くと、見学をすると同時に互いの学識を披露する習いもあった。今日そうした「図書館見聞日記」の類は、その時代の図書の嗜好傾向、分布状態を知る上で貴重な資料となっている。

(17) 偽版、盗版と用語が定まっていない感じだが、旧出版法では「複製」をもってこの内容を示している。しかしこの語では窃盗行為のニュアンスは少ない。ドイツ語でも術語には *Nachdruck*「変更を加えない複製版」を用いて、俗に *Raubdruck*「盗版」という。英語の場合は *Pirate Printing* だから相当どぎつい。ここから「海賊版」の称呼が生じたのであろう。

ところで、ドイツではすでに一七世紀にはこの種の出版業者が横行しており、例えば諷刺作家として知られるバルタザール シュップ、あるいはシュッピーウス(一六一〇—一六六一)は、自著の盗版に腹を立てて『書物泥棒』という小冊子を一六五八年に出して、金とり物とりの「小泥棒」は首つりになるのに、神聖ローマ皇帝から職種の貴さをもって特許をえている印刷人の中に、書物を横どりする「大泥棒」の輩がいても、逆に財貨が増えるばかりの類だと非難している。

一八世紀後半からは文運盛隆とともに、本文にあるように偽版出版者が多く現われたが、ドイツは統一国でなく、たとえ領土は小さくとも国境を越えればそこは法律的に追及されることのない別天地であった。当時この面で名高かったのは、トラトナーのヴィーンやシュミーダーのカールスルーエのほか、スイス、オランダ、フランクフルトなどであった。一八世紀の三大盗版者は、トラトナー、シュミーダー、それにロイトリンゲンのフライシュハウアーである。トラトナーは完全に国が異っていたので直接罪を指摘されることは少なく、文学史家の中には、彼の敢然たる複製活動がなければ、ヴィーンの、ひいてはオーストリアの文学的向上はなかったろうと、どこに重点をおいて読むべきか判然としない評価を下しているものもいる。シュミーダーは、多くの作家詩人の怨嗟の的であって、「シュミーダー」がすなわち盗版出版人の代名詞となっていた。『ミュンヒハウゼン男爵』の作者として知られるビュルガー（一七四七―一七九四）は、ゲッティンゲン大学教授でもあったが、その『詩集』（七八）の序文で繰返し皮肉たっぷりに、シュミーダー一派の「国家的慈善家」行為に釘をさしている。このシュミーダーの被害者の中にはゲーテも入っている。それは一七七八―八〇年に勝手に作成した四巻本『ゲーテ作品集』で、まことに丁寧にも「この上なく慈愛深い皇帝特許により。カールスルーエ、クリスティアン ゴトリープ シュミーダー」と扉表紙に刷り込んでいるので仕末が悪い。

また、このほか出版地、印刷人を記さぬ複製版もでている。

今日奇異な感じがするのは、ゲーテ対ヒンブルクで、ゲーテは最初の自選作品集をコッタから出版するとき（一八〇六―一八一〇）、ヒンブルク版をそのテクストとして用いているのである。

いずれにせよ、偽版はよく行っても原版と同じ、時に誤植があるのは避けられず、研究の校本には適さず、また用いるべきではないが、近年しばしば無神経な研究者が、知ってか知らずか用いているのは嘆かわしい。また在来は古書市場では低い評価をうけていたが、品不足のためか、堂々とまかり通り、時にオークションにも顔を出すのは困りものである。

(18) ピュッター（一七二五―一八〇七）は、書誌・図書館学にも造詣が深く、ゲッティンゲン大学図書館を発展させるのに貢献し、また同時にドイツの学術図書館充実の機縁を作った一人である。

(19) 「百科事典」と言われるものにも二種類ある。一つは、古代ギリシアの教育思想で自由人子弟が学ぶべきものを、*enkyklios paideia*「円環（完結した総体）をなす教育」と呼んだところから生じたもの、すなわち時代の学術の綜合的叙述ないし一分科を包括的に記述した書物。書籍史上、最初にこの名称を用いたのは、ドイツの「博学者」（ポリヒストール）ヨハン ハインリヒ アルステートの『哲学教程全書

Encyclopedia Cursus Philosophici』(一六〇八)で、学術の綜合書であった。これの流れにあるのが、中世ではトマスの『神学大全』、近代ではモレリ、ベイル、ツェードラー、ディドロ、『ブリタニカ』といったいわゆる「エンサイクロペディア」。他は実用を旨とした分派である。

ヒューブナー(一六六八―一七三一)の事典はそのしりであり、その原題は時代の多分にもれず大変に長いが、要旨は本文に示した表題に続き「諸宗教、教団、諸領国国家、海洋、湖水、河川、都市、砦、城館、港湾、山岳丘陵、通交路…、およびその他新聞、日常会話に現われてくる外国語に依存したさまざな語彙(等々)を明晰判明に記述す」というものである。A5判大で二段組み、全体で約二千段の収録項目は二万語に達している。傍点を付けたところから知られるように、この事典は時事的実用書で、例えば一七世紀の文人に対する評価などを知ろうと思っても用をなさない。むしろ当時の世情、世界知識を確められる興味がもてる。それはとにかく、このヒューブナーの事典名が基となって、ドイツの一般百科はその後 *Konversations-Lexikon* という名称をつけることになった。この系列に立つのが、ブロックハウス、マイヤー、ヘルダーの三大百科事典である。

(20) 他に補巻四巻よりなる。ほぼ新聞の一面大の判型。今日その半分の大きさのリプリントがでている。このことでもわかるように、他のその後の百科事典が時代の波とともに古くなり、余程のことがない限り利用価値のないのに較べ、「ツェードラー」は一八世紀中期に至るまでの学術芸術についての宝庫である。また存命中の人物までも包含していることにより人名辞典としても欠かせない。その他挙げればきりがないほどの長所をもつこの事典が、編纂者の名によって呼ばれず、出版社主の名に従っているのは、ヨーロッパでの一つの事典史の慣習である。ツェードラー(一七〇六―一七七〇)は、ライプツィヒでこの事典計画を立てたが、他の一切の書物を不要にすると豪語したため、同業者と反目し、領国の異なるハレに事業を移した。事情が違うとはいえ、トマジウスと同じ経路をとったところが面白い。

彼はその後の百科事典で踏襲される責任編集体制をとり、九人の学者に各専門分野と記述統一を依頼し、この時代にあってこのような大部のものを完成しえた。これもこの事典の特徴となっている。

次にツェードラーの事業主ないし企画者として慧眼であり幸運であったのは、編纂統率者にライプツィヒ大学詩学教授ゴトシェットを選んだことである。ゴトシェットはすでにベイルの『事典』を四巻に分けて翻訳（一七四一―一七四四出版）しており、のちにレッシングらによってドイツ文学の敵とまで言われたにせよ、博学であり、ライプツィヒを中心に多数の弟子を育成し押しも押されもせぬ総帥の座にあったからである。もっとも、一九巻以降は、やはりライプツィヒ大学の哲学教授ルドヴィツィが引き継いでいる。この人物は、ツェードラーとゴトシェットに較べ地味で、この事典の編纂者であったという点でのみ名を残している。

一九世紀および二〇世紀

（1）アードルフ　ハインリヒ　フリードリヒ　シュリヒターグロル（一七六五―一八二二）は教員生活を経て司書になり、一八〇七年には、ミュンヘン科学アカデミー会長兼事務総長になった。ミュンヘン図書館運営に貢献のあった人である。『ドイツ物故人名辞典』二八巻を編纂している。ゼーネフェルダーとの関係がどのようなものであったかは、詳かにしない。

（2）メルゲンターラー（一八五四―一八九九）はヴュルテンベルクの近郊に生まれ、アメリカのボルティモアに移住し、そこでライノタイプを考案した。彼はこの機械の市販のため、一八九一年ライノタイプ社を設立し、支社をベルリーンとパリーに置いて販途を拡げた。従って「ライノタイプ」は商品名でもある。和名「行鋳植機」。

（3）ヨーゼフ　マイヤー（一七九六―一八五六）は企画力に富んだ出版人で、彼の狙いは廉価版の普及であった。そして彼はまた、予約出版の近代化にも役割を果している。最初、シェイクスピアとウォルタースコットの翻訳で当てたのは、逐次分冊出版形式をとったからである。「マイヤー クラシカー」も当初は学術的とは言えず、名作全集の一種の「円本」出版であった。この企画は漸次校訂増補を重ね水準が高められたが、作家ごとのバラつきがある。

(4) ドイツ語学者、コンラート ドゥーデン（一八二九—一九一二）の創始したもので、それまでの雑多なドイツ語表記法に規準を立てようとした試みである。最初『ドゥーデン』は正書法字典だけだったが、今日では「大ドゥーデン」として、全一〇巻の「文体」、「図鑑」、「語源」「文法」等の重要な辞典に発展している。

(5) 今日では週二回発行。通称「ベルゼンブラット」、新刊の広告と書籍に関するさまざまな論文が掲載される。折り込みには古書の提供探書広告欄がある。フランクフルト版（西独）、ライプツィヒ版（東独）の二種類になっている。

(6) 死後三〇年の版権保護を裏返しにすると、ゲーテ（一八三二没）、シラー（一八〇五没）のいわゆる「ワイマル古典派」や、クロップシュトック、ヴィーラント、ヘルダー、レッシングのように古典古代を共通して重視した作家詩人が「版権解放」の対象となるので、この名称が生じた。同時にゲーテ時代の詩人作家でも死後三〇年のひとびとがかなりいたので、無印税出版が大分広範囲に行なえた。そこで、一八六七年を俗に「古典作家の年」と言い、また廉価叢書の名称も版権切れのものを集めて「クラシカー」としたので、本来の「古典」の意味が曖昧になってしまった。

(7) ゲーテはペルシアの文学に翻訳と研究書によって親しんだ。そしてコーラン写経が同時に敬虔な信仰心の現われということなどを含め、アラビア文字に深く感銘し、神秘性を感じとって、自分でも「習字」をしている。こうした考えは『西東詩集』とその自注にでているのは勿論であるが、装本にも活かしてできたのが、この初版本の扉ページである。なお、アラビア文字と西欧文字の関連についてはE・

R・クルツィウス『ヨーロッパ文学とラテン中世』第六章第一〇節参照。

(8) 通称「ヘンペル版」。文庫判の大きさ。原典批評を経ておらず、学術的用途に用いられることは一部を除いてあまりない。

(9) *Ausgabe letzter Hand* は、作者が「最後に手にする版」の意味で、作者の晩年に出版し、自分が校閲する版であるから、確実真正とされる。この称呼がドイツで始まったのは、じつは、このゲーテ作品集からなのである。そしてゲーテの生前には一八二七―三〇年に全四〇巻が刊行され、八折判(ほぼA5)二種、一六折判(ほぼA6文庫サイズ)二種の合計四種があり、各一方は銅版扉絵をもっている。没後(一八三二―一八四二)全六一巻(索引巻つき)に整備された。出版社はコッタ。本文に四〇巻とされているのは、補巻を除いた数。しかしこれがついているのといないのとでは、市場価値が全く異なる。

(10) 「モダンスタイル(英)、アールヌヴォー(仏)」とも言われる。これまでには主にビアズリによって知られていたこの芸術運動は、西ヨーロッパ全体に拡がった。その目指すところは、文学と美術、工芸を有機的に関連づけることであった。その場に選ばれたのが出版物というわけである。内面の世界を展開する文学に、美術は形を与えうるという精神がそこにはあった。一九世紀末からの文学、総じて芸術は、それまでの世界の中心的位置から片隅の場に移行せざるをえず、そこで表現されるものは、すでに現実の世界とは異種のものとなっていた。あるいはこの過程は逆の経路を踏んだとも考えられるが、いずれにせよ、一つのアヴァンギャルドの運動が広範囲な芸術の領域を包み込む出来事が生じた。こうした総体的な造型意欲が、統一ある全体を求め、活字の形から始まり、版面、装画、装幀に至るまで、一つの生命に発する表現とされた。しかもその表現は、単に芸術的意味においてのみではなく、人間が人間として要求する「包括的な新たな調和」を目標に置く、というのがこの運動の理念であった。

今日の流行の一端は、この様式の復興ないしは模倣と言えよう。しかし一方では、長きにわたって美術上、その装飾的要素からだけで低く評価されていたユーゲント様式は、六〇年代になってから再評価され、「名誉回復」を行なわれつつある。

なお、日本への影響は、木下杢太郎、北原白秋、石井柏亭らの交友から生まれた「パンの会」(一九〇八)に見られる。

(11) 大衆の要求にこたえる芸術ではなく、大衆をひきつける芸術、そして芸術の全分野を結び合わせる季刊総合誌を標榜した。手本は、イギリスの大芸術誌「ステューデイオ」(創刊一八九六)であった。ここによった文学者には、デーメル、ホーフマンスタール、リルケ、メーテルリンクらがいる。美術家には、ビアズリ、リーバーマン、ロダンらの名が見られる。

(12) 一八九六年一月一日に創刊された週刊誌。因習やデカダンスを一掃することを主旨とした批評批判的傾向をもつ文芸誌として、一九四〇年まで続いた。注目に価するのは「芯から健全な時代の朝」を迎えるという刊行精神で、ここから後年名を成す多くの文人が巣立って行った。例えば、マクス ブロート、マリー エーブナー=エッシェンバハ、ハウプトマン、ヘッセ、ホーフマンスタール、リルケ、ヴェデキント、ツヴァイクらの名が見られる。

(13) 誌名はグリンメルスハウゼンの小説に基づいている。絵入り週刊誌で、諷刺大衆誌を目指した。初期は文芸的にもすぐれていたが、次第に政治批判の要素が前面にでてきて、悪ふざけの傾向も強くなる。ミュンヘン子の諷刺精神を培った役割は大きい。ヘッセ、リルケが寄稿したほかに、トマス マン兄弟も執筆者として加わるなど、時代の多くの作家詩人の小篇を掲載している。

(14) この種の雑誌ではもっとも短命で、三年にして終刊を迎えた。「パーン」を継承する意図で、編集人の一人、詩人シュレーダーの文学派閥(自然主義、象徴主義、新ロマン派)を打破する考えがあったものの、型にはまったビーアバウムの容れるところとはならず、雑誌の性格が一定しなかった。そして特徴の一つに、美的には不偏不党の開放主義をとる一方、ビスマルクをドイツ第一の偉人、第二にニーチェを讃えるという政治的愛国主義があった。またトマス マンの原稿不掲載という「歴史」も残している。

(15) 「インゼル」で、シュレーダーは、ゲオルゲの『魂の年』の装本には敬意を表したが、『生の絨毯』の方は厳しく批判している。

(16) 陶砂、礬砂とも書く。この語はむしろ溶剤の表現になっているが、要は、紙に膠質の上がけをして、インクなどがにじまぬようにする工程を指す。今日では抄紙工程で製品化の段階で行なわれるが、手抄きの場合は、あとから加工せざるをえない。時に「どうさ引き」。

(17) 邦文の場合は字間の空きは、句読点、符号などの少数の場合しか生じないのが原理だが、欧文では単語同士の間隔をとらねばならず、また行末をそろえる関係から、字数計算をいい加減にすると語間の空きの白地ばかりが目立ち、場合によってページ面を上から下に蛇行する裂け目のようになることがある。

(18) 「インテル」は行間を一定に保つための込めもの。さまざまな厚みの規格がある。字間に入れるものはスペースなど、大きさによって呼び名が異なる。

(19) ジョージ ジョン スペンサー卿の蔵書は「ビブリオテカ アルトルピアーナ Bibliotheca Althorpiana」と称し、貴重な古典書、グーテンベルク聖書、一四五七年の聖詩集、ウィリアム カクストンやウィンキン デ ウォード (Wynkyn de Worde) 制作のイギリス初期印刷本、一〇八点の皮紙印刷本、クローフォード伯旧蔵の豪華装幀本三〇冊や二千あまりのオリエント写本から成っていた。一九〇六年には、この蔵書の持ち主となっていたライランド夫人の手によりさらにフローレンスの学者パッセリーニ旧蔵の五千部にものぼるダンテ文庫を加えられるに至った。

(20) 本文九九ページ参照。アルドゥス マヌーティウスとその子孫が印刷した古典の豪華本で、総数二千冊を越える。

(21) ドイツの都市や町では、日本の町名にあたる街路名に、歴史的、ことに文化史的に著名な人物の名をつける慣わしがある。例えば、ゲーテ通り、グリム園、グローテフェント道というように。故人とその都市が密接な関係があった場合もあれば、周知の人物というだけの場合もある。面白いのは比較的新しく出来た拡張区域では、今後その町に由緒の深い人物がでてくることを予想して、単に「バラ通り」とか「百合通り」とつけていることがある点である。

(22) 趣意書の大意。「ブレーマー・プレッセの名のもとに、書籍制作の友の集いは、年に一定限度の美しい書物を刊行する企画をもっている。年約四点が予定されており、出版部数は二五〇冊を超えないものとする。印刷には一連の新しい書体が制作されることになっており、ブレーマー・プレッセ専用である。まず、本趣意書のローマン字体がすでに鋳造されており、ドイツ字体とギリシア字体とは準備にとりかかっている。植字、印刷、装幀は占有の工房で手仕事をもってなされる。手抄き紙は、ここに使用したのと同質であろう。編纂者一同は、手短かに、ブレーマー・プレッセが在来の書籍に欠けており必要と見なしている事柄のうち、いくつかの点を明らかにしておきたいと思う。精神的な欲求が、思索面だけでは満足させられないようなひとは、だれでも自分自身と作品にもっともそぐわしく、愛好しうる書物を所有したいと願うものである。これによって、刊行の際には、ここに予告するように、内容も相当程度読者の想像力にうったえかけるような作品が取り上げられる予定だということが明らかとされたであろう。・・・」

(23) 一二世紀後半のデンマークの歴史記述家。民族的意識の強いデンマーク史『デンマーク人の功業 *Gesta Danorum*』一六巻を著わす。このうち最初の九巻は、一部に詩形式をとり、北欧伝説――ここにハムレットが入っている――を記し、また「エッダ」の補足をなしている。古典ラテン語に範をとった文章によって書かれている。

(24) 本来は舞台装置家。

(25) 明治初年、紙幣用に紙幣寮(今日の印刷局)抄紙部で手抄きされた紙。質的には最上位の紙と言われ、豪華版印刷にはシナ紙と並んで用いられる。原料は「みつまた」。Kaiserliches Japan（独）Imperial Paper（英）Papier Imperial（仏）などと呼ばれる。

(26) 現在では二〇社加盟。各社もち廻りで毎月少なくとも一社がこのシリーズものを約半額程度の価格で出版する。そのための共同内容見本も発行されている。

(27) 返品をしない約束に成り立った注文。従って一定期間（最高六カ月）以内に代価を清算しなければならない。なおドイツでは書籍はすべて「買い取り制」になっている。また、書店側では割り引き販売は一切行なわない。これは組合間の取り決めであり、従って、例えば生協書店というようなものはありえず、書籍費に困っている学生は、購入後に一定限度額内で学生組合から補助をうける。

(28) ほとんどの古書店はカタログ販売を主要業務としている。このカタログは日本のもののように簡単、むしろ粗雑なことはなく、著者名、書名はもちろんのこと、出版年、出版地、出版者(社)、ページ数、図版数、判型、書物の保存状態を明確に記す。特に保存の状態は大体において共通の表現であるので、現物を目にせずとも、大よそのイメージが摑める。もしも古書店側に手落ちがあって、傷みの程度を明記していなかったような場合、日数を限ってクレームを立てられ、それによって返品ないし割り引きがなされる。なお重要な書目については、書誌の記載番号、コメントなどがつけられている。従って、良書を集めた古書販売目録は、そのままで専門書誌として通用し、販売ルートにのることさえある。こうしたカタログには業者以外に、専門分野の学者が責任編纂をしたものがときどきある。

また古書店の店頭販売は、大きな書店では在庫のほんの一部であり、探書の場合は店員に訊ねるか、カードを繰る以外はない。もっとも全くの顧客になれば書庫に入れてもらえることもある。

(29) 図版の訳。タイトルから順に、「書籍商。汝らは知慧の宝を求め、良書にところを与えよ。地上における人間の身体は何であろうか。それは、時ととももに移ろう財貨、いく度も印刷される紙、悲しみに製本され（縛りつけられ）た一冊の書物。死と時はこの本をもてあそび（商い）、やがて永遠（神）が救う（荷を開く）。」この箴言詩は書籍商にかけた寓意詩である。図の左奥は店頭であろう。右の樽は、書籍運搬用に用いられたもの。その上方に見えるのは製本プレスであろう。

（30） 競売人は法定の資格所有者に限られる。カタログには建値が示されている。競売参加は、会に出るか入札表を送付するかの方法がある。指し値は建値の半分からできる。競売人は落札価格に対して大むね一五％のプレミアムをつける。これが手数料である。落札価に数人が指し値を出しているとき、三度それ以上の指し値を求めるが、声のないときは、くじ引きで購入者が決められる。後日、落札価格表は印刷される。そしてこれらの競売結果は、年次ごとに一冊の分厚い目録に集められ、参考図書として市販される。従って、古書購入、競売指し値の場合には、あらかじめこの目録で当該の書籍の価格の「歴史」を調査できるというわけである。

（31） 学術書だけを対象としたものには「学術書籍協会 Wissenschaftliche Buchgesellschaft」があり、独自の企画に基づく原典や研究書の覆刻、出版社よりの引きうけを行なっている。一九七二年度の年次目録は七〇〇ページを越える規模である。市販価格より三割ないし四割安く入手できる。

（32） 字の端についた鈎型の部分。和文活字で言えば、横線の端についた三角形のウロコに当る。この飾りのついていない系統の活字を普通フランス語を用いて「サン　セリフ」と言うものの、*Serif(e)* は本来ラテン語の「書く」*scribere* からネーデルランド語の「点、チョン、棒」に当る *schreef* を経てフランス語に入ったものである。

（33） 写真オフセット工程によるリプリントは、今日多くの翻刻版を生みだして、研究に資するところが大きいが、その陰には大きな苦労がひそんでいる。すなわち、原本を写真に撮って直ちに平版にするのではなく、原本が古ければ、多くの「よごれ」や「しみ」がついているために陰画の段階で修整（レトゥシュ）しなければならない。これが新版を作る場合であると、製版者と研究者の間の共同作業が校正刷りを介してできるのに対し、写真オフでは、この修整を何度も繰り返すことは困難である。古い活字体の場合、修整工――ドイツでは多くは女性――に文字の識別の他に文意の把握まで負わせられないからである。例えば、hの下についた「しみ」と思って消したらば、じつはbの下がかすれていただけ、ということもある。また紙魚の蝕跡もある。こうしたわけで、ことは単に熟練にあるのではなく、どの段階で研究者が校訂に加わり、同時にどの程度原本に加工が許されるかという問題をはらんでいる。

(34) 西ドイツの発明品(?)。日本ではまだそれほど普及していないが、接着剤つきのビニールシートで、表紙に貼りつける。公共図書館によっては輸入品を用いている。丸善では「フイルムルックス」という名で西独の輸入品を扱っているが、現地より割高なのが難である。

(35) 原名 Volksbücherei「庶民図書館」。学術的な目的ではなく、成人教育のためにある。

(36) 注(30)の後半参照。

(37) 最低限 ©発行者(著者)名、発行年の三要目の記載で発効する。最近の論文では、「言語生活」昭47年7月以降の半田正夫「著作権法のはなし」がある。

(38) 日本での出版慣行では「増刷」と「再版」の区別が出版社によりまちまちで、是非にも正しく統一したいものである。元来「再版」は原版が磨滅してよい印刷面がとれなくなった場合、新規に組み直すことを指す。従って初版で一定部数を刊行し、それが売り切れ、同一紙型を用いて再度の刊行を行なうのであれば「増刷」であり、一部の出版社が採用しているように「第一版第二刷」等の表記をするべきであろう。

(39) 一九一二年九月二五日、取引所組合が設立を決定し、一九一三年一月一日以降国内外で刊行されたドイツ語書籍の総合文書館とすることになった。一九一四年七月二一日礎石がおかれ、一九一六年九月二日には、一千万冊を蔵する大建築として開館した。集書は原則として、拘束なしの献本による。

書物の美学

(1) 機械力にはよるが、在来の紙抄き桶の製法を踏襲している。ただ用語の問題として、「機械抄き」というと大量生産の紙を指すことが多いので「機械による桶抄き紙」と言うべきかも知れない。しかし和紙でも抄紙機による機械抄きが行なわれているので、この区別を簡単な単語で示すのは難しい。

(2) 日本では、在来の寸法とこのドイツ規格が類似していたために、ＤＩＮ寸法を移入していたが、今日はＪＩＳに組み入れられている。

(3) 欧文タイプ用紙と同サイズ。この寸法だと、四折りにした場合、葉書と同じ大きさになる。角封筒はこうした背景のある大きさといえる。

(4) 一般ではこうした現象が顕著になってきている。ドイツ文字の筆記体は、いわば変体仮名のようなもので、今日ドイツでこれを用いているのは大体七〇歳以上の老人。またドイツ文字は、高等教育をうける準備をする課程を経ていないとまずもって読めない。訳者の経験では、現行のルター聖書全訳版を注文した際に、「フラクトゥーアが使ってあるが、いいのか」と老書店主に念を押された。奇妙に思って問いただすと、大むねのひとがこうした字体の本を嫌うし、まして若いものは読めないから、と少々残念そうに答えた。だが、一方では主として一七、一八世紀の書物の覆刻は近時非常に盛んであるし、ドイツ人がドイツ文字を全く失なうということはありえないことであるし、事は明治大正の文学作品の現代語訳などというレベルと全く違っているのである。

(5) 普通は「活字の大きさ」で通っている。ヨーロッパ系では、「活字の段階」の意味の成語が用いられる。

(6) 日本では、最小八ポから、一〇ポまでが用いられている。もっとも、一〇ポというと趣味的な読み物、詩集類、あるいは児童物である。

（7） ドイツ語では Schmutztitel「よごれとびら」。つまり、本文の後段で知られるように、本とびらを含めて、中身が汚れないようにしたカバー代り、というほどの意味である。今日では飾りとして残っている。和書にはこの習慣がない。

（8） 「マネッセ叢書」Manesse Bibliothek der Weltliteratur. 名称はチューリヒの書籍蒐集家に依る（「古代」注（4）参照）。判型は文庫サイズで、14.9×8.9cm。

「ゲッシェン叢書」Sammlung Göschen. 文庫サイズ。内容は学術ハンドブックで、岩波全書が該当する。

（9） ドイツ語では Schutzumschlag「保護覆い」。日本でもかつては「上覆紙(うわおおいがみ)」と言った。今日言いならされている「カバー」は、元来、表紙の意味である。因に、ドイツの出版社で、同じジャケットを二枚重ねにしているところがある。これは書店で汚れても、もう一枚残せるためで、ジャケットも本のうちという考えである。この種のものには、なかなかすぐれたデザインがなされている。

（10） いわゆる「フランス装」。まぎらわしい名称に「仮り製本」があるが、これは雑誌などが代表するペラペラな紙表紙をつけたものを言う。

（11） この概念を最初に提出したのはゲーテである。彼とエッカーマンとの対話（一八二七年一月三一日）には、「詩が人類の共有財産であり、いたるところ、いたる時代に、何千、何万というひとびとの中で生まれるものだ、という考えを私はますますもつようになっている。あるひとは僅かにすぐれ、ほんの少しだけ長く表面に浮んでいる、これだけのことだ。……国民文学は今ではあまり意味がない。世界文学の時期がきているのだ、そして皆がこの時期を促進するよう励まなければならない」という言葉が見られ、その後さまざまな立場からこの概念の明確化がなされた。そのうちの二、三を拾うと、第一には、共通性も統一性も考えず、要するに全世界の文学を指すと考え、第二は質的に言葉の相違を越えて人類共有の文学となりうるもの、第三は各国間の文化的文学的交流から生ずる文学、などという見方である。この論議は注記には収容し切れない規模のものだが、一つだけ大方の注意をうけていない問題がある。それは、確かに今では「世界文学」の概念はいずれの国においても定着しているものの、ドイツに発祥したという点にある。ゲーテの脳裡にはもちろん、やがての原作の言葉を問わない文学の時代の到来、あるいは自作その他の例による「世界文学」時代の曙のイメージはあったであろうが、他面、ゲーテと同時代にあってのドイツ文学の浮動性、ドイツ人にしてみても共通の基盤となりうる社会の欠如からくる文学の多様性——言ってみれば「国民文学」と言えるものすらなかった——その状態を打開する強力な処方箋としてあったのだろう、ということである。啓蒙主義、いやそれ以前から、思想を現実化、実行実践の段階にもたらしえず、理念化観念化してきたドイツ人としての発言が、調和のとれた実現主義者の声のうちにも聞かれるように思える。

ところで「世界文学」は、ゲーテをまつまでもなく、一つの国ないし民族、あるいは一つの言語に結びついたままではいない文学作品がすでに古代よりあり——ゲーテはこれを「善、高貴、美」の力に見ていたが——さらにヨーロッパ中世はラテン語を介することによって、これを「世界」と言うならば、実質的に世界文学が醸成されていた。従ってその伝統をうけ継いだルネサンス、さらに一七世紀の文学は、まだこの意味の世界文学の系譜に立っており、それゆえにまたクルツィウスの研究の意義があるが、ゲーテの時代は逆にそうしたヨーロッパ文学の伝統から、個々の国民文学が独立し、独自の行程をとり始めた時期でもあった。こうした観点からすると、ここに新たに考えられた「世界文学」の定義と実態は、今日もなお文学の本質にかかわる問題を提出していると言わざるをえない。

(12) 著者は比較的軽い意味で言っているようだが、じつは文学作品の受容にかかわる重要なポイントはここにある。すなわち、作品の意味、美、価値というものは、永遠不変ではなく、客観的に不変なテクストとしての作品が潜在的にもつ諸要素を、そのときどきの読者、時代環境や地理的境位の異る読者が選びとり、読者の側から作品のさまざまな意味を構成して行くことに他ならない。その活動の場が想像力である。「名作、傑作」とは、そうした多様に変化する読者の視線に耐えうるさまざまな面をもっている作品と言えよう。（W・イーザー「作品の呼びかけ構造」「思想」昭四七年九月号参照）。

このような意味からも、書物における装画を考えてみる必要があるのではなかろうか。あまりにも読者の受け取り方を制約し限定する挿絵は、作品の読者への働きかけを妨げるものとなるからである（本文八五ページ参照）。事情は文学作品とその映画化にもあてはまるが、書物の域を出るので割愛する。

訳者あとがき

ここに訳出した原本は
Helmut Presser, *Das Buch vom Buch.* Bremen (Carl Schünemann Verlag) 1962 (=Sammlung Dieterich 240)
である。原著にはさらに、ルッ マッケンゼン独訳の『フィロビブロン』と、ハンス ヴェーゲナー編の詳細な文献表が付けられている。原著者と相談した結果、『フィロビブロン』は重訳になるので、収録を断念することにした。幸なことに、最近原本よりの邦訳が出版されたので、かえってよかったと思っているところである（古田暁訳、大阪フォルム画廊）。
次に書誌は一応便利でもあろうが、それを利用するひとは、当然原著を手にされるであろうとの予測から、省略に踏み切った。
ところで、原著者ヘルムート プレッサー氏について少々述べることにすると、氏は一九六三年以来、マインツにあるグーテンベルク博物館の館長を勤める本年五八歳の書籍学者である。書籍学という称呼は、私もここで初めて用いる。そしてまたそうとしか言いようがないのである。プレッサー氏は、ベルリーン、ボン、ハイデルベルクの大学で、ドイツ文学、美術史、哲学、図書館学を学んだのちに、『詩人の審判をうけた言葉』の論文で学位をえた。この論文はすでに文学の普通の理解を超えたもので、「美しい印刷は、粗悪なテクストの仮面をはがしうるものだ」というイデーに貫かれているのである。この頃彼はすでに書籍印刷や美術にひかれていたらしく、学位をとったのちも、マインツ大学で、本書にも触れられているクロイケンスのもとで、一年間、グラフィック、書体、製本、書籍装画、さらに植字や印刷の手ほどきをうけたとのことである。

私の感じからしても、プレッサー氏の関心は書誌学といったものではなく、書物そのもの、といってもさまざまな構成要素の綜合としての書物にあるらしい。そこであえて「書籍学者」という名称を案じたわけである。あるいは限定づきで出版研究者と言えるかも知れない。とにかくここで問題にされるのは、書物の構成、そしてその書物の誕生の環境、影響、さらにどのようなひとびとがその書物を生みだす力となったか、という多方面にわたる。それればかりか、こうして世に出された書物の出来不出来を判定する能力も要求される。なかなかに複雑な分野であり、面白そうでもあるが、わが国に見当りそうもない職能である。

私がこの原著とつき合いだしたのは、それが出版された直後からであった。もともと本が好きなのは商売柄とは言え、この聖書の別称のもじりのような表題を「ベルゼンブラット」に見つけると同時に注文し、面白く読み、啓発されるところが多かった。ドイツ人が書いた本であるから、ドイツに比重がおかれるのは当然でもあろうが、そこが面白かったのである。

私たち文学の勉強をしているものは、普通はその歴史を表側からしか見ていない。すなわちテクストとしての作品、作品相互の関係、作家と作品、社会と作品と輪が広がる。ところが、その作品が、どのような形、どのような規模で作品というものとなったかについては、特殊な場合を除いて、あまり考慮されることがなかった。多くは作者の伝記の付随事項であるとか、他と較べて異例という場合のみ注目されたのである。極端には、それをもとに作品が読めるテクストであればよい、というのが大むねの意見であったし、今日でも支配的と言わざるをえない。

ところが文学社会学——たとえば、クセジュ文庫のエスカルピなどが今日的意味での先駆者だが——この文学（史）研究の一領域が重要性を認められるにつれ、書籍そのものの歴史的形態が軽視されるべきではないことが明らかになってきた。

ある作品の歴史的位置づけということを考えてみても、それがテクストとして、今日の読者、研究者の目からしての批判、意味づけ、価値判断にのみよったのでは、今日の歴史の中にある姿しかとらえられていない。それはそれで作品の一つの作用面の解明ではあるが、歴史の中にあった作品をとらえたことにはならない。刊行部数、流布状態、とり上げられ方などが知られ、それらが基礎となって歴史的な位置づけがなされるのである。

聖書を含む宗教書のそれぞれの時代にあっての書物形態も、ただ好奇の対象であるわけではない。ある場合には重厚な装幀が「本の本」であるゆえんを物語るであろうし、また別の場合には、信仰の浸透度を教え、さらに他の時代には象徴的意味しかないと告げ知らせよう。

古代、中世、近世へと文献が伝承されてきた過程で、書物の果した役割はじつに大きい。そして近世初頭の文献学（フィロロギー）は、まさに書籍蒐集に端を発していることを考えれば、印刷術の進歩とともに書物のもつ意義が変るにつれて、書物のそのときどきの誕生の意味を考える眼が次第に失なわれてきたのではないかとも思われる。

ところで在来の書籍史への関心は、わが国に限ってみれば、なんとなく趣味的であり、言わば文化史、文学史のこぼれ話への興味、あるいは骨董趣味的な面が強かったようである。楽しみは万事につきものだが、ただ古い本、稀書を集めるの類は、書物に関してみれば、殆んど意味がないことは言うまでもない。まして、いわゆる書物愛好家の自慢話は鼻につく。

こうした観点からすると、エリク ド グロリエ『書物の歴史』（大塚幸男訳、文庫クセジュ）は、いかにもフランスのものらしく、書物と社会との関連を注視した立派な著書であるし、最近邦訳のでたアランデル エズデイル『西洋の書物』（高野彰訳、雄松堂）は、図書館書誌学的な見地から書物の歴史的形態と構造とを解説している点によってすぐれている。

こうした著作に並んで本書が意義をもつとすれば、それは、一つには原著の序文にもあるように、通常知られることのない書籍史資料が多く盛り込まれている点である。そのひとつひとつの価値や意義は、本文の論述との関連で明らかに読みとれるところであるが、たとえば、ドイツ最初の刊行目録や蔵書目録から、今日知られる作品とともに、他の多くが教えられ、時代の好みや評価の一端をうかがわせ、またルターの抗議文は、逆にルター文書への当時のひとびとの関心の高さを知らせる等々と、類書にない特色がある。著者はその個々の引用に幅のあり、また深みのある評言をつけているわけではないが、読者は自己のもつ関心や知識に合わせてさまざまな歴史への洞察が行なえることであろう。

次の特色は、著者がグーテンベルク博物館という印刷術の資料館にいるために有利な、各時代に特徴をなす装画やレイアウトの例を多く図版にして、四九点が見られることである。ヨーロッパでは中世書籍美術のじつに立派な研究書が多くでているが、書籍史を通観しての書物で図版を多く掲載しているものは少ない。これは集めるのが困難というのではなく、図書館が整備されていることに理由が求められるのであろうが、外国、わけても日本の読者の場合、説明だけでは到底想像も及ばぬものばかりである。図版はなんとしても必要である。そこで、この訳書には、原著者に依頼してえた図版、また参考用に送られてきたもの約三〇点から選びとった図版と、訳者が手元の資料から選択したものを合せ、百点近くを追加した。言わずもがなではあるが、和書から盗みとったものは一点もない。これだけの図版では、まだまだもの足りないところもあるが、凸版で印刷できそうなものに限ったので、それが一応の制約となった。

訳語について少々言訳をしておくと、書誌、印刷関係では、植村長三郎『書誌学辞典』（教育図書、昭和一七年）、鈴木敏夫『基本・本づくり』（印刷学会出版部、昭和四二年）を主として参照した。

日本での用語は、多くはアメリカを経てきたイギリス系のものであり、歴史的な事項や物品に定訳や通称のないこと、あるいは訳者の知識外にあることなどから、専門家からすれば珍妙な語が用いられていることもないとは言えないと思われる。それについてはご指摘願えれば有難いところである。

その他用語や表記その他で、多少の考えがあって通例と違えているところがあるが、ペダントリーになるので逐一にわたって述べるのは控える。

古代の章では、岩波新書『粘土に書かれた歴史』と『文字の歴史』、中公新書『楔形文字入門』と『象形文字入門』を参考にした。この四点は、余計な言い分ではあるが、本書の読者がさらに読まれるに好適であろう。

全般にわたってあれこれ参考にした外国書のうち、特に次のものだけは挙げておかねばならないものと考える。

Karl SCHOTTENLOHER, *Bücher bewegten die Welt. Eine Kulturgeschichte des Buches.* 2 Bde. 2 Aufl. Stuttgart 1968.

ショッテンローアーは、長年ミュンヘン図書館で司書を勤め、書物の研究をしていたひとで、この本は彼の真のライフワークである。訳出のあいだも、今も、こうした書物を要求するほど日本の書物への関心が高く育ってほしいものだと思い続けている。

本書の訳稿は、一応昨年の夏までにできていた。その間、エージェントと版元との連絡に不備があって、翻訳権がとれなかったが、今年になり、原著者との文通で合意に達した。プレッサー氏の日本版に対する尽力はじつに大きく、改稿の提案と図版の探索には負うところが多い。

また、三年前の秋に、当時私が在職した大学で起きた一連の事件の中で、自分なりにあるかなきかの良心を貫くために辞意を固めたとき、旧知の高橋英夫さんがこの翻訳の契機を与え、陰ながら激励して下さったことは、私事とはいいながら、ここに銘記して感謝のしるしとしておきたい。その後、そして本にまとまり出してからの法政大学出版局の藤田信行さんの忍耐強い協力がなければ、これほどの図版の増補もなしえなかったであろう。網版やオフセットの図解は氏の案である。原著の索引をそのまま取り上げた煩雑な作業は、立教大学大学院学生八木輝明君の尽力によって遂行できた。両氏に謝意を表して、しめくくりの言葉としたい。

昭和四七年一二月一六日

訳　者

今回第四刷にあたり、原書の誤記を含め多少の改訂をほどこした。高橋重臣、上原欣一両氏のご指示を多とするものである。

著者

ヘルムート・プレッサー
(Helmut Presser)
1914年生まれ．ベルリン，ボン，ハイデルベルクの大学でドイツ文学，美術史，哲学，図書館学を学ぶ．その後マインツ大学でグラフィック，書籍装画，印刷，製本等々にわたる「書籍学」を研究，1963年からグーテンベルク博物館館長をつとめる．

訳者

轡田　收（くつわだ おさむ）
1934年生まれ．1959年東京大学大学院修了．ドイツ文学専攻．慶応義塾大学，学習院大学教授を歴任，現在，学習院大学名誉教授．
訳書：ヤウス『挑発としての文学史』(岩波現代文庫)，イーザー『行為としての読書』(岩波モダンクラシックス)，ガダマー『真理と方法　I・II』(共訳，法政大学出版局)，ハーバーマス『近代の哲学的ディスクルスII』(共訳，岩波書店)，ほか．

《叢書・ウニベルシタス　40》
書物の本
西欧の書物と文化の歴史
書物の美学

1973年１月30日　　初版第１刷発行
2008年５月20日　　　　第８刷発行

ヘルムート・プレッサー
轡田　收 訳
発行所　財団法人　法政大学出版局
〒102-0073 東京都千代田区九段北3-2-7
電話03(5214)5540／振替00160-6-95814
製版，印刷　三和印刷／鈴木製本所

Printed in Japan

ISBN 978-4-588-00040-9

索　　引

Stulte quid est mūdus, mortis nisi causa futuræ?
En ruit in uitijs, en perit ille suis.
CONCVPIS CENCIA
1. Ioan. 2.
Mundus transit, & concupiscentia eius: Qui
aūt fecit uoluntatem Dei, manet in æternum.

フランツ ベーヘムが
刊本中扉に用いた印刷人標章
（マインツ　1541）

ア 行

アイツィング Michael von Aitzing 163
アウアー Auer, A. 205
アウグスティーヌス 285
アウグスト2世 140
アウグストゥス Augustus **11**
アウクスブルク 93
赤字書き rubrizieren 21
『アーサー王伝』 *Life of King Arthur* 271
アーダ・グループ Ada-Gruppe 29
アタロス1世 Attalos I. 8
アッシュバーナム 248
アッシュールバニパル Assurbanipal 3
『アトラス ノーヴス』(新地図) *Atlas Novus* 128,129
『アトラス マヨール』(大地図) *Atlas Major* 129
アヒラム (石棺) Achiram 9
アーヘン 29
『阿呆船』 *Narrenschiff* 79
アポロ神殿 11
『アマーディス』 *Amadis* 111
アマン Jost Amman 93
網目 Raster 239
～腐蝕版 Netzätzung 240,241
アムステルダム 125,126
アリストテレース 9,11,38,100
アルクィーン Alkuin 16
『アルス モリエンディ』 *Ars Moriendi* **51**
アルドゥス版 Aldinen (*Pl.*) 272
アールトネン Wäinö Aaltonen 276
アルファベット Alphabet 9
ギリシア人の～ 9
アルベルト Josef Albert 241
アルラッツィ Leone Allacci 138
アレクサンダー大王 7,91
アルンデス Stefan Arndes 78
アンゲルス シレジウス Angelus Silesius **137**
アンシアル字体 Unziale 16,17
『アンチクリストの書』 *Buch vom Antichrist* 51,66

アンティカ活字　Antiqua　168,172,178,219,271,283
アンデルセン　334
アンドラーデ　Andrade　214,216
アントワープ　81,125,276
イェッセン　Peter Jessen　277
イェヒァー　Christian Gottlieb Jöcher　213
イェルサレム　7
イーゼングリーン　Michael Isengrin　87
イソップ　Äsop　66,75,76
板金書き法　Blechschreibekunst　206
　～彫刻　Metallschnitte　80
板目板　Langholz　203　→木版
イタリック字体（斜字体）　Kursiv　103,317
イニシアル　Monogrammname; Initial　48
イバラ　Joachim Ibarra　177,183
『イーリアス』　*Ilias*　26,283,291
イリッヒ　Illig　236
「インキピト」（始まる）　incipit　22
インキュナビュラ　Inkunabeln (*Pl.*)　65　→初期印刷時代，揺籃印刷本
　大英博物館～カタログ　67
　～様式　Inkunabelstil　65
印刷機　Druckpresse　162,189,228,233,235
　印刷プレス機　Drucker presse　53,54
　圧胴（シリンダー）～　Zylinderdruckpresse　130
　一面・裏面～　Schön-und-Widerdruck-Maschine　231
　高速度～　Schnellpresse　231,233,235
印刷工場，16世紀の　57
印刷所
　王室～　Imprimerie Royale　164　Imprimerie du Cabinet du Roi　189
　『設備のよい～』　*Die wohlgerichtete Buchdruckerei*　135
印刷字体　Druckschrift　315
印刷用インク　Druckfarbe 54
　　～バレン　Druckerballen　54,234
印刷人標章（マーク）　Druckerzeichen　62,64,79,81,99,339
印刷術世界博物館　Weltmuseum der Druckkunst　58
『印刷術便覧』　*Manuale Tipografico*　176
印税　Honorar　193
インゼル出版社　Insel-Verlag　259,283,290,291

インテル Reglette 321
『インド旅行日記』 *Tagebuch der indischen Reise* 261
ヴァイス E. R. Weiß 256, 257
『ヴァイスクーニヒ』 *Weißkunig* 96
ヴァイトマン Weidmann 202
ヴァラウ書体 Wallau 301
『ヴァレンシュタイン』 *Wallenstein* 298
ヴァン エイク兄弟 Herbert und Jan van Eyck 36
ヴァン デイク Christoph van Dyck 126
ヴィーガント Willi Wiegand 283
ヴィーガント Otto Wiegand 247
ヴィース Urban Wyss 117
ヴィーゼ Paulus de Vise 145
ヴィッテンベルク 98, 197, 198
ヴィーメラー Ignatz Wiemeler 288
ヴィラー Georg Willer 119
ヴィーラント Wieland 168, 202
ウィリス J. Willis 142
ヴィリラム Williram 33
ウィンチェスター 33
ヴィンチェンティーノ Vincentino 117
ヴェザーリウス Vesalius 86
ヴェスターマン Westermann 244
ヴェスパシアーノ Vespasiano 117
ヴェニス 82
ヴェーバー J. J. Weber 245
ヴェヒトリーン Johann Wechtlin 100
ウェルギリウス 19, 26, 172, 179, 286
『ヴェールタア』 *Werther* 217
ヴェルハーゲン＆クラージング Velhagen & Klasing 242
ヴェンツラフ Wenzel von Böhmen 35
ウォーカー Emery Walker 267
ヴォールゲムート Michael Wolgemut 78
ウォールタア John Walter 130
ヴォルテール 173, 191
ヴォルデ Ludwig Wolde 283
ウォールトン Waltan 138
ヴォルフェンビュッテル Wolfenbüttel 140, 141

ヴォルフラム フォン エッシェンバハ Wolfram von Eschenbach 49,66
『ウパニシャッド・ヴェーダ』 288
ウプサラ 16,139
ヴュルツブルク 107,139
ウルス グラーフ出版社 Urs Graf-Verlag 291
ウルピウス トラヤヌス Ulpius Trajanus 11
ウルフィラ Wulfila 16,18
ウルム 72
ヴィーレ Niclas von Wyle 67
『ウーレンシュピーゲル』, コスターの Costers *Ulenspiegel* 301
ウンガー Johann Friedrich Unger 168
エアバール Jakob Erbar 301
永久版権 Ewiges Verlagsrecht 250
エウリピデース 9
エクス リブリス Exlibris 69
エクベルト Egbert 31
エクマン Otto Eckmann 256,257,258
～書体 Eckmann-Schrift 258,259,300,301
エーグリーン Erhard Öglin 107
エゲブレヒト Albert Eggebrecht 289
エーザン Charles Eisen 191
エジプト 3
エチエンヌ Estienne 103
エッチング〔腐蝕版〕 Strichätzung 239
エッティンゲン Wilhelm von Öttingen 43
エトルスク人 11
エヒターナーハ 21,31
『エピタラミア（祝婚歌）』 *Epithalamia* 176
エームケ Fritz Helmut Ehmcke 280,288
絵文字 Bilderschrift 1,4
エラスムス, ロッテルダムの Erasmus von Rotterdam 85
エルヴェルト書店 Elvertsche Buchhandlung 217
エルゼヴィール Abraham Elzevier 125 ボナヴェントゥーラ Bonaventura 125 ローデヴェイク Lodewijk 125
エルネスティ Johann Heinrich Ernesti 135
『エルンスト公』 *Herzog Ernst* 73,74
遠近法 Perspektive 111
円形字体（ロトゥンダ） Rotunda 19

エンスヘデー　Enschedé　126
エンター1世　Wolfgang Endter d. Ä.　131
『オイレンシュピーゲル』　*Eulenspiegel*　110
凹版　Tiefdruck　47,223
オクスフォード　140
オクセンシアールナ　Oxenstierna　139
奥付（コロフォーン）　Kolophon　65
押型　Stempel
　金版～　Platten～　107
　ローラー（花車）　Rollen～　107
オットー1世　Otto I.　30
オディリエンベルク　Odilienberg（Kloster）　32
オートタイプ〔網目版〕　Autotypie　239
オトハインリヒ　Ottheinrich　108,138
オーピツ　Martin Opitz　137
オフセット印刷　Offsetdruck　302
オポリーヌス　Johannes Oporinus　86
折り返し（表紙ジャケットの）　Klappentext　331
オリゲネス　15
オルペ　Bergmann von Olpe　79
『オルレアンの少女』　*Jungfrau von Orleans*　168

カ　行

改行記号　Alineazeichen　322
カイザースベルク　Gailer von Kaisersberg　100
ガヴァルニ　Gavarni　228
カウコール　Kaukol　170
カウルバハ　Wilhelm Kaulbach　247
カエサレア　Caesarea　15
『学者事典』　*Gelehrten-Lexikon*　213
カクストン　William Caxton　81
楽譜　Musiknoten　105,225
　～印刷　Musik（noten）druck　105,124,167,194
　～植字　Notensatz　131
カシオドール　Cassiodor　21
カシーラー　Bruno Cassirer　244
カステンバイン　Karl Kastenbein 237

可測音符　Mensuralnoten　107, 124
型紙印刷　Schablonendruck　206
活字　264
　〜学協会　Gesellschaft für Typenkunde　67
　〜の基準寸法　Schriftgrad　317
　〜見本（1486年）　Typenprobe（1486）　70
カット　Vignette　323
『活版印刷ハンドブック』　*Typographisches Handbuch*　187, 194
活版ポイント　typographischer Punkt　178
『家庭読本』　*Hausbuch*　35
『カトリコン』　*Catholicon*　61
金版押型　→押型
加入証　Gautschbrief　159, 160　→入会式
『カーノン　ミサエ』　*Canon Missae*　62
カピターリス　カドラータ　Capitalis quadrata　12
カピターリス　ルスティカ　Capitalis rustica　12
ガーブ　Hannes Gaab　290, 312, 329
カプサ　capsa　4
ガーベルスベルガー　Gabelsberger　142
カマーマイスター　Sebastian Kammermaister　78
紙　Papier　7, 25, 206, 235, 314
　アート〜　Kunstdruckpapier　239
　薄葉〜　Dünndruckpapier　314
　書籍用〜　Werkdruckpapier　315
　枚葉〜(シート，全紙)　Papierbogen　315
　アラビア人の〜　25
　〜の「意匠」　Muster der Papiere　315
　〜の製造　Papierherstellung　206, 207　→製紙
　〜の膠がけ　Leimung des Papiers　236
　『〜の本』　*Buch vom Papier*　286
カラムス（筆管）　Calamus　22
ガラモン　Claude Garamond　103
ガリレイ　137
カルカル　Stephan van Calcar　86
カール5世　121
カール大帝　16, 27, 29
『カルミナ　ブラーナ』　*Carmina Burana*　32
カルロス3世　177

カロリンガ・ミヌスケル（小文字） Karolingische Minuskel 16,17,19
カロルス Johann Carolus 164
皮製モザイク Ledermosaik 196
カンシュタイン Hildebrand von Canstein 214
　〜聖書協会 Cansteinsche Bibelanstalt 214
カンタベリ 33
『カンタベリ物語』 *Canterbury Tales* 267
『カンティークム　カンティコールム』 *Canticum Canticorum* 51
キケロ 11
『騎士競技書』 *Turnierbuch* 99
北アメリカ 165,219
キッペンベルク Anton Kippenberg 290
『祈禱書』 *Book of Common Prayer* 173
偽版 Nachdruck; Raubdruck 183,196,197
キュヒラア Christoph Küchler 131,167
行間どり Durchschuß 321
強調 Auszeichnung 317,318
『キリスト教魂の宝』 *Der Christliche Seelenschatz* 170,171
キリスト教文献コレクション christliche Büchersammlungen 15
『キリスト伝』 *Leben Christi* 66,81
『キリストの幼少時代』 *Kindheit Christi* 81
ギル Eric Gill 286
『ギルガメッシュ』 *Gilgamesch* 3
クヴェンテル Heinrich Quentell 78
クーグラー Franz Kugler 245
楔形文字 Keilschrift 1,2
グスタフ　アドルフ Gustav Adolf 139
グーテンベルク Johannes Gutenberg 38,52,183,274,184,228,231,275,310
　〜記念碑 〜Denkmal 275
　〜協会 〜Gesellschaft 276
　〜聖書 〜Bibel 8,58,141,249,272,291
　『〜の名誉回復』 *Ehrenrettung Gutenbergs* 184,185
　〜博物館 〜Museum 58,59
クニプホーフ Hieronymus Kniphof 205
クービン Alfred Kubin 301
クラウゼ Jakob Krause 109
クラウディウス書体 Claudius 300,301
グラヴロ François Gravelot 191

クラーナハ　Lucas Cranach　93,99,101
グラニョン　Robert Granjon　104
グラーフ　Urs Graf　86
グランヴィル　Grandville　247
クリストフォロス像　Christophorus von 1423　47
「グリマーニ時禱書」 Breviarium Grimani　36
グリム－ヴィルズング　Grimm & Wirsung　100
グリューニンガー　Grüninger　79
グリューフィウス　Andreas Gryphius　127,137
グリーン　Hans Baldung Grien　100
クリンガー　Maximilian Klinger　256
クリングスポーア　Karl Klingspor　258,286　～博物館　Klingspor-Museum　309
グリンメルスハウゼン　Grimmelshausen　136
クルクシャンク　Cruikshank　244
グルーネベルク　Gruneberg　98
グルブランソン　Olaf Gulbransson　259
クレイグ　Edward Gordon Craig　287,288
「グレク　デュ　ロワ」 Grecs du Roy　104
クレタ　3
クレーデル　Fritz Kredel　283
クレーナー　Kröner　244
クレープス　Benjamin Krebs　234
クレム　Heinrich Klemm　272
クロイケンス　Christian Heinrich Kleukens　281,288,289,315
クロイケンス　Friedrich Wilhelm Kleukens　280,281,288,289
グロッセ　Henning Grosse　120
グローテフェント　Grotefend　1
クロプシュトック　Klopstock　168
グロリエ　Jean Grolier　107
『群盗』 *Räuber*　217,218
ゲアストゥング　Rudolf Gerstung　286
ゲアハルト　Paul Gerhardt　137
ケイムブリッジ（マサチューセッツ）　165
啓蒙主義　Aufklärung　221
ゲオルギ　Theophil Georgi　210
ゲオルゲ　Stefan George　261
ゲスナー　C. F. Geßner　186
ゲスナー　Conrad Gesner　90,193

ケスラー　Harry Graf Kessler　286
ゲッシェン　Göschen　168,217
『ゲッツ　フォン　ベルリヒンゲン』 *Goetz*　217
ゲーテ　168,169,217,228,247,271,279,336
　『〜作品集，著書校閲全集』 *Goethes Ausgabe letzter Hand*　253
　『〜新著作集』 *Goethes Neue Schriften*　169　〜全集（ヒンブルク） Goethes Werke (Himburg)　197　〜の印税　193
ケーニヒ&バウアー高速度印刷工場　Schnellpressenfabrik Koenig & Bauer　231
ケーニヒ　Friedrich Koenig　228,233
ケラー　Friedrich Gottlob Keller　210
ケーラー　Johann David Köhler　184,185
ケルズ本　*Book of Kells*　27
『ケルビムの如き旅人』 *Der Cherubinische Wandersmann*　137
ケールホフ2世　Johann Koelhoff d. J.　78
ケルン　31　〜年代記　Kölner Chronik　78
ゲーレン　Johannes von Ghelen　164
ゲーロ　Gero　31
ゲーロ・ミサ典書　Gerosakramentar　31
検閲　Zensur　120,249
『原型植物学』 *Botanica in Originali*　205
原稿架　Manuskripthalter; Tenakel　54
献呈の絵　Widmungsbild　36
公会議　コンスタンツ〜　46,120　バーゼル〜　46
鋼版　Stahlstich　223
小売り正価　fester Ladenpreis　250
小口　Schnitt　331
木口板　Hirnholz　205　→木版
国立印刷所　Imprimerie Nationale　164
コシァン　Charles Nicolas Cochin　191,192
ゴシック－アンティカ書体　Gotico-Antiqua　64
古書籍商　Antiquariat　295
ゴータ　140,219
古代文字（アンティカ） Litera-Antiqua　19
コッタ　Cotta　195
コッホ　Rudolf Koch　283,286,300,301,320,322
ゴティック字体　gotische Buchschrift　19,20
コドヴィエツキ　Daniel Chodowiecki　191,196,222
ゴトシェト　Johann Christian Gottsched　183

ゴート字体　gotische Schrift　16
「今年の本」　Bücher des Jahres　309
「今年のもっとも美しい本」　Schönste Bücher des Jahres　309
『小薔薇と飾り』　*Röslein und Zierraten*　182,183
コピイライト法　Copyright-Gesetz　306
コブデン-サーンダスン　Cobden-Sanderson　267
コーベルガー　Anton Koberger　75
暦　Kalender　67
コラール，マインツの　Mainzer Choral　131
　～音符　Choralnoten　107
コリーヌ　Simon de Colines　103
コリント　Lovis Corinth　301
コルヴァイ　29
コルヴィーヌス　Matthias Corvinus　46　「～本」　Corvinen (*Pl.*)　46
コロンナ　Francesco Colonna　82
コンスタンティヌス大帝　12,15
コンスタンティノープル　15

サ　行

彩色　Kolorierung　72
蔡倫　Ts'ai Lun　25
ザウアー　Christoph Sauer　214
ザクス　Hans Sachs　93,111
ザクセン年代記（1492）　Sachsenchronik（von 1492）　64
『ざくろ』　*Granatapfel*　100
サコン　Jaques Sacon　104
挿絵の制作技法　Illustrationstechnik　329
冊子　Codex　14
雑誌　Zeitschrift　131,164
　「アクタ　エルディトールム」　Acta eruditorum　131,164　「インゼル」　Die Insel　259　「ガルテンラウベ（園亭）」　Gartenlaube　253　「クラデラダーチ（どしんばたん）」　Kladderadatsch　253　「サヴォイ」　The Savoy　271　「シャリヴァリ」　Charivari　228　「ジュルナール　デ　サヴァン」　Journal des Savants　164　「ジンプリツィシムス」　Simplicissimus　259　「ツァイトシュリフト　フューア　ビューヒアーフロインデ（愛書家のための雑誌）」　Zeitschrift für Bücherfreunde　277　「パーン（牧神）」　Pan　256,286　「フリーゲンデ　ブレッター（ちらし）」　Fliegende Blätter　253

「ミュンヒナー　カレンダー」 Münchner Kalender 255　**「メーリアン」** Merian 219　「ユーゲント（青年）」 Jugend 258
サットン　Sutton 131
『サッポー』 *Sappho* 290
ザトラー　Josef Sattler 256
サマルカンド 25
サルスティウス 177
サルダナパール　Sardanapal 3
ザルツブルク 32
ザンクト　ガレン 27
ザントラルト　Joachim von Sandrart 132
「三枚綴り（トリプティクム）」 Triptychum 12
シヴィリテ書体　Civilité 104
シェイクスピア全集 282
シェイクスピアーフォーリオ　Shakespeare-Folio 136
シェーデル　Hartmann Schedel 68,77
シェファー　Ivo Schöffer 91,122　ペーター　Peter 62,70,117　**ヤーコプ**　クリスティアン　Jacob Christian 209　ヨハネス　Johannes 91,339
シェファリーン　Schöfferlin 91
シェプフリーン　Daniel Schöpflin 187
シェフラー　Johannes Scheffler 137
シェーン　Erhard Schön 104
シェーンスペルガー　Hans Schönsperger 75,93
シェーンボルン　Joh. Phil. v. Schönborn 131
死海の洞窟 7
詞華集　Anthologie 322
私家版印刷所　Privatpresse 259,278,289,290
エゲブレヒト・プレッセ　Eggebrecht Presse 289　**エルンストールートヴィヒ・プレッセ**　Ernst-Ludwig Presse 282,289　オフィツィナ　セルペンティス（蛇印刷所） Offizina Serpentis 285　クラーナハ・プレッセ　Cranach-Presse 286,237　グリレン・プレッセ　Grillen-Presse 290　クロイケンス・プレッセ　Kleukens Presse 289　ケルムスコット・プレス　Kelmscott Press 262　シェイクスピア・プレス　Shakespeare-Press 272　シュテーグリツ工房　Steglitzer Werkstatt 280,288　ダヴズ・プレス（鳩印刷所） Doves Press 267　トラヤーヌス・プレッセ　Trajanus-Presse 290　ブレーマー・プレッセ　Bremer Presse 283, 284, 285, 289, 327　マインツ・プレッセ　Mainzer Presse 289　ヤーヌス－プレッセ　Janus-Presse 281　ラーツィオー・プレッセ　Ratio Presse 289　ループレヒト・プレッセ　Rupprecht-

Presse 288　私家版印刷所刊本の発行部数　Auflage der Pressendrucke 279
ドイツ私家版刊行本目録　*Verzeichnis der Drucke der Deutschen Pressen* 279
色彩　Farbe 331
ジグウ　Jean Gigoux 244
市参事会編見本市目録　Ratsmesskatalog 119
死者の書，エジプトの 3
「時禱書」 livres d'heures 80
『ノートル ダームのまことに美しい～』 *Trés belles Heures*……… 36
『死の舞踏』 *Danse macabre* 80
ジヒョウスキー　Richard von Sichowsky 290
字母　Stempel （通常は字父） 53
シモンズ　Anna Simons 283
シャガール－聖書　Chagall-Bible 293
ジャケット　Schutzumschlag 331
写本室　Skriptorium; Schreibstube 15, 21, 28, 31, 37, 41
写字生の箴言　Schreibersprüche 22
社章　Verlagszeichen 291, 327
写真植字機　Lichtsetzmaschine 320
写真版　Lichtdruck 240, 241
写本仕上げ日数 22
ジャーマンタウン 214
シャミッソー　Chamisso 244
ジャンソン　Nikolaus Jenson 271, 283
シャンティイイ　Chantilly 36
ジャン パウル　Jean Paul 167 ～書体　Jean-Paul Schrift 168
『シャン フルーリ（萬華園）』 *Champ Fleury* 103
シャンポリヨン　Jean François Champollion 7
シュヴァーバハー書体　Schwabacher 20, 115
シュヴァルツ　Johann Ludewig Schwarz 187
宗教改革　Reformation 121
シュタイナー　Heinrich Steiner 100, 102
シュタインヘーヴェル　Heinrich Steinhöwel 66, 75
『シュトゥルヴェルペーター』 *Struwwelpeter* 253
出版案内書　Prospekte 306
出版人会議　Verlegerkongreß 307
シュティネス　Hugo Stinnes 279
シュトゥンプ　Johannes Stumpf 90
シュトラースブルク 79

シュトルツェ　W. Stolze　142
シュトルツェ－シュライ法　Stolze-Schrey-System　142,143
シュトローマー　Ulman Stromer　38
シュナーベル　Schnabel　170
シューネマン　Schünemann　242
シュパイアー　78
シュプリンギンクレー　Hans Springinklee　104
シュミーダー　Schmieder　196
シュメール人　1
シュライ　Schrey　142,143
シュライアー　Sebald Schreyer　78
シュリヒターグロル　Schlichtegroll　226
『狩猟法』 *Arte venandi*　32
シュレーダー　Rudolf Alexander Schröder　283,286
ジュンタ　Lucantonio Giunta　82,103
ショイヒツァー　J. J. Scheuchzer　170,171
ショイフェライン　Schäuffelein　96
象形文字　Ideogramm　1
『少年の魔法の角笛』 *Des Knaben Wunderhorn*　253,254,289
蒸留法の本　Destillierbücher　66
書家　Schreibmeister　112,117　→筆書術　～の本　～bücher　114,115,214,216　『万能～』 *The Universal Penman*　214
初期印刷時代の刊行部数　69
初期ゴティック（ゴート）小文字　frühgotische Minuskel　19
職人図鑑　Ständebuch　92,93,296
植字機　Setzmaschine　237,319　機械植字　Maschinensatz　319　行単位植字鋳造機　Zeilen-Setz-und-Gieß-Maschine　238　写真～　320
植物書　Pflanzenbücher　66
『植物標本図鑑』(1484)　*Herbarius* (*von* 1484)　64
『書誌学入門』 *Einleitung in die Bücherkunde*　187
ジョージ3世　189
書籍
～印刷機　Buchdruckpresse　228
～印刷者　Buchdrucker　187
『～印刷術ハンドブック』 *Handbuch der Buchdruckerkunst*　234
『～印刷術便覧』 *Manuel Typographique*　178
『～印刷に精通した徒弟』 *Der in der Buchdruckerei wohlunterrichtete Lehrjunge*　186,194

「～印刷人の祈り」 Gebet eines Buchdruckers 135
～オークション（競売） Buch (Bücher-) *auktion* 125,297
～狂 Bibliomanie 248
～業 Buchhandel 119,203
～業組合 Buchhandelsgesellschaft 203
～協同組合 Buchgemeinschaft 297 ～組合グーテンベルク Büchergilde Gutenberg 298
～産業組合 Buchgewerbeverein 277
～商 Buchhändler 187,295,296
～装飾 Buchschmuck 327
書籍美術 Buchmalerei ： アイルランド 27,33 アングロサクソン 27 イギリス 33 オットー時代 30 オリエント風の書籍様式 orientalische Buchstil 46 カロリンガ 26,29 ゴティック 33 画匠の応急名 Notnamen 48 女の力の画匠 Meister der Weibermacht 48 カルタの画匠 Meister der Spielkarten 48 「グリューニンガー印刷所の画匠」 Meister der Grüningerschen Offizin 79 ニュールンベルク受難画匠 Meister der Nürnberger Passion 48 ペトラルカ画匠 Petrarca-Meister 100 ベルリーン受難画匠 Meister der Berliner Passion 48
書籍見本市 Büchermessen 117 フランクフルト～ Frankfurter Messe 119 「フランクフルト見本市通報」 Frankfurter Messrelationen 164
書体見本表 Schriftmusterblatt 70
ショット Johann Schott 100 ～の息子たち B. Schott's Söhne 219
書店 Buchhandlung 295
初版 Erstausgabe 217
書評 Besprechung 306
書物
～装画 Buchillustration 26,328 ～にかけた情熱 248 ～の造型 Buchgestaltung 314 ～の美学 Buchästhetik 313 『芸術作品としての～』 *Das Buch als Kunstwerk* 277 『理想の～』 *The Ideal Book* 270
ショルツ Josef Scholz 219
ションガウアー Martin Schongauer 48
シラー 168,217
シルクスクリーン Siebdruck; Serigraph 303
『シルダの住民（シルトビュルガー）』 *Schildbürger* 110
『神学大全』 *Summa Theologiae* 64
『新花譜』 *Neues Blumenbuch* 130
『新生』 *Palingenesien* 167
『神聖自然誌』 *Physica Sacra* 170,171

新ドイツ字体　Neudeutsch-Schrift　301
『ジンプリツィシムス』(1669)　*Simplicissimus*　134,136
新聞　Zeitung　163
　～用紙　Zeitungspapier　315　「アヴィーザ，通報または～」 Avisa, Relation oder Zeitung　163,164　「イルストリールテ　ツァイトゥング」 Illustrirte Zeitung　253　「最新ニューズ」 Neue Zeitung　163　「タイムズ」 Times 230　「ライプツィガーツァイトゥング」 Leipziger Zeitung　131
人文主義小文字　humanistische Minuskel　19
ズーアカンプ出版社　Suhrkamp-Verlag　291
スイス年代記　Schweizerchronik　90
『スキヴィーアス』 *Scivias*　32
スタンホープ　Lord Stanhope　189
　～印刷機　～Presse　189
ステッキ　Winkelhaken　54
ステファーヌス，ハインリヒ　Heinrich Stephanus　103　ロベルト　Robert　103
ステロ版　Stereotypie　179
ステロ用紙型　Papierstereotypie　238
スペース　Ausschluß　320
スペンサー卿　Lord Spencer　271
スモールキャップ　Kapitälchen　318
スラ　11
『スリナムの昆虫』 *Metamorphosis insectorum Surinamensium*　130,133
ズルツァー　Sulzer　193
スレーフォークト　Max Slevogt　298,335
製紙
　～機械　Papiermaschine　236　～水車　Papiermühle　38　→紙
聖歌集　Psalter
　エクベルト～　Egbert～　31　ダグルフ～　Dagulf～　29　フォルヒアルト～　Folchard～　30　「方伯～」 Landgrafen～　32　マインツ～(1502) Mainzer～ (von 1502)　65
聖詩集　Psalterium
　1457年のマインツ～　Mainzer Psalterium (von 1457)　64　1459年の～（ブルスフェルト版） Psalterium von 1459 (Bursfelder)　62
聖書　Bibel　333
　アレクサンドリア写本　Codex Alexandrinus　14　ヴァティカン写本　Codex Vatikanus　14　エクベルト写本　Egbert Codex　31　「銀写本」 Codex Argenteus　16　シナイ写本　Codex Sinaiticus　14,285　シノプ写本　Codex Sinopensis　26　ロサノ写本　Codex Rossanesis　26　ロルシュ黄金写本

Codex Aureus (aus Lorsch) 29
アドモント大～ Adomonter Riesenbibel 32 イタラ（イタリア語訳）～ Itala 15 「ヴィーン本創世記」 Wiener Genesis 26 ヴェンツラフ～ Wenzelbibel 35 ヴルガター版 Vulgata 15 『王室～』 *Biblia regia* 104 クエードリンブルク・イタラ～ Quedlinburger Itala 26 『九月～』 *Septembertestament* 99 グーテンベルク～ 8,54,55,141,249,272,291 ケルン～ Kölner Bibel 78 コンプルートゥム～ （『ポリグロット』） Complutensische Polyglotte 85 コットン～ Cotton Bible 26 ザウア版～Sauer-Bibel 214 選帝侯～ Kurfürstenbibel 132 ～（ダヴズ・プレス） 271 ツヴィングリ～ Zwingli-Bibel 88 ドイツ語～ 75 パリー版ポリグロット Pariser Polyglotte 138 ～（ドレ） 245 マザラン～ 141 四十二行～ Zweiundvierzigzeilige Bibel 56,58 四十八行～ Bibel mit 48 Zeilen 62 「リューベク～」 Lübecker Bibel 78 ルター訳～ 99,101 「ロンドン版ポリグロット」 Londoner Polyglotte 138 ～協会 Bibelgesellschaft 214 ～章句付典礼書（プレナーリウム） Plenarium 66 ～の装画 Bibelillustration 78
正書法 Rechtschreibung 306
精神的所有権 geistiges Eigentum 249 →著作権
青銅 Bronze 8
『西東詩集』 *Westöstliche Divan* 251,252,253
聖徒伝 Leben der Heiligen 66,75
『生の絨毯』 *Teppich des Lebens* 261
聖福音集 →福音集
聖母像（ブリュッセルの） Brüsseler Madonna 47
製本
糸綴 Fadenheftung 238 抜き綴じ Längstich 37
～折り機 Falzmaschine 238 鎖綴じ Kettenstich 37
仮り装 Broschur 332 ～室（修道院の） Buchbinderei des Klosters 37
『世界ゲーテ全集』 289
「世界年代記」 Weltchronik 33,63,68,83
世界文学 Weltliteratur 336
石版 Steindruck 223
『～印刷術の学習書』 *Lehrbuch der Steindruckerei* 225
ゼーネフェルダー Alois Senefelder 223,224,302
セルバンテス 137,178
セルローズ Zellulose 236
「洗濯カード」 Waschzettel 307
『綜合事典』 *Universal-Lexikon* 210 →百科事典

『綜合著作事典』 *Allgemeines Bücherlexikon* 213
「綜合目録」 Universalis Catalogus 119
『綜合文献目録』 *Bibliotheca universalis* 90
『綜合ヨーロッパ著作事典』 *Allgemeines europäisches Bücherlexikon* 210
蔵書家の呪詛 Bücherfluch 68
『測定法指導』 *Unterweisung der Messung* 95,96
速記術（ステノグラフィー） Stenographie 142
　～協会 Stenographenverein 142
ゾーリス Virgil Solis 93
ゾルク Anton Sorg 73,75
ソロモンの雅歌 51 →『カンティークム…』
ゾンカ Zonca 161

タ 行

大学 28,41
題字 Einbandstempel 38
タイポグラフィー Typographie 129,178,262,270
ダンテ全集 285
ダンテの『地獄篇』 *Inferno* 245
タヴェルニエ Tavernier 36
多色 ～印刷 Farbendruck 241
　～石版 Farbenlithographie 226
　～ローラー Farbenwalzen 232
『タッソー』 *Tasso* 289
タッリエンテ Tagliente 117
『楽しみの園』 *Hortus Deliciarum* 32
ダランベール 213
段組み Kolumne 321
ダンツィヒ 140
タンポン Tampon 234 →印刷用バレン
地図 ～書 Atlanten (*Pl.*) 136
　～印刷 Landkartendruck 167
　～製版所 Landkartenstecherei 136
チャーチ William Church 237
チューリヒ 88,140
蝶類図鑑 Schmetterlingsbuch 130
チョーサー 267

著作権　Urheberrecht　250,306
ちらし　Flugblätter　163
ツァイナー，ギュンター　Günther Zainer　73　ヨハン　Johann　75
ツァイラー　Martin Zeiller　130
ツァプフ　Hermann Zapf　316
『ツァラトゥーストラ』　*Zarathustra*　288
ツェードラー　Heinrich Zedler　210,211
つきもの　Titelei　323
綴字　Silben-schrift　4
ディオスクリデス　Dioskurides 26
帝国議会決定，1530年のアウクスブルク　Reichstagsabschied　121
体裁〔判型〕 Format　324　～づくり　Formatmachen　326
帝室見本市目録　Kaiserlicher Messkatalog　119
ディーター フォン イーゼンブルクの宣言書　Manifest des Dieter v. Isenburg　64
ティッシェンドルフ　Konstantin Tischendorf　14,285
ディーデリヒス　Eugen Diederichs　281
ディーテンベルガー　Johannes Dietenberger　91
ディドＤidot　178,183　ピエール　Pierre　179　フィルマン　Firmin　179　フランソワ－アンブロワーズ　François-Ambroise　178
ディドロ　213
ティーニウス　Johann Georg Tinius　248
ティーフェンバハ　E. W. Tiefenbach　285
ディブディン　Thomas F. Dibdin　271
ティリィ　Tilly　139
ティールシ　Frieda Thiersch　283
ティルマン　Tilghman　236
ティロ　Marcus Tullius Tiro　141　「～符号」 Tironische Noten　124,142
ティンデイル　Tindale　88
『デカメロン』　*Decamerone*　191
手組み（手拾い） Handsatz　319
鉄の印型　Stahlstempel　54
デーニス　Michael Denis　187
「デーメトリウス長老」 Demetrius presbyter　27
手引き印刷機　Handpresse　278
デピネ夫人　Mme. d'Epinay　189
「デ　プロパガンダ　フィデ」印刷所　De Propaganda Fide　164,174,176
手抄き紙　Büttenpapier　206,314

手抄き枠　Handschöpfsieb　237
デュクロ　Duclos　190
デューラー　Albrecht Dürer　48, 75, 79, 93, 95, 96
デルフィン(書体)　Delphin　301, 316
『テレマック』　*Telemaque*　191
テレンティウス戯曲集　Terenz　79
電気(メッキ製)版　Galvanoplastik　238
天然押型印刷　Naturselbstdruck　205, 206
『天文暦』　*Astronomischer Kalender*　61
『トイアーダンク』　*Theuerdank*　93, 94, 99
ドイツ
『トイチェ(ドイツ)アカデミー』　*Teutsche Akademie*　135　DIN(ドイツ工業規格)寸法　DIN-Format　315　『〜詩書』　*Buch von der teutschen Poeterey*　137　「〜書籍業人名録」　Adreßbuch für den Deutschen Buchhandel　250　「〜書籍協同組合」Deutsche Buchgemeinschaft　298　〜書籍業取引所組合　Börsenverein des Deutschen Buchhandels　249, 309　「〜書籍業平和賞」　Friedenspreis des Deutschen Buchhandels　308　〜書籍産業博物館（ライプツィヒ）　Buchgewerbemuseum in Leipzig　275　〜書籍博物館(ライプツィヒ)　Deutsches Buchmuseum in Leipzig　275　「〜全古典国民文庫」　Nationalbibliothek deutscher Klassiker　250　『〜的気質および芸術について』　*Von deutscher Art und Kunst*　217　〜文字→フラクトゥーア　『中古〜文学年鑑』　*Annalen der älteren deutschen Literatur*　213
トイブナー　Teubner　242
トイベル　Täubel　187
どうさがけ→紙の膠がけ
『ドゥーデン正書法字典』　*Duden*　242, 306
銅版　Kupferstich　47, 214, 223
銅版画　18世紀の　190
動物記　Bestiarium　33
動物の本　Tierbücher　66
トゥール　29
トゥルーズ＝ロートレック　Toulouse-Lautrec　258, 260
トゥルナイサー　Leonhard Thurneysser　311
トゥルヌ　Jean de Tournes　104
ドゥローム　Derome　196
匿名辞典　Anonymen-Lexikon　304
『都市案内』　*Städtebuch*　111
図書館　Bibliothek　303

閲覧室 Lesesaal 304　専門カタログ Sachkatalog 303
『中世～目録』*Mittelalterliche Bibliothekskataloge* 43 「ツェントラールブラットフュアビブリオテークスヴェーゼン(～中央誌)」Zentralblatt für Bibliothekswesen 277 『プロイセン～綜合目録』 *Gesamtkatalog der preußischen Bibliotheken* 304
一般～ Volksbücherei 303　移動～ Bücheromnibus 303　鎖本～ Kettenbibliothek 24, 25　児童～ Kinderbibliothek 304　市民～ Bürgerbibliothek 140　市立～ Stadtbibliothek 140
アテネ 7　アートリウム リベルターティス(ローマ) Atrium Libertatis 11　アムブロシアーナ Ambrosiana 26, 140, 141, 291　アレクサンドリア 7　宮廷～ Schloßbibliothek 139　ウルピア Ulpia (Rom) 11　ジョン・ライソランド～ John Rylands Library 14, 272　ドイツ～ Deutsche Bibliothek 309　「パラティナ」 Bibliotheka Palatina 109, 138　プロイセン国立～ Preußische Staatsbibliothek 140　ペルガモン Pergamon Bibliothek 8　「ボドレイアーナ」 Bodleyana 140　ポルティクス(ローマ) Portikus 11　マザラン～ 140　マルコ～ 36　「マルチアーナ」 Marciana 45　ミュンヘン宮廷～ Hofbibliothek 139　ランベス パレス Lambeth Palace 82　ワシントンの議会～ 58　ワルトブルク・ヴォルフエグ～ Waldburg-Wolfegg 35
図書広告 Bücheranzeige 69
特許 Privilegie 201
凸版 Hochdruck 47, 223, 302
『トーテンタンツ』(死の舞踏) *Totentanz* 52, 80, 104, 244, 245
「ドナートゥス教本」 Donate 61, 64
扉表紙 Titelblatt 22, 38, 65, 111, 129, 174, 322
『トポグラフィー(地形図会)』 *Topographie*(Merian) 130, 181
トマジウス Christian Thomasius 131
トマス アクイナス 64
ドーミエ Honoré Daumier 227, 228
留金 Schließe 37
留め針法 Punkturen 57
ドラ Dorat 191
ドラクロワ Delacroix 228, 229
ドラッハ Peter Drach 78
トラトナー Johann Thomas Edler von Trattner 180, 187
『トランスラッツェン(翻訳もの)』 *Translatzen* 67
トリ Geoffroy Tory 103
トリーア 29, 31

ドリッツェーン　Dritzehn　58
トリューブナー　Trübner　248
トルヴァルセン　Bertel Thorwaldsen　274, 275
ドルグリーン(印刷所)　Drugulin　258
『トルコ暦』　*Türkenkalender*　61
「ドルパ」　Drupa　308
トルンプ　Georg Trump　301, 316
ドレ　Gustave Doré　244, 246
トレクセル　Johannes Trechsel　80
『ドン　キホーテ』　137, 178

ナ　行

ナポレオン　275
ニッコリ　Niccolo de Niccoli　45
ニネヴェ　3
ニプール　3
『ニーベルンゲン』(マールバハ版)　245
「二枚綴り(ディプティクム)」　Diptychum　12
日刊紙　Tageszeitung　164　→新聞
「入会」　Deponieren; Postulieren　145　「～式行事」　Depositionsspiel　145, 160
ニュー　ヨーク　165
ニュールンベルク　38, 131, 197, 198
『人間救済の鑑』　*Speculum humanae salvationis*　33.　*Spiegel des menschlichen Heils*　79
布刷り　Zeugdruck　47
ネーデルランド　81, 104, 125, 136
ネロ　11
粘土板　Tontafel　1, 2
ノイデルファー1世　Johann Neudörfer d. Ä.　115

ハ　行

ハイデルベルク　108　「～詩歌写本」　Heidelberger Liederhandschrift　34, 35
ハイネ　Th. Th. Heine　259, 260
ハイネ　219
ハインジウス　Johann Wilhelm Heinsius　213
バウアー　Friedrich Bauer　230

バウレンファイント　Michael Baurenfeind　214
ハーゲナウ　41
ハース　Friedrich Wilhelm Haas　189
バスカーヴィル　John Baskerville　172, 183
バーゼル　79, 85
パーター　Paul Pater　187
パチィーニ　ダ　ペシア　Piero Pacini da Pescia　82
パドゥルー　Padeloup　196
羽ペン　Federkiel　115
パピルス　Papyrus　3, 6
　～の巻物　Papyrusrolle　3, 4, 6
『ハムレット』　271, 286, 287
ハラソーヴィッツ　Harrassowitz　244
パラティーノ　Palatino　117
パリー　80, 140
ハルスデルファー　Philipp Harsdörffer　131
ハルダー　Harder　110
『パルツィファル』　*Parzival*　66
バルブルス　Notker Balbulus　33
パルマ公　174, 176
ハールレム　126
バレット＝ブラウニング　Elizabeth Barret-Browning　281
バレン　54, 234
版　Auflage　307
ハーン　Ulrich Han　107
反宗教改革　Gegenreformation　121
パンツァー　Georg Wolfgang Panzer　213
版面　Satzspiegel　321
ハンブルク　140, 219
ハンムラビ　Hammurabi　3
ビアズリ　Aubrey Beardsley　271, 273
ビーアバウム　Otto Julius Bierbaum　256
ヒエログリフ　Hieroglyph　2, 3, 4, 84
ヒエロニュムス　Hieronymus　15
皮革　Lederschnitt　37, 38
ピカール　Bernard Picart　190
ビスティッチ　Vespasiano da Bisticci　45
ビッカム　George Bickham　214

筆記体 Schreibschrift 317
筆書
〜術 Schreibkunst 111 →書家 『当用〜案内』 *Anweisung einer gemeinen Handschrift* 113, 115
ヒッタイト人 7
ピーパー出版社 Piper-Verlag 290
ビブリオグラーフィッシェス インスティトゥート Bibliographisches Institut 242
ビブリオフィル協会 Gesellschaft der Bibliophilen 276
百科事典 Conversations-Lexikon 210
『百科全書』 *Encyclopedie* 212, 213
155ヵ国語の主の祈り 176
ビューイク Thomas Bewick 205, 244
ピュッター Johann Stephan Pütter 202
ピューテリヒ フォン ライヒェルツハウゼンの「表敬書翰」 Ehrenbrief des Püterich von Reichertshausen 49
「ビューヒアー デア ノインツェーン(19社の本)」 Bücher der Neunzehn 264
ビュフォン Buffon 214
ヒューブナー Johann Hübner 210
『ヒュプンエロトマキア』 *Hypenerotomachia* 50, 82, 84
表紙 Einband 332
表題 Titel 4, 8 →扉表紙
ピラネージ, ジァンバティスタ Giambattista Piranesi 217 フランチェスコ Francesco 98
ヒルデスハイム 31
ヒルト Georg Hirth 255
ヒルデガルト フォン ビンゲン Hildegard von Bingen 32
聖ピルミーン Pirmin 31
『貧者の聖書』 *Armenbibel; Biblia pauperum* 33, 71
『貧者の宝』 *Schatz der Armen* 259, 261
ビンセンテ Don Vincente 248
ビンディング Rudolf G. Binding 289
ヒンブルク C. F. Himburg 196, 222
「貧乏リチャードの年鑑」 Poor Richard's Almanack 219
ファイアーアーベント Sigmund Feyerabend 91, 111, 166, 200
ファイストスの円盤 Diskus von Phaistos 3
『ファウスト断片』 *Faust—ein Fragment* 217
『ファスキクルス テンポールム』 *Fasciculus Temporum* 66
ファクシミル彫り Faksimileschnitt 205, 272

フィーヴェーク　Vieweg　195　～書店　Vieweg'sche Buchhandlung　219
フィッシャー　S. Fischer　244
フィッシャルト　Johann Fischart　111
フィラデルフィア　165,219
フィリップ善良侯　36
フィリップ2世　105
『フィロビブロン(書物礼賛)』　*Philobiblon*　43,44
ブウシェ　François Boucher　190,191
フェニキア人　9
フェヌロン　Fénélon　193
『フェルゼンブルク島』　*Insel Felsenburg*　170
フガー，ヴォルフガング　Wolfgang Fugger　115　ウルリヒ　Ulrich　138
ブキニスト〔屋台売の古本屋〕　Bouquinist　297
普及版　Volksausgabe　264
(聖)福音集　Evangeliar
アーダ　Ada-～　29　アブヴィル　Abbeville-～　29　ゴデスカルク　Godescalc-～　29　エチュミアヂン版　Etschmiadzin-～　26　エヒターナーハ　Echternacher～　29　オットー3世の～　von Ott III.　31　ソワソン　Soissons-～　29　ダロウ産の　～　aus Durrow 27　ハインリヒ2世の　～von Heinrich II.　31　宝物室～　Schatzkammer-～　27　『四～』　*Vier Evangelien* 286　ラブラ版　Rabulas-～　26　リンディスファーンの　～　von Lindesfarne 29
複式印刷機　Doppelmaschine　230,231
複製　→偽版；ファクシミル
『服飾と風俗の記念碑』　*Monument du costume…*　190
フクス　Leonhard Fuchs　87,89
「ブグラ」　Bugra　307
袋本　Beutelbuch　38
フーケ　Fouquet　36
『巫女書断片』　*Fragment vom Sibyllenbuch*　61
『婦人のための会話の遊び』　*Fraueuzimmer-Gesprechspiele*　131
プステット　Pustet　242
フスト　Johann Fust　58,62
『二人に幸福をもたらす薬について』　*Artzney bayder Glück…*　100
縁飾り　Bordüre　111
ブッシュ　Wilhelm Busch　253
フップ　Otto Hupp　255,301
フランドル・ブルゴーニュ派写本　36
プフィスター　Albrecht Pfister　73

プフランツマン　Jodocus Pflanzmann　75
フューナー　Conrad Fyner　105
プライデンヴルフ　Wilhelm Pleydenwurff　78
ブライデンバハ　Bernhard von Breidenbach　72
ブライトコップフ　Johann Gottlob Breitkopf　166,222　Bernhard Christoph　167
　〜・フラクトゥーア　〜-Fraktur　167　「〜& ヘルテル」　〜u. Härtel　167
ブラウ　Wilhelm Janszoon Blaeu　128,129
ブラウンとホーゲンベルク　Braun und Hogenberg　111
ブラーエ　Tycho Brahe　129
フラクトゥーア　Fraktur　93,96,115,167,168,169,301,316
プラター　Thomas Platter　86
ブラード　Antonio Blado　103
フランクフルト　アム　マイン　91,110,119,166
フランクリン　Benjamin Franklin　219,220
フランソンワ1世　103
プランタン　Christoph Plantin　104,125
プランタン＝モレトゥス印刷博物館　Plantin-Moretus-Museum　105,276
ブランデンブルク　Hilprandus Brandenburg　69
ブラント　Sebastian Brant　79
ブランドフォード侯爵　Marquis von Blandford　271
フランドル　35
ブリ　Johann Theodor de Bry　129
フリードリヒ大王　189
フリードリヒ2世　32
ブリュッセル　37
ブルクマイヤー　Burgkmair　96
ブルクハルト　Jakob Burkhard　100
フルダ　29,31
ブルックマン　Bruckmann　244
フールドリニエ　Fourdrinier　236
フルニエ　Fournier　178
ブレイク　William Blake　244
ブレーメン　140
プロクター＝ヘーブラー法　Proctor-Haeblersche Methode　67
ブロックハウス　Brockhaus　242
フロシァウァー　Christoph Froschauer　88
フローベン　Johannes Froben　85
フローレンス　82

文献目録　Bibliographie　304
焚書　Bücherverbrennung　120
平圧式印刷機　Tiegeldruckpresse　235
ペイシストラトス　Pesistratos　9
平版　Flachdruck　223,302
ベイル　P. Bayle　138
ヘインズィーユス，ダニエルおよびニコラウス　Daniel und Nicolaus Heinsius　125
ベクリーン　Arnold Böcklin　256
ヘーゲンバルト　Josef Hegenbarth　301
ペシェル　Carl Ernst Poeschel　281
ページの数字(ノンブル)　Seitenzahl　322
ベストセラー　Bestseller　293
ペーター＝イェッセン書体　Peter-Jessen-Schrift　286,301
『ペーター　シュレーミール』　*Peter Schlemihl*　244
ベック　Leonhard Beck　96
ヘッベル　Hebbel　259
ベーデカー　Baedeker　242
ペトラルカ　100,102
ペトルッツィ　Ottaviano de' Petrucci　107
ベーニング，アレクサンダー　Alexander Bening　36　シモン　Simon　36
ベネディクトゥス，ヌルシアの　21
ベネディクト教団　21
ヘーフェル　Blasius Hoefel　239
ベーマー　Gunther Böhmer　301
ベーメ　Jakob Böhme　137
ヘラド フォン ランツベルク　Herrad von Landsberg　32
ベリィ　Ricard de Bury　42
ベリイ侯　36
ベルヴェ　Georg Belwe　280
ペルガメント(皮紙)　Pergament　4,8,206
ペルガモン　8
ヘルシェルマン　Rolf von Hoerschelmann　297
ベルゼンブラット(取引所報)　Börsenblatt　249,306
ヘルダー出版社　Herder-Verlag　242
ペルテス　Justus Perthes　219
「ベルテルスマン読者トラスト」　Bertelsmann Lesering　298
ヘルマン フォン ヘッセン　Hermann von Hessen　121

『ヘルマンとドロテーア』 *Hermann und Dorothea* 195,219
ベルンハルト Jörg Bernhardt 108
ベーレンス Behrens 256
ペン切りナイフ Federmesser 22
ベンズリ Thomas Bensley 230
ヘンネベルク Berthold von Henneberg 121
ヘンペル Hempel 250
ボイゲム Cornelis Beughem 163
ホイヤー Hanns Thaddäus Hoyer 285
『宝石(エーデルシュタイン)』 *Edelstein* 73
ボークレール Gotthard de Beauclair 290
母型 Matrize 54 (父型 Patrize)
ポケットブック Taschenbuch 290,324
ボッカチヨ 191,271
ポッジォ ブラッチオリーニ Poggio-Bracciolini 46
ボドーニ Giambattista Bodoni 174,176,183
～アンティカ 172,175,177 ～印刷所 Offizina Bodoni 177
ボドレイ Thomas Bodley 140
ボーナー Ulrich Boner 73
ホフマン Heinrich Hoffmann 253,254
ホフマン & カンペ Hoffmann & Campe 219
ホーフマンスヴァルダウ Hofmann von Hoffmannswaldau 137
ホーフマンスタール 283
ボヘミア 35
『ボヘミアの耕夫』 *Ackermann aus Böhmen* 73
ボーマルシェ 173
ホーマン Johann Baptist Homann 136
ホメールス 38
ホラーティウス 174
ポリオ Gajus Asinius Pollio 11
ホルテン Otto von Holten 255
『ホルトゥス サニターティス』(1485) *Hortus Sanitatis* 64
ホルバイン2世 Hans Holbein d. J. 86,104
ボルヒァルト Rudolf Borchardt 283
ボロメオ Federigo Borromeo 141
ポンパドゥール夫人 Madame de Pompadour 189,196
『翻訳者の使書』 *Sendbrief vom Dolmetscher* 99

マ　行

マイオルス　Thomas Maiolus　107
マイゼンバッハ　Georg Meisenbach　241
マイヨオル　286, 330
マイト　Hans Meid　298
マイヤー　Otto Meier　244
マイヤー　Joseph Meyer　242「～クラシカー」Meyers Klassiker　242『～百科』*Meyers Lexikon*　242
マインツ　29, 53, 91, 108, 131, 139, 206, 219, 249, 275
『マインツの攻略』*Belagerung von Mainz*　312, 329
前とびら　Schmutztitel　323
マクシミリアン（皇帝）93, 200　（バイエルン王）138　～協会　Maximilian-Gesellschaft　276, 286, 298　～の祈禱書　Gebetbuch Maximilians　93
『マクスとモーリツ』*Max und Moritz*　253
マクロート　Macklot　196
『美しのマゲローネ』*Die schöne Magelone*　110
マザラン　141
『魔女の槌』*Hexenhammer*　66
マゼレール　Frans Masereel　301
マヌーツィウス　Aldus Manutius　82, 99
マヌール印刷工程　Manuldruckverfahren　302
「マネッセ詩歌写本」Manessische Liederhandschrift　35, 248
『マホガニーとジルフィル』*Acajau et Zirphile*　190
マラトン書体　Marathon-Schrift　301
マリーア　テレジア　164, 183
マリー　ヨゼーファ　Maria Josepha von Sachsen　189
マルクス　Gerhard Marcks　290
マルジナリア〔書き込み注釈〕Marginalien (*pl.*) 321
マールバハ　245
マルミオン　Simon Marmion　36
『マレウス　マレフィカールム』*Malleus maleficarum*　66
マレルミ　Nicolo Malermi　82
マロリ　Malory　271
周り縁　Randleisten　75
マンチェスター　14, 272

ミサ典書　Missale
『ミサーレ　スペキアーレ』(特定～)　*Missale Speciale*　61　ブレスラウのための Missale für Breslau　64　『ミサーレ ヘルビポレンセ』*Missale Herbipolense*　107
見出し写字生　Rubrikator　21
ミッテルツェル（修道院）　31
ミニアーレ（朱入れ）　miniare　21
見本市目録（カタログ）　Messkatalog　119
ミューリウス　Mylius　195
ミュンスター　Sebastian Münster　87
『ミュンヒハウゼン』　*Münchhausen*　245,246
「ミュンヘン　ルネサンス」　Münchener　Renaissance　255
『ミラビリア　ローマエ』　*Mirabilia Romae*　52
ミラノ　140
民衆本　Volksbuch　110
民族的な書体　Nationalschriften　16
ミンデン　31
『ミンナ　フォン　バルンヘルム』　*Minna von Barnhelm*　191
『ムザーリオン』　*Musarion*　202
結びの文字　Schlußschrift　65
メゾチント彫法　Schabkunst; Mezzotinto　165
メッケネム　Israhel von Meckenem　48
メッツ　29
メディチ　Cosimo de' Medici　45
メヒティルト（オーストリア大公妃）　Mechthild von Österreich　49
メーリアン，マテーウス　Matthäus Merian　129,181　マリーア　ジビラ　Maria Sibylla　130
メルゲンターラー　Ottmar Mergenthaler　237
『メルジーネ』　*Melusine*　81,110
メンケ　Otto Mencke　164
メンツェル　Adolf Menzel　221,228,246,247
モイザー　Caspar Meuser　110
木材パルプ　Holzschliff　210,236
黙示録　Apokalypse　33,52　バンベルク　～　Bamberger Apokalypse　32
モクソン　Moxon　161,162
木版　Holzschnitt　47,71,203,223,245　木口～　Holzstich　205,238　～画（一枚刷り）Einblattholzschnitte　47　～師（クシログラーフ）　Xylograph　205,238　「～本」　Blockbuch　51　～本(15世紀の)　Holzschnittbuch　85
『もじゃもじゃ髪のペーター』　→『シュトゥルヴェルペーター』

モジュラール　Jean Baptiste Maugerard　249
モーゼ五書　Thora　14
「モーナーツ－ゲシュプレーヒェ(今月の話題)」)誌名)　Monatsgespräche　131
モノタイプ　Monotype　319
モリエール　191
モリス　William Morris　262, 268, 327
モール & ツィマー　Mohr und Zimmer　253
モレトゥス，バルタザール　Balthasar Moretus　105　　ヤン　Jan　105
モレリ　L. Moreri　138
モロー　Jean Michel Moreau　190, 191
文字　Buchstabenschrift　4
モンテ　カシーノ　16, 21

ヤ　行

焼鏝　Streicheisen　37
ヤコービー　Moritz Hermann von Jakobi　239
ユーゲントシュティール　Jugendstil　256
『ユーディト』　*Judith*　259
ユート　Leo Jud　88
揺籃印刷本　Wiegendrucke　65　→インキュナビュラ　～の綜合カタログ　*Gesamtkatalog der Wiegendrucke*　67
ヨーゼフ2世　189
ヨハネス フォン テープラ　Johannes von Tepl　73
ヨハネ福音書（トラヤーヌス版）　Evangelium Johannis　290
ヨハン フリードリヒ公（ハノーファー）　Johann Friedrich　141
ヨルダン　Peter Jordan　91

ラ　行

ライザー　Georg Reyser　107
ライデン　125
『ライネケ狐』　*Reineke Fuchs*　110
『ライネケ狐』（カウルバハ）　*Reineke Fuchs*　247
ライノタイプ　Linotype　238, 319
ライヒ　Erasmus Reich　203
ライヒェナウ　21, 32
ライプツィヒ　120, 165, 275　～見本市目録　Leipziger Messkatalog　120

ライプニツ　141
ライランド　John Rylands　272　→図書館
ラーヴァーター　Johann Kasper Lavater　193
ラウバー　Diebold Lauber　41
ラシーヌ　179,193
『ラティオナーレ』 *Rationale*　62
ラテン文字　lateinische Schrift　11
ラートドルト　Erhard Ratdolt　70,72
ラピス　ニゲル（黒い石）　Lapis Niger　12
ラフォンテーヌ　191
『ラーレ　ブーフ（阿呆者の書）』 *Lalebuch*　110
欄　Spalt　321　～外注　Randnotiz　321
ランゲン　Albert Langen　244
ラーンス　29
リーヴィウス　91
リシュリュー　164
リスト　Johann Rist　145
リッチ　Timotheus Ritzsch　130,164
リトグラフ　Lithographie　223　～のインキュナビュラ　Inkunabel der Lithographie　225
リーバーマン　Max Liebermann　301
リヒター　Ludwig Richter　247
リヒテンベルク　Georg Chr. Lichtenberg　173
リブリ伯爵　Graf Libri　248
「リベール　リブロールム（本の本）」 Liber Librorum　310
略記（速記）　Kurzschrift　142
略語　Abkürzung　142
リュクスナー　Georg Rüxner　99
リュツェルブルガー　Hans Lützelburger　104
リューベク　78,140
リヨン　80,104
リラール　Thomas Lirar　33
輪転印刷機　Rotationsmaschine　235
ルイ15世　189,196
ルター　Erasmus Luther　130　「～フラクトゥーア」 Luthersche Fraktur　130
ルター　Martin Luther　98,99,193,197
「ルードルフ印刷叢書」 Rudolfinische Drucke　286
ルドルフ　フォン　エムスの「世界年代記」　Weltchronik des Rudolf von Ems　33

ルドルフ　Ludolph von Sachsen　81
ルフト　Johannes Lufft　99
ルーベンス　Peter Paul Rubens　105
令書，王侯の　fürstliche Erlasse　64
レーウ　Gerard Leeu　81
レオミュール　Reáumur　209
『歴史大事典』 *Grand Dictionaire Historique*　138
『歴史批評辞典』 *Dictionaire Historique et Critique*　138
レクラム　Reclam　242, 243, 250
レーゲンスブルク　31
レゲンデ装飾字体　Legende-Schrift　301
レース模様　Spitzenmuster; à la dentelle　196, 204
レツィンスカ　Maria Leczinska　189
レッシング　140, 191
レティフ　ド　ラ　ブルトンヌ　Restif de la Bretonne　190
レーディンガー　Jacob Redinger　144, 160
レーテル　Alfred Rethel　245
レヒター　Melchior Lechter　259, 261
『レププリケン』 *Republiken*　125
レンカー　Armin Renker　286
レンナー　Paul Renner　301
ロイヴィヒ　Erhard Reuwich　72
ローヴォルト出版社　Rowohlt-Verlag　290
ロウランドスン　Rowlandson　244
ロクスバラ・クラブ　Roxburghe-Club　271
ロクスバラ侯　271
「ロゼッタ石」　4, 5
ロター　Melchior Lotter　99
ロッシング　Karl Rössing　301
ローデンベルク　Julius Rodenberg　279
ロート＝ショルツ　Friedrich Roth-Scholz　187
ロードラー　Hieronymus Rodler　99
ロベール　Louis Robert　235
『ローマの謝肉祭』 *Das Römische Carneval*　169
『ローマ悲歌』 *Römische Elegien*　281
ローラー押型　→押型
ロルシュ　29
ロレヴィンク　Werner Rolevinck　66

ワ　行

年　表

PErtinet ad throni tui excellẽtiam bo-
ne ihesu cui pacto dedit omne iudici-
um facere ut preter iudicia pticularia qui
bus singuli homines in exitu ab hac vita
mortali a te domine iudicarentur recipi-
entes iuxta ea que gesserunt in vita p̄sen-
ti premiorum retributiones aut penaruʒ
constituere vnum generale iudiciũ perfe-
ctum ac manifestum in fine seculi;in quo
tu viuorum atq; mortorum iudex de to-
ta hominum communitate simul manife
sto iudicio iudices per separationẽ bonoꝝ

ホワン デ トルケマダ（ヨハネス フォン トゥルレクレマータ）『冥想録』 装画は金版（かなばん）
ヨハン ノイマイスター印刷（マインツ 1479）

紀　元　前

3000頃	エジプトにてパピルス巻物作成
	シュメールの絵文字
2900頃	楔形文字の発明
	エジプトのヒエログリフ成立
2850頃	エジプトの表意文字〔イデオグラフ〕が装飾板に書かれる
2750頃	ニプールの図書館
2700頃	粘土に描かれたバビロニアの絵文字
2400頃	今日までに発見されたうち最古のパピルス巻物
1920	エウフラテス川畔の都市マリの粘土板文書館
1860	今日までに発見されたうち最古のエジプトの死者の書
1800頃	ハンムラピ法典（石に刻まれた楔形文字）
1600頃	ファイストス円盤
1500頃	アルファベットを創出する最初の試み，セム文字
1400頃	エジプトのヒエログリフ最盛期
14世紀	ヒッタイトのヒエログリフが現われる
1385	アメノフィス4世エヒナトンの太陽神讃歌
1370	アマルナに粘土板文書館
1250頃	〔元〕フェニキア・アルファベットによる碑銘の入ったアヒラム王の石棺
1200後	ヒッタイト・ヒエログリフが一般にヒッタイト系小国家で用いられる
1050	シナにおいて，銘を記した青銅板が鋳造される
11世紀	フェニキア・アルファベットよりギリシア・アルファベットが成立
675頃	エジプトにおいてデモティア文字が発達
650頃	ニネヴェに図書館および文書館設立
626	アッシュールバーニパル没
600頃	「ラピス　ニゲル」。左右交互書法（ブストロフェドーン）による。ローマの石碑文
540	ペイシストラトスがアテネに図書館を設立
480	クセルクセスがアテネの図書館を掠奪し，ペルシアに持ち去る

323	ミレトスのティモテオスの詩『ペルシア人』記載のパピルス巻物。西欧最古の書物
300頃	ペルシテに持ち去られた図書館が，セレウケス1世の手により，アテネに返還される
	アレクサンドリアの図書館設立
285	エペソスのゼノドトスがアレクサンドリア図書館長となる
3世紀	エジプトにおいてカラムス（筆管）が用いられる
213	秦の始皇帝の焚書（—212）
196頃	ロゼッタ石
191	前漢で挾書律〔禁書令〕廃止
186	カラブリア出土の青銅板。ローマ最古の国家文書，バッカス祭の禁止令
2世紀	エペソスにケルソス図書館設立
159	ペルガモン図書館の設立者エウメネス2世没
132—1	ハードリアヌス帝がアテネに図書館付設の学校を設立
84	スラがアリストテレースの図書館を掠奪
47	アレクサンドリア図書館の火災
39	アシニウス　ポリオがローマのアートリウム・リベルターティスに図書館を設立
28	アウグストゥスがパラティノ丘アポロ神殿内に図書館を設置

紀元後

1世紀	巻物から冊子への移行
64	パラティノの図書館がネロ帝治下でのローマ大火により焼失
100	ウルピウス　トラヤーヌス帝がローマにウルピア図書館を建立
105	後漢の蔡倫，紙を発明
125頃	パピルスP52（マンチェスター蔵）が作成される。新約聖書の最古の典拠
2世紀	既存最古の皮紙冊子，部分
	アンシアル書体成立
231以後	オリゲネスがカイザリア図書館を設立
4世紀	コンスタンティノープルに図書館設立
	カエサレア図書館の書物が，パピルス巻物より皮紙冊子に転

（4世紀）	写される
350頃	シナイ写本（ロンドンおよびライプツィヒ蔵）
	ヴァティカン写本（ローマ，ヴァティカン図書館蔵）
350—80	ウルフィラが聖書をゴート語に翻訳
353以後	コンスタンティーヌス帝により，ビザンティンに帝室図書館設立（→475）
370	ローマに28の公共図書館開設
370—420	ヴルガータ聖書成立
391	アレクサンドリアのセラピス神殿の小アレクサンドリア図書館が破壊される
400頃	クエードリンブルクのイタラ聖書
5世紀前半	アレクサンドリア写本
475—76	ビザンティンの帝室図書館焼失
526	ヌルシアのベネディクトゥスがモンテ　カシーノに修道院を設立し，ベネディクト修道会を創始
540	カシオドロスによりヴィヴァリウム修道院が設立される
610	日本にシナの製紙法が伝わる
614	ザンクト　ガレンの僧院図書館設立
700頃	ダロウ本
710—20	リンヅファーン聖福音集
744	フルダ修道院設立
750頃	サマルカンドの攻略。アラビア人にシナの製紙法が伝えられる
753	ベネディクト修道会がヴェソブルンに修道院を建てる
770	ヴェソブルン祈禱書
	〔百萬塔陀羅尼印刷完成。銅版使用（？）〕
796	アルクインがトゥールに来る
8世紀末	アーダ写本。カロリンガ・ミヌスケル字体（トリーア蔵）
800頃	ケルズ本
830	ザンクト　ガレンにて図書室を建築
9世紀初頭	アルクイン聖書
860頃	ザンクト ガレンでフォルヒァルト聖詩集作成
870	レーゲンスブルクのザンクト　エメラムで黄金写本作成
926	ザンクト　ガレンの図書館がハンガリー軍の進駐のもとに荒らされる

984—993　トリーアにてエクベルト写本作成
989　エチュミアヅィン聖福音集
1000頃　ザンクト　ガレンのノトカー　バルブルスが詩篇を翻訳
ライヒェナウ画派の最盛期
1022　現存中最後のパピルス文書（ハノーファー国立文書館蔵）
1040—48　宋の畢昇が膠泥による活字を作る
1150頃　エヒターナーハ聖福音集
11世紀　ヴィリラムが雅歌を翻訳
12世紀　ミサ典書が用いられるようになる。典礼書の集成
ゴティック・ミヌスケル成立
フロイデンシュタットにて，ロマネスク様式の書見台作成
1145—75　ランツベルクのヘラド尼『楽しみの園』制作
1175—81　ビンゲンのヒルデガルト尼『教道書』制作
1198　ハルトマン フォン アウエの『あわれなハインリヒ』
1200頃　ヴォルフラム フォン エッシェンバハの『パルツィファル』
1205—10頃　ゴトフリート フォン シュトラースブルクの『トリスタン』
1212頃　方伯聖歌集（シュトゥットガルト蔵）
1215　アイケ フォン レプガウによるザクセンシュピーゲル
1225頃　カルミナ ブラーナ写本（ミュンヘン蔵）
1230頃　皇帝フリードリヒ２世，鷹狩り書『鳥を用いた狩猟法』を記す
1259頃　ボローニァで，記録上最古の図書貸出規定が作られる
1282　ボローニァで，記録上最古の抄入れ（すかし）が用いられる
1300頃　ワインガルテン写本（シュトゥットガルト蔵）
14世紀初頭　ハイデルベルク歌唱集写本
1344　リチャード ド ベリィ，『フィロビブロン』を完成
1348　プラーク大学設立
1365　ヴィーン大学設立
1385　ヴェンツラフ聖書（独語）
1386　ハイデルベルク大学設立
1388　ケルン大学設立
1390　ニュールンベルクで，ウルマン シュトローマーの製紙所開設
1392　李朝の尹将軍，金属活字印刷をとり入れる
エーアフルト大学設立

1397頃	ヨハネス グーテンベルク，マインツに生まれる（—1468）
1400頃	ジャン ド ベリ侯の『まことに美しい時禱書』
1409	ライプツィヒ大学設立
1414—18	コンスタンツ公会議
1418	ブリッセル聖母像，年号入りの木版画
1419	ロストック大学設立
1421	ヴェスパシアーノ ダ ビスティッチ生まれる（—1498）
1423	ブクスハイムのクリストフォロス像，年号入りの木版画（マンチェスター蔵）
1431—49	バーゼル公会議
1433	確認された最初の活字印字，装幀された表紙に見られる
1437	ニッコロ デ ニッコリ没
1438	グーテンベルク，シュトラースブルクのハンス リッフェ，アンドレーアス ドリッツェーンおよびアンドレーアス ハイルマンと契約
1440	書籍印刷術が発明されたと推定される
1441	フローレンスにマルチアーナ図書館設立
1446	確認された最初の銅版画
1447頃	ディーボルト ラウバーの図書目録
1450	グーテンベルク，フストと契約
	ニコラウス クザーヌスの『学識ある無知』
1453	トルコ軍がコンスタンティノープルを占領
1454	グーテンベルク，免罪符を印刷
1455	『トルコ・カレンダー』
	グーテンベルク聖書完成
	11月6日，ヘルマスペルガーの公正証書
	グーテンベルク，フストに対する裁判で敗訴
1456	グライフスヴァルト大学設立
1457	マインツ聖詩集，三色印刷
	印刷本に見られる最初の奥付
1458	ミサ典文
	シュトラースブルクで書籍印刷始まる
1460	『ボヘミアの耕夫』の初版，刊行年号なし
	マインツで『カトリコン』印刷
1461（？）	フーケがエティエンヌ シュヴァリエの祈禱書の装画する

1461　ボーナーの『エーデルシュタイン』がバンベルクのプフィスターのもとで刊行される

1462　四十八行聖書，フストとシェファーによりマインツで印刷される

1465　イタリア最初の印行本『キリストの受難』

1480　ユトレヒトのヨハン ヴェルデネル，ロレヴィンクの世界年代記を印刷

1481　ダンテの神曲，銅版画入りでフローレンスにて出版される

1482　ホレ，プトレマイオスの宇宙学を印刷

1483　ニュールンベルクのアントン コーベルガー，第9番目のドイツ語聖書を印刷

1484　マインツのペーター シェファー，ヘルバーリウスすなわち印刷本で最初の植物書を印刷

1485　マインツ大司教ベルトルト フォン ヘンネベルクが，検閲令を発布

1486　エアハルト ラートドルト，印刷見本を出す

ブライデンバハの『聖地行脚』が，マインツで豊富な木版画入りで出版される

1488　ソンチノで最初のヘブライ語聖書が出版される

フローレンスで最初のホメーロスの印本出版

1490　フローレンスで，マレルミ訳の最初のイタリア語聖書出版

1491頃　ヒルブランドゥス ブランデンブルクの蔵書票

1491　アントン コーベルガー，『聖なる宝の箱』印刷

1492　コロンブスのアメリカ発見

1493　アントン コーベルガー，ハルトマン シェーデルの世界年代記を印刷

1494　バーゼルで，セバスティアン ブラントの『阿呆船』出版

ヨハネス トリテミウスの『教会著作家目録 *De scriptoribus ecclesiasticis*』——最初の文学史印本——出版

1498　デューラーの木版画黙示録，ニュールンベルクのアントン コーベルガーのもとで出版

1499　ケルン年代記，書籍印刷術発明に関する最初の記述を記載

ヴェニスのアルドゥス マヌティウス，初期印刷時代で最も美しいイタリアの本『ポリフィロの夢』を印刷

リヨン刊本『死の踊り』に最も古い印刷工房図が見られる

1501　ヴェニスのアルドゥス マヌティウス，斜字体をとり入れる
1502　ペトルッチが可測音符印刷を発明
セバスティアン ブラント，豊富な插絵入りのウェルギリウスを刊行
ヴィテンベルク大学設立
1504　イーヴォ ヴィティヒ，マインツにグーテンベルク記念石を設置させる
1505　ベルンハルト シェファリーンが独訳したリーヴィウスがマインツで出版される
1508　テューリヒのオーレル フュスリ出版社設立
1513　マクシミリアン祈禱書
1513—17　スペインで，ポリグロット（多国語聖書）刊行
1515　教皇勅書により検閲が始まる
残存する最初の民衆本『オイレンシュピーゲル』
1516　4カ国語詩篇，ジェノアのポルス刊
ギリシア語新約聖書の最初の刊本，バーゼルのフローベン印刷
1517　ルターの95箇条の意見書
マクシミリアン帝の『トイアーダンク』
最初のロシア語聖書がプラークで印刷される
1519　ヨハン ノイデルファー（父）の書道書
1520　ヴィテンベルクで印刷された縁飾りに印刷機が登場
ルター『キリスト者の自由』
1521　ケイムブリッジ大学出版局設立
1522　ルター訳九月聖書がヴィテンベルクで出版される
ヴィチェンティーノの筆書教本（ローマ）
1524　タッリエンテの筆書教本（ヴェニス）
1525　デューラー『測定法指導』——練磨されたフラクトゥーア字体での最初の刊本
ジョフロワ トリ『時禱書』（パリー）
1529　ジョフロワ トリ『万華園』（パリー）
シュパイアーでの帝国議会決定により検閲実施
1530　ルター『翻訳者の使書』
1531　キケロの独訳，ヨハン フォン シュヴァルツェンベルク訳
1532　ペトラルカ『幸福の書』（独訳）。「ペトラルカ画匠」の木版画

(1532) を載せ，アウクスブルクのシュタイナーのもとで刊行される
1534 ディーテンベルガーのドイツ語聖書，マインツのペーターヨルダン刊行
最初の完訳ルター聖書がヴィテンベルクで刊行される
1535 チューリヒのフロシァウアーが最初の英訳聖書を刊行
1538 ホルバイン『死の踊り』，リヨンのトレクセル刊行
ノイデルファー『当用筆書案内』
1542 レオンハルト フクス『薬草書』
1543 ヴェザーリウス『解剖学』
1544 セバスティアン ミュンスター『世界現状記』——以後版を重ねる
1545 ゲスナー『綜合文献』——印刷された最初の書籍目録
1546 ヤーコプ クラウゼが宮廷製本師としてドレースデンに招聘される
1548 ヨハン シュトゥンプフ『スイス年代記』
1549 トマ マティユ（マイヨーリ）カタリナ デ メディチの秘書となる
ウルバン ヴィースの筆書教本がチューリヒで刊行される
1553 ヴォルフガンク フガースの筆書教本がニュールンベルクで刊行される
1554 ヴェスパシアーノの筆書教本がヴェニスで刊行される
1555 最初のシリア語活字が作られる
1556 オトハインリヒの治世始まる
1557 ロベール グラニョンが「シヴィリテ」書体に特許をうる
1559 『禁書目録 *Index Librorum prohibitorum*』
1561 活字体制作者ガラモン没
1564 ゲオルク ヴィラーによる最初のドイツ見本市目録
モスクワで最初の印刷がなされる
1568 木版画ヨスト アマン，詩ハンス ザクスによる『職人図鑑』
イワン フョドロフがロシア語による四福音書を印刷
アピアーン『バイエルン国図』
1569—72 アントワープのプランタン『王室聖書』を印行
1569 フランクフルト アム マインにおいて，帝室図書審議会が検閲を開始

(1569)	『アマーディス』小説が出版され始める――1583年までに24巻の大きさとなる
	製本師グロリエ没（1479生）
1571	フローレンスの「ラウレンチアーナ」図書館開設
1572	ブラウン，ホーゲンベルク共著『都市案内』3巻，ケルンで刊行
1573	ドイツ最古の書籍印刷人規定がフランクフルト アム マインで出される
1580	カッセルに方伯図書館設立
1583	ローデヴェイク エルゼヴィールが，ライデンにエルゼヴィール家の基を置く
1584	ルターの印刷者，ハンス ルフト，ヴィテンベルクで没
	テヴェがグーテンベルクの銅版画を制作
1587	ローマにヴァティカン図書館設立――ヴァティカン印刷所の設立
	シュピース版「ファウスト物語」
1588	アルブレヒト5世公が，ミュンヘンに大公図書館を設立
1593	ケンプテンでケーゼル出版社設立
1595	ヘニング グロッセが，最初のライプツィヒ見本市目録を作成
	メルカートル『アトラス』――地図書は以後「アトラス」の名称をうる
1598	フランクフルト市参事会編見本市目録の刊行が始まる
	『シルダの市民』
1599	ヴィートマン版「ファウスト物語」
	エリーアス フターの12カ国語聖書がニュールンベルクで刊行
1602	オクスフォードでボードレイアーナ開設（名称は1604年以降）
（江戸時代）	ジョン ウィリスが幾何学的速記法の基礎を作る
1604	ローデヴェイク エルゼヴィールが，ライデンで最初の書籍競売会を開催
1605	セルバンテス『ドン キホーテ』初版（マドリード）
1607	ゾンカ『機械と建築新展覧』パドゥアで出版――詳細な印刷機の記述を掲載
	ギーセン大学設立
1609	ミラノのアンブロジアーナ図書館開設

1609 シュトラースブルクで「レラツィオーン」紙発刊始まる

ヴォルフェンビュッテルで「アヴィーサ」紙発刊始まる

1612 ヴォルフガング エンター（父）業務を開始

1617 残存する最古の「ベルリーン新聞」

「フルフトブリンゲンデ ゲゼルシャフト（結実結社）」設立〔ドイツ語浄化育成運動の言語協会。多くの文人が加入〕

1621 パウルス デ ヴィーゼによる最古の書籍印刷人入会式演戯

1622 パラティナ図書館が，バイエルン国王マクシミリアンによって教皇に献呈される

1623 「シェイクスピア-フォリオ」，37篇の戯曲を収録して刊行

1624 マルティン オーピッツ『ドイツ詩書』

1626 ローマに「デ プロパガンダ フィデ」印刷所開設

エルゼヴィール家オランダ議会より共和国内印刷特許をうる

1629—45 パリーで，6ヵ国語聖書が10巻本で出版される

1635 『西欧展覧 *Theatrum Europaeum*』フランクフルトで刊行始まる

1638 北アメリカで書籍印刷始まる（マサテューセッツ州ケイムブリッジ）

1640 リシリュー，パリーに王室印刷所を設立

書籍印刷者たちが書籍印刷術発明200年祭を祝う

1641 ニュールンベルクのエンター制作「選帝侯聖書」初版

1641—49 ハルスデルファー『婦人のための会話の遊び』全8巻刊行

1642 メゾチント（ぼかし法）発明される

1643 パリーのマザラン図書館が一般に公開される

1644 ブラウンシュヴァイクのアウグスト公が，ヴォルフェンビュッテルに図書館を設立

1652—57 ロンドンで，ウォールトンの10ヵ国語聖書6巻本で出版

1659 ケルン アン デア シュプレー（ベルリーン）に，選帝侯図書館設立——のちのプロイセン国立図書館

コッタ書店がテュービンゲンに設立される

1660 ティモーテウス リッチが，ライプツィヒで最初の日刊新聞を創業

1662 『新地図』，アムステルダムのブラウにより11巻本で刊行

1665 「ジュルナール デ サヴァン」紙，パリーで創刊

1666 マインツで，コラール集『グレゴリアーヌス モグンティー

(1666)　ヌス讃歌』が，クリストフ キュヒラーによって刊行される
パウル ゲーアハルト『祈禱詩集』

1667　ライプニッツがマインツの司書となる

1669　グリンメルスハウゼン『阿呆物語』初版

1672　活字彫刻師クリストフ ヴァン デイク没
ゲオルク ホフマン，ゲオルク ヴォルファー共著の判型ハンドブックがグラーツで出版される

1674　L・モレリ『歴史大事典』

1675—79　ザントラルトの『ドイツ アカデミー』刊行

1676—1716　ライプニッツが，ブラウンシュヴァイク－リューネブルク公の司書を勤める

1678　「ルター＝フラクトゥーア」体がフランクフルトのルター＆エーゲンオルフ活字鋳造所で作られる
ヨハネス フォン ゲーレンがヴィーンに印刷所を設立

1679—83　マリーア ジビラ メーリアンの『幼虫図鑑』

1680　ダニエル エルゼヴィール没
ヴァイトマン書店，ライプツィヒおよびベルリーンに設立

1682　「アクタ エルディトールム」がドイツ最初の学術雑誌として刊行開始される

1683　モクソン『実用機械 *Mechanick Exercises*』——書籍印刷機の図1点を収載

1685　フィラデルフィアで書籍印刷が始まる

1688　コルネーリーユス ベーゲムの『活字印刷のインキュナビュラ』，アムステルダムで刊行
クリスティアン トマージウスが最初のドイツ語雑誌を刊行

1690　ワイマルに大公図書館設立

1693　ニュー ヨークで書籍印刷始まる

1694　ハレ大学設立

1697　ピエール ベイル『歴史・批評事典』

1729　カウコールの祈禱書『キリスト教の魂の宝』——全巻銅版による

1731—33　ショイヒツァー『神聖自然誌』全4巻

1732—50　ツェードラーが『大綜合事典』全64巻を出版

1733　クニプホーフ『原型植物学』(天然押型印刷)

1734　ベルナール ピカールが，フェヌロンの『テレマック』の装画

(1734)　　をする
「ライプツィヒ新聞」創刊
フランソワ ブウシェがモリエールの作品を装画する
1738　ベーデカー出版社，エッセンに設立
1740　書籍印刷術発明記念祭
1741　ヨハン ダーフィト ケーラー『ヨハン グーテンベルクの名誉回復』
1741—43　ヨハン ゲオルク シュナーベル『フェルゼンブルク島』
1743　ザウアーがアメリカで独訳聖書を刊行
ニコラ コシァンが，ラ フォンテーヌの寓話を装画する
ゲスナー『書籍印刷に精通した徒弟』
1749　フリードリヒ大王がベルリーンの居城に私家版印刷所を設ける
1750　Ch. G. イェヒァー『綜合学者事典』
1750頃　ブライトコプフのフラクトゥーア体
1751　ディドロ，ダランベール共編『百科全書』第1巻刊行
1753　大英博物館設立
1754　ブライトコプフが楽譜印刷の新しい工程を発明する
1757　バスカーヴィルがヴェラム紙（模造紙）にウェルギリウスを印刷——印刷人としてのバスカーヴィル登場
1757—61　ユベール フランソワ グラヴロが，ボッカチオの『デカメロン』を装画
1760　トラトナー『小薔薇と飾り』
ダニエル シェフリーン『アウクスブルク印刷史』
マインツで型紙印刷が行なわれる
1762　シャルル エーザンが，ラ フォンテーヌの『コント』を装画する
1764　フルニエの活字印刷術体系（『活字印刷術便覧』）
Ph. E. ライヒがライプツィヒに，「ドイツ書籍商組合」を設立する
1765　フリードリヒ ニコライが「綜合ドイツ文庫」を創刊する〔後注〕
シェファーの『製紙試論』
1766—75　J.L.シュヴァルツが週刊誌「書籍印刷人」を刊行
1768　ボドーニがパルマに印刷人として招かれる

(1768) ユストゥス エーリヒ ヴァルバウム生まれる（1839没）〔活字制作者。今日でも用いられているヴァルバウム＝ローマン体を考案した〕

1768—71 「エンサイクロペディア ブリタニカ」刊行される

1769 ドイツで最初の「ムーゼンアルマナハ（ミューズ年鑑）」発刊

1770—81 レッシングがヴォルフェンビュッテル図書館司書を勤める

1770 シャルル エーザンがドラの作品を装画する

コドヴィエツキがレッシングの『ミンナ フォン バルンヘルム』の插絵を描く

ビュフォンの『鳥類の博物誌』刊行始まる——1786年までに本文6巻と図鑑10巻が刊行される

マインツに音楽出版社ショットが設立される

アーダム フリードリヒ エーザーがヴィーラントの『グラーツィエン』を装画する

1771 マリーア テレジアがオーストリアにおける書籍印刷人の供託を禁止する

アーロイス ゼーネフェルダー生まれる（—1834）

1772 ヴィルヘルム ハースが鉄製印刷機を作る

1773 ゲーテ『ゲッツ フォン ベルリヒンゲン』初版

ザクセン公国で，複製本禁止の書籍販売に関する訓令が発布される

ヘルダーが『ドイツ的気質および芸術について』を刊行する

1774 ゲーテ『ヴェールタァ』初版

1775 木版が再び隆盛する〔木口木版〕

マクシミリアンの『ヴァイスクーニヒ』（作1515）ヴィーンで初めて印刷に付される

フランソワ＝アンブロワーズ ディドが活版単位体系を作り，「活版ポイント」を定める

1775—78 ラファーター『観相学断片』4巻にわたり刊行

1777 ブライトコプフの地図印刷に関する書物が刊行される

1780 マドリードで，イバラがセルバンテスの『ドン キホーテ』を印刷

1781 ホフマン＆カンペ出版社がハンブルクに設立される

シラー『群盗』初版

1784—89 J.M.モローがヴォルテールの作品を装画する

1785　出版社ゲッシェンがライプツィヒに設立される
ユストゥス ペルテスがゴータに出版社を設立
1786　最初の点字本がパリーで出版される
1788　トイベル『活版印刷ハンドブック』，1805第2版
パンツァー『中古ドイツ文学年鑑』刊行開始（—1805）
1790　ゲーテ『ファウスト断片』
1791　ボドーニがホラーティウスの作品を印刷する
1793　ウンガー＝フラクトゥーア体発表
ハインジウス『綜合著作事典』
ヨーゼフ ショルツ出版社がマインツに設立される
トマス ビューイクの木口木版図版による『イギリス鳥類誌』
1798　コッタが「アルゲマイネ ツァイトゥング」を創刊
ディドがウェルギリウスのステロ版刊本を出す
ルイ ロベールが製紙機械を発明する
ゲーテの『ヘルマンとドロテーア』が，ブラウンシュヴァイクのフィーヴェーク社「婦人ポケット叢書」の1巻として刊行される
1799　「ロゼッタ石」の発見
1800　スタンホープ卿が最初の全部分鉄製の印刷機を作製する
1801　ゲオルク フリードリヒ ヘルダーがフライブルクに出版社を設立
1802　グローテフェントが楔形文字の解読に成功
1803　プロイセンで「受入れ式」が法律によって禁止される
1804　ヴィーンに宮廷・国立印刷所が設立される
1805　ブロックハウス出版社がアムステルダムに設立される
1806　M. F. イリヒが紙の「どうさがけ」を発明
書籍商ヨハン フィリップ パルムが銃殺される〔ニュールンベルクの愛国的書籍商であったパルムは，反仏パンフレット『屈辱の極みにあるドイツ』(1803)を出版し，ナポレオンの命令で処刑された〕
『少年の魔法の角笛』がハイデルベルクのモール＆ツィンマー社から刊行される
ボドーニが「主の祈り」を155国語で印刷する
1809—21　ロウランドスン『シンタックス博士の旅行』
1809　ブロックハウス社の『常用百科事典』の刊行始まる
1810　ブレーメンにカール シューネマン出版社が設立される

(1810)　ジャック シャルル ブリュネ『書籍業および愛書家の提要』全3巻〔ブリュネ自身本屋であった。著書は図書館学に大きな貢献をした〕

ケーニヒが平圧式印刷機を作る

1811　トイブナー出版社設立

1812　イギリスに「ロクスバラ・クラブ」ができる

ケーニヒが圧胴印刷機を作る

1814　ロンドンの「タイムズ」紙が史上初めて高速度印刷機で印刷される

1815　ドイツ連邦決定により出版の自由が保証される

1816　ケーニヒが「一面・裏面印刷機」を作る

1817　オーバーツェル高速印刷工場が設立される

トマス ビューイク『イソップ寓話集』

1818　ボドーニ『活版印刷提要』

ゼーネフェルダー『石版印刷術学習書』

1819　ゲーテ『西東詩集』初版

カールスバート決議により検閲制度復活

1822　シャンポリヨンがヒエログリフを解読する

イギリスで植字機に最初の特許が与えられる

1823　牧師ティーニウスが12年の禁固刑に処せられる

最初のシナ語聖書

ジョージ クルクシァンクがシャミッソーの『ペーター シュレーミール』の装画を制作

1826　ライプツィヒに「ドイツ書籍業取引所組合」が結成される

ビブリオグラーフィッシェス インスティトゥートが設立される

フリードリヒ プステット出版社が設立される

1826—34　ルートヴィヒ ハイン『1500年以前の書籍目録』刊行〔ミュンヘンを中心としたインキュナビュラ目録。約1万6千点収録〕

1827　カール ベーデカー出版社設立

1828　ドラクロワがゲーテの『ファウスト』を題材にとった石版画を発表する

レクラム出版社設立

1829　ステロ用紙型が発明される

クロード ジェヌウが製紙機械を発明する

1830　実用的平圧印刷機〔アイザク アダム考案（ボストン印刷機）〕
1832　「シャリヴァリ」誌にオノレ ドーミエの石版画掲載が始まる
1833　オットー シュペクターがヴィルヘルム ハイの『子供のための50の寓話』を装画する
1834　ゼーネフェルダー没
「取引所報」の創刊
ガーベルスベルガー『速記術教程』
1834—1911　ハインジウス カイザー『完全著作事典』
1836　元神父ドン ビンセンテがスペインで死刑に処せられる
1836—37　トーニ ジョアノが『ドン キホーテ』の插絵を描く
1836　「取引所組合」初の会館がライプツィヒに落成
複製本禁止令
1837　プロイセン政府が，学術芸術作品の精神的所有権保護の法律を布告する
マインツでトルヴァルセン作のグーテンベルク記念像が除幕される
1838　ゲオルク ヴェスターマン出版社設立
グランヴィルが，ラ フォンテーヌの『寓話』を装画する
電気メッキ製版の発明
1839　ダゲールの発明の完成（写真）
「ドイツ書籍業人名録」刊行開始
1839—52　マイヤー『実用大百科事典』が52巻にわたって刊行される
1840　ブラージウス ヘーフェルが腐蝕版を発明する
レーテルが『ニーベルンゲン』の装画をする
メンツェルがクーグラーの『フリードリヒ大王伝』の装画をする
書籍印刷術発明4世紀記念祭
グランヴィルが『ロビンソン クルーソー』の装画をする
1841　「タウホニッツ叢書（エディツィオン）」刊行開始〔「英米作家叢書 Collection of British and American Authors」のシリーズ名で，以後百年間に約5500点を廉価版で出版した〕
1843　ライプツィヒで「イルストリールテ ツァイトゥング」が創刊される
1844　ティッシェンドルフが「シナイ写本」を発見する
ミュンヘンに国立図書館が完成する

(1844)　ヘルマン ノイベルガー『書籍印刷百科事典』(デッサウ, 162ページ)

木材パルプの発明

リュッテン&レーニング出版社設立

1845　「フリーゲンデ ブレッター」紙創刊

著作権の30年間保護がドイツ全土にわたり適用される

1846　カウルバハが『ライネケ狐』の鋼版画を制作

1847　リブリ伯が, 盗み出した写本を売る

1848　『もじゃもじゃ髪のペーター』出版される

シュトゥットガルトにドイチェ・フェアラークスアンシュタルト〔DVA〕出版社設立

検閲制度禁止

「クラデラダーチ」誌創刊

1849　レーテル『これも死の踊り』

1850　アッシュールバーニパルの粘土板図書館がニネヴェで発掘される

1852　ライプツィヒに書籍商養成所が設立される

1853　ルートヴィヒ リヒターがベヒシュタインの童話を装画する

「ガルテンラウベ」誌創刊

1854　ギュスターヴ ドレの挿絵入りの『ガルガンテュア』刊行

1855　糸かがり機の発明

1856　「ヴェスターマンス モーナーツヘフテ」誌創刊

1858　ブルックマン出版社設立

1859　ティッシェンドルフが「シナイ写本」の残りを発見

1862　ガヴァルニが『ガリヴァー旅行記』を装画する

活字鋳造機がイギリスで発明される

ティッシェンドルフが「シナイ写本」を4巻本で公刊

マイヤー版「旅行案内」創刊

1863　ドレがダンテの「地獄篇」を装画する

ガヴァルニがル サージュの『ジル ブラス』を装画する

1865　砕木パルプ製造工程の発明

1866　「取引所報」日刊となる。在来は週刊

ドレが聖書の装画を制作

1867　古典作品に対する永久版権が廃止される

ベルリーンのヘンペル出版社が「ドイツ全古典国民文庫」の

刊行を始める

(1867)　「レクラム世界文庫」の創刊号としてゲーテの『ファウスト』が刊行される

1868(明治元年)　最初の写真印刷が行なわれる

1870　「文書，図画，楽譜および脚本の著作権に関する法律」が施行される

1872　オットー ハラソヴィッツ出版社設立

「ガルテンラウベ」誌の刊行部数31万部に達する

1873　ヴィーンで「国際版画展」が開催される

1876　プランタン＝モレトゥス博物館がアントワープ市に委譲される

1878　グラヴィア印刷術が発明される

1880　マクス クリンガーがアプレイユスの『アモールとプシケ』の美装本を刊行〔ブラームスに献呈との献辞が入っている〕

1881　網目凸版がゲオルク マイゼンバハにより発明される

1881—94　ラッセル『綜合出版社目録』

1883　オットー マイアー出版社がラーヴェンスベルクに設立

1884　「図書館中央誌」創刊

レクラム出版社の「ウニヴェルズム」誌創刊

全書籍産業中央組合が結成される

1885　オットー フップが「ミュンヒナー カレンダー」誌を創刊する

オトマール メルゲンターラーが行植字鋳造機〔行鋳植機〕(ライノタイプ) を完成

1886　S.フィッシャー出版社設立

ヴェルハーゲン&クラージング社の月刊誌創刊

アルベルト ランゲン出版社設立

〔スイスのベルンで国際的な著作権条約が締結される——「ベルヌ条約」〕

1888　アメリカ合衆国で行鋳植機が発明される

1889—1913　カール ゲオルク『事項検索事典』〔著作者によらず，事項ないし書名を見出し語にした事典〕

1890　自動折り機の発明

1891　ウィリアム モリスがケルムスコット・プレスを設立

1894　ビアズリがオスカー ワイルドの『サロメ』を装画する

1895　「パーン」誌創刊
1896　チョーサーの作品がケルムスコット・プレスで印刷される
「ユーゲント」誌創刊
「ジンプリツィシムス」誌創刊
ビアズリがポウプの『髪の毛盗み』の装画をする〔273ページ図版〕
1897　「愛書家誌」創刊
最初のモノタイプがT.ランストンにより製作される
クレーナー出版社設立
1898　メルヒオール レヒターが『貧者の宝』をレイアウトする
トイブナー出版社「自然界と精神界から」叢書創刊
ブルーノ カシーラー出版社がベルリーンに設立される
エセックス・ハウス・プレス設立
1899　ビブリオフィーレ（愛書家）協会結成
「ディーインゼル」誌創刊
メルヒオール レヒターが ゲオルゲの『生の絨毯』のレイアウトをする
1900　エクマン書体が作られる
シュテーグリッツ工房設立
ダヴズ・プレス設立
オットー フップが新ドイツ字体（「ノイドイチュ」）を考案
グーテンベルク博物館がマインツに設立される
1901　ドイツ語正書法に関する条例が施行される
著作権法〔ドイツ〕が立法される
グーテンベルク協会がマインツで結成される
国際出版社会議がライプツィヒで開催される
1902　インゼル出版社が「インゼル」誌出版社から生まれる
1903　スレーフォークトが『アリ ババと四十人の盗賊』を装画する
ゲオルク ミュラー出版社設立
1903—05　ダヴズ・プレスの5巻本聖書
1904　ピーパー出版社設立
1905　リルケ『時禱集』がインゼル出版社から刊行される
ヘーブラー『活字検索目録』第1巻刊行
1906—10　ダヴズ・プレス版『ファウスト』全2巻刊行
1906　『ドイツ仮名筆名辞典』
1907　ヤーヌス・プレッセ設立

(1907)　エルンスト－ルートヴィヒ・プレッセ設立
オフセット印刷術がドイツに移入される
1908　エルンスト－ルートヴィヒ・プレッセ版『エステル書』
帝国印刷所版聖書
Th. Th. ハイネがヘッベルの『ユーディト』を装画する
エルンスト－ローヴォルト出版社設立
1909　クーパーの『革ゲートル物語』がスレーフォークトの装画をもって刊行される
アメリカ合衆国で「コピーライト法」が成立する
〔ベルリーンで「ベルヌ条約」改訂〕
アインホルン（一角獣）プレッセがメルヒオール レヒターにより設立される
「百巻叢書 Hundertdrucke」創刊
1911　ベルリーンにマクシミリアン協会が設立される
ブレーマー・プレッセ設立（―1939）
オフィツィナ セルペンティス設立
「ルードルフ叢書」創刊
1912　クラーナハ・プレッセがワイマルに設立される
(大正元年)　ライプツィヒにドイツ図書館（ビューヒェライ）が設立される（→1916）
リルケ『旗手』がインゼル文庫第1巻として刊行される
1913　マヌール印刷工程〔卵白平版〕が考案される
エームケがループレヒト・プレッセを設立する
ドイツにおける新刊書35,000点
ヤーコプ ヘーグナー出版社設立
ベルリーンにプロイセン国立図書館の建物が完成
アメリカ合衆国でインタータイプ〔行鋳植機商品名〕の製造始まる
1914　ライプツィヒでブグラが開催される――国際書籍産業およびグラフィック展
エームケのレイアウトにより『ウパニシャッド』が印刷される
クルト－ヴォルフ出版社設立
1915　ヨーゼフ ヴァイス私家版印刷所が設立される
1916　コブデン－サーンダスンがダヴズ・プレスの活字類をテムズ

(1916)	河に沈める
	ライプツィヒのドイツ図書館の建物が完成する
1917	マレー (Marées) 協会結成 〔ピーパー出版社の美術叢書刊行会〕
1919	愛書家国民連合 (Volksverband der Bücherfreunde) 結成
	Fr.W.クロイケンスによりラーツィオ・プレッセが設立される
	フランクフルトに Chr. H. クロイケンスによりクロイケンス・プレッセが設立される
	ヴァルター デ グロイター出版社設立(ゲッシェン社を併合)
1920	マクス スレーフォークト『モーツァルトの魔笛のための素描』
1921	ユニーペルス・プレッセがシュナイドラーにより設立される
1922	オフィツィナ ボドーニ設立
	スレーフォークト装画の『ワクワク諸島』
1922—24	エルンスト-ルートヴィヒ・プレッセ版『ファウスト』
1923	リルケ『ドゥイノの悲歌』
	フランシス メンル (F. Meynell) 卿がナンサッチ・プレスを設立
1924	アメリカ合衆国「五十冊の本 (Fifty Books)」を表彰
	ルドルフ コッホが「イェッセン書体」を制作
1925	『揺籃印刷本綜合目録』刊行開始——1940年に第8巻第1分冊刊行後未完
	ブレーマー・プレッセ版『アウグスティーヌス著作集』
1926	テュービンゲンにライナー ヴンダーリヒ出版社設立
(昭和元年)	ネーデルランドが「今年のもっとも美しい本」数点を選ぶ
1926—28	ブレーマー・プレッセ版5巻本聖書
1927	エアバール=グロテスク体
	マインツァー・プレッセ設立。所長はChr. H.クロイケンス
1928	ケルンで出版展「プレッサ」開催
	ケマル パシャがローマン体をトルコにとり入れるように命ずる
1929—34	マインツァー・プレッセが『少年の魔法の角笛』3巻を印刷
1930	1929年度の50冊のもっとも美しい本がドイツで表彰される
	ルドルフ コッホが「ヴァラウ体」を制作
1930頃	大部な普及版が2.85ライヒスマルクで出版される
	ヒッタイトのヒエログリフの解読

1930以後	最初の〔？〕写植機械の発明〔石井・森沢式は大正末期〕
1931	ランゲン－ミュラー出版社設立。アルベルト ランゲンおよびゲオルク ミュラー両出版社の合併
	エリック ギルがクラーナハ・プレッセの『ソロモンの雅歌』の装画をする
	『プロイセン全図書館図書目録』刊行開始，1939年までに14巻
1931—42	『図書館学提要』全3巻，第1版
1933—37	ルードルフ　コッホが「クラウディウス書体」を制作
1934	著作権保護期間が著作者の死後50年に決定される
	クラーナハ・プレッセがゴードン クレイグの木版画によるシェイクスピアの『ハムレット』を印刷する〔訳注 正しくは1928年〕
1936	マインツにエゲブレヒト・プレッセが設立される
1937	エルンスト シュナイドラーの「レゲンデ体」
	レンナーの「フトゥーラ体」
1938	ルードルフ コッホの「マーラトン体」
1940	アメリカ合衆国でシルクスクリーンが盛んになり始める
1945	クルト デッシ出版社設立
	写植機が実用化する
	ローヴォルト出版社が再発足する
1946	フランクフルトにドイツ図書館が設立される
	ケルンに書籍商業学校が設立される
	フランクフルトで書籍商連盟が結成される
1947	死海で古代の書物巻物が発見される
1948	ドイツ出版書籍商連合取引所組合が新たにフランクフルトで結成される
1949	戦後第1回のフランクフルト書籍見本市
1950	ヘアマン ツァプフの「パラティーノ体」および「ミケランジェロ体」
	『図書館学提要』第2版刊行開始
	ゲオルク トルンプの「デルフィン体」
	グリレン・プレッセ版『ヨナ書』
1951	第1回ドイツ書籍業平和賞がフランクフルトで授与される
	ドイツにおける翻訳出版約1,900点
	トラヤーヌス・プレッセ設立
1952	製本師イグナーツ ヴィーメラー没

(1952)　エゲブレヒト版『サッポー詩集』ハネス ガーブ装画
1951年度の「もっとも美しい本」が数点選定される
1953　フランクフルトのドイツ書籍業会館の約款が制定される
ローヴォルト・ポケットブック出版社が設立され，「ロロロ叢書」刊行とともに新型の書籍時代の基を作る
1954　ゲオルク トルンプの「コーデクス体」
ベルリーンで自由大学図書館の設立完成（着工1952）
第1回ドルパがデュッセルドルフで行なわれる——印刷・紙展示会〔訳注 正しくは1951年〕
1955　「リベール リブロールム」競技制作
1957　シャガールの聖書がパリーで出版される
1960　トラヤーヌス・プレッセが『ヨハネ伝福音書』を印刷する
1962　第2回ドルパがデュッセルドルフで開催〔訳注 正しくは1954年，以後3年ごとに開催〕
マインツのグーテンベルク博物館（印刷術世界博物館）が復興される
製版に初めてコンピューターが用いられる
1968　グーテンベルク（死後）500年祭（2月3日）
1972　第6回ドルパがデュッセルドルフで開催される

〔1765への注〕「綜合ドイツ文庫」は1796年までに118巻出版された雑誌。当時のドイツの広義の文学の新刊や諸傾向を論じ，小国分立のために雑多であった文学運動に啓蒙主義の立場から統一をもたらそうとした。当時の影響力は非常に大きかったが，のちにゲーテ，ヘルダーらに嘲笑の的とされた。